Kapitalmarktorientierte Bewertung von Finanzierungstiteln
unter besonderer Berücksichtigung
der Besteuerung auf Anlegerebene

Europäische Hochschulschriften
Publications Universitaires Européennes
European University Studies

Reihe V
Volks- und Betriebswirtschaft

Série V Series V
Sciences économiques, gestion d'entreprise
Economics and Management

Bd./Vol. 2363

PETER LANG
Frankfurt am Main · Berlin · Bern · New York · Paris · Wien

Jürgen Hawlitzky

Kapitalmarktorientierte Bewertung von Finanzierungstiteln unter besonderer Berücksichtigung der Besteuerung auf Anlegerebene

PETER LANG
Europäischer Verlag der Wissenschaften

Die Deutsche Bibliothek - CIP-Einheitsaufnahme

Hawlitzky, Jürgen:

Kapitalmarktorientierte Bewertung von Finanzierungstiteln unter besonderer Berücksichtigung der Besteuerung auf Anlegerebene / Jürgen Hawlitzky. - Frankfurt am Main ; Berlin ; Bern ; New York ; Paris ; Wien : Lang, 1998
(Europäische Hochschulschriften : Reihe 5, Volks- und Betriebswirtschaft ; Bd. 2363)
Zugl.: Bochum, Univ., Diss., 1997
ISBN 3-631-33815-5

D 294
ISSN 0531-7339
ISBN 3-631-33815-5

Vorwort

Mit marktwertorientierten Ansätzen sind die Interessen der Kapitalgeber verstärkt in den Blickpunkt von Theorie und Praxis der Unternehmenspolitik getreten. In theoretischen Konzepten wie z.B. Discounted Cash Flow-Verfahren werden die Anlegerinteressen jedoch nur unvollständig erfaßt: Während die erwarteten Zahlungen aus Finanzierungstiteln und deren Risiko berücksichtigt werden, wird auf eine Einbeziehung der persönlichen Besteuerung mit Verweis auf die hohe Komplexität des Steuerrechts regelmäßig verzichtet.

Offensichtlich wird die Bewertung von Finanzierungstiteln aber von der steuerlichen Behandlung auf Anlegerebene beeinflußt, wenn sich Investoren an den für Konsum- oder Investitionsvorhaben verfügbaren Nettozahlungen orientieren. Nur unter den sehr speziellen Voraussetzungen arbitragefreier Steuersysteme kann von einer Berücksichtigung steuerlicher Aspekte abgesehen werden. Sind hingegen - wie im deutschen Steuersystem - Anlageformen mit unterschiedlichen Steuerfolgen verbunden, so kann die Bewertung nur noch in Abhängigkeit vom Steuersatz des Investors erfolgen. In der Folge sind Rückwirkungen auf die am Kapitalmarkt erwarteten Mindestrenditen von Wertpapieren und die Vorteilhaftigkeit von Finanzierungstitelemissionen zu erwarten, sofern steuerpflichtige Investoren die Preisbildung an Kapitalmärkten beeinflussen.

Diese Zusammenhänge werden in der vorliegenden Arbeit in mehreren Schritten untersucht. Anhand von theoretischen Steuersystemen werden im Rahmen kapitalmarkttheoretischer Modelle zunächst die Ursachen steuerlicher Bewertungswirkungen analysiert. Anschließend werden die Konsequenzen für die Wertpapierbewertung und die Preisbildung an Kapitalmärkten unter den Bedingungen des deutschen Steuersystems abgeleitet. Hierbei werden neben Aktien und festverzinslichen Anleihen auch Zerobonds und Optionsanleihen untersucht, um Neutralitätsverstößen im Steuerrecht wie der unterschiedlichen Behandlung von Kapitaleinkünften und Kursgewinnen, dem Zahlungszuflußprinzip oder der Steuerfreiheit bestimmter risikobehafteter Finanztitel Rechnung zu tragen. Die dabei erzielten Ergebnisse werden schließlich in Modelle über Finanzierungsstrukturentscheidungen von Kapitalgesellschaften einbezogen. Hier zeigt die simultane Betrachtung der Besteuerung auf Anleger- und Unternehmensebene, daß zwar bestimmte Finanzierungsformen in steuerlicher Hinsicht andere dominieren, die häufig unterstellte Steuerbegünstigung der Fremdfinanzierung aber nicht in allgemeiner Form zutreffend ist.

Die vorliegende Arbeit entstand während meiner Tätigkeit als wissenschaftlicher Mitarbeiter am Lehrstuhl für Betriebswirtschaft, insbesondere Controlling der Ruhr-Universität Bochum. Sie wurde im Sommersemester 1997 als Dissertation angenommen.

Allen voran möchte ich Herrn Prof. Dr. Hans Dirrigl herzlich für den gelungenen Einstand in der Rolle des Doktorvaters danken. Herrn Prof. Dr. Joachim Süchting gilt mein Dank für die Übernahme des Korreferats und wertvolle Anmerkungen zum Inhalt der Arbeit. Herrn Prof. Dr. Franz W. Wagner verdanke ich zahlreiche steuertheoretische Anregungen im Vorfeld der Promotion.

Meinen ehemaligen Kollegen bin ich für die sehr kollegiale und freundschaftliche Zusammenarbeit zu Dank verpflichtet. Ohne die Unterstützung von Dr. Thilo Ketterer und Christoph Fluhr in der Aufbauphase des Lehrstuhls sowie von Achim Illner, Uwe Kinski und Oliver Dolny in späteren Phasen meiner Lehrstuhltätigkeit wäre die Erstellung der Arbeit in dieser Form nicht möglich gewesen.

Uwe Kinski trug außerdem mit der kritischen Durchsicht des Manuskripts und zahlreichen engagierten Diskussionen zum Gelingen der Arbeit bei. Darüber hinaus danke ich Michael Kuhlbrodt für die redaktionelle Unterstützung und Katharina Müller für die dem Korrekturlesen geopferten Wochenenden kurz vor Abgabe der Arbeit ganz herzlich.

Jürgen Hawlitzky

Inhaltsverzeichnis

Verzeichnis der Abbildungen und Tabellen

Abbildungen

Tabellen

Verzeichnis häufig verwendeter Symbole

a	=	steuerpflichtiger Anteil des Wertpapierertrags
a^g	=	anteilige Hinzurechnung im Rahmen der Gewerbesteuer
a_Q	=	Ausschüttungsquote
A_j	=	Anlagebetrag in Finanztitel j
AS	=	Ausschüttung
β	=	Beta-Faktor eines Finanztitels oder Wertpapierportefeuilles
b_i	=	Betrag, den Investor i insgesamt in risikobehaftete Finanztitel investiert
BG	=	Steuerbemessungsgrundlage
BW	=	Barwert
Cov	=	Kovarianz zweier Zufallsvariabler
C^m	=	Konsum
C	=	Preis einer Call-Option (bzw. eines Optionsscheins, welcher nicht zum Bezug junger Aktien berechtigt)
C^*	=	Preis einer steuerfreien Call-Option
d	=	Änderungsfaktor in der downward-Situation im Binomialmodell
D^{br}	=	Brutto-Dividende (Bardividende plus KSt-Anrechnungsguthaben)
d^{br}	=	Brutto-Dividendenrendite
Δ	=	Optionsdelta, Hedge-Ratio
E	=	Erwartungswert
EK	=	Marktwert des Eigenkapitals
FK	=	Marktwert des Fremdkapital
FK^m	=	maximale ausfallrisikolose Verschuldung
FZ	=	in Form von Zerobonds ausgewiesenes Fremdkapital
g_z	=	Zustandspreis
g_{sz}	=	Wert einer in Zustand z gezahlten Geldeinheit nach Steuern
g_r	=	Wachstumsrate
G	=	steuerpflichtiger Gewinn
I	=	Investition
i	=	Index für Investoren
i_K	=	Nominalzinssatz ausfallrisikoloser, zu pari begebener festverzinslicher Anleihen (entspricht bei flacher Zinsstruktur r_f)
i_{OE}	=	Nominalzinssatz einer Optionsanleihe ohne Optionsrecht
i_z	=	Effektivverzinsung eines Zerobonds
j	=	Index für Wertpapiere
K	=	Terminkurs (Basispreis, Bezugskurs bei Warrants)
k_{EK}	=	Eigenkapitalkostensatz
MV	=	Marktwert einer Unternehmung
m	=	Anzahl der neuen Aktien
n	=	Anzahl der alten Aktien

NW	=	Nennwert eines Wertpapiers
P	=	Marktpreis eines Finanztitels (allgemein)
P_K	=	Marktpreis einer festverzinslichen Schuldverschreibung
P_{OE}	=	Marktpreis einer Optionsanleihe ohne Optionsschein
P_{OS}	=	Marktpreis eines Optionsscheins
P_P	=	Marktpreis einer Put-Option
P_Z	=	Marktpreis eines Zerobonds
p	=	Pseudo-Wahrscheinlichkeit (risikoneutrale Wahrscheinlichkeit)
q_s	=	Abzinsungsfaktor nach Steuern
r	=	risikoangepaßter Zinssatz
r_f	=	risikoloser Zinssatz
$r_{f,s}$	=	risikoloser Zinssatz nach Steuern (= $r_f(1-s)$)
r_M	=	Rendite des Marktportefeuilles
r_f^{sf}	=	Bruttorendite eines steuerfreien risikolosen Wertpapiers
r_f^{se}	=	Rendite eines ermäßigt besteuerten risikolosen Wertpapiers
S	=	Marktwert des Basisinstruments (Basiswert, Bezugsobjekt)
SZ	=	Steuerzahlung (allgemein)
s	=	Grenzsteuersatz auf Kapitaleinkünfte
s^*	=	preisbestimmender Grenzsteuersatz
s^{ag}	=	gewichteter Grenzsteuersatz sämtlicher Kapitalmarktteilnehmer
s^{ge}	=	effektiver Gewerbeertragsteuersatz
s^{gk}	=	Gewerbekapitalsteuersatz
s^{kn}	=	Körperschaftsteuer-Tarifbelastung
s^{vc}	=	Vermögensteuersatz einer Kapitalgesellschaft
s^{vp}	=	Vermögensteuersatz des Investors
SP_{OS}	=	Marktwert der Stillhalterverpflichtung in Optionen
σ	=	Standardabweichung
t	=	Zeitindex
T	=	Laufzeit
U	=	Risikonutzenfunktion
u	=	Steigerungsfaktor in der upward-Situation (Binomialmodell)
Var	=	Varianz
V	=	investorindividueller Wert eines Finanztitels
V^V	=	Wert eines Finanztitels unter Berücksichtigung von Veräußerungen
w	=	Wahrscheinlichkeit
x_j	=	Anteil des Wertpapiers j am Portefeuille riskanter Anlagen
X	=	operativer Brutto-Cash Flow
z	=	Index für Zukunftslage
Z	=	Einzahlungsüberschuß

Abkürzungsverzeichnis

Abb.	Abbildung
Abs.	Absatz
Abschn.	Abschnitt
AG	Aktiengesellschaft
AktG	Aktiengesetz
Anm. d. Verf.	Anmerkung des Verfassers
APT	Arbitrage Pricing Theory
APV	Adjusted Present Value
Aufl.	Auflage
BB	Betriebs-Berater
bearb.	bearbeitet
BewG	Bewertungsgesetz
BFA	Bankenfachausschuß des Instituts der Wirtschaftsprüfer in Deutschland
BFH	Bundesfinanzhof
BFuP	Betriebswirtschaftliche Forschung und Praxis
BGB	Bürgerliches Gesetzbuch
BGBl.	Bundesgesetzblatt
BGH	Bundesgerichtshof
BMF	Bundesministerium der Finanzen
BStBl.	Bundessteuerblatt
Buchst.	Buchstabe
BVerfG	Bundesverfassungsgericht
CAPM	Capital Asset Pricing Model
c.p.	ceteris paribus
DAX	Deutscher Aktienindex
DB	Der Betrieb
DBW	Die Betriebswirtschaft
DCF	Discounted Cash Flow
Ders.	Derselbe
Dies.	Dieselbe(n)
DStR	Deutsches Steuerrecht
DTB	Deutsche Terminbörse
ESt	Einkommensteuer
EStG	Einkommensteuergesetz
EStR	Einkommensteuer-Richtlinien

f.	folgende
ff.	fortfolgende
FAZ	Frankfurter Allgemeine Zeitung
Fn.	Fußnote
FR	Finanz-Rundschau
GE	Geldeinheiten
GewESt	Gewerbeertragsteuer
GewKSt	Gewerbekapitalsteuer
GewStG	Gewerbesteuergesetz
GewStR	Gewerbesteuer-Richtlinien
GmbH	Gesellschaft mit beschränkter Haftung
h.M.	herrschende Meinung
HFA	Hauptfachausschuß des Instituts der Wirtschaftsprüfer in Deutschland
HGB	Handelsgesetzbuch
Hrsg.	Herausgeber
HWF	Handwörterbuch der Finanzwirtschaft
i.e.S.	im engeren Sinne
i.S.d.	im Sinne des
i.V.m.	in Verbindung mit
i.w.S.	im weiteren Sinne
JoF	Journal of Finance
JoFE	Journal of Financial Economics
KAGG	Kapitalanlagegesellschaftengesetz
KSt	Körperschaftsteuer
KStG	Körperschaftsteuergesetz
KStR	Körperschaftsteuer-Richtlinien
LIBOR	London Interbank Offered Rate
m.w.N.	mit weiteren Nachweisen
Mio.	Millionen
Mrd.	Milliarden
Nr.	Nummer

OTC	Over the counter
o.V.	ohne Verfasser
p.a.	jährlich
RBF	Rentenbarwertfaktor
Rdnr.	Randnummer
Sp.	Spalte
StMBG	Mißbrauchsbekämpfungs- und Steuerbereinigungsgesetz
StuW	Steuer und Wirtschaft
Tab.	Tabelle
TDM	Tausend DM
Tz.	Textziffer
VSt	Vermögensteuer
VStG	Vermögensteuergesetz
WACC	Weighted Average Cost of Capital
WiSt	Wirtschaftsstudium
WM	Wertpapiermitteilungen
WPg	Die Wirtschaftsprüfung
WpHG	Wertpapierhandelsgesetz
ZBB	Zeitschrift für Bankrecht und Bankwirtschaft
ZfB	Zeitschrift für Betriebswirtschaft
ZfbF	Zeitschrift für betriebswirtschaftliche Forschung

Einleitung

A. Problemstellung

Marktwertorientierte Steuerungskonzepte gewinnen vor dem Hintergrund einer verstärkten Kapitalmarktorientierung auch in Deutschland zunehmend an Bedeutung.[1] Möglichkeiten zur Steigerung des Marktwerts einer börsennotierten Kapitalgesellschaft bestehen dabei nicht nur in Entscheidungen des leistungswirtschaftlichen Bereichs, sondern ergeben sich auch durch Finanzierungsentscheidungen, sofern unvollkommene Kapitalmärkte zu verzeichnen sind.

Zu den zentralen Ursachen für unvollkommene Kapitalmärkte zählt die Besteuerung. Hierbei führen unterschiedliche Merkmale des Steuersystems zu Abweichungen von den (Ideal-)Bedingungen eines vollkommenen Kapitalmarkts und damit zu einer Relevanz der Finanzierung für den Marktwert einer Unternehmung. Auf Unternehmensebene knüpft die Besteuerung mit den steuerrechtlichen Kategorien "Eigenkapital" und "Fremdkapital" an die Rechtsstellung der Kapitalgeber an[2], wobei aufgrund unterschiedlicher Abzugsmöglichkeiten Steuervorteile der Fremdfinanzierung gegenüber der Eigenfinanzierung zu verzeichnen sind.[3] Hierdurch kann es zu einer fremdfinanzierungsbedingten Erhöhung des gesamten Unternehmenswerts kommen.

Mit der unterschiedlichen steuerlichen Behandlung von Finanzierungsformen auf Unternehmensebene ist aber der Einfluß der Besteuerung auf Unternehmensmarktwerte noch nicht vollständig erfaßt. Auf Finanzmärkten sehen sich Unternehmungen Investoren gegenüber, welche mit den aus der Kapitalüberlassung erzielten Einkünften der persönlichen Besteuerung unterliegen. Handeln diese Kapitalgeber ökonomisch rational, so werden sie ihre Anlageentscheidung neben der jeweiligen Chance/Risiko-Position[4] auch von der mit einzelnen Finanztiteln verbundenen Steuerbelastung abhängig machen. Da die Besteuerung regel-

---

1 Vgl. z.B. Arbeitskreis "Finanzierung" (1996), S. 543 f.

2 Diese Zuordnung betrifft nicht nur idealtypische Formen der Eigen- und Fremdfinanzierung, sondern auch fast alle Sonder- und Zwischenformen der Finanzierung (z.B. Genußscheinkapital, Zerobonds, Optionsanleihen ohne Optionsrecht). Eine Ausnahme kann in der steuerbilanziellen Behandlung von Optionsscheinen gesehen werden, die nicht zum Bezug von jungen Aktien des Emittenten berechtigen.

3 Vgl. Wagner/Dirrigl (1980), S. 82 ff.; Süchting (1995), S. 160 ff.

4 Vgl. Süchting (1986), S. 654.

mäßig Rendite und Risiko von Anlagetiteln erfaßt, sind steuerbedingte Portefeuilleanpassungen gegenüber einer Situation ohne Steuern zu erwarten.

Im Zuge geänderter Anlageentscheidungen der Investoren ergeben sich an den Finanzmärkten jedoch auch Preisanpassungen und damit veränderte Anforderungen an die erwartete Mindestrendite von Wertpapieren. Dies wiederum hat Rückwirkungen auf die Finanzierungsentscheidungen kapitalnachfragender Unternehmungen, welche im Interesse ihrer Anteilseigner an einer möglichst günstigen Kapitalbeschaffung interessiert sind.[5]

Im Rahmen der Discounted Cash Flow-Verfahren, welche seit einiger Zeit bei der Investitions- und Unternehmensbewertung eingesetzt werden, wird demgegenüber regelmäßig auf eine Berücksichtigung der persönlichen Besteuerung verzichtet.[6] Diese Vereinfachung erscheint jedoch aus zwei Gründen problematisch: Erstens kann von einem Einfluß der persönlichen Besteuerung nur im Modell der unendlich-uniformen Rente abgesehen werden, da nur in diesem Fall der zu versteuernde Zufluß beim Kapitalgeber der Wertänderung der Periode entspricht.[7] Zweitens - und hier liegt der Schwerpunkt der vorliegenden Untersuchung - gehen von einer heterogenen Besteuerung von Wertpapieren auf Anlegerebene unter Umständen entscheidende Wirkungen auf die Vorteilhaftigkeit von Finanzierungsformen aus, so daß sich im Falle einer Vernachlässigung der persönlichen Besteuerung bei marktwertorientierten Entscheidungskalkülen falsche Schlußfolgerungen im Hinblick auf die Vorteilhaftigkeit ergeben können. So wird beispielsweise der Steuereffekt der Finanzierung im Rahmen des Adjusted Present Value-Ansatzes unzutreffend bestimmt, wenn die Auswirkungen einer anlageformspezifischen persönlichen Besteuerung nicht erfaßt werden.

Unter Berücksichtigung der Anlegerebene rückt daher der Einfluß der Besteuerung auf Finanzierungsentscheidungen in ein neues Licht. Anders als bei einer ausschließlichen Betrachtung der Unternehmensbesteuerung kann nicht mehr ohne weiteres von einer Steuerbegünstigung der Fremdfinanzierung ausgegangen werden. Zudem genügt es nicht mehr, die Betrachtung auf herkömmliche Formen der Eigen- und Fremdfinanzierung zu beschränken, da sich im Hinblick

---

5 Vgl. Süchting (1995), S. 249.

6 Vgl. etwa Hachmeister (1995), S. 132 f.; Arbeitskreis "Finanzierung" (1996), S. 564.

7 Vgl. hierzu Dirrigl (1988), S. 286 f.

auf Sonder- und Zwischenformen der Finanzierung und Finanzinnovationen besondere steuerliche Konsequenzen auf Anlegerebene ergeben können.

Eine Untersuchung des Einflusses der persönlichen Besteuerung setzt eine Bestimmung der Auswirkungen einer anlageformspezifischen Besteuerung auf die Preisbildung von Finanztiteln bei heterogenen Steuereigenschaften (z.B. unterschiedlichen Grenzsteuersätzen) der Investoren voraus. Bei den in der Realität auftretenden Formen der Besteuerung von Finanzanlagen sind daher kapitalmarkttheoretische Preisbildungsmodelle wie der State Preference-Ansatz, das CAPM oder Optionspreismodelle nicht mehr in ihrer Standardform einsetzbar, sondern um den Einfluß der Besteuerung zu modifizieren: "Taxation is where the real world meets the theory."[8]

Angesichts der damit verbundenen Komplexität ist eine derartige Analyse nicht ohne Vereinfachungen in anderen Bereichen möglich. Aus diesem Grund wird angenommen, daß von seiten der Unternehmungen Maßnahmen der Außenfinanzierung ausschließlich kapitalmarktbezogen (z.B. durch Aktienemissionen, Ausgabe von Schuldverschreibungen, Zerobonds oder Optionsanleihen) erfolgen und daß an den Kapitalmärkten außer steuerbedingten keine weiteren Unvollkommenheiten zu berücksichtigen sind. Aufgrund der Vernachlässigung nichtsteuerlicher Einflußfaktoren in den Bewertungsmodellen erlaubt die vorliegende Analyse zwar keine Rückschlüsse auf eine absolute Vorteilhaftigkeit bestimmter Finanzierungsstrukturen. Sie zeigt jedoch Wirkungsmechanismen auf, die im gegenwärtigen Steuersystem bei simultaner Betrachtung der jeweils finanzierungstitelabhängigen Besteuerung auf Anleger- und Unternehmensebene auftreten und kann insoweit als Baustein einer umfassenden Betrachtung der Determinanten von Finanzierungsentscheidungen angesehen werden.

---

8 Ross (1988), S. 131.

B. Aufbau der Untersuchung

Mit Anlageentscheidungen der Kapitalgeber einerseits und Finanzierungsentscheidungen von Unternehmungen andererseits ist die vorliegende Arbeit durch zwei verschiedene, jedoch eng verknüpfte Problembereiche gekennzeichnet. Bindeglied beider Ebenen ist der Kapitalmarkt.[9] Im ersten Kapitel werden Ausprägungen des Kapitalmarkts mit den jeweiligen Konsequenzen für Portefeuille- und Finanzierungsentscheidungen dargestellt. Dabei wird auch auf nicht-steuerliche Determinanten der Finanzierungsentscheidung eingegangen. Außerdem werden Modellkonzeptionen zur theoretischen Bestimmung von Marktwerten dargestellt.

Im zweiten Kapitel wird zunächst anhand eines Modells zur Anlageentscheidung unter Berücksichtigung von Steuern und Unsicherheit dargestellt, in welcher Weise sich die Besteuerung bei gegebenen Finanztitelpreisen auf die Portefeuillebildung auswirkt. Grundsätzlich bestehen hier zwei Einflußfaktoren: Zum einen beeinflußt die Besteuerung die Bereitschaft zur Investition in risikobehaftete Anlagen. Zum anderen können sich infolge von Unterschieden in der steuerlichen Behandlung von Kapitalanlagen bei den Anlegern vom jeweiligen Grenzsteuersatz abhängige Portefeuillespezialisierungen ergeben. Dieser zweite Effekt kann durch spezielle Ausgestaltungen des Steuersystems vermieden werden. Da diese als Ausgangssituation für die Beurteilung weitergehender Steuerwirkungen verwendet werden können, werden in einem nächsten Schritt spezielle (arbitragefreie) Steuerbemessungsgrundlagen abgeleitet, welche auf vollkommenen Kapitalmärkten auch unter Unsicherheit die Eigenschaft aufweisen, daß die Bewertung eines Finanztitels vor und nach Steuern zum selben Ergebnis führt, so daß steuersatzabhängige Anlagespezialisierungen unterbleiben. Außerdem wird gezeigt, daß die abgeleiteten Bemessungsgrundlagen unabhängig vom zugrunde gelegten finanzierungstheoretischen Bewertungsmodell zu vergleichbaren Ergebnissen führen.

Im Anschluß daran werden die Konsequenzen für die Anlageentscheidung und die Preisbildung am Kapitalmarkt aufgezeigt, die sich durch Steuersysteme ergeben, welche die aufgezeigten Neutralitätseigenschaften nicht erfüllen und somit zu einer anlageformabhängigen Besteuerung führen. Dabei wird zwischen risiko-

---

9 Als "Kapitalmarkt" wird hier die Gesamtheit von Angebot und Nachfrage nach Zahlungsströmen bezeichnet. Dieser theoretische Begriff ist vom empirischen Begriff des Kapitalmarkts zu unterscheiden, welcher den organisierten Kapitalmarkt für langfristige Kapitalüberlassung bezeichnet. Vgl. auch Schmidt/Terberger (1996), S. 54.

losen und risikobehafteten Anlageformen unterschieden, da im zweiten Fall Diversifikationsaspekte dazu führen können, daß Finanztitel trotz ungewünschter steuerlicher Eigenschaften nachgefragt werden.

Im dritten Kapitel werden die Modellergebnisse des zweiten Kapitels auf die Bedingungen des deutschen Steuersystems übertragen. Dies erfolgt am Beispiel der derzeit geltenden steuerrechtlichen Regelungen zur Besteuerung von Kapitaleinkünften im Privatvermögen. Hier ergeben sich infolge der unterschiedlichen steuerlichen Behandlung von Kapitaleinkünften und Kursgewinnen, des Zahlungszuflußprinzips und der Steuerfreiheit bestimmter risikobehafteter Finanztitel Ansatzpunkte für Portfoliospezialisierungen der Anleger. Ausgehend hiervon werden die finanztitelspezifischen Renditeforderungen der Kapitalgeber vor persönlichen Steuern (die sog. Finanzierungskosten[10]) bestimmt, wobei ausgewählte Finanzierungsformen betrachtet werden, welche die genannten grundlegenden Besonderheiten in der steuerlichen Behandlung von Kapitalanlagen im Privatvermögen reflektieren.

Ein Vergleich der Finanzierungskosten reicht allerdings zur Beurteilung der Vorteilhaftigkeit von Finanztitelemissionen noch nicht aus, weil hierin die Unterschiede in der Besteuerung auf Gesellschaftsebene nicht berücksichtigt sind. Deshalb wird im vierten Kapitel die steuerliche Vorteilhaftigkeit von Finanzierungsformen bei gleichzeitiger Betrachtung von Anleger- und Unternehmensbesteuerung untersucht. Im Vordergrund steht dabei die Frage, ob der auf Gesellschaftsebene auftretende Steuervorteil der Verschuldung durch entsprechende steuerliche Nachteile auf Investorebene aufgehoben werden kann. Dabei zeigt sich, daß es unter Berücksichtigung von Angebotseffekten in speziellen Fällen zu einer Irrelevanz der Kapitalstruktur für den Unternehmensmarktwert kommen kann. Dies kann jedoch im deutschen Steuersystem weder für alle Unternehmungen noch für alle Finanzierungsformen gleichzeitig gelten. Es lassen sich Finanzierungsformen identifizieren, die unter steuerlichen Gesichtspunkten dominant besser als andere Finanzierungsformen sind.

---

10 Die *Finanzierungskosten* (cost of funds) als die von den Kapitalgebern vor persönlichen Steuern erwartete (Mindest-)Verzinsung einer Anlageform werden in der Literatur auch als Kapitalkosten (z.B. Eigen- oder Fremdkapitalkosten) bezeichnet. Daneben wird der Begriff Kapitalkosten auch im Sinne der Anforderung an die erwartete Mindestverzinsung von *Investitionen* (cost of capital) verwendet. In diesem zweiten Fall wird die gesamte Finanzierungsstruktur zugrundegelegt und darüber hinaus regelmäßig (z.B. im Rahmen des Kapitalkostenkonzepts bei der Ermittlung des WACC) bereits der Einfluß der Besteuerung auf Unternehmensebene erfaßt.

Erstes Kapitel: Anlage- und Finanzierungsentscheidungen auf Kapitalmärkten

A. Charakterisierung und Abgrenzung der untersuchten Entscheidungen

Steuern sind aufgrund ihres unmittelbaren Einflusses auf die finanzielle Zielerreichung grundsätzlich bei sämtlichen Entscheidungen zu erfassen, denen ein an Zahlungsgrößen orientiertes Zielsystem zugrunde liegt. Dies trifft vorrangig auf Investitions- und Finanzierungsentscheidungen zu[1], welche auch in realwirtschaftliche (d.h. den Leistungserstellungs- und Absatzprozeß betreffende) und finanzielle Entscheidungen unterteilt werden können. Nur die letztgenannte Entscheidungskategorie wird in dieser Arbeit untersucht.

Die Untersuchung von Steuerwirkungen bei finanziellen Entscheidungen erfordert eine explizite Erfassung von Teilen des Entscheidungsfelds, die bei der Analyse des steuerlichen Einflusses auf Real-Investitionsentscheidungen meist vernachlässigt werden: So kann die Untersuchung von Finanzentscheidungen nicht ausschließlich unter Sicherheit erfolgen, da sich erst unter Unsicherheit ökonomisch sinnvolle Unterschiede zwischen einzelnen Finanzmaßnahmen ergeben. Außerdem sind bei der Analyse finanzwirtschaftlicher Entscheidungen Finanzmärkte als Bindeglied zwischen der Ebene der Kapitalgeber (Anleger) und der Kapitalnachfrager (Unternehmungen) von zentraler Bedeutung.

I. Individuelle Portefeuilleentscheidungen und Finanzierungsentscheidungen von Unternehmungen

Steuerwirkungen treten bei finanziellen Entscheidungen auf zwei Ebenen auf: Einerseits beeinflußt die Besteuerung die Portefeuilleentscheidungen steuerpflichtiger Anleger. Anlageziele wie Rendite und Risiko[2] weisen nach Steuern regelmäßig einen anderen Zielerreichungsgrad als in einer Situation ohne Besteuerung auf. Hierdurch ergeben sich Auswirkungen auf individuelle Bewertungskalküle, welche unter dem Einfluß der Besteuerung zu modifizieren sind. Nur wenn spezielle Neutralitätsvoraussetzungen hinsichtlich der Besteuerung erfüllt sind, kann eine Bewertung unabhängig von den Steuereigenschaften des Investors erfolgen.

---

1 Vgl. Wagner/Dirrigl (1980), S. 23; Wagner (1991), S. 75.

2 Als weiterer Performancebestandteil wird häufig die Liquidität eines Portfolios genannt, welche die Möglichkeit bezeichnet, Wertpapiere jederzeit zu angemessenen (Markt-)Preisen veräußern zu können. Diese wird meist in Form einer Nebenbedingung erfaßt.

Schichten Investoren ihr Wertpapierportefeuille aufgrund von steuerlichen Erwägungen um, so können sich infolge einer geänderten Nachfragesituation auch steuerinduzierte Anpassungen der Finanztitelpreise an Kapitalmärkten ergeben.

Auf einer zweiten Ebene beeinflußt die Besteuerung die Finanzpolitik von Unternehmungen, wobei hier nur Kapitalgesellschaften betrachtet werden, deren Wertpapiere an organisierten Finanzmärkten gehandelt werden. Ein erster Steuereinfluß ergibt sich hier durch eine ungleichmäßige steuerliche Behandlung einzelner Finanzierungsarten im Rahmen der Unternehmensbesteuerung. Darüber hinaus wird die Entscheidung über die Finanzierungsstruktur aber auch durch finanztitelspezifische Renditeerwartungen der Kapitalgeber beeinflußt, welche Unterschiede in der persönlichen Besteuerung von Kapitalanlagen reflektieren können. Aufgrund der Preisanpassungsprozesse auf Kapitalmärkten können Finanzierungsentscheidungen von Unternehmungen deshalb nicht unabhängig von Steuerwirkungen bei Portefeuilleentscheidungen der Kapitalgeber betrachtet werden.

Für den Marktwerteinfluß der Finanzierung sind damit grundsätzlich unterschiedliche steuerliche Implikationen möglich. Sofern bei einer gleichzeitigen Betrachtung von Anleger- und Unternehmensebene mit einzelnen Finanzierungsformen steuerliche Vor- oder Nachteile verbunden sind, kann der Unternehmenswert durch Kapitalstrukturentscheidungen beeinflußt werden. Denkbar ist aber auch, daß sich die steuerlichen Vor- und Nachteile insgesamt neutralisieren, so daß der Unternehmenswert auch unter Berücksichtigung von Steuern insoweit von der Finanzierung unabhängig wäre. Im vierten Kapitel wird gezeigt, daß im deutschen Steuersystem nur in Ausnahmefällen von einer Irrelevanz der Finanzierung ausgegangen werden kann.

II. Finanzielle versus leistungswirtschaftliche Entscheidungen

Aus Anlegersicht bestehen die betrachteten Handlungsalternativen darin, bei gegebenen Eigenmitteln und Präferenzen ein Anlageprogramm aus der Menge der am Kapitalmarkt gehandelten Finanztitel zusammenzustellen. In bestimmten Fällen können hierbei auch ergänzende Kreditaufnahmen, Leerverkäufe[3] oder Termingeschäfte in Frage kommen.[4]

---

[3] Diese sind in Deutschland nur in Form der Wertpapierleihe möglich. Vgl. Bruns/Meyer-Bullerdiek (1996), S. 359.

[4] Allerdings stehen viele dieser ergänzenden Maßnahmen nur institutionellen Anlegern oder Anlegern mit hohem Anlagevolumen offen.

Ebenso werden auf Unternehmensebene nur finanzielle Maßnahmen betrachtet. Umwandlungen von flüssigen Mitteln in "Realkapital" (oder umgekehrt) werden nicht untersucht. Es wird deshalb ein feststehendes Investitionsprogramm unterstellt. Die untersuchten Finanzierungsmaßnahmen bleiben auf eine Substitution von Finanzierungsarten beschränkt.

Damit wird ein Partialproblem betrachtet.[5] Im Rahmen der Bestimmung eines optimalen Investitions- und Finanzierungsprogramms ist die Unterstellung eines finanzierungsunabhängigen Investitionsvolumens nur dann problemlos möglich, wenn für Investitions- und Finanzierungsentscheidungen ein Separationstheorem gilt - in diesem Fall ist aber die Art der Finanzierung irrelevant. Sofern hingegen der Unternehmenswert durch Finanzierungsentscheidungen beeinflußt wird, kann das unternehmenswertmaximale Investitions- und Finanzierungsprogramm nur noch simultan bestimmt werden. Die Annahme eines konstanten Investitionsvolumens kann demgegenüber suboptimale Investitionsprogramme implizieren, da infolge kapitalstrukturbedingter Kapitalkostensenkungen zusätzliche Investitionen vorteilhaft werden können. Da die Auswirkungen von Kapitalstrukturentscheidungen auf den Unternehmenswert hierdurch jedoch eher verstärkt werden, erscheint die Vereinfachung eines konstanten Investitionsvolumens bei der Untersuchung der Vorteilhaftigkeit von Finanzierungsentscheidungen zulässig.

Betrachtet werden somit nur Dispositionen, welche den Zahlungsstrom zwischen Unternehmung und Kapitalmarkt betreffen. Sämtliche der hier untersuchten Entscheidungen würden bei Existenz eines vollkommenen Kapitalmarkts keine Marktwertänderungen auslösen. Im einzelnen gilt dies für

- Entscheidungen über die Außenfinanzierung und hieraus resultierende Zahlungen von Vergütungen für die Kapitalüberlassung sowie Rückzahlungen des eingesetzten Kapitals,
- Innenfinanzierungsentscheidungen, z.B. Entscheidungen über die Ausschüttung oder Einbehaltung von Gewinnen,
- Finanzanlagen (z.B. Erwerb von Forderungsrechten) und den
- Einsatz derivativer Finanzinstrumente, d.h. Abschluß von Verträgen (Short- oder Long-Positionen), deren Wert aus der Wertentwicklung

---

5 Die hier getroffene Annahme eines fixierten Investitionsprogramms zur Untersuchung von Finanzierungsentscheidungen ist damit vergleichbar mit der Unterstellung einer "Ziel-Kapitalstruktur" im Rahmen der Unternehmens- oder Investitionsbewertung.

anderer Finanzinstrumente (bzw. von Referenzzinssätzen (z.B. LIBOR) oder Indizes) abgeleitet wird (z.B. Terminkontrakte oder Optionen).

Die zunächst angesprochenen Maßnahmen der Mittelbeschaffung von Unternehmungen umfassen neben traditionellen Formen der Außenfinanzierung (wie Beteiligungs- und Kredit- bzw. Obligationenfinanzierung) auch zahlreiche Finanzierungs-Sonderformen und Finanzinnovationen (z.B. Zerobonds, Kombizins-Anleihen, variabel verzinsliche Anleihen, Genußscheinkapital oder Vorzugsaktien) sowie Kombinationen von traditionellen Finanzierungsformen mit Optionsrechten (z.B. Wandel- und Optionsanleihen).[6]

Finanzmaßnahmen umfassen damit jeweils Teile der traditionell als Investition und Finanzierung klassifizierten Entscheidungen.[7] Die hier vorgenommene Beschränkung auf Entscheidungen des finanziellen Bereichs bringt - im Vergleich zu realwirtschaftlichen Entscheidungen - folgende Besonderheiten mit sich:

- Finanzielle Maßnahmen stehen in engem Zusammenhang mit Kapitalmärkten, welche im Regelfall wesentlich "vollkommenere" Eigenschaften als Gütermärkte aufweisen.[8] Im Investitionsgüterbereich führt vor allem der Sachverhalt, daß die Durchführung bestimmter Investitionen nur für wenige Unternehmungen in Betracht kommt (Exklusivität der Investition), zu Kapitalwerten, welche weit über null liegen können.

- Anders als bei realwirtschaftlichen Entscheidungen erscheint die Annahme der "Teilbarkeit" bei finanziellen Entscheidungen in zahlreichen Fällen begründet. So lassen sich Ausschüttungen oder Kreditaufnahmen praktisch in beliebiger Höhe festlegen. Neuere Entwicklungen an den Finanzmärkten tragen ebenfalls zur erhöhten Teilbarkeit bei: So besteht etwa bei Aktien die Tendenz, die Anzahl der ausgegebenen Anteile bei gleichzeitiger Herabsetzung der Nennbeträge und Kurswerte zu erhöhen. Damit ist

---

6 Demgegenüber ist die sog. Vermögensumschichtungsfinanzierung (vgl. Süchting (1995), S. 24) als Desinvestitionsentscheidung dem realwirtschaftlichen Bereich der Unternehmung zuzuordnen.

7 Deren Unterscheidung ist beim sog. zahlungsorientierten Ansatz durch die jeweilige Ein- und Auszahlungsstruktur bedingt. Vgl. Schneider (1992), S. 9. So kann eine Investition durch eine Auszahlung charakterisiert werden, die (im Gegensatz zur konsumtiven Mittelverwendung) mit einem späteren Zufluß an Zahlungsmitteln verbunden ist. Entsprechend, nur mit umgekehrtem Vorzeichen, steht zu Beginn einer Finanzierungsmaßnahme eine Einzahlung, welche Auszahlungen in späteren Zeitabschnitten begründet.

8 Ausgenommen hiervon sind standardisierte Güter wie Getreide oder bestimmte Rohstoffe, welche ebenfalls an organisierten Märkten gehandelt werden.

die Verwendung von Marginalgrößen bei Entscheidungen des Finanzbereichs eher gerechtfertigt als bei realwirtschaftlichen Investitions- und Desinvestitionsentscheidungen.

- Bei realwirtschaftlichen Entscheidungen ist eine sofortige und kostenlose Anpassung des Kapitalstocks häufig nicht möglich[9]. Im Gegensatz dazu treten bei finanzmarktorientierten Entscheidungen geringere Friktionen auf, wenn ein funktionsfähiger Sekundärmarkt besteht. Hier besteht z.B. für eine Unternehmung, welche in der Vergangenheit Schuldverschreibungen emittiert hat, faktisch die Möglichkeit zur Kreditrückzahlung vor Fälligkeit durch den Rückkauf von Teilschuldverschreibungen am Kapitalmarkt.

- Auf Finanzmärkten ergeben sich nach Bekanntwerden von gesamtwirtschaftlichen oder unternehmensspezifischen Datenänderungen meist unverzüglich Preisreaktionen. Hingegen verursachen hohe Transaktionskosten sowie häufig anzutreffende monopolistische Stellungen von Anbietern langsamere Preisanpassungen auf Gütermärkten.

III. Entscheidungen unter Unsicherheit

Bei unsicherheitsbehafteten Entscheidungen ist neben der Höhe und der zeitlichen Struktur von Ein- und Auszahlungen zu berücksichtigen, daß die aus einer Maßnahme resultierenden finanziellen Konsequenzen nicht mit Sicherheit im voraus angegeben werden können. Sofern für sämtliche Zukunftslagen Wahrscheinlichkeitsschätzungen[10] vorliegen, kann der Zahlungsüberschuß einer künftigen Periode als Zufallsvariable charakterisiert werden. Nur dieser Fall einer in Form von Wahrscheinlichkeitsverteilungen quantifizierbaren Unsicherheit, welcher auch als Risikosituation bezeichnet wird, soll hier betrachtet werden.[11]

---

9 Vgl. Abel/Eberly (1994), S. 1369.

10 Häufig sind in diesem Zusammenhang subjektive Wahrscheinlichkeitsschätzungen anzusetzen. Vgl. Süchting (1995), S. 343 f.

11 Damit wird unterstellt, daß die Menge sämtlicher (vom Entscheidungsträger nicht beeinflußbarer) Zukunftslagen, die damit verbundenen finanziellen Konsequenzen und deren Wahrscheinlichkeitsverteilung bekannt sind (vollständige Gewißheit über die Ungewißheit). In diesen sog. Risikosituationen besteht Ungewißheit über die Folgen von Entscheidungen einzig darin, daß nicht vorab bekannt ist, welcher der für möglich gehaltenen Umweltzustände eintreten wird. Im Gegensatz dazu besteht bei Informationsunsicherheit zusätzliche Unsicherheit über die Vollständigkeit der Menge der Umweltzustände oder über die zugehörigen Wahrscheinlichkeiten (sog. echte Unsicherheit). Vgl. Schneider (1983), S. 65 und ders. (1992), S. 429 u. 446; Süchting (1995), S. 342.

Eine Vereinfachung auf den Spezialfall sicherer Erwartungen, welche in weiten Teilen der Literatur zum steuerlichen Einfluß auf Investitionsentscheidungen vorgenommen wird[12], erweist sich für die Untersuchung finanzieller Entscheidungen als unzweckmäßig, weil sich zentrale ökonomische Unterschiede zwischen Finanzierungsformen erst unter Ungewißheit ergeben.[13] Aufgrund unterschiedlicher Anspruchsgrundlagen sind etwa idealtypische Fremdfinanzierungsformen mit einem ergebnisunabhängigen Festanspruch ausgestattet, während Beteiligungskapital einen erfolgsabhängigen Residualanspruch begründet.[14] Diese Unterscheidung von Eigen- und Fremdkapitalpositionen wäre bei Sicherheit hinsichtlich der aus einer Unternehmung zu erwartenden Zahlungen ohne Bedeutung.

Unsicherheit über die künftige Entwicklung kann deshalb als konstitutive Ursache für die Existenz unterschiedlicher Finanzierungsbeziehungen angesehen werden. Sie ist als einzige Determinante von Finanzierungsentscheidungen auch auf vollkommenen Kapitalmärkten anzutreffen, stellt darüber hinaus aber auch die Voraussetzung für einige Kapitalmarktunvollkommenheiten (z.B. Agency-Probleme oder Insolvenzkosten) dar.

Bei Unsicherheit sind damit sämtliche Maßnahmen von Bedeutung, welche die Wahrscheinlichkeitsverteilung der zukünftigen Zahlungsüberschüsse beeinflussen, auch wenn an deren Beginn (wie beispielsweise bei Forwardgeschäften) keine Zahlungen erfolgen. Zu den hier betrachteten Entscheidungen zählen somit sämtliche finanziellen Maßnahmen, welche die erwartete Höhe, die zeitliche Struktur oder die Unsicherheit von Zahlungen beeinflussen.[15]

Die grundlegende Bedeutung von Finanzierungsverträgen bei unsicheren Erwartungen ist darin zu sehen, daß durch ihre Ausgestaltung eine geeignete zustandsabhängige Aufteilung künftiger Einzahlungsüberschüsse (Partenteilung)

---

12 Vgl. z.B. Wagner/Dirrigl (1980); Siegel (1982), S. 30 f.

13 Vgl. Wilhelm (1983), S. 523; Schneider (1987), S. 440.

14 Vgl. Süchting (1995), S. 84.

15 Zu unterscheiden sind hiervon Informationsentscheidungen, durch die nicht die "originäre" Wahrscheinlichkeitsverteilung von Zahlungsgrößen, sondern das Wissen über diese Wahrscheinlichkeitsverteilung beeinflußt wird.

erreicht werden kann.[16] Bei abweichenden Risikopräferenzen oder Erwartungen der Vertragspartner kann hierdurch eine Pareto-Verbesserung erreicht werden.[17]

Sofern sich Investoren in verschiedenen Anlageformen engagieren können, wird aber der direkte Bezug zwischen der Ausgestaltung einzelner Finanzierungsverträge und der Risikoeinstellung der Vertragspartner abgeschwächt, weil die Anleger auch eine ihren Präferenzen entsprechende Portefeuillebildung vornehmen können. In diesen Fällen hängt die Bewertung eines Finanztitels nicht mehr ausschließlich von dessen Zahlungen, sondern auch von deren Korrelation mit den Ein- und Auszahlungen anderer Finanztitel ab. Unter der Voraussetzung einer vollständig negativen Korrelation ist sogar eine präferenzunabhängige Bewertung von Wertpapieren möglich.

Im Zusammenwirken mit der Besteuerung ist Unsicherheit in zweifacher Hinsicht von Bedeutung: Zum einen stellt die Besteuerung selbst eine Ursache von (Rechts-)Unsicherheiten dar, weil künftige Steuerrechtsänderungen (z.B. die Einführung oder Abschaffung bestimmter Steuerarten, Änderungen der Steuertarife oder Bemessungsgrundlagendefinitionen) sowie die Auslegung steuerrechtlicher Normen nicht mit Sicherheit vorhergesagt werden können.[18] Steuerliche Betriebsprüfungen finden häufig erst viele Jahre nach Ablauf des zu beurteilenden Wirtschaftsjahres statt und erfolgen meist auf der Grundlage des dann verfügbaren Kenntnisstandes. Von derartigen Informationsrisiken in bezug auf das Steuerrecht wird jedoch nachfolgend abgesehen.[19]

Zum anderen aber kann selbst bei unterstellter Gewißheit über die zukünftigen steuerlichen Rahmenbedingungen die Höhe der Steuerzahlungen in der Zukunft unsicher sein. Dies ist immer dann der Fall, wenn die Besteuerung an unsichere Größen anknüpft. Bei einer progressiven Besteuerung ist in diesen Fällen außerdem die Höhe des in Zukunft geltenden Steuersatzes unbekannt.[20] Somit kann die Besteuerung auch dann Einfluß auf die Bewertung bei Unsicherheit nehmen, wenn sie selbst keine Quelle der Unsicherheit darstellt.

---

16 Eine derartige Aufteilung kann selbst bei mit Sicherheit erwarteten zukünftigen Zahlungen mit Nutzenzuwächsen verbunden sein, wenn divergierende Wahrscheinlichkeitsvorstellungen hinsichtlich übereinstimmend abgegrenzter Zukunftslagen vorliegen. Ein Beispiel hierfür findet sich bei Strong/Walker (1987), S. 37 f.

17 Vgl. Strong/Walker (1987), S. 31 ff.

18 Vgl. auch Siegel (1982), S. 74 ff.

19 Vgl. hierzu Schneider (1983), S. 65.

20 Vgl. zur Preisbildung bei unsicheren Steuersätzen Collins/Murphy (1995), S. 1 ff.

B. Ausprägungen des Kapitalmarkts und Bedeutung für Portefeuille- und Finanzierungsentscheidungen

Die Beurteilung von Portefeuille- und Finanzierungsentscheidungen hängt maßgeblich davon ab, ob für finanzielle Ansprüche intertemporale Tauschmöglichkeiten an Kapitalmärkten bestehen und welche Restriktionen bzw. "Unvollkommenheiten" dabei zu berücksichtigen sind.

I. Ausprägungen des Kapitalmarkts

1. Entscheidungen ohne Kapitalmarktbezug

Im Fall eines fehlenden Kapitalmarkts sind entweder ausschließlich Investitionsentscheidungen zu treffen, oder es wird der Fall mehrerer an einer Unternehmung beteiligter Personen betrachtet, welche über eine optimale Risikoteilung hinsichtlich der zustandsabhängigen Zahlungen aus der Unternehmung zu entscheiden haben.[21]

In beiden Fällen orientiert sich die Bewertung und Realisierung von Investitionsobjekten (bzw. Risikoteilungen) am Präferenzsystem des Entscheidungsträgers. Für optimale Entscheidungen ist die Kenntnis zahlreicher individueller Parameter erforderlich. Hierzu zählen z.B. die (bis auf eine lineare Transformation genaue) Kenntnis einer intertemporalen Risikonutzenfunktion, der Anfangsausstattung, des sonstigen Einkommens ("Basiseinkommen") im Zeitablauf sowie des Informationsstands (bzw. den hiermit verbundenen subjektiven Wahrscheinlichkeitsschätzungen). Handlungsempfehlungen sind - wenn überhaupt - nur investorspezifisch möglich.

2. Vollkommener Kapitalmarkt

Vollkommene Kapitalmärkte sind als theoretisches Konstrukt zu verstehen, welches in der Realität allenfalls angenähert auftritt.[22] Allerdings haben neuere

---

21 Vgl. etwa Zechner (1989), S. 71 ff.

22 Vgl. Uhlir/Steiner (1994), S. 3.

Entwicklungen an Finanzmärkten dazu geführt, daß zahlreiche Kapitalmarktunvollkommenheiten heute von weit geringerer Relevanz sind als in der Vergangenheit.[23]

Häufig wird der Begriff des vollkommenen Kapitalmarkts als Synonym für die Gleichheit von Soll- und Habenzinsen verwendet. Deren Übereinstimmung ist zwar notwendige Folge eines vollkommenen Kapitalmarkts, doch der Umkehrschluß trifft nicht zu: Auch bei übereinstimmenden Geldanlage- und Kreditaufnahmezinssätzen können Kapitalmarktunvollkommenheiten vorliegen, wenn beispielsweise bestimmte Transaktionen gesetzlich untersagt oder durch potentielle Kapitalgeber rationiert sind.

Vollkommene Kapitalmärkte liegen vor, wenn[24]

- Transaktionen am Kapitalmarkt "reibungslos" vorgenommen werden können, d.h. keine Transaktionskosten anfallen und keine Restriktionen (z.B. Leerverkaufs- oder Kreditaufnahmebeschränkungen) bestehen,
- freier Marktzugang für alle Kapitalanbieter und -nachfrager besteht,
- alle Finanztitel beliebig teilbar sind,
- Kapitalmarkttransaktionen nicht durch eine aneutrale Besteuerung beeinträchtigt werden (bzw. Steuern ganz ausgeschlossen sind) und
- sämtliche Informationen kostenlos zur Verfügung stehen (Transparenz).

Zusätzlich wird fast immer vorausgesetzt, daß vollständige Konkurrenz aller Kapitalanbieter und Kapitalnachfrager besteht (Kompetitivität): Einzelne Nachfrager nehmen durch ihr Nachfrageverhalten keinen Einfluß auf die Preise oder Angebotsmengen von Finanztiteln. Einzelne Anbieter (Unternehmungen) beeinflussen durch ihre Kapitalstrukturentscheidungen weder die Erträge anderer Finanztitel noch die Marktwerte von Ansprüchen auf zukünftige Einzahlungen.[25]

---

23 Vgl. zu dieser "Annäherung" der Realität an die Theorie insbesondere Schmidt (1991), S. 203 ff.

24 Vgl. etwa Fama/Miller (1972), S. 21; Haley/Schall (1979), S. 221; Süchting (1995), S. 370 und S. 403; Copeland/Weston (1988), S. 331; Zechner (1989), S. 13; Volpert (1989), S. 23; Drukarczyk (1993), S. 31.

25 Unternehmungen können aber durchaus den Marktwert der von ihnen ausgegebenen Wertpapiere beeinflussen.

Bei sicheren Erwartungen implizieren die genannten Annahmen, daß ein Investor Mittel zu einem einheitlichen Zinssatz am Kapitalmarkt anlegen oder bis zur Höhe seines Vermögens aufnehmen kann.[26] Bei unsicheren Erwartungen werden zwar mit unterschiedlichem Risiko behaftete Positionen mit unterschiedlichen erwarteten Renditen verbunden sein, doch diese Renditen hängen nicht davon ab, ob eine Kauf- oder eine Verkaufsposition eingegangen wird.

Ein vollkommener Kapitalmarkt im Gleichgewicht ermöglicht auch in Risikosituationen die Separation von Investitions- und Finanzierungsentscheidungen. Jede Finanzierungsweise hat einen Kapitalwert von null, so daß die Art der Finanzierung keinen Einfluß auf den Unternehmenswert hat.

Bei Sicherheit hinsichtlich der Konsequenzen ökonomischer Aktivitäten läßt sich auf einem vollkommenen Kapitalmarkt die Separationseigenschaft leicht zeigen: Aufgrund eines gegebenen Kapitalmarktzinssatzes ist es optimal, den Investitionsumfang auszudehnen, bis die marginale Investitionsrendite dem Marktzinssatz entspricht. Anpassungen der resultierenden Zahlungsstruktur an persönliche (Konsum-)Präferenzen können marktwertneutral und abgekoppelt von der Investitionsentscheidung durch Finanzanlagen oder Kreditaufnahmen am Kapitalmarkt vorgenommen werden (Fisher-Separation).

Auch bei Unsicherheit kann die Einflußlosigkeit der Finanzierung leicht nachgewiesen werden, wenn die Anteile einer Gesellschaft an einem organisierten Kapitalmarkt gehandelt werden. In diesem Fall beeinflussen Finanzierungsentscheidungen den Marktwert einer Unternehmung deshalb nicht, weil sich andernfalls Arbitragemöglichkeiten eröffnen würden, welche prinzipiell mit einem Kapitalmarktgleichgewicht unvereinbar sind.

Für ein Partialmodell mit zwei Unternehmen derselben operativen "Risikoklasse" wurde von Modigliani/Miller[27] gezeigt, daß die Höhe der Verschuldung für den Gesamtwert der Unternehmung bedeutungslos ist, wenn die Anteile an vollkommenen Märkten gehandelt werden und private Kreditaufnahme als perfektes Substitut für die Unternehmensverschuldung angesehen werden kann. Wäre nämlich ein höherer Verschuldungsgrad mit höheren Unternehmensgesamtwer-

---

26 Vgl. Drukarczyk (1993), S. 31.

27 Vgl. Modigliani/Miller (1958).

ten verbunden, wäre es für die Aktionäre der höher verschuldeten Unternehmung vorteilhaft, die Anteile zu veräußern und mit dem Erlös und zusätzlicher privater Kreditaufnahme die Anteile der niedriger bewerteten Unternehmung zu kaufen. Damit könnte ein sicherer Arbitragegewinn erzielt werden.

Zwar steigt mit zunehmendem Verschuldungsgrad die erwartete Eigenkapitalrentabilität, solange die erwartete Verzinsung des in der Unternehmung eingesetzten Kapitals über dem Fremdkapitalzinssatz liegt.[28] Gleichzeitig erhöht sich aber bei einer Ausweitung der Verschuldung auch das Leverage-Risiko, welches durch die Schwankungen der Eigenkapitalrentabilität gekennzeichnet ist. Dieses Kapitalstrukturrisiko nimmt gerade in denjenigen Fällen stark zu, in denen das Fremdkapital der Gesellschaft (noch) nicht ausfallbedroht ist.[29] Bei einer Erhöhung des Fremdkapital-Ausfallrisikos hingegen ergibt sich aufgrund einer Risikobeteiligung der Gläubiger (und damit einhergehender steigender Fremdkapitalkosten) ein geringerer Anstieg von Eigenkapitalrendite und Leverage-Risiko. Die Risikoübernahme durch Fremdkapitalgeber wird in diesem Fall durch ein geringeres Risiko der Kapitaleigner kompensiert, so daß das Irrelevanztheorem der Finanzierung weiterhin gilt.[30] Unabhängig davon, ob das Fremdkapital ausfallbedroht ist oder nicht, wird bei einer Ausweitung der Verschuldung die Steigerung der Eigenkapitalrendite durch das höhere Kapitalstrukturrisiko neutralisiert, so daß von einem geänderten Finanzierungsprogramm keine Marktwertänderungen ausgehen.

Innerhalb des Modigliani-Miller-Modellrahmens erübrigt sich somit die Vorteilhaftigkeitsanalyse von unternehmerischen Finanzierungsentscheidungen. Es gilt das Wertadditivitätstheorem, dem zufolge die Aufspaltung eines Betrags in unterschiedlich ausgestaltete Teilansprüche keinen Einfluß auf den gesamten Marktwert der Teilbeträge nehmen kann.[31] Finanzentscheidungen sind unter der Prämisse eines vollkommenen Kapitalmarkts bei Unsicherheit somit nur bei der präferenzkonformen Gestaltung der Konsumstruktur im privaten Bereich von Bedeutung. Da Konsumentscheidungen jedoch auf vollkommenen Konkurrenz-

28 Vgl. zum Leverage-Effekt Süchting (1995), S. 446.

29 Aus diesem Grund wird das Kapitalstrukturrisiko hier nicht als "zusätzliches Insolvenzrisiko" (Schneider (1992), S. 547) bezeichnet. Auch bei Schneider ist hiermit allerdings die Gefahr eines Vermögensverlusts gemeint.

30 Die Gültigkeit des Modigliani-Miller-Theorems bei ausfallrisikobehaftetem Fremdkapital wurde von Stiglitz (1969a), S. 784 ff. nachgewiesen.

31 Vgl. zur Wertadditivität auch Franke/Hax (1994), S. 327 ff.

märkten wegen marktgegebener, nicht beeinflußbarer Zinssätze von Investitionsentscheidungen separiert werden können, ergeben sich durch die Anlage und Aufnahme von Mitteln am Kapitalmarkt keine Rückwirkungen auf Marktwerte. Unternehmensmarktwerte werden somit allein durch (realwirtschaftliche) Investitionsentscheidungen bestimmt.[32]

Dies gilt auch dann, wenn die Bewertung des operativen Risikos, welche von Modigliani/Miller durch die Annahme gleicher Risikoklassen[33] ausgeklammert wurde[34], durch das Capital Asset Pricing-Modell (CAPM) erfolgt, welches mit dem Modigliani-Miller-Theorem kompatibel ist, sofern die Anwendungsvoraussetzungen beider Modelle erfüllt sind.[35]

3. Unvollkommener Kapitalmarkt

Gegenüber einem vollkommenen Kapitalmarkt sind auf unvollkommenen Kapitalmärkten die Möglichkeiten eingeschränkt (bzw. mit zusätzlichen Kosten verbunden), in bestimmten Zeitpunkten vorhandene Mittel in frühere oder spätere Zeitabschnitte zu verlagern. Der "Möglichkeitsbereich" eines Individuums, seinen Konsumnutzen durch die intertemporale Allokation von Konsumbeträgen zu maximieren, hängt allgemein von der Anfangsausstattung mit Finanzmitteln, den Investitions- und den Tauschmöglichkeiten für finanzielle Ansprüche ab.[36] Unvollkommene Kapitalmärkte sind durch eingeschränkte Tauschmöglichkeiten gekennzeichnet.

Hierbei sind jedoch weitere Spezifikationen erforderlich, weil Kapitalmarktunvollkommenheiten in unterschiedlicher Form auftreten können. Ein einfacher Fall der Unvollkommenheit liegt vor, wenn ein "Spread" zwischen jeweils konstanten Soll- und Habenzinssätzen vorliegt, ansonsten jedoch keine Beschränkungen zu berücksichtigen sind. Unterschiedliche Anlage- und Aufnahmezinssätze können auf Transaktionskosten oder auf eine Besteuerung zurückzuführen sein, bei der

---

32 Vgl. Stiglitz (1974), S. 851.

33 Diese Annahme ist allerdings keine Voraussetzung zur Ableitung des Irrelevanztheorems. Vgl. Barnea/Haugen/Senbet (1985), S. 12.

34 Hierdurch bleiben die Marktwerte im Rahmen des Modigliani/Miller-Modells materiell unbestimmt. Vgl. Wilhelm (1981), S. 891.

35 Vgl. Haley/Schall (1979), S. 157 ff.; Copeland/Weston (1988), S. 455 ff.

36 Vgl. Hirshleifer (1974), S. 32.

Schuldzinsen nicht oder nicht in vollem Umfang abzugsfähig sind. Auch unterschiedliche (Vor-Steuer-)Renditen für risiko- und laufzeitäquivalente Anlagen stellen ein Resultat unvollkommener Kapitalmärkte dar.[37]

Darüber hinaus können jedoch Marktunvollkommenheiten auch dadurch auftreten, daß kein freier Marktzugang besteht.[38] Finanzierungsmöglichkeiten können eingeschränkt (z.B. Kreditrationierung[39]) und bestimmte finanzpolitische Transaktionen gesetzlich eingeschränkt oder untersagt sein.

Bei unvollkommenem Kapitalmarkt sind zeitliche Transformationen von Zahlungsströmen in der Regel nur unter Abweichung von dem einheitlichen (evtl. risikoangepaßten) Zinssatz möglich, der sich auf einem vollkommenen Kapitalmarkt einstellen würde.[40] Im bekannten Fall des sog. Hirshleifer-Modells führen Friktionen in Form divergierender Soll- und Habenzinssätze dazu, daß Individuen mit unterschiedlichen zeitlichen Konsumpräferenzen wenigstens teilweise unterschiedliche Investitionsprogramme bevorzugen.[41] Entsprechend würde ein bereits festgelegtes Programm in Abhängigkeit von persönlichen Präferenzen unterschiedlich bewertet.

Diese Konstellation führt zunächst dazu, daß die optimale Investitions- und Finanzierungspolitik einer Unternehmung von den Präferenzen der Unternehmenseigentümer abhängig ist. Bei heterogenem Gesellschafterkreis kann möglicherweise keine Einstimmigkeit im Hinblick auf das zu wählende Investitionsprogramm der Unternehmung erreicht werden. Unter bestimmten Voraussetzungen, zu denen unter anderem die Existenz eines Marktpreises für Unternehmensanteile zählt, läßt sich jedoch auch auf unvollkommenen Kapitalmärkten mit der Zielsetzung der Marktwertmaximierung eine Entscheidungsregel angeben, die präferenzkonforme Entscheidungen im Sinne sämtlicher Gesellschafter ermöglicht.[42]

---

37 Vgl. auch Süchting (1995), S. 392.

38 Vgl. Süchting (1995), S. 392.

39 Vgl. Stiglitz/Weiss (1981), S. 393 ff.

40 Vgl. Süchting (1995), S. 333.

41 Vgl. Hirshleifer (1974), S. 197; Schneider (1992), S. 124 f.

42 Vgl. Abschnitt C.I. in diesem Kapitel.

4. Vollständige und unvollständige Kapitalmärkte

Kapitalmärkte werden als vollständig bezeichnet, "wenn jeder beliebige Zahlungsstrom gehandelt werden kann, ganz gleich, welche Höhe, welche zeitliche Struktur und welche Unsicherheit er aufweist."[43] Dies setzt voraus, daß mindestens so viele linear unabhängige Kapitalgüter wie Zukunftslagen vorhanden sind.[44] In diesem Fall können sog. elementare Wertpapiere konstruiert werden, die beliebige Transformationen zwischen sämtlichen Zeitpunkten und Zukunftslagen ermöglichen. Damit sind sämtliche Risikoteilungen möglich und sämtliche Risiken versicherbar.[45]

Existieren gleichgewichtige Marktpreise für zustandsabhängige Zahlungen, welche weder durch die Anlageentscheidung einzelner Investoren noch durch Kapitalstrukturentscheidungen von Unternehmungen beeinflußt werden können, so kann auf vollständigen Kapitalmärkten eine präferenzunabhängige Bewertung von Finanztiteln erfolgen. Die Kapitalstrukturentscheidung einer Unternehmung ist irrelevant, weil der Marktwert der Unternehmung, der sich aus den zustandsabhängigen realwirtschaftlichen Einzahlungen ergibt, von den Kapitalmarktteilnehmern in beliebige andere Zeit-Zustands-Kombinationen transformiert werden kann.

Auf unvollständigen Kapitalmärkten hingegen gilt das Modigliani-Miller-Theorem nicht zwangsläufig.[46] Sofern durch die Festlegung der Kapitalstruktur die Risikoallokationsmöglichkeiten am Gesamtmarkt beeinflußt werden, können in Abhängigkeit von der Finanzierungsstruktur unterschiedliche Unternehmenswerte resultieren. Umgekehrt kann jedoch auf unvollständigen Kapitalmärkten das Irrelevanztheorem gelten, wenn die bedingte Zahlungsstruktur der von einer Unternehmung emittierten Finanztitel durch eine entsprechende Zusammenstellung anderer börsengehandelter Wertpapiere reproduziert werden kann (sog. Spanning-Eigenschaft)[47]. In diesem Fall kann durch die Art der Cash-Flow-Zuordnung

---

[43] Schmidt/Terberger (1996), S. 55. Das Konzept vollständiger Märkte geht auf Debreu (1959) zurück.

[44] Vgl. Haley/Schall (1979), S. 222; Loistl (1993), S. 314.

[45] Vgl. Schneider (1989), S. 323.

[46] Vgl. Huang/Litzenberger (1988), S. 128.

[47] Die sog. *Spanning-Eigenschaft* besagt, daß sämtliche durch unternehmerische Entscheidungen hervorgerufenen Risikoallokationsmöglichkeiten durch marktgehandelte Wertpapiere dupliziert werden können. Somit ermöglicht auch *Spanning* - trotz gegenüber Vollständigkeit schwächeren Anforderungen - eine präferenzunabhängige Bewertung prin-

in Form unterschiedlicher finanzieller Ansprüche kein zusätzlicher Wert geschaffen werden.

Zudem können unvollständige Kapitalmärkte durch Optionen vervollständigt werden.[48] Mißt man das Eintreten zukünftiger Umweltzustände an dem Stand, den ein bestimmter Marktindex erreichen wird, so ist es mit Hilfe von Optionen möglich, Positionen zu konstruieren, die bei Erreichen eines bestimmten Indexintervalls zu einer positiven Einzahlung, ansonsten zu einer Zahlung von null führen.[49]

Eine Vervollständigung des Kapitalmarkts kann ferner durch den Handel von Wertpapieren erreicht werden. Bei mehrperiodigen Betrachtungszeiträumen kann Vollständigkeit deshalb auch dann gegeben sein, wenn die Zahl der linear unabhängigen Wertpapiere beträchtlich kleiner ist als die Zahl der Zeitpunkt-Zustands-Kombinationen. Verläuft etwa die Wertentwicklung von Wertpapieren gemäß einem Binomialprozeß, so reichen zwei am Sekundärmarkt gehandelte langfristige Wertpapiere aus, um Vermögen zwischen beliebigen Zeit-Zustands-Kombinationen zu transferieren.[50] Alle übrigen Wertpapiere sind redundant, da ihre bedingte Zahlungscharakteristik durch eine im Zeitablauf anzupassende Kombination der beiden ursprünglichen Wertpapiere dupliziert werden kann.

II. Steuerbedingte Kapitalmarktunvollkommenheiten und deren Beziehungen zu sonstigen Determinanten der Finanzstruktur

1. Steuerbedingt unvollkommene Kapitalmärkte

Häufig wird die Besteuerung als Ursache für die Unvollkommenheit des Kapitalmarkts genannt, ohne daß die hierfür maßgeblichen Wirkungen näher gekennzeichnet werden. So kann zum Beispiel in der nachfolgend beschriebenen Situation nicht von unvollkommenen Kapitalmärkten nach Steuern ausgegangen werden:

---

zipiell redundanter Wertpapiere. Vgl. Wilhelm (1983), S. 529; Strong/Walker (1987), S. 72; Merton (1992), S. 33; Hachmeister (1995), S. 15.

48 Diese Überlegung geht auf eine Arbeit von Ross (1976b), S. 75 ff. zurück. Vgl. auch Schmidt (1991), S. 204.

49 Zur Konstruktion sog. "delta securities" vgl. Breeden/Litzenberger (1978), S. 626.

50 Vgl. Raab (1993), S. 19 f.

Nimmt man vereinfachend an, daß die Anfangsausstattung mit Finanzmitteln, die (Real-)Investitionsmöglichkeiten und darüber hinaus auch die Präferenzfunktion eines Individuums durch die Besteuerung nicht beeinflußt werden, folglich nur Kapitalmarkttransaktionen steuerlich erfaßt werden, so muß die Besteuerung nicht notwendigerweise zu geänderten Konsummöglichkeiten führen. Eine Zinsbesteuerung mit einheitlichem Steuersatz und Abzugsfähigkeit der Zinszahlungen beim Kreditnehmer führt infolge des niedrigeren Nettozinssatzes zwar zunächst zu einer Verschiebung des Bereichs möglicher intertemporaler Konsumaufteilung: Die Möglichkeiten zu vergleichsweise frühem Konsum werden aufgrund der günstigeren Kreditaufnahme verbessert, späterer Konsum hingegen benachteiligt.[51] Auf funktionsfähigen Kapitalmärkten wird aber der Sachverhalt, daß jeder steuerpflichtigen Zinszahlung eine Abzugsmöglichkeit in gleicher Höhe gegenübersteht, zu einer Anpassung des Bruttozinssatzes ("grossing up") führen, die bei übereinstimmenden Steuersätzen von Gläubiger und Schuldner so lange andauern wird, bis die ursprüngliche Austauschrelation wieder erreicht ist.

Würden nur finanzielle Transaktionen besteuert, bei denen jeder Long-Position eine entsprechende Short-Position gegenübersteht ("zero net supply"), so wäre bei einheitlichen Steuersätzen das gesamte Steueraufkommen null. Die Besteuerung könnte in diesem Fall nicht als Kapitalmarktunvollkommenheit wirken, weil ihr Einfluß vollständig durch Preisreaktionen neutralisiert werden könnte.

Natürlich beschreibt die genannte Situation nicht die real auftretenden Besteuerungswirkungen, welche stets mit einem positiven Steueraufkommen verbunden sind. Sie zeigt aber, daß der Einfluß der Besteuerung durch Kapitalmarktreaktionen abgeschwächt werden kann.

Allerdings setzt ein vollkommener Kapitalmarkt nach Steuern auch keine vollständige Kompensation der Besteuerung voraus. So könnte z.B. auch bei unterschiedlichen Steuersätzen von einem vollkommenen Kapitalmarkt nach Steuern ausgegangen werden, wenn keine Differenzen in der steuerlichen Behandlung von Kauf- und Verkaufspositionen (hierzu zählen auch Kapitalmarktanlagen und Kreditaufnahmen) und keine Differenzen in der steuerlichen Behandlung einzelner Anlage- bzw. Finanzierungsalternativen vorliegen. Dies ist in einem Steuersystem der Fall, in welchem einzelne Formen der Kapitalanlage oder

51 Vgl. Atkinson/Stiglitz (1980), S. 82.

Finanztitelemissionen nicht begünstigt oder diskriminiert werden, so daß sich unter diesem Aspekt kein Anreiz zu Portfoliospezialisierungen oder Steuerarbitragen ergibt.[52] In diesem Fall kann sich die Besteuerung zwar in veränderten Preisrelationen niederschlagen, es liegen aber nach dieser Anpassung einheitliche Anlage- und Aufnahmezinssätze für ökonomisch äquivalente Positionen vor.

Dies ist anders bei Steuersystemen, welche diese Neutralitätseigenschaft nicht aufweisen. So ergeben sich zum einen Konsequenzen bei asymmetrischer Besteuerung, wenn beispielsweise Zinsen auf Kredite, die nicht in unmittelbarem Zusammenhang zur Erzielung von Einkünften stehen (z.B. Konsumkredite), steuerlich nicht oder nicht in vollem Umfang abzugsfähig sind. In diesem Fall hängen die Anpassungen des Bruttozinssatzes von den Elastizitäten der Kapitalangebots- und -nachfragefunktionen ab.[53] Wenn eine Kreditaufnahme zum Bruttozins erfolgt, während Geldanlagen am Kapitalmarkt nach Steuern nur die geringere Nettoverzinsung erwirtschaften, ist zum einen keine vollständige Kompensation des Steuereinflusses durch Kapitalmarktreaktionen mehr möglich, so daß aus Sicht der Kapitalgeber Konsummöglichkeiten verloren gehen. Zum anderen besteht kein einheitlicher Zinssatz für die Transformation von Zahlungen in andere Perioden mehr. Hierin kann eine steuerbedingte Kapitalmarktunvollkommenheit gesehen werden.

Eine anlageformspezifische Besteuerung von Kapitalanlagen (z.B. die Existenz steuerfreier und steuerpflichtiger risikoloser Anlageformen) bliebe unter der Voraussetzung einheitlicher Steuersätze letztlich nur dann ohne Folgen, wenn die begünstigte Besteuerung beim Anleger an eine entsprechend geringere Abzugsmöglichkeit beim Emittenten gekoppelt wäre (d.h. die Besteuerung symmetrisch ausgestaltet wäre). In diesem Fall ergeben sich nach Anpassungen der relativen Wertpapierpreise aus Anlegersicht und Unternehmenssicht keine weitergehenden Folgen für die Vorteilhaftigkeit von Anlage- oder Finanzierungsentscheidungen.

Hingegen treten bei einer symmetrischen Besteuerung Konsequenzen ein, wenn einzelne Anlageformen steuerlich unterschiedlich behandelt werden und hetero-

---

52 Vgl. hierzu Abschnitt B. im zweiten Kapitel.

53 Deren Bestimmung ist allerdings problematisch. Vgl. Schwinger (1992), S. 76.

gene Grenzsteuersätze der Investoren zu verzeichnen sind. Da in diesem Fall die Steuerkapitalisierung auf der Grundlage eines bestimmten Steuersatzes erfolgt, ist für alle übrigen Steuersätze keine arbitragefreie Bewertung mehr möglich. Dies eröffnet allen Anlegern Arbitragemöglichkeiten, deren Grenzsteuersatz von dem der Preisbildung zugrundeliegenden Steuersatz abweicht. Somit reicht die symmetrische steuerliche Behandlung von Kauf- und Verkaufspositionen allein nicht aus, um Steuerwirkungen im Rahmen von Anlageentscheidungen zu vermeiden.

Auf funktionsfähigen Kapitalmärkten werden somit steuerliche Vor- oder Nachteile nur bedingt durch Preisanpassungen aufgefangen.[54] Das Ausmaß der Preisreaktionen hängt dabei auch von der Angebotselastizität des betrachteten Wertpapiers ab.[55] Wird ein völlig unelastisches (d.h. gegebenes) Wertpapierangebot unterstellt, so sind zwar steuerlich verursachte Portefeuilleumschichtungen bei einzelnen Anlegern möglich. Diese werden jedoch bezogen auf die Gesamtheit der Kapitalmarktteilnehmer Preisanpassungen auslösen, welche im Gleichgewicht wieder zur Nachfrage des gegebenen Wertpapierangebots führen.

Zwar knüpft die Besteuerung auf Unternehmensebene nicht direkt an Finanzierungsentscheidungen, sondern an die Bemessungsgrundlagen von Ertrag- und Substanzsteuern (vereinfacht "Einkommen" und "Vermögen") an, die ihrerseits jedoch finanzierungsabhängigen Modifikationen unterliegen. So hängt die Abzugsfähigkeit des Entgelts für die Kapitalüberlassung bei ertragsteuerlichen Bemessungsgrundlagen im deutschen Steuerrecht entscheidend davon ab, ob eine Finanzierungsform als "Eigen-" oder als "Fremdkapital" eingestuft wird.[56] Anknüpfungspunkt für die steuerliche Einstufung einer Finanzierungsbeziehung ist somit die Rechtsstellung der Kapitalgeber, wobei allerdings eine über juristische Kategorien hinausgehende, differenzierte Zuordnung unterbleibt. Die an die rechtliche Stellung der Kapitalgeber anknüpfende steuerrechtliche Zuordnung kann damit völlig unabhängig von der mit einer Finanzierungsform verbundenen,

54 Vgl. Barnea/Haugen/Senbet (1985), S. 3.

55 Vgl. Atkinson/Stiglitz (1980), S. 67.

56 Die Einstufung als steuerrechtliches Fremdkapital ist fast immer an das Vorliegen von Festansprüchen auf Zins- und/oder Kapitalrückzahlungen verbunden. So stellen z.B. Ausschüttungen auf Genußscheine gem. § 8 Abs. 3 Satz 2 KStG nur dann keine Betriebsausgaben dar, wenn die Genußscheine sowohl eine Gewinnbeteiligung als auch eine Beteiligung am Liquidationserlös beinhalten.

ökonomisch relevanten Risikoposition sein.[57] Hierdurch ergeben sich insbesondere für den Bereich der sog. innovativen Finanzierungsformen steuerliche Gestaltungsmöglichkeiten.

Unterschiedliche Besteuerungsfolgen ökonomisch vergleichbarer Sachverhalte treten aber nicht nur zwischen Eigen- und Fremdkapitalkategorien auf. Sie sind z.B. auch bei rechtlich unterschiedlich organisierten Formen der Beteiligungsfinanzierung zu beachten. Die Anknüpfung der Besteuerung an die Rechtsform einer Unternehmung führt beispielsweise dazu, daß das Einkommen einer Kapitalgesellschaft als selbständigem Steuersubjekt der Körperschaftsteuer unterworfen wird, während Gewinne oder Verluste bei Einzelunternehmungen und Personengesellschaften den persönlichen Einkünften der Eigentümer zugerechnet werden. Ökonomisch bedeutsam ist dieser Unterschied zwar nur für den einbehaltenen Gewinn einer Kapitalgesellschaft, dessen Besteuerung beim Anteilseigner problematisch erscheint.[58] Angesichts der in Deutschland hohen Thesaurierungsquoten können hieraus aber signifikante Unterschiede resultieren.

Eine Verletzung von Rechtsformneutralität wäre zwar unproblematisch, wenn Rechtsformen ohne Reibungsverluste substituierbar wären. In diesem Fall würde jeweils die unter steuerlichen Aspekten am günstigsten erscheinende Organisationsform gewählt. In der Regel bestehen aber auch nicht-steuerliche Gründe, welche für die Wahl einer bestimmten rechtlichen Organisation sprechen.[59] In diesem Fall kann es zu Effizienzeinbußen kommen, wenn aus steuerlichen Gründen eine ansonsten nicht vorteilhafte Rechtsform gewählt wird.

Neben denjenigen Steuerwirkungen, die bestimmte Formen der Kapitalanlage bzw. Finanzierung begünstigen oder diskriminieren (und somit eine steuerliche Finanzierungs-Rangfolge implizieren), existieren auch steuerliche Einflüsse, die eine Mischfinanzierung vorteilhaft erscheinen lassen. Hierzu zählen sog. "Tax Timing Options". Diese können z.B. dadurch entstehen, daß Kursgewinne und Kursverluste zu unterschiedlichen Zeitpunkten besteuert werden.[60] Weil für die

---

57 Vgl. dazu Elschen (1993), S. 589.

58 Vgl. zu den Vorschlägen einer Teilhabersteuer Engels/Stützel (1968); Sørensen (1994).

59 Vgl. Jochum (1991), S. 168. Von Bedeutung sind hier vor allem institutionenökonomische Aspekte.

60 Dies trifft für Privatanleger im deutschen Steuerrecht in der Regel nicht zu, weil Kursgewinne und -verluste bislang nicht der Besteuerung unterliegen (Ausnahme Spekulationsgeschäfte). Im dritten Kapitel wird aber gezeigt, daß vergleichbare (Options-)Effekte

steuerliche Erfassung von Kursgewinnen nicht der Zeitpunkt des Wertzuwachses, sondern der Realisationszeitpunkt ausschlaggebend ist, kann dessen Festlegung steueroptimiert erfolgen. Dabei stellt die Möglichkeit, im Falle einer Kurssteigerung die Realisation aufzuschieben, Kursverluste hingegen sofort geltend zu machen, eine Option dar, deren Ausübung von der Kursentwicklung abhängig gemacht wird.

Mit "Tax Options" kann auch begründet werden, weshalb für eine Unternehmung die Emission unterschiedlicher (d.h. hinsichtlich der Zahlungsansprüche nicht vollständig korrelierter) Finanztitel vorteilhaft sein kann: Da ein Portefeuille von Optionen auf bestimmte Basisinstrumente grundsätzlich einen mindestens so hohen Wert aufweist wie eine Option auf ein Portefeuille derselben Basisinstrumente[61], führt die Emission verschiedener Finanztitel zu einem Anstieg des gesamten Marktwerts der ausgegebenen Wertpapiere, wenn auf Unternehmensebene (z.B. aufgrund des Imparitätsprinzips) Verluste antizipiert werden können. Dies kann ein Grund für komplexe Kapitalstrukturen sein.[62] Zudem kann in der Existenz derartiger "Tax Options" ein Grund für Finanztitel mit langer Laufzeit gesehen werden.[63]

2. Sonstige Determinanten der Finanzstrukturentscheidung und Einfluß der Besteuerung

Nicht-finanzierungsneutrale Steuersysteme stellen zwar einen zentralen, doch nicht den einzigen Bestimmungsfaktor der Kapitalstrukturentscheidung dar. Andere Einflußfaktoren wie etwa Agency-Probleme oder Insolvenzkosten tragen ebenfalls dazu bei, daß die Wahl der Finanzierungsinstrumente Einfluß auf den Unternehmenswert nehmen kann.[64] Diese Faktoren sind zwar zunächst von eigenständigem Interesse - sie können aber auch im Zusammenwirken mit der Besteuerung von Bedeutung sein. Steuerliche Relevanz erhalten nicht-steuerliche Einflußfaktoren immer dann, wenn ihr Ausmaß von der Besteuerung

---

auch bei einer unterschiedlichen Besteuerung von Kursgewinnen und Kapitaleinkünften auftreten können.

61 Vgl. Merton (1973), S. 148.

62 Vgl. Lewellen/Mauer (1988), S. 388 f.

63 Vgl. Kim/Mauer/Stohs (1995), S. 33.

64 Vgl. Ross/Westerfield/Jaffe (1993), S. 494; Wosnitza (1995), S. 3.

beeinflußt ist oder wenn die alleinige Berücksichtigung der Besteuerung als Erklärungsansatz für die Wahl einer Finanzierungsstruktur nicht ausreicht. Letztgenanntes wäre etwa dann der Fall, wenn es ohne weitere Kapitalmarktrestriktionen zu realitätsfernen Randlösungen (z.B. einer Verschuldung von 100% des Unternehmensmarktwerts) oder zu einer vollständigen Steuerarbitrage (und damit zu homogenen Anlegersteuersätzen) kommen würde.[65]

Neben der Besteuerung spielen bei der Erklärung für die zahlreichen Erscheinungsformen vertraglicher Gestaltungen der Kapitalüberlassung im Rahmen der Unternehmensfinanzierung insbesondere folgende Faktoren eine Rolle:

a. Ungleichmäßige Informationsverteilung

Auswirkungen auf Finanzierungsentscheidungen können sich durch Informationsvorsprünge einzelner Vertragspartner ergeben. Nur bei strenger Informationseffizienz des Kapitalmarkts[66] könnte dem Informationsstand keine eigenständige Bedeutung beigemessen werden, da in diesem Fall bereits sämtliche kursrelevanten Informationen, folglich auch sog. Insider-Informationen, in den aktuellen Wertpapierkursen enthalten sind. Dieser Fall kann jedoch nicht als geeignete Beschreibung derzeit existierender Kapitalmärkte angesehen werden.

Bei einer weniger effizienten Informationsverarbeitung durch den Kapitalmarkt führt eine verbesserte Informationslage (bzw. eine Verringerung von Unsicherheit) über die zukünftigen Erträge des Unternehmens zu einer genaueren Datenbasis für die Ermittlung fundamentaler Werte und kann infolgedessen zu qualitativ besseren Entscheidungen führen.[67] Gleichzeitig ist aber eine Informationsbeschaffung oft mit hohen Informationskosten verbunden oder überhaupt nicht möglich.

---

65 So z.B. Ross (1987), S. 372.

66 Vgl. Süchting (1995), S. 398.

67 Dies setzt allerdings voraus, daß innerhalb des betrachteten Zeitrahmens eine Kursanpassung an fundamentale Werte erfolgen wird. Eine derartige Annäherung ist jedoch zumindest umstritten, wie die Diskussion um das sog. Noise-Trader-Phänomen zeigt: Existiert eine Anlegergruppe mit teilweise irrationalen Handelsstrategien, so wird durch diese Kapitalmarktteilnehmer ein zusätzliches Risiko geschaffen, welches dazu führt, daß Wertpapierkurse von ihrem fundamentalen Wert abweichen können. Vgl. etwa DeLong/Shleifer/Summers/Waldmann (1990), S. 703 ff.; Menkhoff/Röckemann (1994).

Unterschiedliches Wissen ergibt sich praktisch zwangsläufig aus der Notwendigkeit zur Spezialisierung in arbeitsteiligen Organisationen. Bei der für börsennotierte Kapitalgesellschaften typischen Trennung von Eigentum und Verfügungsmacht ist etwa das Management einer Gesellschaft regelmäßig besser über die Ertragslage der Unternehmung und die Gewinnchancen von Investitionsprojekten informiert als die nicht an der Geschäftsführung beteiligten Aktionäre, deren Engagement häufig ohnehin nicht auf den Erwerb von Aktien einer einzigen Unternehmung beschränkt ist, sondern sich aus Diversifikationsgründen auf Beteiligungen an zahlreichen Gesellschaften erstreckt.

Auf der Grundlage von Informationsunterschieden wurden im Rahmen der Finanzierungstheorie zwei Konzeptionen entwickelt, welche in agencytheoretische Ansätze und Signalling-Modelle unterteilt werden können.

a1. Interessenkonflikte (Principal-Agent-Theorie)

Ansatzpunkt der Principal-Agent-Theorie ist die Annahme, daß neben unterschiedlichem Wissen (z.B. über die Entwicklung der zukünftigen Erfolge) auch divergierende Interessen und damit Zielkonflikte zwischen Vertragspartnern vorliegen. Der Kapitalgeber (Prinzipal) sieht sich im Vergleich zur (informationsbedingt geringeren) "Basis-"Unsicherheit des Agenten zusätzlichen Unsicherheiten ausgesetzt, welche das Verhalten des Agenten betreffen. Die Ausprägungen dieser zusätzlichen Unsicherheit sind durch nicht übermittelte Informationen oder nicht beobachtbare Entscheidungen (z.B. hinsichtlich Arbeitseinsatz oder Investitions- oder Finanzierungsentscheidungen) des Agenten gekennzeichnet, von denen zu vermuten ist, daß sie primär an dessen Präferenzen ausgerichtet werden. Solche "diskretionären" Handlungsspielräume ergeben sich aufgrund nur begrenzter Kontrollmöglichkeiten durch die Kapitalgeber.[68]

Divergierende Informations- und Interessenlagen können zwischen verschiedenen Unternehmensbeteiligten auftreten. Im Hinblick auf Investitions- und Finanzierungsentscheidungen[69] sind vor allem Interessenkonflikte zwischen An-

---

68 Bei Unsicherheit ist es nicht problemlos möglich, ein realisiertes ungünstiges Ergebnis ex post auf opportunistisches Handeln des Agents zurückzuführen. Das Ergebnis könnte auch auf das Eintreten eines ungünstigen Umweltzustands zurückzuführen sein, auf welches der Agent keinen Einfluß hatte.

69 Vgl. Barnea/Haugen/Senbet (1985), S. 26 ff. zur sog. "financial theory of agency".

teilseignern und Managern sowie zwischen Eigenkapitalgebern und Gläubigern von Interesse.[70] Daneben können auch Konflikte zwischen verschiedenen Aktionärsgruppen auftreten. Hierzu können Divergenzen zwischen aktuellen und potentiellen Aktionären ebenso gezählt werden wie solche zwischen Anteilseignern mit unterschiedlichen persönlichen Merkmalen (z.B. unterschiedliche steuerliche Eigenschaften oder Beteiligungsquoten).

Interessenkonflikte können zudem durch die Besteuerung verursacht oder verschärft werden.[71] So trägt etwa die Möglichkeit zur Inanspruchnahme vielfältiger Steuervorteile zu einer Erweiterung des Handlungsspielraums des Managements bei.[72] Ebenso können sich zusätzliche Spielräume bei der Definition einer anteilseignerorientierten Politik ergeben, wenn die Anteilseigner der Gesellschaft unterschiedliche steuerliche Eigenschaften aufweisen.

a11. Interessenkonflikte zwischen Anteilseignern und Managern

Konflikte zwischen den Anteilseignern und der Unternehmensleitung einer Publikumsaktiengesellschaft können auf finanzielle und nicht-monetäre Motive zurückzuführen sein.[73] Hierzu zählen unter anderem folgende Aspekte:

(1) Bei Entscheidungen über Investitions- und Finanzierungsmaßnahmen können Zielkonflikte zwischen Eigenkapitalgebern und der Unternehmensleitung selbst bei übereinstimmender Risikoeinschätzung darauf zurückzuführen sein, daß Manager nicht im selben Umfang wie Kapitaleigner Diversifikationseffekte erzielen können und deshalb auch dem sog. unsystematischen Risiko Bedeutung zumessen.[74] Manager könnten deshalb geneigt sein, nur relativ sichere In-

---

70 Hierbei ergeben sich jeweils unterschiedliche Schlußfolgerungen im Hinblick auf eine anreizverträgliche Gestaltung der Finanzierungsstruktur. Jensen/Meckling (1976), S. 244 f. leiten hieraus eine optimale Kapitalstruktur ab.

71 Vgl. Elschen (1987), S. 363 ff. Zu den steuerlich verursachten Agency-Problemen zählt im übrigen die Erhebung von Steuerzahlungen selbst, denn hier sind die Möglichkeiten des Fiskus (Prinzipal) zur Überprüfung des ausgewiesenen steuerpflichtigen Einkommens bzw. Gewinns unvollständig bzw. mit Kosten verbunden, wenn sich der Steuerpflichtige (Agent) einer genauen Erfassung entgegenstellt. Vgl. Neudeck/Steißler (1991), S. 487.

72 Vgl. Elschen (1987), S. 366.

73 Hierzu zählen etwa Konsum am Arbeitsplatz, Prestige und die Präferenz für einen sicheren Arbeitsplatz. Vgl. hierzu ausführlich Schmidt/Terberger (1996), S. 435.

74 Vgl. hierzu etwa Francfort/Rudolph (1992), S. 1060.

vestitionsprojekte durchzuführen, obwohl aus Sicht der Kapitaleigner auch riskantere Projekte vorteilhaft wären.

(2) Bei der Ausübung von Bilanzierungs- und Bewertungswahlrechten in Handels- und Steuerbilanz, welche über das Maßgeblichkeitsprinzip eng verknüpft sind, ist aus steuerlicher Sicht in der Regel die frühest- und höchstmögliche Aufwandsverrechnung optimal.[75] Denn bei zeitkonstanten (oder im Zeitablauf sinkenden) Grenzsteuersätzen werden hierdurch Steuerbarwerte minimiert, was sich in einem entsprechend höheren Unternehmenswert niederschlägt. Aus Sicht des Managements können jedoch Anreize zu einem hohen Gewinnausweis bestehen, wenn dieses - wie z.B. in § 86 Abs. 1 AktG vorgesehen - am Jahresgewinn der Gesellschaft beteiligt ist. Dies kann aus Sicht der Anteilseigner zu einer steuerlich nachteiligen Gewinnausweispolitik führen.[76]

Lösungsansätze des Eigentümer-Manager-Interessenkonflikts wurden in Form von Kontroll- und Anreizsystemen vorgeschlagen.[77] Bei den Anreizsystemen ist eine Zielharmonisierung durch Erfolgsbeteiligungen der Manager beabsichtigt. Dabei wäre zur Managerentlohnung anstelle von jahresabschlußbezogenen Erfolgsgrößen an Dividendenzahlungen oder den Aktienkurs[78] anzuknüpfen.

Auch durch eine Ausweitung der Verschuldung kann der Interessenkonflikt zwischen Managern und Anteilseignern entschärft werden. Einerseits führt die verschuldungsbedingte Erhöhung der fixen Auszahlungsverpflichtungen zu einer Begrenzung des finanziellen Spielraums des Managements, welches sich bei weiteren Investitionsvorhaben somit erneut an den Kapitalmarkt wenden muß und damit einer stärkeren Kapitalmarktkontrolle unterliegt. Andererseits geht ein hoher Verschuldungsgrad mit vergleichsweise niedrigen Eigenkapitalwerten einher, wodurch der Besitz hoher Beteiligungsquoten erleichtert wird (z.B. Leveraged Buy Out). Eine stärkere Konzentration des Eigentümerkreises erleich-

---

75 Dies gilt in allgemeiner Form nur, solange konstante Grenzsteuersätze unterstellt und Rückwirkungen der umgekehrten Maßgeblichkeit auf Ausschüttungsmöglichkeiten vernachlässigt werden. Vgl. Wagner/Hawlitzky (1991), S. 310 ff.

76 Vgl. Ronen/Aharoni (1989); Elschen (1995), S. 304.

77 Da beide Varianten zu Auszahlungen führen, die bei symmetrischer Informationsverteilung nicht aufgetreten wären, werden diese auch als "agency costs of equity" bezeichnet.

78 Aufgrund einer möglichen Kursbeeinflussung durch das Management wäre hier eine an durchschnittlichen Aktienkursen orientierte Bemessungsgrundlage besser als eine stichtagsbezogene geeignet. Vgl. Elschen (1995), S. 320.

tert jedoch die Kontrolle des Managements und führt in bestimmten Fällen (z.B. beim Management Buy Out) zu einem Wegfall von Interessenkonflikten infolge einer Identität von Kapitaleignern und Managern.

a12. Interessenkonflikte zwischen Anteilseignern und Gläubigern

Bei Interessenkonflikten zwischen Eigenkapitalgebern und Gläubigern steht die Problematik von Risikoverlagerungen zu Lasten der Fremdkapitalgeber im Vordergrund. Diese tritt insbesondere im Zusammenhang mit beschränkter Haftung auf. Werden Kredite nach Abschätzung der Ausfallrisiken zu einem bestimmten risikoangepaßten Zinssatz vergeben, und führen die Eigentümer der Unternehmung nach Erhalt dieses Kredits Maßnahmen durch, welche das gesamte Unternehmensrisiko über das von den Kreditgebern prognostizierte Maß hinaus erhöhen, so tritt eine Vermögensverschiebung zu Lasten der Gläubiger ein[79], weil diese zwar höheren Ausfallrisiken ausgesetzt sind, jedoch infolge ihres Festanspruchs nicht an den zusätzlichen Ertragschancen partizipieren. Die Möglichkeit zur Verlagerung von Risiken beruht auf dem Sachverhalt, daß Finanztitel über verschieden definierte Zahlungsansprüche hinaus auch durch unterschiedliche Verfügungsrechte gekennzeichnet sind.[80]

Die Antizipation möglicher Verhaltensänderungen wirft Anreizprobleme auf, weil Geldgeber unter Umständen nicht bereit sind, Kapital zu einem Zinssatz bereitzustellen, der bei gleichem Wissen über das durchzuführende Investitions- und Finanzierungsprogramm und damit über die künftige Ertragslage einer Unternehmung angesetzt würde. Dies kann dazu führen, daß Fremdkapital überhaupt nicht oder nur zu vergleichsweise ungünstigen Konditionen, z.B. höheren Zinssätzen oder Zusatzvereinbarungen in den Kreditverträgen, vergeben wird.[81] Weil aber nach einer Zinsanpassung möglicherweise nicht mehr das vor Berücksichtigung von Informationsunterschieden optimale Investitionsprogramm gewählt wird[82],

---

79 Vgl. etwa Rudolph (1986b), S. 896.

80 Vgl. Hartmann-Wendels (1986), S. 4. Neben der risikoerhöhenden Umstrukturierung des Investitionsprogramms verfügen die Eigentümer auch mit der Entscheidungskompetenz über Ausschüttungen über die Möglichkeit, Teile des Cash-Flows in die Eignersphäre zu transferieren, bevor Fremdkapitalgeber Zugriff auf das Unternehmensvermögen nehmen können. Vgl. etwa Ang (1987), S. 9. Hier bestehen jedoch zahlreiche handels- und aktienrechtliche Restriktionen.

81 Vgl. Stiglitz/Weiss (1981), S. 393 ff.; Süchting (1992), S. 397.

82 Ein Beispiel für diesen Sachverhalt findet sich bei Swoboda (1991a), S.174.

können sog. Agency-Kosten der Verschuldung und gesamtwirtschaftlich nachteilige Allokationsstörungen auftreten.

Bestimmte Ausgestaltungen von Finanzierungsverträgen könnten nun besser als herkömmliche Finanzierungsformen zur Minderung von Risikoanreizproblemen (sowie die hierdurch verursachten Kosten) geeignet sein. In diesem Zusammenhang sind in der Literatur vor allem Finanzierungsinstrumente vorgeschlagen worden, die den Gläubigern einen höheren Anteil an zukünftigen Erträgen einräumen.[83] Hierzu zählen etwa Optionsanleihen, die den Inhabern über den Anspruch auf eine feste Verzinsung hinaus mit den Optionsscheinen eine Partizipation an günstigen Kursentwicklungen ermöglichen.[84]

Neben einer erschwerten Kreditfinanzierung können Anreizprobleme aber auch die Beschaffung neuer Eigenmittel durch Kapitalerhöhungen behindern. Bei einem als überbewertet eingeschätzten Aktienkurs könnte ein im Interesse der bisherigen Anteilseigner handelndes Management nämlich versuchen, junge Aktien zu dem gegenwärtig über dem "fundamentalen" Wert liegenden Aktienkurs auszugeben.[85] Aus diesem Grund kann die Ankündigung einer Kapitalerhöhung am Kapitalmarkt als Anzeichen für einen überbewerteten Aktienkurs und damit als negatives Signal gewertet werden.[86] Dies kann auch in den Fällen zu einer erschwerten Beteiligungsfinanzierung führen, in denen tatsächlich keine Überbewertung vorherrscht.

---

83 Vgl. Green (1984), S. 115 ff. und Fischer/Zechner (1990), S. 334.

84 Allerdings können bei Optionsanleihen Anreizprobleme anderer Art auftreten. Aus Sicht der Kapitaleigner (bzw. der im Sinne der Anteilseigner handelnden Unternehmensleitung, die im Rahmen ihrer Informations- oder Dividendenpolitik Möglichkeiten zur Beeinflussung des Aktienkurses besitzt) kann z.B. ein Anreiz bestehen, den Aktienkurs am Ende der Optionsfrist niedrig zu halten. Vgl. Swoboda (1991a), S. 213.

85 Dies gilt unter Berücksichtigung der Bezugsrechtswerte (sofern kein Bezugsrechtsausschluß vorgenommen wird) auch dann, wenn der Kurs der neuen Aktien unter dem aktuellen Kurswert liegt.

86 Vgl. Myers/Majluf (1984), S. 187 ff.; Neudeck/Streißler (1991), S. 500 ff. In dieser Situation sind aber auch gegenläufige Schlußfolgerungen möglich: Reichen weder Innenfinanzierung noch Kreditfinanzierung aus, um vorteilhafte Investitionen zu finanzieren, so ist ebenfalls auf die Beteiligungsfinanzierung zurückzugreifen. In diesem Fall wären aber eher günstige Signalwirkungen zu erwarten.

a2. Signalling

Entgegen theoretischen Überlegungen, die unter bestimmten "neoklassischen" Voraussetzungen die Irrelevanz der Dividendenpolitik[87] oder einer Kapitalerhöhung aus Gesellschaftsmitteln[88] nachweisen, legen empirische Untersuchungen[89] eine Abhängigkeit des Aktienkurses von (unerwarteten) Ankündigungen finanzpolitischer Maßnahmen nahe. Eine mögliche Erklärung hierfür besteht in der Bedeutung der Finanzpolitik als Signal für die Erwartungen der regelmäßig besser informierten Unternehmensleitung.[90] Der Marktwert wird hiernach durch die mit einem finanzpolitischen Vorgang verbundenen Informationswirkungen beeinflußt, welche über den Informationsgehalt anderer Quellen (wie veröffentlichte Jahresabschlüsse oder Lageberichte) hinausgehen.[91]

Daß sich eine Gesellschaft veranlaßt sehen kann, unternehmensinterne Informationen in Form von Signalen zu übermitteln, hängt eng mit den bei asymmetrischer Information und divergierenden Interessen auftretenden Anreizproblemen zusammen. Bei unzureichender Kenntnis der tatsächlichen wirtschaftlichen Situation könnte eine Unternehmung am Kapitalmarkt unterbewertet werden; es käme zu einer Art Marktversagen durch "adverse Selektion". Ein im Interesse der Anteilseigner handelndes Management müßte deshalb anstreben, durch glaubwürdige Signale einen höheren Kurswert der Anteile zu erreichen.

Signalwirkungen werden - neben Beschlüssen über Kapitalerhöhungen[92] und Kapitalstrukturänderungen - insbesondere Dividendenankündigungen zugeschrieben. Unerwartete Dividendenänderungen haben in diesem Fall über den Dividendenabschlag hinausgehende Auswirkungen auf den Kurswert, weil sie auch die Erwartungen hinsichtlich zukünftiger Dividendenzahlungen beeinflussen.

Glaubhaft lassen sich derartige finanzpolitischen Signale aber in der Regel nur übermitteln, wenn sie mit Kosten verbunden sind, welche ein Unternehmen mit

---

87 Vgl. Miller/Modigliani (1961); Miller/Scholes (1978).

88 Vgl. Süchting (1995), S. 95.

89 Vgl. Bay (1990), S. 92 ff.; Gebhardt/Entrup/Heiden (1994), S. 319 ff.

90 Vgl. Ross (1977), S. 23 ff.; Capitelli (1989), S. 34 ff.; Süchting (1995), S. 6.

91 Vgl. Hakansson (1982), S. 415.

92 Vgl. Myers/Majluf (1984), S. 187 ff., sowie zu Kapitalerhöhungen aus Gesellschaftsmitteln Gebhardt/Entrup/Heiden (1994), S. 309 ff.

ungünstigeren Ertragsaussichten von entsprechenden Maßnahmen abhalten würde.[93] Es muß ausgeschlossen sein, daß (potentielle) Aktionäre z.B. mittels Dividendenpolitik über die tatsächlichen Ertragsaussichten der Unternehmung getäuscht werden.[94]

Derartige (Opportunitäts-)Kosten des Signalisierens entstehen im Modell von Miller/Rock durch entgangene Investitionserträge, da hierbei Dividendenzahlungen zu Lasten der Finanzierung von vorteilhaften Investitionsprojekten vorgenommen werden.[95] In anderen Modellen werden hingegen die mit einer Ausschüttung verbundenen steuerlichen Nachteile als "Signalling Costs" interpretiert.[96] Dies scheint zwar auf das deutsche Steuerrecht nicht übertragbar, weil hier infolge des körperschaftsteuerlichen Anrechnungsverfahrens keine Doppelbesteuerung von Dividenden besteht. Im vierten Kapitel wird aber gezeigt, daß unter bestimmten Voraussetzungen auch im deutschen Steuersystem Ausschüttungen benachteiligt sind, wenn Unternehmenssteuern und persönliche Steuern berücksichtigt werden. Somit wäre die Interpretation ausschüttungsbedingter Steuernachteile als "Signalling Costs" auch hier möglich.

b. Insolvenzkosten

Mit zunehmender Verschuldung steigt die Wahrscheinlichkeit, daß eine Unternehmung ihren Zahlungsverpflichtungen gegenüber Gläubigern nicht in vollem Umfang nachkommen kann. Wird die Verschuldung über diejenige Kapitalstruktur hinaus ausgedehnt, bei der das Fremdkapital einer Unternehmung noch als ausfallrisikolos eingestuft werden kann, so sind von Seiten der Gläubiger zwei Reaktionen möglich: Zum einen können die Fremdkapitalgeber explizit oder implizit eine höhere Verzinsung des bereitgestellten Kapitals fordern.[97] Zum anderen kann der Fall eintreten, daß die Kreditvergabe rationiert wird.

---

93 Vgl. Dirrigl/Wagner (1993), S. 284.

94 Vgl. Hartmann-Wendels (1986), S. 33.

95 Vgl. Miller/Rock (1985), S. 1045.

96 Vgl. Bhattacharya (1979), S. 259 ff.; John/Williams (1985), S. 1062.

97 Dies gilt aufgrund von Dominanzüberlegungen unabhängig von der Risikoeinstellung, d.h. auch für risikoneutrale und risikofreudige Fremdkapitalanleger, da die Nominalverzinsung bei bestehendem Insolvenzrisiko nicht mit der erwarteten Verzinsung gleichgesetzt werden kann. Risikoaverse Fremdkapitalgeber werden hingegen eine zusätzlich Erhöhung der erwarteten Verzinsung fordern.

Die Existenz einer Insolvenzwahrscheinlichkeit größer null stellt aber nicht notwendigerweise eine Kapitalmarktunvollkommenheit und damit eine grundsätzlich neue Bewertungssituation gegenüber dem Fall ausfallrisikolosen Fremdkapitals dar. Würde im Insolvenzfall das Eigentum "reibungslos" auf die Gläubiger übergehen und wären diese ebenfalls an einer Maximierung des Unternehmenswerts interessiert, so käme es nicht zu einem Verzicht auf lohnende Investitionsprojekte und zu keinen insolvenzkostenbedingten Kapitalstrukturänderungen.[98] Anstelle einer Liquidation erfolgte eine Reorganisation der Unternehmung.

Somit können einer ausfallrisikobehafteten Verschuldung nur diejenigen Auszahlungen als "Unvollkommenheiten" zugerechnet werden, welche im Insolvenzfall mit Reorganisationskosten, indirekten Kosten (z.B. ein durch den Eigentümerwechsel bedingter Rückgang zukünftiger Umsätze) oder Auszahlungen an Dritte (z.B. Gerichtskosten, Konkursverwaltung) verbunden sind.[99] Diese Zusatzlasten gehen aus Sicht der Gesamtheit der Kapitalgeber verloren, weil sie nicht mehr als Entgelt für die Kapitalüberlassung zur Verfügung stehen.[100] In diesem Fall kann die Höhe der Verschuldung für den Unternehmenswert nicht irrelevant sein, weil diese selbst die Wahrscheinlichkeit beeinflußt, mit der es zu insolvenzbedingten Auszahlungen kommt.

Neben einem Verzicht auf Verschuldung bieten sich zur Verringerung von Insolvenzkosten auch innovative Finanzierungsmethoden an. In empirischen Untersuchungen wurde gezeigt, daß hoch verschuldete Unternehmungen bevorzugt Vertragsformen wählen, bei denen temporäre Liquiditätsengpässe dadurch überbrückt werden, daß Gläubiger anstelle einer Zinszahlung einen höheren Anteil am Unternehmensvermögen erhalten.[101]

Steuerliche Einflüsse auf Insolvenzkosten bestehen in mehrfacher Hinsicht: Einmal können bestimmte Steuerarten selbst die Konkurswahrscheinlichkeit beeinflussen. Am Beispiel einer vom erzielten Ergebnis unabhängigen Steuer ist

---

98 Vgl. Haugen/Senbet (1978), S. 391. Im Falle einer Liquidation würden Insolvenzkosten in Form eines Verkaufs von Vermögensgegenständen unter ihrem ökonomischen Wert entstehen. Vgl. Kim (1978), S. 47.

99 Vgl. auch Kim (1978), S. 47; Zechner (1989), S. 8.

100 Vgl. Francfort/Rudolph (1992), S. 1060.

101 Vgl. Opler (1993), S. 79 ff.

dies leicht einsichtig.[102] Hingegen kann unter Umständen die Insolvenzwahrscheinlichkeit bei einer ergebnisabhängigen Besteuerung verringert werden, wenn in einer Periode drohender Zahlungsunfähigkeit die Möglichkeit zum Verlustausgleich besteht. Da aber in der Regel kein sofortiger Verlustausgleich eingeräumt wird, kann die Besteuerung selbst insolvenzbedingte Zusatzlasten mit sich bringen. Dies ist beispielsweise der Fall, wenn im Konkursfall steuerliches Verlustverrechnungspotential verlorengeht.[103]

Bei steuerbegünstigter Fremdfinanzierung kann ein "Trade-Off" zwischen verschuldungsbedingten Steuervorteilen und Insolvenzkosten zu einem "inneren" Kapitalstrukturoptimum führen.[104] Nebenbedingung hierfür ist, daß die als optimal angesehene Kapitalstruktur auch realisierbar ist, d.h. daß sie innerhalb der durch Gläubiger vorgegebenen Verschuldungskapazität liegt.[105] Bei geringerer Verschuldungskapazität wäre hingegen die maximal mögliche Verschuldung optimal.

c. Transaktionskosten

Transaktionskosten können als Ursache für die einfachste Form eines unvollkommenen Kapitalmarkts angesehen werden: Ist jede Transaktion an Kapitalmärkten mit Transaktionskosten verbunden, führt dies zwangsläufig zu unterschiedlichen Belastungen für Finanzanlagen und Kreditaufnahmen.[106] An die Stelle der auf einem vollkommenen Kapitalmarkt möglichen Fisher-Separation tritt das sog. Hirshleifer-Modell.[107]

---

102 Vgl. Neudeck/Streißler (1991), S. 498.

103 Vgl. Brennan/Schwartz (1978), S. 104.

104 Vgl. Robichek/Myers (1965), S. 20; Kraus/Litzenberger (1973); Myers (1984), S. 577; Sinn (1993), S. 21; Kim (1978). Vgl. zur Kritik auch Schneider (1992), S. 558. Zu einer Aussage von Zechner (1989), S. 8, daß diese Kosten nicht ausreichen würden, "um ein wirkungsvolles Gegengewicht zum Körperschaftsteuervorteil des Fremdkapitals darzustellen" ist anzumerken, daß im deutschen Steuersystem der Steuervorteil der Fremdfinanzierung auf Unternehmensebene deutlich geringer ausfällt als im klassischen Körperschaftsteuersystem.

105 Vgl. Kim (1978), S. 46.

106 Transaktionskosten sind deshalb - neben Steuern - auch eine mögliche Erklärung für die Entstehung neuer Finanzierungsinstrumente und Finanzmärkte (z.B. Options- und Futuresmärkte). Vgl. Rolfes (1995), S. 392 am Beispiel von Forward-Direktabschlüssen.

107 Vgl. Hirshleifer (1958), S. 333 ff.

Transaktionskostenbedingte Differenzen treten aber nicht nur zwischen Mittelanlage und -aufnahme auf. Auch unterschiedliche Finanzierungsformen verursachen sowohl beim Kapitalanleger als auch bei der emittierenden Unternehmung Kosten in unterschiedlicher Höhe. So sind beim Erwerb von Aktien in der Regel Bankspesen in Höhe von 1% des Kurswerts zu berücksichtigen, während die Provision beim Kauf festverzinslicher Wertpapiere in der Regel nur 0,5% vom Nennwert beträgt.

Ein auf Transaktionskostenbasis vorgenommener Finanzierungsvergleich ist deshalb nicht trivial, weil die prozentuale Höhe der Transaktionskosten vom Umfang des Finanzierungsvolumens[108] abhängig sein kann und regelmäßig mehrere Kostenfaktoren zu berücksichtigen sind.[109] Neben den laufenden Transaktionskosten ist bei Anleiheemissionen beispielsweise zu berücksichtigen, daß die sog. einmaligen Fremdleistungskosten bei jeder Neuauflage erneut anfallen und der Barwert der Transaktionskosten somit auch von der Fristigkeit der Finanzierung abhängt. Auch bei Wandelschuldverschreibungen und Optionsanleihen können sich Transaktionskosten nachteilig auswirken, weil sie möglicherweise mehrfach, d.h. bei Emission und bei einem späteren Umtausch, anfallen.[110] Grundsätzlich unterschiedliche Transaktionskosten sind überdies bei der Frage zu erwarten, ob die Beschaffung von Kapital extern (d.h. über den Kapitalmarkt) oder unternehmensintern (d.h. durch Innenfinanzierung) erfolgen sollte.[111]

Im Zusammenhang mit der Besteuerung können Transaktionskosten von Bedeutung sein, z.B. wenn es um die Angabe von Bedingungen geht, unter denen eine Steuerarbitrage erschwert wird. Außerdem können nicht-steuerliche Kosten prohibitiv wirken, wenn z.B. steuerlich motivierte Überlegungen für Änderungen des bislang durchgeführten Programms sprechen würden.[112]

---

108 Vgl. Fazzari/Hubbard/Petersen (1988), S. 148; Merton (1992), S. 264.

109 Vgl. umfassend Hielscher/Laubscher (1989)

110 Vgl. Swoboda (1991a), S. 155.

111 Vgl. hierzu auch Williamson (1988), S. 576.

112 Vgl. Scholes/Wolfson (1992), S. 309.

C. Bedeutung von Marktwerten und Modelle zu deren Bestimmung

I. Marktwertmaximierung und Präferenzen der Anteilseigner

Bei börsennotierten Kapitalgesellschaften mit Anteilen im Streubesitz liegen der Unternehmensleitung regelmäßig keine direkten Angaben über die Präferenzen der Anteilseigner oder deren steuerliche Eigenschaften vor. Somit ist eine unmittelbare Ausrichtung von Entscheidungen an einem von der Gesellschafterstruktur abhängigen Präferenzsystem vielfach überhaupt nicht möglich. Vor diesem Hintergrund ist nach einer (Ersatz-)Zielfunktion zu suchen, die nur solche Anforderungen an die Präferenzen der Kapitaleigner stellt, von deren Vorliegen anlegerübergreifend ausgegangen werden kann. Eine derartige Zielsetzung kann - unter bestimmten Voraussetzungen - im Kriterium der Maximierung des Kurswertvermögens gesehen werden.

Auf einem vollkommenen und vollständigen Kapitalmarkt kann die Überlegenheit des Marktwertkriteriums leicht nachgewiesen werden: Trifft eine Gesellschaft Investitions- und Finanzierungsentscheidungen auf der Basis von Marktwerten, so ist die Maximierung des (Aktien-)Vermögens für sämtliche Gesellschafter deshalb optimal, weil die zeitliche Verteilung von Konsumausgaben ohne Reibungsverluste durch private Kapitalmarkttransaktionen an persönliche Präferenzen angepaßt werden kann. Die Existenz von Marktpreisen ermöglicht deshalb auch dann optimale Entscheidungen, wenn keine Informationen über individuelle Präferenzen vorliegen.[113]

Auf unvollkommenen Kapitalmärkten hingegen können Interessenkonflikte zwischen Gesellschaftern auftreten. Sieht man zunächst von der Existenz von Marktpreisen für die Anteile einer Unternehmung ab und unterstellt bekannte Konsumpräferenzen der Gesellschafter, so läßt sich z.B. in der nachfolgend dargestellten Situation (vgl. Abb. 1.1) keine Einstimmigkeit im Hinblick auf Investitionsentscheidungen erreichen.[114] Die Investitionsmöglichkeiten einer Unternehmung werden durch die Transformationskurve PP' bezeichnet, welche durch abnehmende Grenzerträge gekennzeichnet ist. Am Kapitalmarkt besteht die Möglichkeit, Zahlungsmittel zu sicheren und jeweils konstanten Zinssätzen

---

113 Vgl. auch Fama/Miller (1972), S. 177 f.; Süchting (1995), S. 334; Schmidt/Terberger (1996), S. 56.

114 Vgl. auch Hirshleifer (1974), S. 197.

anzulegen oder aufzunehmen; dabei liegt der Kreditzinssatz über dem Anlagezinssatz.

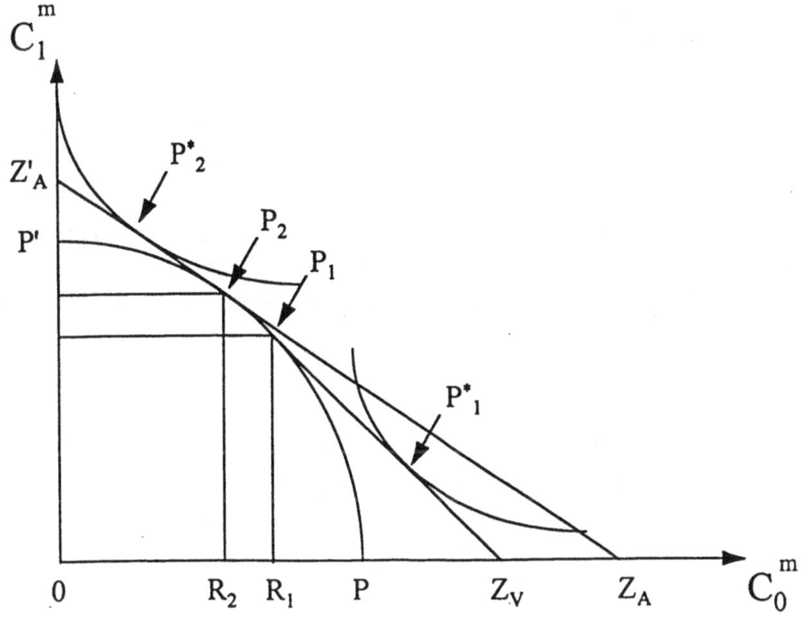

Abb. 1.1: Konsummöglichkeiten bei unvollkommenem Kapitalmarkt

Für Gesellschafter G_1, dessen Präferenzen tendenziell auf frühen Konsum gerichtet sind, wäre die Realisierung eines Investitionsumfangs von $\overline{PR_1}$ optimal. Ausgehend von Punkt P_1 auf der Transformationskurve könnte er unter Aufnahme eines Kredits die Konsumaufteilung P_1^* realisieren. Hingegen wäre für Gesellschafter G_2 ein Investitionsvolumen von $\overline{PR_2}$ vorteilhaft, welches zu der durch Punkt P_2 gekennzeichneten Zahlungskombination führt. Unter Berücksichtigung von Kapitalmarktanlagen könnte damit Punkt P_2^* erreicht werden.[115] Aufgrund unterschiedlicher Präferenzen und gespaltener Zinssätze läßt sich im vorliegenden Fall keine Einigkeit über das optimale Investitionsprogramm erzielen.

---

115 In Abb. 1.1 ist unterstellt, daß alternativ entweder G_1 oder G_2 vollständig an der Investitionsmöglichkeit beteiligt sind. Grundsätzlich können die folgenden Überlegungen aber auch auf den Fall einer gleichzeitigen Beteiligung mehrerer Investoren übertragen werden.

Eine Lösung des durch unterschiedliche Konsumpräferenzen hervorgerufenen Entscheidungsproblems für die Unternehmenspolitik ergibt sich jedoch, wenn die Anteile der betrachteten Unternehmung am Kapitalmarkt gehandelt werden. In diesem Fall wäre etwa Investor G_2, sofern er über zusätzliches liquides Kapital verfügt, aufgrund seiner tendenziell auf höheren zukünftigen Konsum zugeschnittenen Präferenzen bereit, für die Anteile einen Grenzpreis zu zahlen, der dem Barwert auf der Basis des Anlagezinssatzes (vgl. Punkt Z_A in Abb. 1.1) entspricht.[116] Sofern G_1 seine Anteile verkauft, verbessert sich aber auch dessen finanzielle Situation: So wäre für diesen beispielsweise durch eine Veräußerung ein höherer Sofortkonsum erreichbar als bei Realisierung von Punkt P_1 in Verbindung mit einer Kreditaufnahme (wobei Punkt Z_V erreicht werden könnte). In diesem Fall kann nämlich eine Kreditaufnahme zum Sollzinssatz vermieden werden.

Werden die Anteile einer Unternehmung an organisierten Finanzmärkten gehandelt, so kann sich - als Ergebnis einer Aggregation einzelner Angebots- und Nachfrageentscheidungen - auch auf unvollkommenen Kapitalmärkten ein einheitlicher Marktpreis bilden, zu dem Anteile gekauft oder verkauft werden können. Transaktionskosten, welche zu auseinanderfallenden Kauf- und Verkaufspreisen führen, und Bewertungsanomalien (wie z.B. die gleichzeitige Notierung einer Aktie zu unterschiedlichen Kursen an verschiedenen Börsenplätzen) müssen allerdings ausgeschlossen sein.

Auch für unvollständige Kapitalmärkte unter Unsicherheit wurden in der Literatur Bedingungen angegeben, unter denen die Maximierung des Aktienkurswerts die einstimmig befürwortete Zielsetzung aller Anteilseigner darstellt.[117] Zu diesen Voraussetzungen zählen die bereits genannten Annahmen der "Kompetitivität" und des "Spanning". Während die erste Bedingung erfordert, daß weder Informations- noch Transaktionskosten vorliegen und sämtliche Anleger davon ausgehen, daß durch ihre Portefeuilleentscheidungen weder die Menge der verfügbaren Wertpapiere noch die Wertpapierpreise beeinflußt werden[118], impliziert Spanning, daß kein Unternehmen durch Produktions- oder Finanzierungsent-

---

116 Daß der Preis durch den Grenzpreis des potentiellen Erwerbers determiniert wird, ist natürlich nicht garantiert. Vgl. auch Drukarczyk (1993), S. 43. Vielmehr ist jeder Preis aus dem Intervall $[Z_V;Z_A]$ denkbar, was aber an den qualitativen Aussagen nichts ändert.

117 Vgl. Fama/Miller (1972), S. 176 ff.; Grossman/Stiglitz (1977), S. 393; DeAngelo (1981); Strong/Walker (1987), S. 70 f.; Wilhelm (1983), S. 527 ff.

118 Vgl. DeAngelo (1981), S. 21.

scheidungen die (impliziten) Preise für zustandsabhängige Ansprüche (Contingent Claims) durch Schaffung von noch nicht am Kapitalmarkt verfügbaren Risikoallokationsmöglichkeiten beeinflussen kann.[119] Sofern beide Voraussetzungen erfüllt sind, sind marktwertmaximierende Investitions- und Finanzierungsentscheidungen im Sinne jeder Präferenzfunktion optimal.

Bezieht man die Möglichkeit einer Veräußerung von Anteilen in die Untersuchung der Vorteilhaftigkeit von Investitions- und Finanzierungsentscheidungen einer Unternehmung ein, so kann Marktwertmaximierung unter den genannten Bedingungen auch auf einem unvollkommenen Kapitalmarkt als geeignetes Zielkriterium angesehen werden. Ein Anteilseigner, der gemäß seiner persönlichen Präferenzen zunächst ein anderes Programm der Unternehmung bevorzugen würde, welches jedoch mit einem niedrigeren Marktwert verbunden wäre, wäre dadurch bessergestellt, daß er seine Anteile an der Unternehmung nach Bekanntgabe des marktwertmaximalen Programms veräußert und den Erlös nach Abzug von Konsumausgaben in andere Anlageformen investiert. Weil einzelne Kapitalmarktteilnehmer durch An- und Verkäufe von Wertpapieren eine Anpassung an ihre Präferenzen selbst vornehmen können, wird eine Separation der Unternehmensentscheidungen von persönlichen Präferenzen der Anteilseigner möglich.

Da nach entsprechenden Portefeuilleumschichtungen aber nur noch Anteilseigner an einer Unternehmung beteiligt sind, deren Präferenzen sich mit dem gewählten Produktions- und Finanzierungsprogramm decken, kommt es auf einem unvollkommenen Markt zu Klienteleffekten. Wie im zweiten Kapitel ausführlich gezeigt wird, kommt diesen vor allem im Zusammenhang mit einer heterogenen Besteuerung von Anlegern eine zentrale Bedeutung zu.

Neben transaktionsbedingten Auszahlungen beim Kauf oder Verkauf ist eine Gleichsetzung von Marktwerten mit Konsumpotentialen allerdings auch dann nicht möglich, wenn beim Anteilsverkauf Steuern auf realisierte Veräußerungsgewinne anfallen. In diesem Fall stehen nach einem Verkauf geringere Nettoeinzahlungen für Konsum- oder Wiederanlagezwecke zur Verfügung. Die hier-

---

[119] Falls Unternehmen die impliziten Preise bzw. die am Kapitalmarkt verfügbaren Anlagealternativen beeinflussen können, ist hingegen die Maximierung des Unternehmenswerts nicht mehr zwangsläufig optimal. Vgl. hierzu Taggart (1980), S. 651 ff.; Auerbach/King (1983), S. 600.

durch hervorgerufenen "Lock-in-Effekte" behindern aber die Veräußerung, sofern keine Möglichkeit besteht, die Besteuerung des bei der Veräußerung entstehenden Gewinns (z.B. durch Bildung steuerfreier Rücklagen) zumindest temporär zu vermeiden. Da hierdurch die optimale Veräußerungsstrategie gegenüber einer Situation ohne Besteuerung beeinflußt wird, kann aber auch das Problem der Nicht-Einstimmigkeit wieder auftreten. Denn infolge eines Verlusts der Steuerstundung steigt der individuell bestimmte Grenzpreis, der in diesem Fall als Mindest-Verkaufspreis anzusehen ist. In den Fällen, in denen dieser zunächst unterhalb des Marktpreises, unter Berücksichtigung der Veräußerungsgewinn-Besteuerung jedoch darüber liegt, wird das Wertpapier allein aus steuerlichen Gründen nicht verkauft. Der Aktionär bleibt an der Gesellschaft beteiligt, obwohl das durchgeführte Investitions- und Finanzierungsprogramm für ihn nicht optimal ist.[120]

Auch in Fällen, in denen sich Unternehmungen nicht als Mengenanpasser verhalten und deshalb die impliziten Zustandspreise beeinflussen können, ist die Maximierung des Aktienkurswerts nicht mehr für sämtliche Aktionäre optimal. In diesem Fall ist das Marktwertkriterium nur für diejenigen Anteilseigner präferenzkonform, für welche die Veräußerung sämtlicher Anteile die optimale Handlungsalternative darstellt.[121]

Es ist deshalb aus verschiedenen Gründen davon auszugehen, daß unter realen Bedingungen bei Anwendung des Marktwertkonzepts Konflikte unter den Anteilseignern auftreten können. Dennoch erscheint die Anwendung marktwertorientierter Entscheidungskonzepte sinnvoll, solange geeignetere Instrumente fehlen.[122] Insbesondere die Überlegenheit gegenüber den (ebenfalls nicht auf individuellen Präferenzen basierenden) Zielformulierungen auf Basis jahresabschlußbezogener Größen, welche allenfalls zufällig zu optimalen Entscheidungen führen, dürfte auch unter derartigen Bedingungen weiterhin bestehen.

Insbesondere auch bei anstehenden Finanzierungsentscheidungen kann ein hoher Unternehmensmarktwert von Vorteil sein: So sind im Falle einer bevorstehenden Kapitalerhöhung höhere Aktienkurse aus Sicht der bisherigen An-

---

120 Aufgrund der Steuerfreiheit privater Veräußerungsgewinne besteht dieses Problem im deutschen Steuersystem nur innerhalb der Spekulationsfrist sowie im Betriebsvermögen.

121 Vgl. Laux (1975), S. 66 und 78; Hachmeister (1995), S. 16.

122 Vgl. Dirrigl/Wagner (1993), S. 271; Süchting (1995), S. 334; Hachmeister (1995), S. 19.

teilseigner mit günstigeren Emissionsbedingungen verbunden, weil sich der Spielraum für die Festlegung des Bezugskurses vergrößert und der rechnerische Wert des Bezugsrechts für jeden Emissionskurs höher liegt als bei vergleichsweise niedrigeren Aktienkursen.[123]

Darüber hinaus kann ein gestiegener Aktienkurs auch mit einer Erhöhung der Verschuldungskapazität und/oder einer Verringerung der Fremdkapitalkosten einhergehen. Dies gilt besonders dann, wenn potentielle Kreditgeber die Darlehensvergabe nicht von einem auf Basis von Buchwerten, sondern von einem auf Basis von Marktwerten bestimmten Verschuldungsgrad abhängig machen, d.h. wenn die Bonität einer Unternehmung auch von der künftigen Ertragslage (d.h. der antizipierten Liquidität) abhängt.

II. Der Einfluß der Unternehmenspolitik auf Marktwerte

Die Höhe von Aktienkursen kann auf zahlreiche Einflußfaktoren zurückgeführt werden. Neben gesamtwirtschaftlichen Faktoren (z.B. Zinsstruktur, Wechselkurse und Inflationserwartungen) und branchenspezifischen Einflüssen wird der Kurswert maßgeblich durch die Investitions- und Finanzierungsmöglichkeiten einer Unternehmung und die hierauf gerichteten Entscheidungen der Unternehmensleitung beeinflußt.[124]

1. Probleme bei der Quantifizierung der Marktwertänderung

Marktwertsteigerungen lassen sich durch Maßnahmen erreichen, deren Wertbeitrag über dem Kapitaleinsatz liegt. Bei Investitionen ist eine Durchführung vorteilhaft, wenn der Marktwert einer Investition deren Anschaffungsauszahlung übersteigt. Dies entspricht der Forderung nach einem positiven Kapitalwert.[125] Für

---

123 Ein Ausschluß des Bezugsrechts nach § 186 III AktG ist allerdings zulässig, wenn der Ausgabekurs den Kassakurs zum Zeitpunkt der Kapitalerhöhung nicht wesentlich (d.h. nicht mehr als 5%) unterschreitet und die Kapitalerhöhung 10% des Grundkapitals nicht übersteigt.

124 Vgl. Brennan/Schwartz (1984), S. 594; Süchting (1995), S. 419.

125 Das Kapitalwertkriterium kann dabei um verschiedene Einflußfaktoren zu modifizieren sein. Beispielsweise kann dessen herkömmliche Anwendung zu falschen Handlungsempfehlungen führen, wenn sog. Real-Optionen zu berücksichtigen sind. In diesem Zusammenhang kann die Möglichkeit zum Aufschub einer Investition dazu führen, daß

Finanzierungsentscheidungen wird ein entsprechendes Kriterium zu Beginn des vierten Kapitels angegeben.

Im Gegensatz zum Kapitaleinsatz steht der Marktwertbeitrag einer unternehmerischen Aktion im allgemeinen nicht vorab fest. Um die mit einer Maßnahme verbundene Marktwerterhöhung abschätzen zu können, ist deshalb der Rückgriff auf ein Preisbildungsmodell notwendig, welches das Ausmaß der Wertänderung "möglichst gut" wiedergibt. Dies ist jedoch nicht problemlos möglich, da keine Sicherheit über die Preisbildung am Kapitalmarkt besteht.

Ein in diesem Zusammenhang grundlegendes Problem besteht darin, daß realisierte Marktpreise (d.h. Börsenkurse) häufig nicht mit dem "fundamentalen" Wert von Aktien übereinstimmen. Dies kann auf spekulative oder irrationale Einflußfaktoren bei der Börsenkursbildung zurückzuführen sein. Hingegen sind theoretische Marktwertmodelle auf die Ermittlung eines fundamentalen Werts ausgerichtet. Deshalb erscheint deren Anwendung nur dann sinnvoll, wenn zumindest langfristig davon ausgegangen werden kann, daß eine Anpassung des Börsenkurses an den fundamentalen Wert erfolgen wird. Diese Anpassung kann beispielsweise dadurch erfolgen, daß rational handelnde Kapitalmarktteilnehmer Über- oder Unterbewertungen erkennen und über ein entsprechendes Angebots- oder Nachfrageverhalten Preisanpassungen auslösen.[126]

Probleme treten aber auch bei der Wahl eines "fundamentalen" Bewertungsmodells auf. Zwar stehen zahlreiche investitions- und finanzierungstheoretische Gleichgewichts- und Arbitragemodelle zur Verfügung. Nur selten läßt sich jedoch überhaupt ein Modell finden, dessen theoretischen Anwendungsvoraussetzungen mit der Realität übereinstimmen. Sowohl die Modellwahl (einschließlich vorzunehmender Modellmodifikationen) als auch die Festlegung der relevanten Modell-Parameter entscheiden jedoch über die Qualität der abgeleiteten Bewertungsergebnisse und sind somit für die Ableitung von Vorteilhaftigkeitsaussagen grundlegend.

---

die (sofortige) Durchführung eines Investitionsprojekts trotz deren positiven Kapitalwerts ungünstig ist, weil die in diesem Zeitpunkt bessere Alternative im Abwarten der weiteren Umweltentwicklung liegt. Vgl. McDonald/Siegel (1986); Dixit/Pindyck (1994), S. 136.

126 Vgl. Hachmeister (1995), S. 41.

Für praktische Zwecke müßte der Bewertung nicht notwendigerweise ein Modell zugrundegelegt werden, welches hinsichtlich seiner Anwendungsvoraussetzungen die Realität exakt abbildet. Legt die Mehrheit der Kapitalmarktteilnehmer ihren Entscheidungen ein Modell trotz realitätsferner Prämissen zugrunde und werden einheitliche Modellparameter zugrundegelegt, so kann es unabhängig vom Zutreffen theoretischer Anwendungsvoraussetzungen zur Schätzung von Marktwertänderungen geeignet sein.[127] In diesem Zusammenhang kommt insbesondere der empirischen Bestätigung des verwendeten Modells eine wesentliche Bedeutung zu.[128]

Welche Modelle langfristig die Bewertung auf Kapitalmärkten am besten wiedergeben, soll an dieser Stelle nicht entschieden werden. Im nächsten Kapitel werden vielmehr unterschiedliche finanzierungstheoretische Modelle im Hinblick auf Auswirkungen der Besteuerung untersucht.

2. Zeitpunkt der Marktwertänderung

Neben dem Ausmaß der Marktwertänderung ist auch der Zeithorizont von Bedeutung, innerhalb dessen sich unternehmenspolitische Maßnahmen im Aktienkurs niederschlagen. Grundsätzlich steht bei wertorientierten Entscheidungen die Steigerung des *aktuellen* Marktwerts im Vordergrund, da nur bei dieser Zielsetzung gewährleistet ist, daß der Vorteil der Wertsteigerung den gegenwärtigen und nicht etwa zukünftigen Anteilseignern zukommt.

Nach der sog. "halbstrengen" Form der Informationseffizienz spiegeln Marktwerte sämtliche "öffentlich zugänglichen" Informationen wider, die dem Kapitalmarkt in bezug auf die wirtschaftliche Situation einer Unternehmung zur Verfügung stehen.[129] Kursreaktionen treten demnach nur ein, wenn Informationen über eine (geplante) Maßnahme für die Kapitalmarktteilnehmer unerwartet sind. Die Gültig-

---

127 So hat beispielsweise das Optionspreismodell von Black/Scholes (1973) eine weite Verbreitung auch in denjenigen Fällen gefunden, in denen die Modellannahmen als problematisch einzustufen sind (z.B. bei der Ermittlung des Werts einer amerikanischen Verkaufsoption).

128 Vgl. etwa zum CAPM in Deutschland Möller (1988), S. 779 ff.; Sauer/Murphy (1992) S. 183 ff.; Warfsmann (1993). Eine generelle Bestätigung oder Widerlegung des CAPM in Deutschland steht jedoch bisher aus. Vgl. auch Perridon/Steiner (1995), S. 247.

129 Vgl. Schneider (1992), S. 544 zur Kritik an der fehlenden Präzision dieses Informationsbegriffs.

keit dieser These schließt Bewertungsanomalien (wie z.B. die Marktnotiz einer Option unter ihrem inneren Wert) und Arbitragegewinnmöglichkeiten aus.[130] Ebenso ausgeschlossen ist, daß im Rahmen einer Fundamentalanalyse Unter- oder Überbewertungen erkannt werden können, sofern man von investorspezifischen (z.B. steuerlichen) Merkmalen oder Informationsvorteilen des Bewertenden absieht.[131]

Zwischen dem Zeitpunkt der Durchführung einer Maßnahme und der entsprechenden Kursreaktion besteht deshalb kein eindeutiger Zusammenhang. Ausschlaggebend für Marktwertänderungen ist vielmehr der Zeitpunkt, an dem entsprechende Informationen den Kapitalmarktteilnehmern bekannt werden.[132] In der Realität werden deshalb Aktienkurse durch Bekanntgabe von Unternehmensergebnissen und durch Ankündigungen geplanter Investitions- und Finanzierungsvorhaben beeinflußt.[133]

Daß der Zeitpunkt der *Durchführung* einer Maßnahme in diesem Zusammenhang eher unbedeutend ist, kann an einem Beispiel verdeutlicht werden: Neben dem realisierten Investitions- und Finanzierungsprogramm können, soweit den Kapitalmarktteilnehmern Informationen hierüber vorliegen, auch erfolgversprechende Handlungsmöglichkeiten in der Zukunft, sog. strategische Optionen[134], mit ihren entsprechenden (Options-)Werten im Aktienkurs berücksichtigt sein. Diese Optionswerte sind im Zeitablauf Änderungen unterworfen. Eine Realisierung in der Zukunft wird nur dann zu einer Marktwertänderung führen, wenn der Wert bei Ausübung von dem im Kurswert enthaltenen Optionswert abweicht. In einer kontinuierlichen Betrachtung sollte dies jedoch bei rationaler Wahl des Ausübungszeitpunkts nicht der Fall sein: Solange der Wert der Option über ihrem "in-

---

130 Empirische Ergebnisse zeigen, daß zumindest auf Teilmärkten mit Verstößen gegen halbstrenge Informationseffizienz gerechnet werden muß. Vgl. Perridon/Steiner (1995), S. 364.

131 Vgl. Süchting (1995), S. 397 f.

132 Für Emittenten von Wertpapieren, die zum Handel an einer inländischen Börse zugelassen sind, schreibt § 15 WpHG vor, daß neue Tatsachen, "die geeignet sind, den Börsenpreis der zugelassenen Wertpapiere erheblich zu beeinflussen", unverzüglich und inhaltlich unverändert in einem Medium zu veröffentlichen sind, das alle wesentlichen Teilnehmer am Wertpapierhandel erreicht (Ad-hoc-Publizität).

133 Vgl. Drukarczyk (1993) S. 262.

134 Vgl. Dirrigl (1994), S. 423 ff.

neren Wert" liegt, ist es rational, deren Ausübung aufzuschieben.[135] Erst wenn der Optionswert dem inneren Wert entspricht (was bei standardisierten Optionsrechten am Ende der Laufzeit der Fall ist), ist die Ausübung der Option sinnvoll - sie bewirkt dann aber keine Marktwertänderung mehr.

III. Modelle zur theoretischen Marktwertbestimmung

Der Einfluß unternehmenspolitischer Maßnahmen auf den Marktwert einer börsennotierten Kapitalgesellschaft kann ex ante nur beurteilt werden, wenn ein Bewertungsmodell (einschließlich der zugehörigen Modellparameter) bekannt ist. Während auf Probleme der Bestimmung der relevanten Markt-Parameter erst an späterer Stelle eingegangen wird, werden in diesem Abschnitt verschiedene Modelltypen sowie damit verbundene theoretische Probleme erörtert.

1. Gleichgewichts- und Arbitragemodelle

Für die Erklärung von Marktpreisen bzw. erwarteten Renditen von Finanzinstrumenten kommen aus theoretischer Sicht sowohl Gleichgewichts- als auch Arbitragemodelle in Betracht. Allerdings können beide Ansätze nicht beliebig eingesetzt werden. Eine arbitrageorientierte Bewertung setzt z.B. bekannte Marktpreise anderer Finanztitel voraus. Da Arbitragefreiheit zudem Voraussetzung für ein Kapitalmarktgleichgewicht ist, kann der arbitrageorientierte Ansatz auch als Spezialfall des gleichgewichtsorientierten Ansatzes angesehen werden.[136]

a. Gleichgewichtsorientierte Ansätze

Im Rahmen finanzierungstheoretischer Gleichgewichtsmodelle, zu denen das CAPM und das State Preference-Modell zählen, wird angenommen, daß die Preise von Finanztiteln so bestimmt werden, daß ein gegebenes Wertpapier-

---

135 Dies kann als realwirtschaftliches Pendant einer amerikanischen Call-Option angesehen werden, für die eine vorzeitige Ausübung nicht vorteilhaft ist, sofern innerhalb der Optionsfrist keine Dividendenzahlungen erfolgen.

136 Vgl. auch Schöbel (1995), S. 46.

angebot am Kapitalmarkt vollständig nachgefragt wird[137], wobei für keinen Investor ein Anreiz zur Revision seiner Anlageentscheidung besteht.

Prinzipiell ist zur Bestimmung gleichgewichtiger Preise die Kenntnis jeder Einzelnachfrage erforderlich. Hier bieten sich zwei Möglichkeiten zur Beschreibung einer Gleichgewichtssituation an: Einerseits können vereinfachende Annahmen über die Anlegerstruktur am Kapitalmarkt getroffen werden. Beispielsweise wird im Rahmen des CAPM (durch die Annahme homogener Erwartungen und die Unterstellung risikoaverser Investoren, die nach dem Erwartungswert-Varianz-Prinzip entscheiden) impliziert, daß jeder Anleger ein identisch strukturiertes Portefeuille riskanter Anlageformen hält. Aufgrund dieser Implikation können Finanztitel unabhängig von persönlichen Konsumpräferenzen bewertet werden.

Andererseits kann (wie etwa beim State Preference-Ansatz) angenommen werden, daß eine Gleichgewichtssituation zwar durch abweichendes Nachfrageverhalten einzelner Investoren gekennzeichnet ist, sich jedoch gleichgewichtige relative Preise bilden, die von einzelnen Kapitalmarktteilnehmern nicht beeinflußt werden können. Auch in diesem Fall ist eine präferenzunabhängige Bewertung möglich. Relative Preisunterschiede können dabei durch Rückgriff auf einen (möglicherweise fiktiven) repräsentativen Anleger erklärt werden, welcher unter dem gleichgewichtigen Preissystem alle Wertpapiere in den am Markt angebotenen Proportionen hält. Während bei sicheren Wertpapierrenditen die Existenz eines marginalen Investors zwingend voraussetzt, daß dieser zwischen Anlageformen *absolut* indifferent ist, muß bei Unsicherheit in einer Marginalbetrachtung Indifferenz zwischen den Kapitalanlagen bestehen.

Die in der Kapitalmarkttheorie verwendeten Gleichgewichtsmodelle setzen zumindest explizit noch kein Gleichgewicht auf der Angebotsseite voraus, da in der Regel von einem gegebenen Wertpapierangebot ausgegangen wird. Die Bedingungen für ein angebotsseitiges Gleichgewicht können jedoch in einem weiteren Schritt untersucht werden. In diesem Fall sind die mit Kapitalstrukturentscheidungen verbundenen Änderungen des Wertpapierangebots auf der Nachfragerseite zu berücksichtigen, wodurch das ursprüngliche Portfolio-Gleichgewicht gestört werden kann.[138]

---

137 Vgl. Hörnstein (1990), S. 110.

138 Vgl. Taggart (1980), S. 648.

b. Arbitrageorientierte Ansätze

Kann die Zahlungscharakteristik eines Finanzinstruments durch eine gezielte Zusammenstellung anderer börsennotierter Titel dupliziert werden, so steht damit auch der Marktpreis des zu bewertenden Finanztitels fest, sofern Arbitragemöglichkeiten ausgeschlossen sind. Das Prinzip einer arbitragefreien Bewertung besteht folglich darin, daß zwei Positionen, die mit derselben zustandsabhängigen Zahlungsstruktur verbunden sind, zu einem einheitlichen Preis gehandelt werden müssen ("single-price law of markets"), da andernfalls risikolose Arbitragegewinne möglich sind. Auf diesem Prinzip basieren das Irrelevanztheorem von Modigliani/Miller, zahlreiche Modelle zur Bewertung derivativer Finanztitel (z.B. von Optionen) sowie approximativ die "Arbitrage Pricing Theory"[139].

Arbitragefreiheit stellt eine notwendige Voraussetzung für ein Kapitalmarktgleichgewicht dar.[140] Somit impliziert etwa auch das CAPM Arbitragefreiheit.[141] Solange Arbitragegelegenheiten existieren, besteht infolge der Nachfrage nach unterbewerteten Positionen kein Gleichgewicht. Über den Preismechanismus besteht aber eine Tendenz zur Beseitigung von Arbitragemöglichkeiten.

Einer arbitragefreien Bewertung liegt kein spezielles Bewertungsmodell zugrunde. So kann etwa im Rahmen der Optionspreistheorie keine Aussage darüber abgeleitet werden, ob das einbezogene Basiswertpapier am Kapitalmarkt gleichgewichtig bewertet ist. Es sind nur Aussagen über die Relation von Finanztitelpreisen möglich. Aufgrund der erforderlichen Duplikation kann eine arbitragefreie Bewertung nur für "redundante" Wertpapiere durchgeführt werden, d.h. für Wertpapiere, die nicht zu verbesserten Risikoallokationsmöglichkeiten am Kapitalmarkt beitragen.

Arbitrageportefeuilles erfordern zu keiner Zeit eine Nettoauszahlung durch den Investor, gewähren aber in mindestens einer Zeitpunkt-Zustands-Kombination einen Einzahlungsüberschuß. Dabei sind zwei Konstellationen denkbar[142]: Im ersten Fall ist bei einer Nettoauszahlung von null in mindestens einer Zukunfts-

---

139 Vgl. Ross (1976a); Huberman (1982); Uhlir/Steiner (1994), S. 195 ff.

140 Vgl. Huang/Litzenberger (1988), S. 226; Merton (1992), S. 336. Der Umkehrschluß trifft allerdings nicht zu. Vgl. hierzu Schöbel (1995), S. 183.

141 Vgl. auch Wilhelm (1981), S. 894.

142 Vgl. Kruschwitz (1995), S. 161 ff.

lage mit einer Einzahlung zu rechnen. Die Nettoinvestition von null wird durch den gleichzeitigen Abschluß entgegengesetzter Kontrakte erreicht, bei der die Einzahlungen aus einer Verkaufsposition für den Aufbau einer Kaufposition verwendet werden. Im zweiten Fall erfolgt eine sofortige Einzahlung, ohne daß damit zukünftige Auszahlungen verbunden wären. Beide Arbitragekonstellationen, die sich häufig ineinander überführen lassen[143], setzen außer einer steigenden Nutzenfunktion ("Nichtsättigung") keine weiteren Annahmen über die Präferenzen eines Investors voraus. Weil sich die Vorteilhaftigkeit einer Arbitragehandlung allein aus Dominanzbeziehungen ergibt, ist grundsätzlich jeder Kapitalmarktteilnehmer besser gestellt, der eine durch Preisunterschiede hervorgerufene Arbitragemöglichkeit erkennt und durchführt.

Im Unterschied zu den meisten Gleichgewichtsmodellen kommen Arbitragemodelle somit ohne Informationen über die Präferenzen des Modellanwenders aus. Sie setzen jedoch voraus, daß der Bewertende ausreichend Information bezüglich der Marktpreise der für die Bewertung erforderlichen Wertpapiere besitzt.[144]

Unter Berücksichtigung von Steuern können Arbitragemodelle in der Regel nicht auf Vor-Steuer-Größen bezogen werden; dies wäre nur bei einer arbitragefreien bzw. neutralen Besteuerung der Fall. Unter den Bedingungen einer heterogenen Besteuerung von Anlegern (z.B. unterschiedliche Steuersätze) und einer ungleichmäßigen Besteuerung von Anlageformen kann Arbitragefreiheit nicht für sämtliche Kapitalmarktteilnehmer gleichzeitig erreicht werden. Hier sind Restriktionen oder steuerliche Regelungen erforderlich, um Arbitragemöglichkeiten zu begrenzen. Preisanpassungen allein reichen zur Beseitigung von Steuerarbitragemöglichkeiten nicht aus.

2. Barwertkalküle

Unternehmens- und Anteilsbewertung basieren - wie die Bewertung von Wertpapieren überhaupt - auf investitionstheoretischen Grundlagen, soweit sie auf die

143 Allerdings kann eine Arbitragemöglichkeit des zweiten Typs nicht immer in eine Arbitragemöglichkeit des ersten Typs umgewandelt werden. Vgl. hierzu Raab (1993), S. 29.

144 Vgl. Schöbel (1995), S. 45.

Ermittlung von Grenzpreisen gerichtet sind.[145] Ausgehend hiervon wird im folgenden angenommen, daß die für die Preisbildung börsengehandelter Unternehmensanteile und anderer Wertpapiere maßgeblichen Angebots- bzw. Nachfrageentscheidungen einzelner Kapitalmarktteilnehmer durch individuelle Bewertungskalküle zustandekommen, welche ebenfalls auf investitionsrechnerische Überlegungen gestützt sind. Die für eine Bewertung relevanten Parameter der Investoren können jedoch aufgrund investorspezifischer Merkmale voneinander abweichen. Aus diesem Grund führt ein Vergleich des subjektiv bestimmten Werts (Grenzpreis) mit dem Marktwert zu unterschiedlichen Konsequenzen für die Kauf- oder Verkaufsentscheidung einzelner Marktteilnehmer.

Wird der Zielkatalog auf finanzielle Zielinhalte beschränkt, kommt dem Gegenwartswert der mit einem Objekt verbundenen zukünftigen Zahlungen (bzw. deren Wahrscheinlichkeitsverteilung) grundlegende Bedeutung zu. Für die Bewertung von Anteilen an Unternehmungen stellen deshalb zunächst Ausschüttungen als Zahlungsströme zwischen Unternehmung und Investor geeignete Zielkomponenten dar, deren Analogie zu herkömmlichen Investitionsproblemen offensichtlich ist. Das am Ende dieses Kapitels dargestellte Modell leitet den Kurswert direkt unter Bezugnahme auf die Zeitstruktur der Dividendenzahlungen ab.

Mit der Zugrundelegung der Ausschüttungen als Zielzahlungsreihe sind zwar die Anteile an einer Unternehmung als Investitionsobjekt charakterisiert. Ausschüttungen sind aber letztlich als residuale Größe anzusehen, die sich aus dem operativen Cash Flow erst nach Berücksichtigung von Vergütungen an Fremdkapitalgeber sowie der Gewinnermittlungs- und Gewinnverwendungspolitik einer Gesellschaft ergibt. Die Kenntnis dieser Faktoren ist deshalb Voraussetzung, um sinnvolle Prognosen über die Höhe und Sicherheit künftiger Ausschüttungen abgeben zu können.

Cash-Flow-orientierte Verfahren[146] legen der Wertermittlung geplante leistungsinduzierte Zahlungsströme, keine periodisierten Größen zugrunde.[147] Da hierbei in der Regel die Ausschüttungspolitik nicht berücksichtigt wird, wird implizit entweder eine Weiterleitung der nach Abzug sämtlicher (fremd-)finanzierungsabhängiger Auszahlungen verbleibenden Zahlungsmittel an die Eigenkapitalgeber (d.h.

---

145 Vgl. Dirrigl (1988), S. 229.

146 Vgl. zu den sog. Discounted Cash Flow-Verfahren den übernächsten Abschnitt.

147 Vgl. Busse von Colbe (1995), S. 714.

Vollausschüttung) unterstellt oder angenommen, daß Maßnahmen der Selbstfinanzierung marktwertneutral erfolgen.

Neben der Festlegung der relevanten Zahlungsgrößen wird ein (Gleichgewichts-) Modell zur Bestimmung des Kalkulationszinsfußes benötigt. Hier wird im Rahmen der Cash Flow-orientierten Verfahren regelmäßig auf das CAPM, teilweise auch auf die Arbitrage Pricing Theory zurückgegriffen.

Barwertkalküle sind trotz ihrer Vorteile gegenüber anderen Verfahren der Investitionsrechnung (z.B. statische Verfahren, Interne Zinsfußmethode) an restriktive Anwendungsvoraussetzungen gebunden. Problemlos erscheint ihre Anwendung nur bei vollkommenem Kapitalmarkt. Hingegen sind auf einem unvollkommenen Kapitalmarkt die Kalkulationszinssätze - von Sonderfällen abgesehen[148] - zunächst unbestimmt. Sie wären geeigneterweise so zu bestimmen, daß bei gegebener Zielfunktion und gegebenen Handlungsalternativen das "richtige" Bewertungsergebnis resultiert. Dieses kann jedoch nur durch eine simultane Investitions- und Finanzplanung ermittelt werden[149], wobei - quasi als Nebenprodukt - endogene Kalkulationszinsfüße ermittelt werden können. Diese eignen sich jedoch nur zur Bewertung des bereits modellmäßig erfaßten Programms, sind also überflüssig. Sollen nämlich weitere Objekte in das Programm aufgenommen werden, so wird dies regelmäßig mit einer Änderung der endogenen Kalkulationszinssätze verbunden sein[150], so daß zur Bestimmung der Vorteilhaftigkeit wiederum nur ein Totalmodell in Betracht kommt.

Zudem sind Barwertkalküle nur bedingt geeignet, den sowohl im real- als auch im finanzwirtschaftlichen Bereich auftretenden optionsähnlichen Strukturen Rechnung zu tragen.[151] Da deren Berücksichtigung im Rahmen herkömmlicher Ertragswertrechnungen ebenfalls Probleme bei der Bestimmung geeigneter Kalkulationszinsfüße aufwerfen würde[152], bietet sich hier eine ergänzende Verwendung von Optionspreismodellen an.

---

148 Unter Umständen kann auch auf unvollkommenen Kapitalmärkten auf exogen gegebene Kalkulationszinssätze zurückgegriffen werden. So kann z.B. im Fall sicherer Erwartungen bei vollständiger Kreditfinanzierung einer Investition der Sollzinssatz als Kalkulationszinsfuß verwendet werden.

149 Vgl. Laux/Franke (1969), S. 206.

150 Vgl. Laux/Franke (1969), S. 214.

151 Vgl. Dixit/Pindyck (1994), S. 6 ff.

152 Vgl. Dirrigl (1994), S. 426.

3. Einbeziehung von persönlichen Steuern und Unternehmenssteuern in das Marktwertmodell

Für die Erfassung von Steuern im Rahmen eines Marktwertmodells wird ein Bezugsrahmen benötigt, der eine Integration der persönlichen Besteuerung und der Besteuerung auf Unternehmensebene ermöglicht.

Unter Berücksichtigung der Besteuerung auf Anlegerebene führt ein Kapitalmarktgleichgewicht zu wertpapierspezifischen Mindestrenditen vor persönlichen Steuern. Diese Mindestrenditen können trotz gleichen Risikos zweier Wertpapiere unterschiedlich sein, wenn diese einer ungleichmäßigen steuerlichen Behandlung unterworfen sind. Im Kapitalmarktgleichgewicht ergeben sich somit für Investoren mit verschiedenen Grenzsteuersätzen unterschiedliche Nettorenditen, so daß es zu Portfoliospezialisierungen kommt. Es existieren jedoch Anleger mit bestimmten steuerlichen Eigenschaften, welche zwischen mehreren Wertpapieren indifferent sind. Wie im zweiten Kapitel gezeigt wird, sind diese für die Bestimmung der relativen Wertpapierpreise maßgeblich.[153]

Die finanztitelspezifischen Renditeerwartungen vor persönlichen Steuern entsprechen aus Unternehmenssicht den mit einer Finanzierungsform verbundenen Finanzierungskosten. Diese richten sich auf die von den Kapitalgebern erwarteten Zahlungen *vor* persönlichen, aber *nach* nicht-anrechenbaren Unternehmenssteuern. Die Verbindung von Anleger- und Unternehmensebene erfolgt somit durch Zahlungen nach Unternehmenssteuern und Renditeerwartungen vor persönlichen Steuern.[154]

Die geforderten Mindestrenditen vor persönlichen Steuern eignen sich deshalb noch nicht für die Beurteilung der Vorteilhaftigkeit von Finanzierungsformen. Hierzu sind (wie im vierten Kapitel gezeigt wird) auch Unterschiede in der Unternehmensbesteuerung zu erfassen.

---

153 Dies gilt grundsätzlich auch unter Unsicherheit, wobei hier Diversifikationsaspekte dazu führen können, daß bei der Erklärung von Wertpapierpreisen sämtliche Anleger zu berücksichtigen sind.

154 Vgl. auch Jochum (1991), S. 56; Arbeitskreis "Finanzierung" (1996), S. 564.

4. Berücksichtigung der Finanzierung im Rahmen der Bestimmung von Unternehmensmarktwerten

Im Hinblick auf eine Einbeziehung der Finanzierung bei unvollkommenem Kapitalmarkt existieren unterschiedliche Ansätze zur Bestimmung von Unternehmensgesamtwerten. Hierzu sind neben dem Ertragswertverfahren (Flow to Equity-Verfahren) auch das Kapitalkostenkonzept, das Total Cash Flow-Verfahren und der Adjusted Present Value-Ansatz zu zählen.

Diese Konzepte, die bei konsistenter Parameterwahl zu identischen Ergebnissen führen müssen, werden hier nicht im Detail diskutiert; dazu kann auf eine umfangreiche Literatur verwiesen werden.[155] Vielmehr ist an dieser Stelle beabsichtigt, die wesentlichen Unterschiede und die Eignung der Ansätze für die Untersuchung von Finanzierungsentscheidungen zu prüfen.

a. Ertragswertverfahren (Flow to Equity-Ansatz)

Beim Ertragswertverfahren erfolgt eine direkte Bestimmung des Marktwerts des Eigenkapitals (Nettomethode). Hierbei werden die erwarteten Zahlungen an die Eigentümer (Ausschüttungen) mit einem geeigneten risikoangepaßten Kapitalisierungszinssatz diskontiert, welcher unter Unsicherheit sowohl das operative Risiko der Unternehmung als auch das Kapitalstrukturrisiko reflektieren wird.

Aufgrund der direkten Anknüpfung an Ausschüttungen eignet sich das Ertragswertverfahren gut zur Beurteilung von Gewinnverwendungsentscheidungen. Hingegen kann zur Bewertung von Investitionen sowie sonstiger Finanzierungsentscheidungen die Verwendung einer Bruttomethode besser geeignet sein.

---

155 Vgl. Miles/Ezzell (1980); Harris/Pringle (1985); Volpert (1989); Taggart (1991); Schmidt (1995); Drukarczyk/Richter (1995); Hachmeister (1995) u. ders. (1996); Richter (1996).

b. Discounted Cash Flow-Verfahren

Bruttomethoden, d.h. Barwertrechnungen auf der Grundlage eines Cash Flow vor Abzug finanzierungsabhängiger Auszahlungen (z.B. Zinsen), ermitteln im ersten Schritt einen Unternehmensgesamtwert als Summe der Marktwerte aller Ansprüche, die Kapitaleigner und Gläubiger[156] an der Unternehmung halten. In einem zweiten Schritt kann der Wert des Eigenkapitals nach Abzug der Marktwerte aller übrigen Positionen ermittelt werden.

Die Heranziehung von Brutto-Unternehmenswerten für die Vorteilhaftigkeitsbestimmung von unternehmerischen Entscheidungen ist zwar unter allokativen (d.h. gesamtwirtschaftlichen) Aspekten wünschenswert, weil dabei sämtliche Investitionen mit positivem Wertbeitrag durchgeführt werden. Sie führt aber nicht zwangsläufig zu denselben Ergebnissen wie eine am Marktwert des Eigenkapitals orientierte Vorteilhaftigkeitsbeurteilung. Der Verzicht auf an sich vorteilhafte Investitionen im Modell von Myers (1977) zeigt, daß Handeln im Anteilseignerinteresse nicht grundsätzlich mit der Maximierung des gesamten Marktwerts der Unternehmung zusammenfällt.[157] Werden Umverteilungen zu Lasten der Gläubiger berücksichtigt, so kann die Orientierung am Marktwert des gesamten Kapitals im Widerspruch zur Maximierung des Eigentümerwerts stehen. Zu übereinstimmenden Ergebnissen führen Brutto- und Nettomethoden deshalb nur, solange nicht mit einer Beeinträchtigung der Gläubigerinteressen zu rechnen ist. Dies trifft generell zu, solange das Fremdkapital der Gesellschaft keinem Ausfallrisiko unterliegt.

Alle DCF-Verfahren setzen - wenngleich unterschiedliche - Finanzierungsprämissen. Implizit wird dabei jeweils die Optimalität der zur Anwendung kommenden Kapitalstruktur unterstellt. Deren Festlegung wird aber nicht thematisiert. Da regelmäßig nur steuerliche Einflußfaktoren einbezogen[158], andere finanzierungsabhängige Werteinflußfaktoren hingegen nicht modellmäßig erfaßt werden, könnte man die jeweils unterstellte Kapitalstruktur als diejenige maximale Verschuldung interpretieren, bei der das Ausfallrisiko des Fremdkapitals gerade noch null beträgt. Denn in diesem Fall sind weder Insolvenzkosten noch Risikoanreiz-

---

156 Hierzu zählen z.B. auch Arbeitnehmer, denen eine unmittelbare Pensionszusage gewährt wurde.

157 Vgl. Myers (1977), S. 153.

158 Eine Ausnahme findet sich bei Haley/Schall (1978), S. 849.

probleme zu berücksichtigen. Ob die maximale Verschuldung ohne Ausfallrisiko indessen mit der optimalen gleichgesetzt werden kann, ist zumindest fraglich: Sowohl unter Berücksichtigung von Insolvenzkosten als auch von sog. "Tax Options" kann gezeigt werden, daß das Kapitalstrukturoptimum in einem Bereich liegt, in dem das Fremdkapital bereits einem Ausfallrisiko unterliegt.[159]

Wesentliche Unterschiede im Hinblick auf die Berücksichtigung der Finanzierung im Rahmen der DCF-Methoden können durch eine Gegenüberstellung des Kapitalkostenkonzepts mit dem Adjusted Present Value-Ansatz aufgezeigt werden:

(1) Beim Kapitalkostenkonzept wird der Einfluß der Finanzierung im Nenner des Bewertungskalküls durch den sog. gewichteten Kapitalkostensatz (WACC) erfaßt. Bei der Bestimmung der durchschnittlichen Kapitalkosten sind grundsätzlich zwei Vorgehensweise möglich: Zum einen kann eine auf Marktwerten basierende *Ziel-Kapitalstruktur* vorgegeben werden. In diesem Fall ist darauf zu achten, daß die tatsächliche Finanzierungsstruktur bei jeder Änderung des Unternehmensgesamtwerts[160] angepaßt wird, da ansonsten keine Kompatibilität mit dem Bewertungskalkül vorliegt.[161] Alternativ besteht die Möglichkeit, den gewichteten Kapitalkostensatz in jeder Periode auf der Grundlage der dann geltenden Kapitalstruktur zu bestimmen - in diesem Fall ist bei jeder Unternehmenswertänderung eine Neuberechnung der durchschnittlichen Kapitalkostensätze erforderlich. Allerdings ist diese zweite Vorgehensweise bei mehrperiodigem Betrachtungszeitraum ungeeignet, da die zukünftigen Ausprägungen der Kapitalstruktur nicht mit Sicherheit bekannt sind.

(2) Demgegenüber wird der Unternehmenswert beim Adjusted Present Value-Ansatz (APV) als Summe aus dem Marktwert bei (fiktiver) vollständiger Eigenfinanzierung und einer finanzierungsabhängigen Modifikation ermittelt.[162] Damit erfolgt eine Trennung von Investitionsbewertung und Finanzierungs- bzw. Steu-

---

159 Vgl. Emery/Gehr (1988), S. 37.

160 Eine Ausnahme hiervon kann bei Zinsänderungen vorliegen, wenn hierbei die Marktwerte von Eigen- und Fremdkapital proportional verändert werden.

161 Vgl. Hachmeister (1995), S. 271.

162 Vgl. Myers (1974).

ereffekten.[163] Der eigenständige zweite Term erlaubt es, die Auswirkungen von Finanzierungsentscheidungen auf den Unternehmenswert auch in denjenigen Fällen zu bestimmen, in denen der fiktive Marktwert bei vollständiger Eigenfinanzierung nicht bekannt ist.[164]

Im Unterschied zum Kapitalkostenkonzept setzt der APV-Ansatz voraus, daß die absolute Höhe der Fremdkapitalpositionen in sämtlichen zukünftigen Zeitabschnitten bekannt ist, was nach Entwicklung des Unternehmenswerts zu im Zeitablauf unterschiedlichen Verschuldungsgraden führen kann. Er eignet sich deshalb besonders zur Beurteilung von Außenfinanzierungsmaßnahmen mit feststehender Zahlungsstruktur.

---

163 Vgl. Drukarczyk/Richter (1995), S. 577.

164 Zu dessen Bestimmung sind Eigenkapitalkosten bei vollständiger Eigenfinanzierung zu bestimmen, die aus dem Eigenkapitalkostensatz der verschuldeten Unternehmung abgeleitet werden können, wenn das zugrunde liegende Kapitalstrukturmodell bekannt ist. Vgl. Volpert (1989), S. 192; Hachmeister (1995), S. 111.

IV. Ein Modell zur Bestimmung von Aktienkursen unter Berücksichtigung der Besteuerung

Ein Aktionär mit sicheren Erwartungen hinsichtlich des mit einem Beteiligungstitel verbundenen Dividendenstroms wird unter Bercksichtigung seiner alternativen Anlagemöglichkeiten der Aktie einen Wert beimessen, der sowohl von den künftigen Dividendenzahlungen nach Steuern als auch (im Falle einer Besteuerung von Veräußerungsgewinnen) von der geplanten Strategie hinsichtlich Aktienkauf und -verkauf abhängen kann.

Handelt es sich dabei um einen Aktionär mit repräsentativen steuerlichen Eigenschaften (Grenzanleger), so entspricht der auf diese Weise bestimmte Wert dem Kurswert des Beteiligungspapiers. Die Modellwahl hängt dabei auch davon ab, ob der kursbestimmende Investor realisierte Veräußerungsgewinne zu versteuern hat oder nicht.[165]

1. Bestimmung eines effektiven Veräußerungsgewinn-Steuersatzes

Im Privatvermögen fallen bei einem Anteilsverkauf Steuern auf Veräußerungsgewinne nur an, wenn der Verkäufer entweder innerhalb der letzten fünf Jahre im Besitz einer wesentlichen (d.h. mindestens 25% des Gesellschaftskapitals umfassenden) Beteiligung gemäß § 17 EStG war, oder wenn Wertpapiere innerhalb von sechs Monaten (Spekulationsfrist) nach dem Erwerb weiterveräußert werden.[166] In beiden Fällen können auch realisierte Kursverluste prinzipiell ausgeglichen werden.

---

165 Nach Angaben des Deutschen Aktieninstituts betrug gemessen an den gesamten Aktienbeständen im Jahr 1996 der Anteil von privaten Haushalten 15,2%, von institutionellen Anlegern (Kreditinstitute, Versicherungen, Fondsgesellschaften) 32,5%, von Unternehmen 37,6%, von öffentlichen Haushalten 3,0% und von ausländischen Anteilseignern 11,7%. Der Anteil der privaten Haushalte mit Aktienbesitz nahm jedoch seit dem Jahresende 1996 stark zu; vgl. o.V.: Mehr Aktienbesitzer in Deutschland, FAZ Nr. 62 v. 14.03.97, S. 32. Auch bei den von institutionellen Anlegern (z.B. Kapitalanlagegesellschaften) verwalteten Wertpapieren kann die private Einkommensteuer (und damit die Steuerfreiheit von Kursgewinnen) zum Zuge kommen. Vgl. hierzu Abschnitt A.I. im dritten Kapitel. Aufgrund des hohen Anteils von Beteiligungen im Betriebsvermögen kann eine Relevanz der Veräußerungsgewinnbesteuerung nicht von vornherein ausgeschlossen werden, auch wenn empirische Untersuchungen für Deutschland zu dem Schluß kommen, daß der Grenzanleger ein privater Investor ist. Vgl. Bay (1990), S. 97.

166 Vgl. ausführlich A.II. im dritten Kapitel.

Im Betriebsvermögen werden hingegen die bei Anteilsveräußerungen entstehenden Gewinne oder Verluste grundsätzlich in voller Höhe steuerlich erfaßt. Lediglich beim Verkauf einer Beteiligung, welche das gesamte Nennkapital umfaßt (Alleinbeteiligung), erfolgt eine ermäßigte Besteuerung.[167] Damit es hier aber neben einer Besteuerung von Dividenden überhaupt zu einer steuerlichen Erfassung von Kurswertsteigerungen kommt, müssen die Kursgewinne durch eine Veräußerung der Anteile realisiert worden sein.[168] Somit kann die mit Wertzuwächsen verbundene Besteuerung in die Zukunft verlagert werden, indem von einer Veräußerung der Anteile (vorerst) abgesehen wird.[169]

Für die Beurteilung einer durch Wertzuwächse ausgelösten (effektiven) Steuerbelastung reicht deshalb die Betrachtung des nominellen Steuersatzes auf Veräußerungsgewinne nicht aus.[170] Auch zeitlichen Unterschieden zwischen dem Eintreten einer Wertänderung und ihrer Realisation ist Rechnung zu tragen.[171] Sofern die zeitliche Struktur der Gewinnrealisierung bekannt ist, können Steuersatz und die Art der Realisation von Kursgewinnen kombiniert in einem sog. effektiven Grenzsteuersatz zusammengefaßt werden.

Im Rahmen der Veräußerungsgewinnbesteuerung abgeleitete Effektivsteuersätze müssen die Möglichkeit einer späteren Realisation bereits eingetretener Wertzuwächse berücksichtigen. Dabei sollte ein (auf den gesamten Kapitalgewinn bezogener) effektiver Veräußerungsgewinn-Steuersatz eine Steuerbelastung in Höhe des Barwerts der tatsächlichen Steuerzahlungen auf realisierte Veräußerungsgewinne ausdrücken. Im Ergebnis werden damit die aus der späteren Realisation resultierenden Steuerbarwertvorteile durch einen Abschlag bei der Bestimmung des effektiven Veräußerungsgewinn-Steuersatzes erfaßt.

Dies kann an einem einfachen Beispiel demonstriert werden: Nimmt man an, daß von einem Kapitalgewinn in der Periode seiner Entstehung nur ein Anteil von c

---

167 Vgl. Dirrigl (1990), S. 1046.

168 Im Betriebsvermögen gilt dies nur für Kursgewinne, da hier aufgrund des Imparitätsprinzips eine Teilwertabschreibung in Höhe der unrealisierten Verluste möglich ist.

169 Bilanzierungspflichtige haben zudem unter bestimmten Voraussetzungen die Möglichkeit, Teile der im Falle einer Veräußerung aufgedeckten stillen Reserven auf neu erworbene Wirtschaftsgüter zu übertragen (§ 6b EStG).

170 Vgl. Dirrigl/Müller (1990), S. 397; Schneider (1992), S. 181.

171 Vgl. Stiglitz (1973), S. 7; Sinn (1985), S. 50; Swoboda/Zechner (1995), S. 772. Swoboda/Köhler (1971) verwenden Verkaufswahrscheinlichkeiten, was aufgrund der unterstellten Sicherheit hier nicht in Betracht kommt.

($0 \leq c \leq 1$) realisiert wird[172], während in allen darauffolgenden Perioden ($t = 2,...,T$) vom jeweils noch nicht realisierten Restbetrag wiederum ein Anteil von c realisiert wird, so ergibt sich als Barwert der Steuerbelastung je Geldeinheit Kapitalgewinn

$$(1.1) \quad BW^{vgs} = c \cdot s^{vg} + \frac{c(1-c)\ s^{vg}}{1 + r_f(1-s)} + \ldots + \frac{c\,(1-c)^{T-1}\ s^{vg}}{(1 + r_f(1-s))^{T-1}}$$

$$= c \cdot s^{vg} \cdot \left(1 - \left(\frac{1-c}{1+r_f(1-s)}\right)^T\right) \cdot \frac{1 + r_f(1-s)}{r_f(1-s) + c}$$

mit BW^{vgs} = Barwert der Veräußerungsgewinn-Steuerzahlungen
r_f = risikoloser Zinssatz vor Steuern
s^{vg} = (nomineller) Veräußerungsgewinn-Steuersatz
s = Grenzsteuersatz auf Kapitaleinkünfte (z.B. Zinsen, Dividenden).

Der Kalkulationszins nach Steuern beträgt $r_f(1\text{-}s)$. Da im vorliegenden Beispiel ein Kapitalgewinn erst nach unendlich vielen Perioden ($T \to \infty$) vollständig realisiert würde, ergibt sich

$$(1.1a) \quad BW^{vgs} = \frac{s^{vg} \cdot c \cdot (1+r_f(1-s))}{r_f(1-s) + c} = s_e^{vg}.$$

Aufgrund der Normierung des Kapitalgewinns in Höhe von einer Geldeinheit entspricht der effektive Steuersatz dem berechneten Barwert.

Damit können nun zwei in folgenden näher betrachtete Sonderfälle erfaßt werden: Bleiben Wertzuwächse auf Dauer unrealisiert ($c = 0$), so ergibt sich als Grenzwert ein effektiver Steuersatz von null. Werden Kursgewinne hingegen in jeder Periode in voller Höhe realisiert ($c = 1$), so entspricht der effektive Veräußerungsgewinnsteuersatz dem nominellen Steuersatz. In allen übrigen Fällen ($0 < c < 1$) nimmt der Bruch in Gleichung (1.1a) einen Wert kleiner eins an - hier liegt folglich der effektive unter dem nominellen Steuersatz.

---

172 Dies läßt sich in der Realität natürlich nur durch eine mengenanteilige Veräußerung erreichen.

2. Bestimmung von Aktienkursen bei unterschiedlichen Annahmen hinsichtlich der Veräußerungsgewinnbesteuerung

a. Allgemeine Bestimmung des Kurswerts

Es wird unterstellt, daß sich der Kurswert KA_0 auf der Grundlage der Bruttodividende (Bardividende plus Steuergutschrift) D_1^{br} und des Kurswerts KA_1 in t=1 ergibt.[173] Dabei wird unterstellt, daß der kursbestimmende Aktionär anrechnungsberechtigt[174] ist und erhaltene Bruttodividenden mit einem Grenzsteuersatz von s^* zu versteuern hat. Für den Kurswert in t=0 erhält man zunächst

$$(1.2)\qquad KA_0 = \frac{(1-s^*)\,D_1^{br}}{1+r_f(1-s^*)} + \frac{KA_1 - s_e^{vg}(KA_1 - KA_0)}{1+r_f(1-s^*)}$$

Wird dieser Ausdruck nach KA_0 aufgelöst, so erhält man

$$(1.3)\qquad KA_0 = \frac{(1-s^*)\,D_1^{br}}{1+r_f(1-s^*) - s_e^{vg}} + \frac{(1-s_e^{vg})}{1+r_f(1-s^*) - s_e^{vg}}\,KA_1 .$$

In gleicher Weise kann auch für t=1 und alle nachfolgenden Perioden die Höhe des Aktienkurses in Abhängigkeit von der Dividendenzahlung und dem Kurswert der jeweiligen Folgeperiode dargestellt werden. Man erhält damit nach wiederholtem Einsetzen folgende Beziehung zwischen dem Aktienkurs und den mit Sicherheit erwarteten künftigen Dividendenzahlungen[175]:

---

173 Zum Dividendenbewertungsmodell vor Steuern vgl. Süchting (1995), S. 529 ff.

174 Ein anrechnungsberechtigter Aktionär kann die von der Gesellschaft gezahlte KSt-Ausschüttungsbelastung auf die persönliche ESt-Schuld anrechnen. Sofern man von zeitlichen Unterschieden der Zahlungswirksamkeit von Anrechnungsguthaben und Bardividende absieht, führt es materiell zum selben Ergebnis, wenn direkt die Bruttoausschüttung herangezogen wird.

175 Vgl. zu einer ähnlichen Darstellung King (1974), S. 23, welche für periodenkonstante Steuersätze ein übereinstimmendes Ergebnis liefert.

$$(1.4)\qquad KA_0 = \sum_{t=1}^{T} \frac{(1-s^*)}{(1-s_e^{vg})} \frac{D_t^{br}}{\left(1 + \frac{r_f(1-s^*)}{1-s_e^{vg}}\right)^t}$$

Unterliegt der repräsentative Anteilseigner nicht der Veräußerungsgewinnbesteuerung, so wäre $s_e^{vg} = 0$ zu setzen. Dieser Fall sowie der Fall einer jährlichen Realisation von Kursgewinnen in voller Höhe werden im folgenden näher betrachtet.

b. Aktienkurse bei Steuerfreiheit von Veräußerungsgewinnen

Die Besteuerung von Veräußerungsgewinnen ist bei der Kurswertbestimmung nicht zu berücksichtigen, wenn der kurswertbestimmende Anleger (a) die Aktie erwirbt und zeitlich unbefristet hält (buy-and-hold-Strategie) oder (b) als Privatanleger oder Inhaber von Investmentfondsanteilen nicht der Veräußerungsgewinn-Besteuerung unterliegt. In beiden Fällen gilt $s_e^{vg} = 0$, so daß der Wert der Aktie dem Barwert der künftigen Nettodividenden entspricht[176]:

$$(1.5)\qquad KA_0 = \sum_{t=1}^{T} \frac{(1-s^*)\, D_t^{br}}{(1 + r_f(1-s^*))^t}$$

Es wird unterstellt, daß der Aktionär die Bruttodividende mit einem Grenzsteuersatz auf Kapitaleinkünfte von s^* zu versteuern hat. Für alle übrigen Aktionäre mit $s_e^{vg} = 0$ eignet sich (unter Verwendung eines entsprechenden Grenzsteuersatzes) diese Formel zur Ermittlung individueller Aktienwerte (Grenzpreise), sofern eine unbefristete Haltedauer zugrundegelegt wird.

Gegenüber dem Fall der Bestimmung von Aktienkursen ohne Steuern ergeben sich im vorliegenden Fall zwei Modifikationen:

---

176 Dabei ist eine unbegrenzte Fortführung der Gesellschaft (d.h. $T \rightarrow \infty$) vorausgesetzt. Bei geplanter Liquidation der Kapitalgesellschaft in t=T enthielte D_T^{br} die auf eine Aktie entfallende anteilige Liquidationsausschüttung (einschließlich Abwicklungsgewinn). Zusätzlich wäre in diesem Fall aber eine Kapitalrückzahlung zu berücksichtigen, welche nicht der Besteuerung unterliegt.

Aktien notieren grundsätzlich "cum-Dividende", wobei am Tag der Ausschüttung ein Kursabschlag erfolgt.[177] Unterstellt man im Zeitablauf konstante Dividendenzahlungen, so sind die ex-Dividenden-Kurse im Zeitablauf konstant und weisen dieselbe Höhe wie im Fall vor Steuern auf. Die Besteuerung beeinflußt in diesem Fall die ex-Dividenden-Kurse nicht, weil eine neutrale Struktur vorliegt.[178] Hingegen weichen die unterjährigen Aktienkurse von denjenigen in einer hypothetischen Vor-Steuer-Situation ab. Denn bei Steuerfreiheit von Kursgewinnen erfolgt ein Kurszuwachs gegenüber dem Beginn der Periode bis kurz vor dem Dividendentermin nur in Höhe der auf der Grundlage von s^* berechneten Nettodividende. Aus diesem Grund fällt auch der Dividendenabschlag niedriger als die Bruttodividende aus.

Darüber hinaus ergeben sich zusätzliche Steuerwirkungen bei den ex-Dividenden-Kursen, wenn keine uniforme Dividendenzahlungsreihe vorliegt. Bei einer gleichförmigen geometrischen Dividendenentwicklung erhält man bei unendlich langem Betrachtungszeitraum[179]

$$(1.6) \qquad KA_0 = \frac{(1-s^*)\, D_1^{br}}{r_f(1-s^*) - g_r}$$

mit g_r als Wachstumsrate der Dividendenzahlungen.

Wie leicht zu erkennen ist, kann (1.6) nur dann um den Einfluß der Besteuerung gekürzt werden, wenn $g_r = 0$ gilt. Für $g_r > 0$ liegt der Aktienkurs über, für $g_r < 0$ unter dem Kurswert, der sich ohne Berücksichtigung von Steuern ergeben würde. Wachstumsaktien sind somit im Privatvermögen steuerlich begünstigt.

---

177 Vgl. Uhlir/Steiner (1994), S. 247.

178 Vgl. hierzu Abschnitt B. im zweiten Kapitel.

179 Die für die Anwendung dieser Formel notwendige Voraussetzung $r_f(1-s^*) > g_r$ schränkt deren Aussagegehalt nicht wesentlich ein, da sonst ein unendlich hoher Aktienkurs resultieren würde.

c. Aktienkurse bei jährlicher Realisation von Veräußerungsgewinnen

Unterstellt man hingegen, daß zwar ein dauerhaftes Engagement geplant ist, die Aktie jedoch in jeder Periode unmittelbar nach erhaltener Dividendenzahlung veräußert und anschließend zum dann geltenden Marktwert zurückerworben wird, so ist in jeder Periode auch die Veräußerungsgewinnbesteuerung in voller Höhe zu berücksichtigen.[180] Es gilt damit $s_e^{vg} = s^{vg}$. Für den Kurs in t=0 erhält man deshalb

$$(1.7) \qquad KA_0 = \sum_{t=1}^{T} \frac{(1-s^*)}{(1-s^{vg})} \frac{D_t^{br}}{\left(1 + \frac{r_f(1-s^*)}{1-s^{vg}}\right)^t} .$$

Im Gegensatz zu Gleichung (1.5) ist (1.7) nur zur Bewertung durch einen marginalen Investor (und damit auch zur Kurswertbestimmung) geeignet. Für Aktienbewertungskalküle anderer ("inframarginaler") Anleger ist die Gleichung ungeeignet, da bei einer entsprechenden Verwendung von (1.7) implizit zukünftige Aktienwerte angesetzt würden, die sich nicht mit den hier anzusetzenden zukünftigen Marktwerten decken.

Für $s^{vg} = s^*$ (was z.B. auf Beteiligungen unter 100% im Betriebsvermögen zutrifft) entspricht $r_f(1-s^*)/(1-s^{vg})$ dem Bruttozinssatz r_f. In diesem Fall deckt sich der Wert der Aktie mit dem Vor-Steuer-Ergebnis: Werden Kapitalgewinne und Dividendenzahlungen, d.h. die gesamte Wertänderung, einem einheitlichen Grenzsteuersatz unterworfen, so nimmt die Besteuerung auf die Bewertung der Aktie keinen Einfluß. Zu diesem Neutralitätsergebnis gelangt man hier deshalb, weil bei jährlicher Realisation von Veräußerungsgewinnen die Veräußerungsgewinnbesteuerung mit einer Kapitalgewinnbesteuerung zusammenfällt, welche auch unrealisierte Wertsteigerungen erfassen würde.

Wenn sämtliche Wertänderungen mit demselben Steuersatz wie Dividendenzahlungen zu versteuern sind, entspricht auch die Kursentwicklung zwischen den Dividendenterminen approximativ der Entwicklung des Aktienkurses im Fall vor

---

180 Da die Kurswerte am Ende jeder Periode bereits um den Dividendenabschlag bereinigt sind, erübrigt sich eine zusätzliche Berücksichtigung ausschüttungsbedingter Teilwertabschreibungen im Betriebsvermögen.

Steuern.[181] Da bei einer Kursgewinnrealisierung unmittelbar vor dem Ausschüttungstermin dieselben steuerlichen Konsequenzen wie bei einer Ausschüttung eintreten, steigt auch der Aktienkurs bis zum Ausschüttungstermin in Höhe der marktwertbezogenen Vollausschüttung[182] gegenüber dem Kurswert zu Periodenbeginn, so daß der Dividendenabschlag der Bruttodividende entspricht.

Unterstellt man für die zeitliche Entwicklung der ex-Dividenden-Aktienkurse wieder einen unendlich langen Betrachtungszeitraum mit konstantem Dividendenwachstum, so vereinfacht sich Gleichung (1.7) zu:

$$(1.8) \quad KA_0 = \frac{(1-s^*)}{(1-s^{vg})} \frac{D_1^{br}}{\frac{r_f(1-s^*)}{1-s^{vg}} - g_r} = \frac{(1-s^*) \cdot D_1^{br}}{r_f(1-s^*) - g_r(1-s^{vg})} .$$

Im Ergebnis wirkt somit die Besteuerung von Veräußerungsgewinnen bei jährlicher Realisation wie eine Verringerung der Wachstumsrate der Dividendenzahlungen um den Veräußerungsgewinn-Steuersatz. Für im Zeitablauf konstante Dividenden ($g_r = 0$) erhält man deshalb ein mit dem zuvor betrachteten Fall ($s_e^{vg} = 0$) übereinstimmendes Ergebnis. Grund für die Identität bei Dividendenkontinuität ist nun allerdings nicht ein Veräußerungsgewinn-Steuersatz von null, sondern die Tatsache, daß überhaupt keine Veräußerungsgewinne entstehen, weil bei dauerhaft gleichbleibenden Dividenden der Kurs der Aktie im Periodenvergleich unverändert bleibt.

Für den Fall einer steigenden Dividendenzahlungsreihe ($g_r > 0$) resultiert ein gegenüber der fehlenden Veräußerungsgewinn-Besteuerung geringerer Aktienkurs, weil die Differenz im Nenner von (1.8) steigt, sofern $r_f(1-s^*) > g_r$ gilt. Im Gegensatz dazu liegt bei im Zeitablauf fallenden Dividenden ($g_r < 0$) der berechnete Kurswert höher als bei fehlender Veräußerungsgewinn-Besteuerung, da hier Veräußerungsverluste zu einer Steuerentlastung führen.

---

181 Dies gilt deshalb nur approximativ, weil Steuern nicht kontinuierlich, sondern erst nach Ablauf der betrachteten Periode zu zahlen sind.

182 Darunter wird hier diejenige Ausschüttungshöhe verstanden, welche dazu führt, daß der Aktienkurs nach Ausschüttung dem Kurswert zu Beginn der Betrachtungsperiode entspricht.

Aus der Abhängigkeit der Aktienbewertung von der Art der Realisation von Veräußerungsgewinnen kann die Schlußfolgerung gezogen werden, daß durch eine gezielte Veräußerungsstrategie der Wert der Aktie beeinflußt werden kann. Aufgrund der bisherigen Ausführungen ist unmittelbar erkennbar, daß für einen Anleger, der der Veräußerungsgewinnbesteuerung unterliegt, bei steigenden Aktienkursen der Verzicht auf Realisation, bei sinkenden Aktienkursen hingegen der Ausweis von Kursverlusten vorteilhaft sein wird. Die Realisation von Kursgewinnen wird wegen der damit verbundenen höheren Steuerbelastung deshalb nur dann vorgenommen, wenn kein weiteres Engagement in der Aktie beabsichtigt oder eine Veräußerung aus anderen Gründen erforderlich ist.[183]

[183] Bei einem gegenüber dem Anschaffungskurs gestiegenen Kurswert tritt somit ein "Lock-in"-Effekt auf. Vgl. auch Constantinides (1983), S. 611; Dirrigl (1991), S. 200.

Zweites Kapitel: Der Einfluß der Besteuerung auf Anlageentscheidungen und die erwartete Mindestrendite von Finanztiteln

Die steuerbedingte Änderung erwarteter zukünftiger Zahlungsströme kann Anpassungsmaßnahmen im Rahmen der Konsum- und Portefeuilleentscheidungen von Steuerpflichtigen auslösen. Bei einzelnen Anlegern schlagen sich diese zunächst in Änderungen des Investitionsbudgets und in Portefeuilleumschichtungen nieder. Ausgehend hiervon sind bei gegebenem Wertpapierangebot, von dem in diesem Kapitel ausgegangen wird, auch Preisanpassungsprozesse auf Kapitalmärkten zu erwarten. Ziel der nachfolgenden Ausführungen ist es, auf der Grundlage finanzierungstheoretischer Modelle Konsequenzen für Marktpreise bzw. für die am Kapitalmarkt vor persönlichen Steuern geforderten Renditen von Finanztiteln aufzuzeigen.

Für eine systematische Darstellung ist es zweckmäßig, den gesamten steuerlichen Einfluß auf (erwartete) Bruttorenditen in zwei Komponenten aufzuspalten. Selbst wenn die Besteuerung "arbitragefrei" in dem Sinne erfolgt, daß eine Bewertung von Finanztiteln auf der Grundlage von Bruttogrößen zum selben Bewertungsergebnis (bzw. Grenzpreis) führt wie auf der Grundlage nachsteuerlicher Größen, können sich Anpassungen des risikolosen Zinssatzes und der Markt-Risikoprämie ergeben. Darüber hinausgehende Renditewirkungen sind aber zu berücksichtigen, wenn die Besteuerung - wie in der Realität - nicht mehr durchgehend neutral erfolgt.

Da eine arbitragefreie Besteuerung von Finanzanlagen jedoch die Eigenschaft aufweist, daß steuerlich verursachte Klienteleffekte oder Steuerarbitragen ausbleiben, werden in diesem Kapitel Steuerbemessungsgrundlagen abgeleitet, welche die Anforderung der Arbitragefreiheit erfüllen. Hierzu wird auf das Konzept einer investitionsneutralen Einkommensteuer Bezug genommen, welches auf den Fall unsicherer Erwartungen erweitert wird. Anschließend wird am Beispiel einfacher Steuersysteme auf die Wirkungen einer anlageformspezifischen Besteuerung eingegangen.

Es wird unterstellt, daß zwar über die Kapitalmarktteilnehmer hinweg divergierende Grenzsteuersätze auf Kapitaleinkünfte vorliegen, einzelne Steuerpflichtige sich aber einem konstanten Grenzsteuersatz gegenübersehen. Diese

Annahme ist innerhalb der Proportionalzonen des ESt-Tarifs unproblematisch.[1] Auch kann der Grenzsteuersatz auf Kapitaleinkünfte - z.B. aufgrund von Freibeträgen oder definitiv belasteten Kapitalerträgen - abweichend vom sonstigen ESt-Grenzsteuersatz eines Investors eine konstante Höhe aufweisen. Sofern Kapitaleinkünfte progressiv besteuert werden, kann diese Voraussetzung jedoch nur als Näherung angesehen werden.[2]

A. Portefeuilleentscheidungen bei Unsicherheit und Besteuerung

Die Steuereigenschaften eines Investors spielen eine zentrale Rolle bei Portefeuilleentscheidungen und der individuellen Bewertung von Anlageformen. Ausgehend von einem Investor, der bei gegebenen Preisen optimal disponiert, wird in diesem Abschnitt untersucht, inwieweit dessen Anlageentscheidung durch die Besteuerung beeinflußt wird.

Werden hingegen sämtliche Kapitalmarktteilnehmer betrachtet, so sind die Preise in einem Kapitalmarktgleichgewicht nicht mehr exogen vorgegeben, sondern endogen zu bestimmen, da die Markträumungsbedingungen erfüllt sein müssen. Grundsätzlich muß hierzu jede Einzelnachfrage bekannt sein. Sofern aber für die Beschreibung der Gleichgewichtssituation ein repräsentativer Investor mit speziellen Präferenzen und steuerlichen Eigenschaften konstruiert werden kann, könnte das hier dargestellte Modell auch zur Erklärung von Finanztitelpreisen geeignet sein. Die Preisrelationen könnten dann so bestimmt werden, daß der repräsentative Investor ein Portefeuille wählt, welches anteilig der Gesamtheit sämtlicher marktgehandelter Wertpapiere entspricht. Diese Vorgehensweise setzt aber voraus, daß ein Anleger vorstellbar ist, der bei rationalem Verhalten sämtliche Wertpapiere in positiven Mengen hält. Wie im Verlauf dieses Kapitels gezeigt

---

1 Vgl. zum linear-progressiven ESt-Tarifverlauf Dirrigl/Schaum (1989), S. 293 f.

2 Dennoch ließen sich Progressionswirkungen pragmatisch in die vorliegende Modellstruktur integrieren. Eine progressive Besteuerung führt nämlich dazu, daß - anders als bei einer Proportionalsteuer - ein zusätzlicher Anreiz besteht, starke Schwankungen des finanziellen Ergebnisses zu vermeiden. Selbst risikoneutrale Investoren verhalten sich angesichts einer progressiven Besteuerung "risikoavers", da sie bestrebt sind, die Grenzsteuersätze über verschiedene Zukunftslagen hinweg zu glätten. Vgl. hierzu Fellingham/Wolfson (1985), S. 12; Scholes/Wolfson (1992), S. 129. Näherungsweise könnte die Progression daher durch eine erhöhte Risikoaversion derjenigen Anleger erfaßt werden, die sich innerhalb der Progressionszone befinden. Vgl. zu Progressionswirkungen bei Unsicherheit auch Buchholz (1985), S. 882 ff; Ross (1985); Dybvig/Ross (1986).

wird, muß dies - anders als im Modell ohne Steuern - unter Berücksichtigung der Besteuerung nicht unbedingt zutreffend sein.

I. Modellannahmen

Ausgangspunkt eines individuellen Entscheidungskalküls ist das Zielsystem des Entscheidungsträgers. Aus Vereinfachungsgründen wird eine Beschränkung des Zielkatalogs auf finanzielle Zielgrößen, d.h. auf für Konsumzwecke verfügbare Zahlungsüberschüsse vorgenommen: Ein Konsumzahlungsstrom soll im Zeitablauf hinsichtlich seiner Höhe und Ungewißheit präferenzkonform gestaltet werden.[3] Formal läßt sich die Zielfunktion aus der Sicht eines Individuums in Form einer intertemporalen Risikonutzenfunktion über Konsumbeträge darstellen, deren Erwartungswert zu maximieren ist.[4] Unter bestimmten zusätzlichen Voraussetzungen kann diese in eine Risikopräferenzfunktion überführt werden, die nur vom Erwartungswert und der Varianz der Wahrscheinlichkeitsverteilung der Einzahlungen in einer Periode abhängt.

Auf einem vollkommenen Kapitalmarkt (d.h. bei gegebenen, durch die Portefeuilleentscheidung eines einzelnen Investors nicht beeinflußbaren Marktpreisen von Wertpapieren) erfolgt die Anlageentscheidung eines Wirtschaftssubjekts durch Mengenanpassung. Im folgenden wird hierzu ein einperiodiges Modell unterstellt, in dem sämtliche Portefeuilleentscheidungen in t=0 getroffen werden.

Einperiodige Modelle stellen weder eine geeignete Annäherung an den Planungshorizont von Anlageentscheidungen dar, noch sind sie geeignet, sämtliche Charakteristika von Steuern und Wertpapieranlagen zu erfassen. So lassen sich Abschreibungs- und Tilgungsstrukturen, Verlustvor- oder -rückträge, Steuerstundungen und Zinsänderungsrisiken grundsätzlich nur in Modellen mit mehreren Zeitabschnitten berücksichtigen. Andererseits basieren zahlreiche finanzierungstheoretische Modelle (z.B. das CAPM) auf der ausschließlichen Betrachtung einer

---

3 Vgl. Wagner/Dirrigl (1980), S. 9; Ewert/Wagenhofer (1993), S. 29.

4 Die Risikonutzenfunktion des Entscheidungsträgers ist über sichere Ereignisse definiert und steigt in jedem ihrer Elemente monoton an. Sie wird auch als von Neumann-Morgenstern- bzw. Bernoulli-Nutzenfunktion bezeichnet. Vgl. Huang/Litzenberger (1988), S. 6 ff. und Elton/Gruber (1991), S. 202 für eine axiomatische Herleitung des Bernoulli-Prinzips. Vgl. Schneider (1981), S. 53 ff. und Siegel (1994), S. 466 zur Kritik am Konzept der Maximierung des Erwartungsnutzens. Zur Rechtfertigung des Konzepts bei theoretischen Analysen vgl. Bamberg/Trost (1996), S. 640 ff.

Periode. Dies erscheint akzeptabel, sofern die Modellformulierung eine geeignete Ausgangsbasis für eine Erweiterung auf einen mehrperiodigen Kontext darstellt, so daß die betrachtete Anlageperiode als Ausschnitt eines längeren Zeitraums wirtschaftlicher Tätigkeit angesehen werden kann.[5]

Die Beschränkung auf einen einperiodigen Zeitrahmen führt zudem immer dann zu unverfälschten Ergebnissen, wenn für das Bewertungsobjekt ein funktionierender Sekundärmarkt existiert.[6] Unter Berücksichtigung von Steuern setzt dies voraus, daß auch Steuervorteile ohne "Reibungsverluste" handelbar sind. Dies ist zwar prinzipiell denkbar, doch im deutschen Steuersystem nicht bei allen Anlageformen der Fall.[7]

II. Bestimmung der Optimalitätsbedingungen

Ein Individuum hat in Periode t=0 über die Aufteilung seines Anfangsvermögens W_0 auf Konsum C_0^m und Investitionen in Finanztitel zu entscheiden.[8] Mit P_j als Marktpreis des j-ten Wertpapiers ($j = 0,...,J$) in t=0 und n_j als Anzahl der jeweils gehaltenen Wertpapiere gilt:

$$(2.1) \quad W_0 = C_0^m + I_0 = C_0^m + \sum_{j=1}^{J} P_j \cdot n_j = C_0^m + \sum_{j=1}^{J} A_j$$

A_j bezeichnet den insgesamt in Wertpapier j investierten Betrag, wobei beliebige Teilbarkeit der Finanztitel unterstellt wird. I_0 kennzeichnet die gesamte Investition in Periode t=0 und ergibt sich als Summe der Anlagebeträge A_j.

Investitionen in risikobehaftete Anlagen in t=0 führen zu bedingten Einzahlungen in der Folgeperiode. Die Konsummöglichkeiten in t=1, die aufgrund der Einperiodigkeit des Modells dem Vermögen nach Steuern entsprechen, sind von

5 Vgl. Fama/Miller (1972), S. 329 ff. zu den Voraussetzungen für eine derartige Erweiterung. Ein Beispiel für ein Mehrperiodenproblem als Folge einperiodiger Probleme stellt der Ansatz von Fama (1977) dar.

6 Vgl. Copeland/Weston (1988), S. 403.

7 Beispielsweise geht bei Zerobonds, wie im dritten Kapitel gezeigt wird, ein Teil des Steuerstundungsvorteils im Falle einer Veräußerung verloren.

8 (Real-)Investitionsmöglichkeiten von Anlegern werden nicht berücksichtigt.

dem in dieser Periode eintretenden Umweltzustand z abhängig und deshalb unsicher. Der verfügbare Betrag ergibt sich nach Abzug von Steuern wie folgt:

$$(2.2) \quad C_1^{m,z} = \sum_{j=1}^{J} n_j \, (P_{jz}^1 - a_j \cdot s \, (P_{jz}^1 - P_j))$$

mit P_{jz}^1 als Marktpreis des j-ten Wertpapiers in Zustand z. Eine möglicherweise wertpapierspezifische Besteuerung wird dabei durch den Faktor a_j erfaßt, welcher den Anteil der gesamten Wertänderung von Anlagetitel j angibt, der als steuerpflichtiges Einkommen auszuweisen ist.[9] Zur Ermittlung der mit einem Wertpapier verbundenen Steuerlast wird der jeweilige Bemessungsgrundlagenbeitrag mit dem investor-spezifischen Steuersatz s multipliziert.

Da bei bekannten Marktpreisen in t=0 für jeden Umweltzustand auch bedingte Vor-Steuer-Renditen angegeben werden können, kann (2.2) unter Berücksichtigung von $n_j = A_j/P_j$ auch wie folgt geschrieben werden:

$$(2.2a) \quad C_1^{m,z} = \sum_{j=1}^{J} A_j \, (1 + r_{jz} \, (1 - a_j \cdot s)) \, .$$

Bei Unsicherheit hängt die Wertschätzung eines Portefeuilles nicht allein von den jeweiligen Nach-Steuer-Zahlungen, sondern auch von den subjektiven Wahrscheinlichkeiten w_z ab, die ein Investor den einzelnen Zukunftslagen beimißt. Bei einer Entscheidung auf der Grundlage des Bernoulli-Prinzips wird der Erwartungswert einer intertemporalen Nutzenfunktion maximiert. Somit lautet im Fall einer diskreten Wahrscheinlichkeitsverteilung die Zielfunktion:

$$(2.3) \quad \max \; E[U(C_0^m, \tilde{C}_1^m)] = \sum_{z=1}^{Z} w_z \cdot U(C_0^m, C_1^{m,z})$$

Die Risikonutzenfunktion steigt streng monoton in jedem ihrer Elemente an und verläuft bei risikoavers eingestellten Entscheidungsträgern konkav.

---

9 Aus Vereinfachungsgründen wird hier unterstellt, daß der Faktor a_j eines Wertpapiers in allen Zukunftslagen gleich ist. Alternativ könnte eine zustandsabhängige Formulierung verwendet werden, um z.B. beschränkte Verlustverrechnungsmöglichkeiten zu erfassen.

Zur Lösung des Optimierungsproblems bildet man die Lagrange-Funktion:

$$(2.4) \quad L = \sum_{z=1}^{Z} w_z \cdot U(C_0^m, C_1^{m,z}) - \lambda [C_0^m + \sum_{j=1}^{J} A_j - W_0].$$

Die notwendigen Optimalbedingungen erhält man durch partielle Differentiation nach C_0^m und den Anlagebeträgen A_j. Als partielle Ableitung nach dem Konsum in t=0 erhält man zunächst

$$(2.5) \quad \frac{\partial L}{\partial C_0^m} = \sum_{z=1}^{Z} w_z \cdot \frac{\partial U}{\partial C_0^m} - \lambda = 0.$$

Von der konkreten Gestalt der Nutzenfunktion hängt dabei ab, ob die partielle Ableitung $\partial U/\partial C_0^m$ einen konstanten Wert annimmt oder nicht. Nur im Spezialfall einer additiven Nutzenfunktion mit Nutzenunabhängigkeit zwischen einzelnen Konsumzeitpunkten wäre dieser Ausdruck unabhängig von C_1^m. Im allgemeinen Fall wird jedoch $\partial U/\partial C_0^m$ von C_1^m abhängen und somit selbst unsicher sein.

Entsprechend erhält man für die partiellen Ableitungen nach den Anlagebeträgen A_j

$$(2.6) \quad \frac{\partial L}{\partial A_j} = \sum_{z=1}^{Z} w_z \left[\frac{\partial U}{\partial C_1^{m,z}} \cdot (1 + r_{jz}(1 - a_j \cdot s))\right] - \lambda = 0.$$

Die Gültigkeit von (2.6) für sämtliche Wertpapiere setzt jedoch voraus, daß Leerverkäufe (d.h. auch negative A_j) zugelassen sind. Sind Leerverkäufe hingegen durch die Nebenbedingung $A_j \geq 0$ ausgeschlossen, so gilt (2.6) nur für jedes im optimalen Portefeuille gehaltene Wertpapier. In diesem Fall wäre die Bedingung allgemein in Form einer Ungleichung zu schreiben:[10]

$$(2.7) \quad \frac{\partial L}{\partial A_j} = \sum_{z=1}^{Z} w_z \left[\frac{\partial U}{\partial C_1^{m,z}} \cdot (1 + r_{jz}(1 - a_j s))\right] - \lambda \leq 0.$$

10 Vgl. auch Taggart (1980), S. 647.

Da bei Risikoaversion des Investors die zweiten partiellen Ableitungen der Risikonutzenfunktion negativ sind, sind die abgeleiteten notwendigen Bedingungen (2.5) und (2.6) zugleich hinreichend für ein Nutzenmaximum.

Aus (2.5) folgt

$$(2.5a)\quad \sum_{z=1}^{Z} w_z \cdot \frac{\partial U}{\partial C_0^m} = \lambda$$

und aus (2.6)

$$(2.6a)\quad \sum_{z=1}^{Z} w_z \left[\frac{\partial U}{\partial C_1^{m,z}} \cdot (1 + r_{jz}(1 - a_j \cdot s))\right] = \lambda.$$

Da diese Bedingung für sämtliche vom betrachteten Investor erworbenen Wertpapiere (d.h. für alle j mit $A_j > 0$) gelten muß, wird in jede Anlage so lange investiert, bis die erwartete Nutzensteigerung der letzten investierten (marginalen) Einheit Anfangsvermögen bei allen Kapitalanlagen gleich ist. Daraus folgt unmittelbar, daß bei Vorliegen eines optimalen Portefeuilles und konstantem Anfangsvermögen die Umschichtung zugunsten eines beliebigen Wertpapiers nicht zu einem insgesamt höheren Erwartungsnutzen führen kann.

III. Interpretation der Bedingungen für ein optimales Portefeuille

Sofern ein optimales Portefeuille vorliegt, läßt sich keine Verbesserung der Asset Allocation mehr erreichen. Wenn sich jedoch gegenüber dem bisher als optimal eingestuften Programm (Basisprogramm) zusätzliche Anlagemöglichkeiten eröffnen, kann unter Verwendung der dem Basisprogramm zugrundeliegenden Bewertungsfaktoren direkt darüber entschieden werden, ob Portefeuilleumschichtungen sinnvoll sind oder nicht.

Für eine risikolose Anlage mit einer Rendite vor Steuern in Höhe von r_f und einem steuerpflichtigen Ertragsanteil von a_f folgt aus (2.7) speziell

$$(2.7a)\quad (1 + r_f(1-sa_f)) \cdot \sum_{z=1}^{Z} w_z \cdot \frac{\partial U}{\partial C_1^m} \leq \lambda.$$

Existieren mehrere risikolose Anlageformen, so investiert der Investor in die Anlage mit der höchsten Nettoverzinsung[11]. Für diese Anlageform kann (2.7a) in Gleichungsform geschrieben werden.

Unter Berücksichtigung der vorteilhaften risikolosen Anlage kann nach Gleichsetzung von (2.5a) mit (2.7a), d.h.

$$\sum_{z=1}^{Z} w_z \cdot \frac{\partial U}{\partial C_0^m} = (1 + r_f(1 - a_f s)) \cdot \sum_{z=1}^{Z} w_z \cdot \frac{\partial U}{\partial C_1^m}$$

auch geschrieben werden:

$$(2.8) \quad \sum_{z=1}^{Z} g_{sz} = \frac{1}{(1+r_f(1-a_f s))}.$$

Dabei bezeichnet

$$(2.9) \quad g_{sz} = \frac{w_z \cdot \frac{\partial U}{\partial C_1^{m,z}}}{\sum_z w_z \cdot \frac{\partial U}{\partial C_0^m}} = \frac{1}{1+r_f(1-sa_f)} \cdot \frac{w_z \cdot \frac{\partial U}{\partial C_1^{m,z}}}{\sum_z w_z \frac{\partial U}{\partial C_1^{m,z}}}$$

den (impliziten) Wert einer in Zustand *z* gezahlten Geldeinheit *nach* Steuern.[12] Er entspricht der marginalen Substitutionsrate des betrachteten Investors zwischen heutigem (sicherem) Konsum und zukünftigem (zustandsabhängigem) Konsum.[13]

Die Summe der g_{sz} über alle Zustände entspricht gemäß (2.8) dem Diskontierungsfaktor zur Bewertung risikoloser Zahlungen. Da dieser unmittelbar von der Besteuerung beeinflußt ist, hängen die zustandsabhängigen Wertansätze g_{sz} neben der Wahrscheinlichkeitsschätzung auch von der steuerlichen Situation des Investors ab. In Abhängigkeit vom Verlauf der Risikonutzenfunktion können darüber hinaus auch gemäß (2.2) steuerbedingt veränderte Konsummöglichkeiten in t=1 die Höhe von g_{sz} beeinflussen.

---

11 Hierauf wird unter C.I. in diesem Kapitel ausführlich eingegangen.

12 Vgl. auch Dybvig/Ross (1986), S. 754.

13 Vgl. Taggart (1980), S. 652.

Im Portefeuilleoptimum gilt für jedes erworbene Wertpapier eine Übereinstimmung von Preis und investorspezifischem Wert. Letztgenannter kann durch Multiplikation der bedingten Nach-Steuer-Zahlungen mit den zustandsabhängigen Wertansätzen g_{sz} und Summation über alle Zukunftslagen ermittelt werden. Aus Sicht eines Investors gilt daher im optimalen Portefeuille

$$(2.10a) \quad P_j \geq \sum_{z=1}^{Z} g_{sz} \cdot (P_{jz}^1 - a_j s (P_{jz}^1 - P_j)) .$$

Im optimalen Anlageprogramm kann es kein Wertpapier geben, dessen Preis unter dem investor-individuellen Wert liegt, da ansonsten noch Umschichtungen sinnvoll wären. Wertpapiere mit einem über dem investor-individuellen Wert liegenden Preis können zwar existieren, werden aber vom betrachteten Investor nicht nachgefragt. Für alle im optimalen Portefeuille gehaltenen Wertpapiere stimmen daher in Bedingung (2.10a) die linke und die rechte Seite überein.

Umgekehrt lautet die Bedingung für die (weitere) Aufnahme eines Wertpapiers in das Anlageprogramm:

$$(2.10b) \quad P_j < \sum_{z=1}^{Z} g_{sz} \cdot (P_{jz}^1 - a_j s (P_{jz}^1 - P_j)) .$$

Aufgrund der oben gemachten Ausführungen kann (2.10b) nur gelten, falls das bisherige Portefeuille noch keine optimale Struktur aufweist.

In den hier genannten Optimalbedingungen kommen zwei Einflußfaktoren der Besteuerung zum Ausdruck, die im folgenden getrennt betrachtet werden. Der erste Faktor betrifft den Einfluß der Besteuerung auf die Risikoübernahme. Dieser Effekt kann im allgemeinen nicht durch eine spezielle Ausgestaltung des Steuersystems (d.h. auch nicht für $a = 1$ für alle Anlageformen), sondern nur durch spezielle Risikonutzenfunktionen der Investoren aufgehoben werden.[14] Ein zweiter Einfluß der Besteuerung besteht in der unterschiedlichen Besteuerung von Finanztiteln, welcher hier durch anlageformabhängige Steuerbelastungskoeffizienten a erfaßt wird. Dieser Effekt führt zu investorspezifischen komparativen Steuervorteilen oder -nachteilen, welche als Auslöser für Klienteleffekte oder vorteilhafte Steuerarbitragen anzusehen sind. Möglichkeiten zur Vermeidung dieses zweiten Effekts werden im nächsten Abschnitt betrachtet.

---

14 Vgl. etwa Stiglitz (1969b), S. 270 ff.

B. Arbitragefreie Besteuerung von Finanzanlagen

I. Einordnung in die Systematik der Neutralitätskonzeptionen

Jede Ausgestaltung von Steuersystemen führt, sofern man von Abgaben in Form von Sachleistungen absieht, zu finanziellen Konsequenzen bei den Steuerpflichtigen. Dieser Abfluß finanzieller Mittel wird bei rational handelnden Steuerpflichtigen in vielen Fällen bereits bei der Planung bzw. Entscheidung über ökonomische Sachverhalte zu berücksichtigen sein.[15]

Ein entscheidungsneutrales Steuersystem ist dadurch gekennzeichnet, daß von der Besteuerung kein Einfluß auf die Planung der Steuerpflichtigen ausgeht, weil die Zielerreichung bei sämtlichen Entscheidungsalternativen durch die Besteuerung entweder überhaupt nicht[16] oder aber gleichmäßig[17] beeinflußt wird. Wenn Planung unter Berücksichtigung der Besteuerung zur selben Alternativenwahl führt wie bei Vernachlässigung der Besteuerung, unterbleiben Steuerausweichhandlungen und damit steuerlich verursachte allokative Verzerrungen der Koordination über Märkte, welche zu Effizienzverlusten führen können. Neutralität stellt aus diesem Grund auch einen geeigneten "Nullpunkt" für die Beurteilung von Steuerwirkungen in nichtneutralen Steuersystemen dar.[18]

Nun besteht allerdings in der Realität keine Möglichkeit, Steuersysteme mit fiskalischer Zwecksetzung in einem Umfang entscheidungsneutral auszugestalten, bei dem sämtliche Entscheidungen der Steuerpflichtigen unbeeinflußt bleiben. Selbst wenn Steuerpflichtige ausschließlich finanzielle Ziele verfolgen würden[19] und ein Besteuerungssystem z.B. hinsichtlich Investitions- und Finanzierungsentscheidungen neutral ausgestaltet wäre, könnte der durch den Einkommenseffekt der Besteuerung verursachte Liquiditätsabfluß auf Haushaltsebene einen erhöhten Arbeitseinsatz des Steuerpflichtigen nach sich ziehen, mit dem dieser bestrebt ist,

---

15 Vgl. Wagner/Dirrigl (1980), S. 5; Schneider (1992), S. 193.

16 Dies wäre nur dann der Fall, wenn alle Steuerpflichtigen ausschließlich nicht-finanzielle Ziele verfolgen oder Steuern in Entscheidungskalkülen nicht berücksichtigen würden. Vgl. Wagner/Dirrigl (1980), S. 5; Schneider (1981), S. 52 f.

17 Dies kann durch eine entscheidungsfixe Steuer oder durch eine Besteuerung des Zielerreichungsausmaßes erfolgen. Vgl. Wagner/Schwinger (1991), S. 496; Schneider (1992), S. 206; Wagner (1992), S. 334.

18 Vgl. Elschen/Hüchtebrock (1983), S. 255.

19 Ist das Zielsystem des Entscheidenden auch durch nicht-finanzielle Zielgrößen (etwa Freizeit) gekennzeichnet, würde Neutralität zudem die steuerliche Erfassung der nichtmonetären Zielerreichung voraussetzen. Vgl. Wagner (1991), S. 80.

eine durch die Steuerzahlung hervorgerufene Einschränkung der Konsummöglichkeiten auszugleichen.

Entscheidungsneutralität der Besteuerung als Oberbegriff für eine Ausgestaltung von Steuersystemen, die innerhalb bestimmter Entscheidungsbereiche keine verzerrenden Effekte auslösen, ist somit je nach Untersuchungsgegenstand weiter zu konkretisieren. Da ein Einkommenseffekt bei einer Besteuerung mit vorrangig fiskalischer Zielsetzung - bezogen auf die Gesamtheit aller Steuerpflichtigen - nicht vermeidbar ist, werden Steuersysteme bereits dann als neutral bezeichnet, wenn sie in bezug auf die betrachtete Entscheidungskategorie (d.h. innerhalb eines Partialmodells) keine Substitutionseffekte auslösen.[20]

Dabei können die Grundformen Investitions- und Finanzierungsneutralität[21] sowie Neutralität hinsichtlich der intertemporalen Konsumentscheidung (bzw. der Sparquote) unterschieden werden.[22] Die hier untersuchte "arbitragefreie" Besteuerung von Finanzanlagen kann dem Bereich der Investitionsneutralität zugeordnet werden. Sie kann als Forderung verstanden werden, daß auch bei unterschiedlichen Steuersätzen der Anleger keine steuerlich verursachten Anreize zu Portfoliospezialisierungen oder zu Steuerarbitragehandlungen bestehen. Während Investitionsneutralität der Besteuerung in allgemeiner Form bereits dann vorliegt, wenn die Rangfolge zwischen Entscheidungsalternativen nicht verändert wird[23], setzt (Steuer-)Arbitragefreiheit zusätzlich voraus, daß für jeden Steuersatz dasselbe Bewertungsergebnis wie bei einer Rechnung vor Steuern resultiert, daß also *Niveauinvarianz* vorliegt.

II. Grundformen einer investitionsneutralen Besteuerung bei vor Steuern vollkommenem Kapitalmarkt und sicheren Erwartungen

Investitionsneutralität betrifft den Einfluß der Besteuerung auf Entscheidungen über die Investition finanzieller Mittel in Sach- oder Finanzanlagen. Sie liegt vor, wenn die Vorteilhaftigkeitsrangfolge von Anlagealternativen durch die Besteue-

---

20 Vgl. Sinn (1985), S. 5.

21 Vgl. zur sog. Finanzierungsneutralität Abschnitt A.III. im vierten Kapitel.

22 Vgl. Schwinger (1994), S. 41. Zur Neutralität der Besteuerung im Hinblick auf intertemporale Allokationswirkungen, Ersparnisbildung und Wirtschaftswachstum vgl. Sinn (1985), Wenger (1989) und Jochum (1991).

23 Vgl. Wagner (1988), S. 266.

rung nicht verändert wird, d.h. wenn eine streng monoton steigende Beziehung zwischen den Kapitalwerten vor und nach Steuern besteht. Außerdem muß die relative Vorteilhaftigkeit gegenüber einer Alternativinvestition dadurch gewahrt sein, daß der Kapitalwert einer Grenzinvestition (d.h. einer Investition, deren Kapitalwert vor Steuern null beträgt) auch nach Steuern null beträgt.[24] Diese Anforderungen werden auf einem vollkommenen Kapitalmarkt bei Sicherheit durch eine investitionsneutrale Einkommensteuer oder durch eine Cash-Flow-Steuer erfüllt.[25]

(1) Bei einer Besteuerung des kapitaltheoretischen ("ökonomischen") Gewinns[26] werden sämtliche Vermögensänderungen, die sich in Zahlungssalden und Ertragswertänderungen niederschlagen, erfolgswirksam erfaßt. Der kapitaltheoretische Gewinn kann als Produkt von Ertragswert zu Periodenbeginn und Kapitalmarktzins der betrachteten Periode bestimmt werden. Die tatsächlich geleisteten Anschaffungsausgaben einer Investition sind für die Ermittlung der Steuerbelastung unerheblich; nicht-zahlungsgleiche Bemessungsgrundlagenkomponenten wie Ab- und Zuschreibungen ergeben sich ausschließlich durch Ertragswertänderungen, welche sowohl auf im Zeitablauf geänderte Rest-Zahlungsreihen als auch auf geänderte Kapitalmarktzinssätze zurückgeführt werden können.

Für Bewertungszwecke ist wichtig, daß unabhängig von der Höhe des Steuersatzes die Ertragswerte gegenüber dem Fall vor Steuern unverändert bleiben; es liegt Niveauinvarianz vor. Damit ist es z.B. im Rahmen der Grenzpreisermittlung unerheblich, ob eine Bewertung vor oder nach Steuern vorgenommen wird. Aus diesem Sachverhalt folgt unmittelbar die Rangfolgeneutralität.

Ausgehend von einem investitionsneutralen Einkommensteuersystem bleibt Neutralität auch nach einer kapitalwertgleichen Umperiodisierung von Bemessungsgrundlagenteilen gewahrt.[27] Sofern diese auf der Basis des nachsteuerlichen Kalkulationszinsfußes erfolgt, bleiben die Ertragswerte auf dem vor Steuern erreichten Niveau.

---

24 Vgl. König (1997), S. 45.

25 Für eine umfassende Diskussion investitionsneutraler Steuersysteme vgl. Schwinger (1992), S. 22 ff.

26 Diese geht auf Preinreich (1951), Johansson (1969) und Samuelson (1964) zurück. Vgl. auch Schneider (1969), S. 301 ff.

27 Vgl. Wagner/Dirrigl (1980), S. 37 f.; Schneider (1992), S. 231 f.

Weil die als Konsumpotential interpretierbaren Ertragswerte durch eine investitionsneutrale Einkommensteuer nicht verändert werden, ist es auch möglich, die entstehende Steuerbelastung - gemessen durch Steuerbarwerte - direkt auf die zeitliche Struktur des Konsums zurückzuführen. Während bei einem Sofortkonsum in Höhe des Ertragswerts überhaupt keine Steuerzahlungen anfallen, weil die mit einer Konsumkreditaufnahme verbundenen Zinszahlungen die Steuerbemessungsgrundlagen der Folgeperioden jeweils auf null reduzieren, erhöhen sich die Steuerbarwerte bei einer Verlagerung von Konsumauszahlungen in die Zukunft.[28] Dieser Sachverhalt beeinflußt aber lediglich die Wahl des Konsumzeitpunkts. Auf die Vorteilhaftigkeit einer Investitionsentscheidung hat er keinen Einfluß, weil Investitions- und Konsumentscheidungen bei vollkommenem Kapitalmarkt separierbar, die Kapitalwerte folglich unabhängig von der Konsumstruktur sind.

(2) Bei einer Besteuerung der Zahlungsüberschüsse[29] gehen Einzahlungen und investive Auszahlungen unmittelbar im Jahr der Zahlung in die Steuerbemessungsgrundlage ein; es werden keine Rechnungsabgrenzungsposten gebildet. Im Ergebnis werden nur Konsumausgaben, nicht hingegen die Ersparnisbildung besteuert. In diesem Fall kürzen sich sämtliche Kapitalwerte gegenüber dem Fall vor Steuern um den Faktor (1-*s*). Die Rangfolge zwischen Anlagealternativen mit positiven Kapitalwerten bleibt deshalb auch hier unverändert. Die Bestimmung von Grenzpreisen ist dennoch unabhängig vom Steuersatz, weil gezahlte Anschaffungspreise in vollem Umfang steuerlich abzugsfähig sind. Da die Renditen auf dem Vor-Steuer-Niveau bleiben[30], gewährleistet eine konsumorientierte Besteuerung - anders als eine neutrale Einkommensteuer - auch intertemporale Neutralität. Andererseits ist aber aufgrund der Sofortabschreibung der Investitionsauszahlung keine Neutralität hinsichtlich des Umfangs an Sach- und Finanzinvestitionen gegeben.[31]

Ausgehend von einem Cash Flow-Steuersystem sind neutralitätserhaltende Umperiodisierungen auf der Grundlage des (Brutto-)Zinssatzes vorzunehmen.[32] Anstelle von Sofortabschreibungen sind deshalb auch mit dem Kapitalmarktzins

---

28 Vgl. Schwinger (1992), S. 47.
29 Die sog. Cash-Flow-Besteuerung geht auf Brown (1948) zurück.
30 Vgl. z.B. Schneider (1989), S. 315.
31 Vgl. Schneider (1989), S. 319.
32 Vgl. Boadway/Bruce (1984).

aufgezinste spätere Abschreibungen mit Neutralität vereinbar (zinskorrigierte Einkommensermittlung).[33]

Cash Flow-Steuern werden im folgenden nicht mehr weiter betrachtet, da Kapitaleinkünfte im deutschen Steuerrecht grundsätzlich einkommensteuerpflichtig sind. Es existieren keine Bestimmungen zur ausdrücklichen Freistellung einzelner Finanzanlagen von der sachlichen Einkommensteuerpflicht.[34] Auch die Tatsache, daß bei einzelnen Steuerpflichtigen ein Grenzsteuersatz auf Kapitaleinkünfte von null[35] zur Anwendung kommt, ändert nichts an diesem Besteuerungsgrundsatz.

III. Arbitragefreie Besteuerung von Finanzanlagen bei vor Steuern vollkommenem Kapitalmarkt und unsicheren Erwartungen

Auch bei unsicheren Erwartungen kann eine Bewertung vor und nach Steuern unter bestimmten Voraussetzungen zum selben Ergebnis führen. Die Bedingungen müssen jedoch gegenüber dem Fall sicherer Erwartungen modifiziert werden, da anders als bei Sicherheit nicht eindeutig feststeht, wie der ökonomische Gewinn bei Unsicherheit zu definieren ist. Wird dieser als Betrag definiert, der einer Kapitalanlage in einer Periode maximal entzogen werden kann, ohne deren bisherigen Ertragswert zu mindern, so kommt nur die tatsächliche Wertänderung gegenüber der Vorperiode (d.h. die Summe aus Zahlungsüberschüssen und Ertragswertänderungen) in Betracht. Im Zusammenhang mit einer Definition des ökonomischen Gewinns als Verzinsung des Ertragswerts können jedoch auch andere Bemessungsgrundlagendefinitionen herangezogen werden. Im folgenden werden aus einer in der Literatur vorgestellten Bemessungsgrundlage weitere Steuerbemessungsgrundlagen abgeleitet und damit gezeigt, daß grundsätzlich verschiedene Möglichkeiten einer arbitragefreien Einkommensbesteuerung in Risikosituationen bestehen.

---

33 Vgl. Wenger (1983), S. 207 ff. und ders. (1985), S. 723 f.

34 Vgl. Richter (1995), S. 149. So wurde z.B. § 3a EStG a.F., welcher verschiedene Formen der Steuerbefreiung von Zinseinkünften regelte, mit Wirkung zum 31.12.1992 aufgehoben.

35 Aufgrund des Sparer-Freibetrags (derzeit DM 6.000 bei Ledigen, wobei im Rahmen der Steuerreform eine Halbierung geplant ist, was den Kreis der Zinssteuerpflichtigen erheblich erweitern würde) kann ein Grenzsteuersatz auf Kapitaleinkünfte von null auch für Steuerpflichtige gelten, die mit anderen Einkünften der Besteuerung unterliegen.

Wie unter Sicherheit wird ein vor Steuern vollkommener Kapitalmarkt unterstellt, auf dem Konsum- und Investitionsentscheidungen separierbar sind. Ex-post-Überraschungen, d.h. das Eintreten nicht geplanter Zukunftslagen, werden ausgeklammert.[36] Mit dem State Preference-Ansatz, dem Capital Asset Pricing Model (CAPM) und Ansätzen zur Optionspreistheorie wird auf mehrere finanzierungstheoretische Grundmodelle zur Berücksichtigung von Unsicherheit zurückgegriffen, da mit jedem dieser Modelle spezielle Konsequenzen einer arbitragefreien Besteuerung sichtbar gemacht werden können.

1. Vollständiger Kapitalmarkt für zustandsabhängige Ansprüche (State Preference-Ansatz)

a. Grundmodell

Das State Preference-Modell basiert auf der Annahme eines vollständigen Kapitalmarkts.[37] Es wird ein endlicher Zustandsraum unterstellt. Entspricht die Zahl der linear unabhängigen Wertpapiere der Zahl der Umweltzustände, so können (implizit in den Wertpapierpreisen enthaltene) Preise für zustandsabhängige Zahlungen in Höhe von einer Geldeinheit (sog. Arrow/Debreu-Preise) abgeleitet werden.[38] Unter Verwendung dieser Zustandspreise kann eine Bewertung erfolgen, die als Bestimmung eines diskontierten "Pseudoerwartungswerts" charakterisiert werden kann.

Dabei ergibt sich vor Steuern der Ertragswert einer Investition durch[39]

$$(2.11) \quad V_t = \sum_{z=1}^{Z} g_z \, (Z_{t+1,z} + V_{t+1,z})$$

mit $Z_{t+1,z}$ als Bruttozahlungsüberschuß in Periode t+1, falls Zustand z eintritt, und entsprechend $V_{t+1,z}$ als bedingtem Ertragswert am Ende von t+1. Mit g_z wird der Preis bezeichnet, zu dem ein in Periode t+1 fälliger zustandsabhängiger Anspruch von einer Geldeinheit in Periode t gehandelt wird. Die Zustände z (z =

36 Vgl. hierzu Schneider (1992), S. 39 f. und S. 450 ff.

37 Vgl. Kruschwitz (1995), S. 174 f. zu weiteren Modellannahmen.

38 Diese werden auch als Preise "reiner" oder "elementarer" Wertpapiere bezeichnet.

39 Vgl. Fane (1987), S. 99.

1,...,*Z*) sind vorab definiert, wobei am Kapitalmarkt Einigkeit über die Konsequenzen bei Eintreten der Zustände besteht. Hinsichtlich der Eintrittswahrscheinlichkeiten können jedoch abweichende Einschätzungen der Marktteilnehmer vorliegen.

Wird für die Bewertung des Objekts ein funktionsfähiger Sekundärmarkt angenommen, so kann die Betrachtung ohne Einschränkung des Aussagegehalts auf eine Periode beschränkt werden, weil sämtliche bedingten Zahlungen späterer Perioden durch $V_{t+1,z}$ erfaßt werden. Sofern die Besteuerung die Bewertung nicht beeinflußt, kann dieses Modell auch nach Steuern beibehalten werden. Gerade durch diese Eigenschaft ist aber - wie gleich zu zeigen ist - eine arbitragefreie Einkommensteuer gekennzeichnet.

b. Ableitung arbitragefreier Bemessungsgrundlagen

Betrachtet wird eine Einkommensteuer mit einem beliebigen, jedoch über sämtliche Zustände hinweg konstanten Steuersatz *s*. Infolge einer Nach-Steuer-Betrachtung ändern sich zunächst die "Preise" für zustandsabhängige Nettoeinzahlungen von einer Geldeinheit in t+1, die mit g_{sz} bezeichnet werden. Dies folgt unmittelbar aus dem Sachverhalt, daß sich die zustandsabhängigen Preise über sämtliche Zustände hinweg gerade zum sicheren Abzinsungsfaktor addieren müssen, welcher nach Steuern *höher* als im Fall vor Steuern ist. Es gilt:

$$(2.12) \quad \sum_{z=1}^{Z} g_{sz} = \frac{1}{1+r_f(1-s)} > \sum_{z=1}^{Z} g_z = \frac{1}{1+r_f}$$

mit r_f als risikolosem Zinssatz der betrachteten Periode.

Für konstante relative "Preise"[40] der zustandsabhängigen Zahlungen vor und nach Steuern gilt dann die Beziehung

---

40 Diese (auch von Fane (1987), S. 102 getroffene) Annahme wird im nächsten Abschnitt erörtert.

$$(2.13) \quad g_{sz} = g_z \frac{1 + r_f}{1 + r_f(1-s)} .$$

Gleichzeitig ändern sich nach Steuern die bedingten Auszahlungen, da von den Bruttogrößen $Z_{t+1,z}$ und $V_{t+1,z}$ Steuerzahlungen abzuziehen sind. Allgemein gilt damit für den Marktwert einer Investition bzw. eines Finanztitels nach Steuern:

$$(2.14) \quad V_{st} = \sum_{z=1}^{Z} g_{sz} \cdot (Z_{t+1,z} + V_{t+1,z} - SZ_{t+1,z}) .$$

Eine niveauinvariante Einkommensteuer ist dadurch gekennzeichnet, daß für beliebige Steuersätze ein Ertragswert in Höhe des Vor-Steuer-Ertragswerts resultiert. In diesem Fall müssen sich beide genannten Effekte der Besteuerung gerade kompensieren. Die Bewertung künftiger bedingter Zahlungen und Ertragswerte könnte unabhängig vom Steuersatz auf der Grundlage von Bruttogrößen vorgenommen werden.

Neutralität kann bei Unsicherheit zunächst unter der Voraussetzung erreicht werden, daß für jede Zukunftslage der Wertbeitrag zum gesamten Ertragswert unverändert bleibt. In diesem Fall muß für jeden Umweltzustand z die Bedingung

$$g_z \cdot (Z_{t+1,z} + V_{t+1,z}) = g_{sz} \cdot (Z_{t+1,z} + V_{t+1,z} - SZ_{t+1,z})$$

erfüllt sein.

Unter Berücksichtigung von (2.13) und Auflösung nach der zustandsabhängigen Steuerzahlung $SZ_{t+1,z}$ folgt dann direkt

$$(2.15) \quad SZ_{t+1,z} = s \cdot r_f \cdot \frac{Z_{t+1,z} + V_{t+1,z}}{1 + r_f}$$

mit der zugehörigen Steuerbemessungsgrundlage

$$(2.15a) \quad BG_{t+1,z} = r_f \cdot \frac{Z_{t+1,z} + V_{t+1,z}}{1 + r_f} .$$

Damit der Wertbeitrag jeder bedingten Zahlung zum gesamten Ertragswert der Kapitalanlage gegenüber dem Fall vor Steuern unverändert bleibt, muß die Steuerbemessungsgrundlage als Größe definiert sein, bei der Zinsen auf "zustandsabhängige Ertragswerte" berechnet werden.[41] Dabei wird der steuerpflichtige Ertrag auf der Grundlage des risikolosen Kalkulationszinssatzes bestimmt. Damit wird aber nicht die tatsächliche (d.h. auf den Ertragswert zu Beginn der Betrachtungsperiode V_t bezogene) Wertänderung erfaßt. Vielmehr ergeben sich in verschiedenen Zukunftslagen unterschiedliche Ausgangsgrößen für die Ermittlung der steuerlich relevanten Wertdifferenz.[42] Damit hat eine Besteuerung nach (2.15a) nichts mit den in der Realität auftretenden Steuerbemessungsgrundlagen gemein. Sie wird deshalb im folgenden nicht weiter untersucht.

Im folgenden wird gezeigt, daß eine Gleichheit der Ertragswerte V_t und V_{st} auch durch Modifikationen der Steuerbemessungsgrundlage (2.15a) erreicht werden kann. Dies entspricht einer Übertragung des Konzepts einer kapitalwertgleichen Umperiodisierung auf den Fall mehrerer Zukunftslagen. Die Wertbeiträge einzelner Zukunftslagen weichen dann vom Ergebnis vor Steuern ab. Dennoch erfolgt die Kompensation über sämtliche Zukunftslagen hinweg systematisch.

Durch ertragswertneutrale Modifikationen lassen sich nun weitere arbitragefreie Steuerbemessungsgrundlagen ableiten. Voraussetzung dafür, daß trotz unterschiedlicher Bemessungsgrundlagen ein einheitliches Bewertungsergebnis nach Steuern erreicht wird, sind übereinstimmende Steuerbarwerte, da die Bruttozahlungsüberschüsse und -ertragswerte bei konstanten relativen Preisen von einer Bemessungsgrundlagenänderung nicht betroffen sind. Für die nach (2.15) bestimmten Steuerzahlungen ergibt sich ein Barwert von

$$(2.16) \qquad \sum_{z=1}^{Z} g_{sz} \cdot SZ_{t+1,z} = s \cdot \sum_{z=1}^{Z} g_{sz} \cdot \frac{r_f}{1 + r_f} \cdot (Z_{t+1,z} + V_{t+1,z}) \; .$$

---

41 Diese Bemessungsgrundlage wird auch von Schwinger (1992) verwendet, der eine bei Sicherheit investitionsneutrale Bemessungsgrundlage auf den Fall unsicherer Erwartungen überträgt.

42 Anders als bei den nachfolgend abzuleitenden Bemessungsgrundlagen geht der Ertragswert zu Beginn der Betrachtungsperiode V_t nicht in die Bemessungsgrundlage (2.15a) ein. Deshalb führt hier ein vor Steuern elementares Wertpapier auch nach Steuern nur in der betrachteten Zukunftslage zu einer Einzahlung.

Hierfür kann unter Berücksichtigung von (2.11) und (2.13) auch geschrieben werden:

$$(2.17) \quad \sum_{z=1}^{Z} g_{sz} \cdot SZ_{t+1,z} = s \cdot \frac{r_f}{1 + r_f(1-s)} \cdot V_t \, .$$

Die entsprechende Steuerbemessungsgrundlage lautet:

$$(2.17a) \quad BG_{t+1,z} = r_f \cdot V_t \, .$$

Bei Unsicherheit wäre damit auch eine Einkommensteuer investitionsneutral, bei der unabhängig von der eintretenden Zukunftslage die *risikolose Verzinsung des Ertragswerts* zu Periodenbeginn als Bemessungsgrundlage angesetzt wird. In diesem Fall wäre der ökonomische Gewinn einer risikolosen Anlage für die Besteuerung sämtlicher Anlageformen maßgebend. Weil die Steuerzahlung in diesem Fall eine sichere Größe darstellt, kann der Steuerbarwert - wie durch (2.17) deutlich wird - unmittelbar durch Abzinsung mit dem sicheren Diskontierungsfaktor nach Steuern bestimmt werden.

Eine an (2.17a) orientierte Bemessungsgrundlage tritt zwar im gegenwärtigen System der Einkommensbesteuerung nicht auf. Parallelen bestehen jedoch zur Vermögensbesteuerung von Finanzanlagen. Bei börsennotierten Wertpapieren wird hier der Kurswert zu Beginn der Periode als Bemessungsgrundlage für die am Ende der Periode zu leistende Steuerzahlung herangezogen. Die Höhe der Vermögensteuerzahlung steht somit bereits zu Beginn der Periode fest, weshalb eine Vermögensteuer auch als Soll-Ertragsteuer angesehen werden kann. Damit erhält man für einen Vermögensteuersatz in Höhe von $s^v = r_f s$ genau das Neutralitätsergebnis von (2.17). Abweichungen gegenüber einer auf (2.17a) basierenden investitionsneutralen Einkommensteuer können sich allerdings in einem mehrperiodigen Kontext ergeben, wenn im Falle von Zinsänderungen keine korrespondierenden Anpassungen des Steuersatzes vorgenommen werden.

An ergebnisunabhängigen Steuern wird häufig bemängelt, daß sie in Verlustsituationen die Vermögenssubstanz zusätzlich verringern. Zwar sind bei einer Einkommensteuer-Bemessungsgrundlage nach (2.17a) Steuern auch in jenen Zukunftslagen zu zahlen, in denen der Steuerpflichtige keinen Gewinn erwirtschaftet. Gleichzeitig ist aber zu berücksichtigen, daß im Falle überdurchschnittlich hoher Gewinne auch keine erhöhte Steuerbelastung eintritt. Die potentielle

Liquiditätsbelastung in Verlustsituationen nimmt jedenfalls auf vollkommenen Kapitalmärkten keinen Einfluß auf die Bewertung der Anlageform.

Doch auch eine Erhebung von Steuerzahlungen auf der Grundlage der tatsächlich eintretenden Wertänderungen ist mit Steuerarbitragefreiheit vereinbar.[43] Dies kann durch eine Erweiterung des Terms auf der rechten Seite von (2.17) gezeigt werden. Man erhält dann folgende Formel für den Steuerbarwert:

$$(2.18)\quad BW^{St} = s\left[\frac{1+r_f}{1+r_f(1-s)}\sum_{z=1}^{Z} g_z(Z_{t+1,z}+V_{t+1,z}) - \frac{1}{1+r_f(1-s)}V_t\right]$$

$$= s\cdot\sum_{z=1}^{Z} g_{sz}\,(Z_{t+1,z}+V_{t+1,z}-V_t)\,.$$

Die Steuerbemessungsgrundlage lautet in diesem Fall

$$(2.18a)\quad BG_{t+1,z} = Z_{t+1,z} + V_{t+1,z} - V_t\,.$$

Damit bleibt auch bei einer Besteuerung der gegenüber der Vorperiode tatsächlich eingetretenen Wertänderung der Ertragswert unverändert. Da (2.18a) in Verlustsituationen eine Steuererstattung impliziert, ist in diesem Fall der Fiskus am Risiko einer Anlage beteiligt.

Weil die Bemessungsgrundlagen (2.17a) und (2.18a) bei gegebenen Zustandspreisen direkt ineinander überführt werden können, kann $s\,r_f\,V_t$ auch als *Sicherheitsäquivalent* der (unsicheren) Steuerzahlungen angesehen werden, die bei einer an die eingetretenen Wertänderungen anknüpfenden Besteuerung zu leisten sind. Auf dieses Resultat wird im Laufe der Arbeit noch zurückgekommen.

Bei Unsicherheit und vollkommenem Kapitalmarkt ermöglichen also prinzipiell unterschiedliche Bemessungsgrundlagen eine steuersatzunabhängige Bewertung. Dies resultiert bei einem vollständigen Kapitalmarkt für zustandsabhängige Ansprüche aus dem Sachverhalt, daß beliebig viele unterschiedliche Positionen

43 Vgl. auch Fane (1987), S. 101 ff.; Schneider (1992), S. 737.

mit identischem Marktwert existieren.[44] Knüpfen Bemessungsgrundlagen - wie in den genannten Fällen - an diesen Zusammenhang an, so können Steuerzahlungen, welche bei konstantem Steuersatz eine Linearkombination der Bemessungsgrundlage darstellen, keine Änderung der Vorteilhaftigkeit bewirken.

Bei risikolosen Anlageformen (bzw. bei sicheren Erwartungen) hingegen fallen die hier abgeleiteten Bemessungsgrundlagen zusammen. In allen betrachteten Fällen ergibt sich bei Sicherheit eine Besteuerung des ökonomischen Gewinns, definiert als Verzinsung des Ertragswerts.

Den betrachteten arbitragefreien Bemessungsgrundlagen ist zudem gemein, daß steuerlich nicht zwischen Wertzuwächsen in Form von Zahlungsüberschüssen oder von Ertragswertänderungen differenziert wird. Bei (2.18a) verlangt dies - wie unter Sicherheit - auch eine steuerliche Erfassung unrealisierter Wertänderungen. Alternativ kann jedoch die Besteuerung auch im Sinne von (2.17a) ergebnisunabhängig auf Basis des Ertragswerts am Periodenbeginn erfolgen.

Zudem sind alle hier untersuchten Bemessungsgrundlagen symmetrisch ausgestaltet: Setzt die Besteuerung am realisierten Ergebnis an, so lösen überdurchschnittliche Erträge zwar eine höhere Steuerbelastung aus, gleichzeitig können aber Verluste in vollem Umfang steuermindernd verrechnet werden.[45] Wird hingegen der Besteuerung das eingesetzte Kapital zugrundegelegt, so wird eine am Kapitalmarkt vergütete Risikoprämie, die sich bei gegebenen Zahlungserwartungen in einem niedrigeren Kurs niederschlägt, steuerfrei gestellt.

Führt aber eine Bewertung unabhängig von der Höhe des Grenzsteuersatzes zu einem einheitlichen Ergebnis, so ist auch der Preis eines Finanztitels eindeutig bestimmt. Da es nicht zu investorspezifischen Grenzpreisen kommt, unterbleiben steuerinduzierte Klienteleffekte oder Steuerarbitragehandlungen. Eine arbitragefreie Besteuerung ermöglicht damit eine Separation der Finanztitelbewertung von der steuerlichen Situation eines Investors.

---

[44] Damit ließen sich natürlich beliebig viele weitere arbitragefreie Bemessungsgrundlagen ableiten.

[45] Tatsächlich entsprechen jedoch die Regelungen zur Verlustverrechnung nur in begrenztem Umfang einem sofortigen Verlustausgleich; Verlustvorträge oder Verrechnungsbeschränkungen führen zu Zinsnachteilen oder einem Wegfall des Verlustpotentials.

c. Der Zusammenhang zwischen Zustandspreisen vor Steuern und der Bewertung zustandsabhängiger Nettozahlungen

Gleichung (2.13) erscheint zunächst restriktiv, weil der implizite Wert für zustandsabhängige Zahlungen nach Steuern gemäß Gleichung (2.9) auch vom Verhältnis des Grenznutzens einer Geldeinheit zusätzlichen Konsums in Zukunftslage *z* und dem erwarteten Grenznutzen abhängt. Somit ist zunächst nicht geklärt, ob sich beim Übergang zu einer Betrachtung vor Steuern diesbezüglich Änderungen ergeben.

Ein Anleger paßt jedoch im Rahmen seiner Portefeuilleoptimierung sein Anlageprogramm so an, daß (2.13) erfüllt ist. Um dies zu erkennen, kann auf Gleichung (2.10a) zurückgegriffen werden. Wird aufgrund der hier unterstellten neutralen Besteuerung für *alle* Anlageformen *a* = 1 gesetzt, erhält man nach einer Umformung von (2.10a):

$$(2.19) \qquad P_j \geq \frac{\sum_{z=1}^{Z} g_{sz} \cdot P_{jz}^1 \cdot (1-s)}{1 - s \cdot \sum_{z=1}^{Z} g_{sz}} .$$

Berücksichtigt man, daß gemäß (2.8) die Summe der g_{sz} dem risikolosen Diskontierungsfaktor entspricht, so erhält man aus (2.19) bei neutraler Besteuerung:

$$(2.20) \qquad P_j \geq (1 + r_f(1-s)) \cdot \frac{\sum_{z=1}^{Z} g_{sz} \cdot P_{jz}^1}{1 + r_f} .$$

Für ein elementares Wertpapier mit dem Preis g_z ergibt sich nun genau in Zukunftslage *z* eine Einzahlung vor Steuern von einer Geldeinheit. In diesem Fall gilt:

$$(2.21) \qquad g_z \geq \frac{1 + r_f(1-s)}{1 + r_f} \cdot g_{sz} .$$

Sofern im betrachteten Zustand z Ansprüche gehalten werden, wovon bei risikoaversen Investoren ausgegangen werden kann, gilt (2.20) in Gleichungsform. In diesem Fall ist (2.13) erfüllt.

Diese Ausführungen zeigen jedoch, daß es auch bei arbitragefreier Besteuerung gegenüber einer hypothetischen Vor-Steuer-Situation zu Portefeuilleumstrukturierungen kommen kann. Allerdings ist die Bestimmung der Auswirkungen im Rahmen eines Zustands-Präferenz-Modells nicht problemlos möglich, wenn mehrere risikobehaftete Wertpapiere vorliegen. Die hiermit verbundenen Implikationen könnten hingegen im Rahmen des CAPM deutlich werden, da in diesem Modell vor Steuern jeder Anleger ein einheitliches Portefeuille riskanter Finanzanlagen wählt. Voraussetzung ist, daß die sog. Tobin-Separation auch im Steuerfall gilt. Dies wird im nächsten Abschnitt untersucht.

2. Arbitragefreie Besteuerung im Rahmen des Capital Asset Pricing Model

Der State Preference-Ansatz weist grundsätzlich nur eingeschränkte Einsatzmöglichkeiten in der Praxis auf. Es ist deshalb zu fragen, ob die abgeleiteten Bemessungsgrundlagen unter anderen Modellbedingungen zu vergleichbaren Ergebnissen führen. Hierzu wird im folgenden auf das Capital Asset Pricing Model (CAPM) zurückgegriffen, welches zwar restriktivere Modellvoraussetzungen als der State Preference-Ansatz aufweist, sich aber in der Praxis eher durchsetzen konnte, weil auf prinzipiell meßbare Größen zurückgegriffen wird.

a. Grundmodell

Das CAPM[46] basiert als Erklärungsansatz für die Preisbildung von Finanztiteln auf vollkommenen Kapitalmärkten bei Unsicherheit auf der von Markowitz[47] begründeten Portfoliotheorie: Risikoaverse Investoren, die nach dem Erwartungswert-Varianz-Prinzip entscheiden, werden ein Wertpapierportefeuille so zusammenstellen, daß eine aus ihrer Sicht optimale Kombination aus Rendite und (durch die Portefeuillevarianz gemessenem) Risiko erreicht wird. Mindestanforderung an ein Portefeuille ist dabei dessen Effizienz, d.h. das gewählte Portefeuille muß bei gegebenem Erwartungswert unter allen realisierbaren Anlagekombinationen die niedrigste Varianz (bzw. bei gegebener Varianz den höchsten Erwartungswert) aufweisen.

---

46 Das CAPM geht auf Sharpe (1964), Lintner (1965) und Mossin (1966) zurück.

47 Vgl. Markowitz (1952), S. 77 ff.

Während aus der Menge aller realisierbaren Kombinationen riskanter Wertpapiere die Teilmenge der effizienten (Grenz-)Portefeuilles (Minimumvarianzlinie) abgeleitet werden kann,[48] vereinfacht die zusätzliche Berücksichtigung einer risikolosen Anlagemöglichkeit die Auswahl eines risikobehafteten Portefeuilles, da Linearkombinationen aus der risikolosen Anlage und dem sog. Tangentialportefeuille alle übrigen realisierbaren Wertpapiermischungen dominieren.[49] In diesem Fall gilt die sog. Tobin-Separation: Sofern ein Anleger überhaupt in riskante Anlagen investiert[50], wird er unabhängig von seinen persönlichen Präferenzen das Tangentialportefeuille nachfragen. Dieses muß deshalb im Marktgleichgewicht in seiner strukturellen Zusammensetzung dem Marktportefeuille entsprechen, in dem sämtliche Finanztitel einer Volkswirtschaft wertgewichtet enthalten sind.[51] Das Marktportefeuille selbst muß daher in bezug auf Erwartungswert und Varianz effizient sein.

In seiner Standardform beschreibt das CAPM damit einen linearen Zusammenhang zwischen der erwarteten Rendite und dem bewertungsrelevanten Risiko eines Wertpapiers, welches als Kovarianzrisiko der Wertpapierrendite mit der Rendite des Marktportefeuilles definiert ist. Nur dieses sog. systematische Risiko kann bei der Bewertung zu berücksichtigen sein, weil in einem vollständig diversifizierten Portefeuille alle unsystematischen Risiken eliminiert sind.[52]

Die empirische Ermittlung der das systematische Risiko erfassenden Beta-Faktoren aus historischen Daten ist allerdings problematisch, da für Planungszwecke zukünftige Beta-Faktoren benötigt werden und eine Verwendung vergangenheitsorientierter Daten zu Fehlern führen kann. Außerdem liegen hinsichtlich der Bestimmung der Rendite des Marktportefeuilles große Bewertungsspielräume vor.[53]

---

48 Geometrisch kann der funktionale Zusammenhang zwischen der erwarteten Rendite und der Varianz effizienter Portefeuilles durch eine Hyperbel dargestellt werden, vgl. Huang/ Litzenberger (1988), S. 60; Jaeger/Rudolf/Zimmermann (1995), S. 355.

49 Existiert keine risikolose Anlageform, so kann die Bewertungsgleichung des CAPM durch die Konstruktion eines Zero-Beta-Portefeuilles abgeleitet werden. Vgl. hierzu Black (1972).

50 Aufgrund der Risikoprämie bestehen hierzu trotz Risikoaversion eines Individuums Anreize.

51 Vgl. zur Definition des Marktportefeuilles auch Merton (1992), S. 43.

52 Das systematische (Eigenkapital-)Risiko hängt neben dem Operating Leverage (vgl. Süchting (1995), S. 460 ff.) und dem Kapitalstrukturrisiko wesentlich von den Schwankungen der Unternehmenserträge in Abhängigkeit von der Marktentwicklung ab.

53 Vgl. Baetge/Krause (1994), S. 453.

Auch neuere empirische Arbeiten in der amerikanischen Literatur kommen zu dem Ergebnis, daß die beobachtbaren Risikoprämien nicht mit den Prognosen des CAPM übereinstimmen.[54] Hiernach kommt anderen Größen, z.B. dem Verhältnis von Buch- und Marktwerten oder der Unternehmensgröße, eine höhere Erklärungskraft für die Aktienrenditen zu. Es bleibt jedoch offen, ob dieser Effekt auf einem durch den Beta-Faktor nicht erfaßten, nicht näher spezifizierten Risikofaktor oder auf irrationalen Handlungen der Kapitalmarktteilnehmer beruht. Trifft letzteres zu, so könnte es für eine Unternehmung weiterhin sinnvoll sein, sich bei Investitions- und Finanzierungsentscheidungen an Beta-Faktoren zu orientieren, wenn eine langfristige Unternehmenswertsteigerung beabsichtigt ist.[55] In diesem Fall wäre das CAPM bei Investitions- und Finanzierungsentscheidungen verwendbar, obwohl es die Renditestrukturen am Kapitalmarkt nicht zutreffend beschreibt.

Die Eignung des CAPM zur Erklärung von Finanztitelpreisen ist zudem wegen der restriktiven Modellannahmen eingeschränkt. Über die Annahme des vollkommenen Kapitalmarkts hinaus werden homogene Erwartungen und Risikoaversion aller Kapitalmarktteilnehmer, unterschiedsloser Zugang zu sämtlichen Anlagemöglichkeiten bei beliebiger Teilbarkeit von Wertpapieren, die Zugrundelegung des μ-σ-Prinzips[56] sowie ein einperiodiger Betrachtungszeitraum unterstellt. Außerdem wird ein konstantes Wertpapierangebot vorausgesetzt.[57]

Zwei Implikationen des CAPM, die auch mit den Resultaten anderer finanzierungstheoretischer Modelle kompatibel sind, lassen das Modell jedoch für die Untersuchung von Risikowirkungen auf Kapitalmärkten geeignet erscheinen:

---

54 Vgl. z.B. Fama/French (1992), S. 427 ff.

55 Vgl. Stein (1996), S. 436.

56 Damit das μ-σ-Prinzip mit dem Prinzip des Erwartungsnutzens vereinbar ist, muß entweder eine quadratische Nutzenfunktion oder alternativ eine Normalverteilung der Rückflüsse bei beliebiger Präferenzfunktion unterstellt werden. Vgl. Kruschwitz (1995), S. 188. Beide Annahmen sind problematisch: Die erste schränkt den Kreis möglicher Nutzenfunktionen erheblich ein und ist der Kritik ausgesetzt, daß quadratische Nutzenfunktionen steigende absolute Risikoaversion implizieren. Die Annahme normalverteilter Kurswerte ist hingegen strenggenommen nicht mit beschränkter Haftung vereinbar, da bei jeder Normalverteilung - wenn auch mit evtl. geringer Wahrscheinlichkeit - negative Kurswerte auftreten können.

57 Vgl. Black/Scholes (1974), S. 7.

(1) Risiko ist nur insoweit bei der Bewertung zu berücksichtigen, als es sich nicht durch Diversifikation kostenlos eliminieren läßt. Dieser Sachverhalt liegt auch anderen Modellen (z.B. der Arbitrage Pricing Theory[58]) zugrunde.

(2) Die Risikoprämie eines Wertpapiers ist nur dann größer null, wenn dessen Einzahlungen positiv mit dem aggregierten Konsumniveau korreliert sind.[59] Wertpapiere mit negativer Korrelation mit dem Gesamtmarkt, welche mit einem Risikoabschlag bei der erwarteten Rendite verbunden ist, werden vergleichsweise hoch bewertet, weil diese in Situationen mit niedrigem gesamtwirtschaftlichen Einkommensniveau relativ viel zu diesem beitragen und wegen ihrer Eignung zur Absicherung des gesamten Portefeuillerisikos einen entsprechend hohen Knappheitspreis erzielen.[60] Dieses Resultat deckt sich mit der Preisbildung beim State Preference-Ansatz. Gleichzeitig liegt hierin ein zentraler Unterschied beider Modelle zu Risikosimulationen, bei denen gesamtwirtschaftliche Aspekte außer Ansatz bleiben.

Eine Aufhebung einzelner Modellprämissen führt regelmäßig zu wesentlich komplexeren Bewertungskalkülen.[61] Als Modellerweiterung wird im folgenden nur die Besteuerung berücksichtigt.

Für die Bewertung von Anlagen im Rahmen des einperiodigen Capital Asset Pricing-Modells wird gewöhnlich die Risikozuschlagsmethode herangezogen, bei welcher der risikolose Zinssatz um eine Risikoprämie erhöht wird. Dieses Verfahren hat aber den Nachteil, daß zur Bestimmung des Gleichgewichtspreises eine Rendite zu verwenden ist, welche bereits die Kenntnis des Gleichgewichtspreises

---

58 Vgl. Ross (1976a). Im Rahmen der APT wird die erwartete Rendite eines Wertpapiers nicht wie beim CAPM auf einen einzigen Einflußfaktor (Marktportefeuille), sondern auf mehrere Faktoren zurückgeführt.

59 Vgl. Huang/Litzenberger (1988), S. 153.

60 Vgl. Huang/Litzenberger (1988), S. 103; Zimmermann (1992), S. 60.

61 So verlangt etwa der Einsatz des CAPM für eine mehrperiodige Investitionsplanung unter Unsicherheit die Berücksichtigung zusätzlicher Risikoprämien, sofern kein vollkommener Sekundärmarkt für das zu bewertende (d.h. den gehandelten Wertpapieren zugrundeliegende) Objekt existiert. Beispielsweise sind bei einer Übertragung der Vorgehensweise des CAPM auf die Bewertung eines Investitionsobjekts, welches eine Einzahlung nach zwei Perioden erwarten läßt, neben dem Kovarianzrisiko zwischen dieser Einzahlung und der Marktrendite (d.h. dem Beta-Risiko der zweiten Periode) auch das Kovarianzrisiko zwischen dem Wert des Finanztitels und der Marktrendite am Ende der ersten Periode sowie das Zinsänderungsrisiko in der Folgeperiode zu beachten. Vgl. Bogue/Roll (1974), S. 608; Copeland/Weston (1988), S. 407. Unter bestimmten Voraussetzungen (vgl. Fama (1977)) läßt sich aber das Mehrperiodenproblem durch eine Reihe aufeinanderfolgender Einperiodenprobleme beschreiben.

voraussetzt.[62] Dieses Interdependenzproblem ist zwar lösbar, kann aber durch die Verwendung eines marktbewerteten Sicherheitsäquivalents gänzlich umgangen werden: Bei dieser Methode ergibt sich der Gleichgewichtspreis eines Finanztitels vor Steuern nach der folgenden Gleichung[63]:

$$(2.22) \qquad V_t = \frac{E(\tilde{Z}_{t+1}+\tilde{V}_{t+1}) - \dfrac{E(\tilde{r}_M) - r_f}{Var(\tilde{r}_M)} \cdot Cov(\tilde{Z}_{t+1}+\tilde{V}_{t+1}; \tilde{r}_M)}{1 + r_f}$$

mit r_M als Rendite des Marktportefeuilles.

b. Einbeziehung arbitragefreier Bemessungsgrundlagen

Auch im Rahmen des CAPM führt die Besteuerung nach einer der genannten Bemessungsgrundlagen nicht zu steuerinduzierten Marktwertänderungen.[64] Wählt man die Bemessungsgrundlage (2.17a), so ist zunächst zu berücksichtigen, daß aufgrund der an den sicheren Zinssatz anknüpfenden Steuerzahlung die Überschußrendite steuerfrei bleibt. Damit sind weder die Höhe der Marktrisikoprämie $E(r_M)$-r_f noch die Kovarianzen bzw. Varianzen von der Besteuerung betroffen. Man erhält deshalb für den Ertragswert nach Steuern:

$$V_{st} = \frac{E(\tilde{Z}_{t+1}+\tilde{V}_{t+1}) - s \cdot r_f \cdot V_t - \dfrac{E(\tilde{r}_M) - r_f}{Var(\tilde{r}_M)} \cdot Cov(\tilde{Z}_{t+1}+\tilde{V}_{t+1}; \tilde{r}_M)}{1 + r_f(1-s)} \, .$$

Mit (2.22) erhält man daraus

$$(2.23) \qquad V_{st} = \frac{V_t \cdot (1+r_f)}{1 + r_f(1-s)} - \frac{s \cdot r_f \cdot V_t}{1 + r_f(1-s)} = V_t \, .$$

---

62 Vgl. Kruschwitz (1995), S. 224 f.

63 Vgl. Copeland/Weston (1988), S. 203; Drukarczyk (1993), S. 262; Kruschwitz (1995), S. 225.

64 Für eine Besteuerung nach der hier nicht weiter berücksichtigten Bemessungsgrundlage (2.15a) zeigt dies Schwinger (1992), S. 349 f. am Beispiel risikoadjustierter Zinssätze.

Auch im Rahmen des CAPM wirkt damit die ergebnisunabhängige Bemessungsgrundlage (2.17a) neutral.

Ebenso kann für die Steuerbemessungsgrundlage (2.18a) die Identität der Ertragswerte vor und nach Steuern nachgewiesen werden. Hier gilt nun für den Nach-Steuer-Ertragswert:

$$V_{st} = \frac{1}{1 + r_f(1-s)} \cdot [E((\tilde{Z}_{t+1}+\tilde{V}_{t+1})(1-s) + s \cdot V_t) - \frac{(1-s)[E(\tilde{r}_M) - r_f]}{(1-s)^2 \cdot Var(\tilde{r}_M)} \cdot (1-s)^2 \cdot Cov(\tilde{Z}_{t+1}+\tilde{V}_{t+1}; \tilde{r}_M)].$$

Nach einigen Umformungen erhält man unter Berücksichtigung von (2.22)

$$(2.24) \quad V_{st} = (1-s) \cdot \frac{V_t \cdot (1+r_f)}{1 + r_f(1-s)} + \frac{s \cdot V_t}{1 + r_f(1-s)} = V_t .$$

Damit behalten die abgeleiteten Neutralitätsergebnisse auch im Rahmen des CAPM ihre Gültigkeit. Auch hier treten keine steuerinduzierten Marktwertänderungen auf, sofern die Besteuerung nach einer der genannten Steuerbemessungsgrundlagen erfolgt.

Eine steuerliche Freistellung der Risikoprämie, wie von Scholes/Wolfson (1992) angeregt, wäre vor diesem Hintergrund als Steuervergünstigung für riskante Anlageformen zu interpretieren, solange in ungünstigen Zukunftslagen die Möglichkeit besteht, Wertminderungen steuerlich geltend zu machen.[65] Hingegen könnte eine steuerliche Freistellung der Risikoprämie dann nicht als Steuervorteil gewertet werden, wenn im Sinne der Bemessungsgrundlage (2.17a) die Besteuerung generell unabhängig von der ex post eingetretenen Zukunftslage erfolgte.

65 Scholes/Wolfson (1992), S. 85 beziehen sich hierbei zwar auf die Besteuerung der Risikoprämie ausfallbedrohten Fremdkapitals. Diese Prämie kann jedoch wie bei risikobehafteten Anteilspapieren bestimmt werden (vgl. Kim (1978), S. 50). Sofern im Falle eines Tilgungsausfalls steuerliche Absetzungen vorgenommen werden können, wirkt die Besteuerung der risikoangepaßten Zinserträge nicht aneutral.

c. Tobin-Separation nach Steuern

Es können aber noch weitergehende Aussagen zum Einfluß arbitragefreier Einkommensteuer-Bemessungsgrundlagen im Rahmen des CAPM gemacht werden. Unter den Standard-Annahmen des CAPM hängt die Struktur des Teilportefeuilles risikobehafteter Finanztitel weder von der Höhe des investierten Vermögens noch von der individuellen Risikoaversion eines Anlegers ab (Tobin-Separation).[66] Es ist nun zu prüfen, ob auch eine arbitragefreie Einkommensteuer die strukturelle Zusammensetzung riskanter Anlagen unverändert läßt.

Existiert eine risikolose Anlage- und Verschuldungsmöglichkeit, so kann das Tangentialportefeuille vor Steuern bestimmt werden, indem die Steigung der sog. Rendite-Risiko-Geraden, d.h. das Verhältnis von Risikoprämie und Standardabweichung σ_P der Portefeuillerendite[67]

$$(2.25) \qquad \Theta = \frac{E(\tilde{r}_P) - r_f}{\sigma_P}$$

maximiert wird.[68] Ist die marginale Substitutionsrate zwischen Rendite und Risiko für alle Kapitalmarktteilnehmer gleich, so entspricht dieser Ausdruck der Steigung der Kapitalmarktgeraden. Er wird dann auch als Marktpreis des Risikos bezeichnet.[69] Entsprechend erhält man nach Steuern eine Steigung von

$$(2.26) \qquad \Theta_s = \frac{E(\tilde{r}_{P,s}) - r_{f,s}}{\sigma_{P,s}} .$$

Damit ist unmittelbar ersichtlich, daß eine ergebnisunabhängige Besteuerung gemäß (2.17a), welche weder die Risikoprämie noch die Standardabweichung der Portefeuillerendite beeinflußt, die Steigung der Kapitalmarktgeraden nicht verändert. Damit wird vor und nach Steuern ein identisch strukturiertes Portefeuille risikobehafteter Anlagen gewählt.[70]

---

66 Vgl. Tobin (1958), S. 65 ff.; Süchting (1995), S. 371.

67 Alternativ kann auch die Varianz der Portefeuillerendite angesetzt werden; das Ergebnis wird hiervon nicht beeinflußt. Vgl. Franke/Hax (1994), S. 312.

68 Vgl. Lintner (1965), S. 13 ff.; Elton/Gruber (1991), S. 66.

69 Vgl. Copeland/Weston (1988), S. 183.

70 Vgl. Elton/Gruber (1991), S. 67 ff. und 75 ff. zur Lösung des genannten Problems vor Steuern.

Im Falle einer Besteuerung der gesamten Wertänderung nach (2.18a) kommt dasselbe Ergebnis auf andere Weise zustande. Hier erhält man für die erwartete Risikoprämie eines Portefeuilles nach Steuern

$$(2.27)\qquad E(\tilde{r}_{P,s}) - r_{fs} = (1-s)\sum_{j=1}^{J} x_j \cdot (E(\tilde{r}_j) - r_f)$$

wobei x_j den wertmäßigen Anteil des Finanztitels j am Portefeuille risikobehafteter Anlagen bezeichnet; diese Anteile addieren sich zu eins. Für die Standardabweichung der Portefeuillerendite gilt

$$(2.28)\qquad \sigma_{P,s} = \sqrt{(1-s)^2 \sum_{j=1} \sum_{k=1} x_j \cdot x_k \cdot Cov(\tilde{r}_j, \tilde{r}_k)}\ .$$

Werden nun beide Ausdrücke in (2.26) eingesetzt, so ergibt sich nach einer Kürzung um (1-*s*) in Zähler und Nenner nach Steuern exakt dasselbe Maximierungsproblem wie im Fall vor Steuern; es gilt somit $\theta_s = \theta$. Somit ist die Zusammensetzung des Teil-Portefeuilles aus Wertpapieren mit unsicherer Rendite nicht vom Steuersatz abhängig. Die Tobin-Separation gilt auch nach Steuern, und zwar ohne Veränderung gegenüber dem Ergebnis, welches sich bei einer Portefeuillebildung auf der Grundlage von Bruttogrößen ergeben würde.

Der Grad der Risikoaversion beeinflußt somit lediglich den Anteil, zu dem eine risikolose Anlage bzw. Kreditaufnahme[71] erfolgt. Hier können sich infolge der Besteuerung Änderungen ergeben, da (wie aus Abbildung 2.1 hervorgeht) eine Verschiebung der Kapitalmarktgeraden stattgefunden hat. Dies kann in Abhängigkeit von der Risikopräferenz des Investors zu einer Mehr- oder Minderinvestition in risikobehaftete Anlagen führen. Aus diesem Grund garantiert die Tobin-Separation noch keine Neutralität im Hinblick auf Entscheidungen über die gesamte Portefeuillestruktur.

---

71 Diese wird erforderlich, wenn das optimale Investitionsvolumen in risikobehaftete Wertpapiere das gesamte Anfangsvermögen übersteigt.

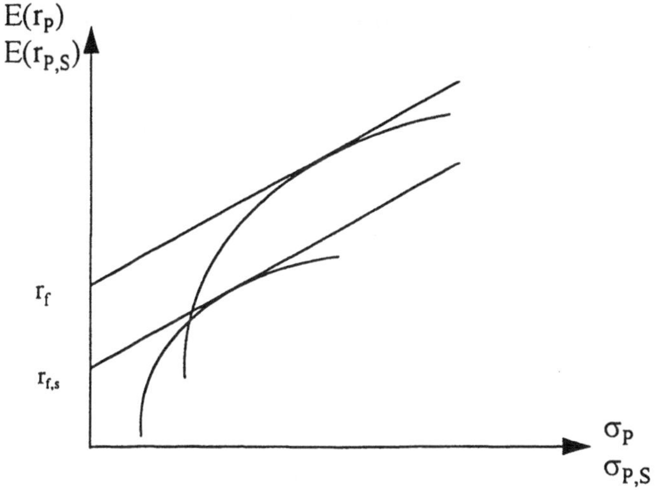

Abb. 2.1: Rendite-Risiko-Kombinationen eines Portefeuilles und Kapitalmarktlinie vor und nach Steuern (s = 50%)

Dies soll an einem Beispiel verdeutlicht werden: Neben einer risikolosen Anlage- bzw. Verschuldungsmöglichkeit werden zwei Wertpapiere mit unsicherer Rendite betrachtet, die mit den noch zu bestimmenden Anteilen x_1' und x_2' im Portefeuille eines Anlegers enthalten sind.[72] Des weiteren wird für den Anleger folgende Risikopräferenzfunktion unterstellt[73]:

$$(2.29) \quad \Phi = I_0\,(1 + \mu_{P,s}) - \frac{1}{2} \cdot R(I_0) \cdot I_0^2 \cdot \sigma_{P,s}^2 ,$$

wobei $R(I_0) > 0$ den individuellen Risikoaversionsparameter bezeichnet. Im Falle konstanter absoluter Risikoaversion kann R konstant gesetzt werden. Empirische Befunde sprechen jedoch eher für die Annahme abnehmender absoluter Risiko-

72 Die hier gewählten Portefeuilleanteile beziehen sich auf das gesamte Portefeuille, d.h. unter Einschluß der risikolosen Anlage. Deshalb addieren sich x_1' und x_2' nicht zu eins.

73 Unter der Voraussetzung normalverteilter Kurse ergibt sich die angegebene Risikopräferenzfunktion als Sicherheitsäquivalent einer exponentiellen Risikonutzenfunktion. Sie weist deshalb konstante absolute Risikoaversion auf. Aufgrund der Normalverteilungsannahme ist sie mit dem Bernoulli-Prinzip verträglich. Vgl. Bamberg/Coenenberg (1994), S. 83 und 92.

aversion[74]: Mit steigendem Investitionsbudget wird ein höherer Betrag in risikobehaftete Anlageformen investiert.

Für die erwartete Rendite des Portefeuilles nach Steuern erhält man nun

$$(2.30) \quad \mu_{P,s} = (1-s)\cdot[r_f + x_1'\cdot(E(\tilde{r}_1) - r_f) + x_2'\cdot((E(\tilde{r}_2) - r_f)]$$

und für die Varianz der Portefeuillerendite, ebenfalls nach Steuern

$$(2.31) \quad \sigma^2_{P,s} = (1-s)^2\,[(x_1'\sigma_1)^2 + (x_2'\sigma_2)^2 + 2\,x_1'\,x_2'\,Cov(\tilde{r}_1,\tilde{r}_2)]$$

Setzt man beide Ausdrücke in (2.29) ein und leitet diese Gleichung partiell nach den Portefeuillegewichten x_1' und x_2' ab, so erhält man die Bedingungen

$$(2.32) \quad \frac{\partial\Phi}{\partial x_1'} = I_0(1-s)\,(E(\tilde{r}_1)-r_f) - R\,I_0^2(1-s)^2[x_1'\cdot\sigma_1^2 + x_2'\cdot Cov(\tilde{r}_1,\tilde{r}_2)] = 0$$

und

$$(2.33) \quad \frac{\partial\Phi}{\partial x_2'} = I_0(1-s)\,(E(\tilde{r}_2)-r_f) - R\,I_0^2(1-s)^2[x_2'\cdot\sigma_2^2 + x_1'\cdot Cov(\tilde{r}_1,\tilde{r}_2)] = 0$$

Durch Auflösung dieses Gleichungssystems können nun x_1' und x_2' direkt bestimmt werden. Man erhält

$$(2.32a) \quad x_1' = \frac{1}{R\cdot I_0(1-s)}\;\frac{(E(\tilde{r}_1)-r_f)\cdot\sigma_2^2 + (E(\tilde{r}_2)-r_f)\cdot Cov(\tilde{r}_1,\tilde{r}_2)}{\sigma_1^2\cdot\sigma_2^2 - (Cov(\tilde{r}_1,\tilde{r}_2))^2}$$

und entsprechend

---

74 Vgl. Neus/Hinten (1992), S. 236 mit weiteren Nachweisen.

$$(2.33a)\quad x_2' = \frac{1}{R\cdot I_0(1-s)}\,\frac{(E(\tilde{r}_2)-r_f)\cdot\sigma_1^2 + (E(\tilde{r}_1)-r_f)\cdot Cov(\tilde{r}_1,\tilde{r}_2)}{\sigma_1^2\cdot\sigma_2^2 - (Cov(\tilde{r}_1,\tilde{r}_2))^2}\,.$$

Hinsichtlich der Bestimmung der Portefeuillegewichte wirkt eine Besteuerung der eingetretenen Wertänderungen bei der hier angesetzten Risikopräferenzfunktion wie eine Kürzung des Risikoaversionsparameters *R*. Damit ergibt sich im vorliegenden Fall eine steuerbedingte *Erhöhung* der Investition in risikobehaftete Anlagen.

Hingegen ist der Quotient von x_1' und x_2' unabhängig von der Höhe des Steuersatzes. Damit bleibt die Tobin-Separation nach Steuern erhalten: Die Zusammensetzung des Portefeuilles risikobehafteter Anlagetitel hängt nicht vom Steuersatz ab.

3. Arbitragefreie Besteuerung derivativer Finanzinstrumente

Die derzeitige einkommensteuerliche Behandlung von Optionen im Privatvermögen hängt davon ab, ob[75]

- ein steuerpflichtiges Spekulationsgeschäft vorliegt,
- das Optionsgeschäft an der Deutschen Terminbörse (DTB) oder außerbörslich (OTC-Geschäft) abgeschlossen wird,
- das Optionsrecht durch Verfall, Ausübung oder Glattstellung erlischt,
- eine Kauf- oder eine Verkaufsposition eingegangen wurde und ob
- ein Anspruch des Optionsinhabers auf Barausgleich ("Cash-settlement") oder auf Lieferung des Basiswerts (Underlying, Optionspapier) besteht.

Das Anknüpfen der Besteuerung an Tatbestände, die allenfalls in geringem Umfang Bezug zu ökonomischen Kategorien aufweisen, ist aus verschiedenen Gründen bedenklich: Erstens erscheint die bestehende Kasuistik für eine konsequente Handhabung äußerst unübersichtlich. Zweitens verbleiben aus der Sicht privater Anleger zahlreiche Gestaltungsmöglichkeiten.[76] Drittens können sich vom Steuersatz abhängige Bewertungsunterschiede ergeben. Auch bei derivativen Finanzinstrumenten sollte die Besteuerung aber möglichst geringe Nebenwirkungen entfalten. Aus diesem Grund wird im folgenden dargestellt, wie Finanztermin- und Optionsgeschäfte vor dem Hintergrund einer neutralen Besteuerung zu behandeln wären.

a. Arbitragefreie Besteuerung von Forward-Verträgen und Finanztermingeschäften (Financial Futures)

a1. Preisbildung vor Steuern

Forwardgeschäfte und Terminkontrakte (Financial Futures) sind unbedingte Termingeschäfte, welche in jedem Fall zu erfüllen sind. Im Gegensatz zu Forwardgeschäften werden Terminkontrakte an einer Terminbörse abgeschlossen und weisen aus diesem Grund eine weitgehende Standardisierung auf. Zudem

---

[75] Vgl. BMF-Schreiben vom 10.11.1994 - IV B 3 S 2256 - 34/94; BStBl. I, S. 816.

[76] Vgl. etwa Mauritz (1995), S. 698 ff.

müssen bei Eingehen und Halten einer Future-Position Sicherheitseinlagen (Margins) erbracht werden. Bei der börsentäglich ermittelten Wertänderung einer Position findet jeweils ein Gewinn- und Verlustausgleich statt.[77] Der hierdurch ausgelöste Zahlungsmittelfluß kann bei stochastischen Zinssätzen dazu führen, daß die Bewertung eines Futures von der Bewertung eines Forward-Vertrags gleicher Laufzeit abweicht.[78] Mehrere empirische Arbeiten kamen jedoch zu dem Ergebnis, daß die hieraus resultierenden Bewertungsdifferenzen nur von geringer Bedeutung sind.[79] Somit sind die nachfolgenden Ausführungen zwar zunächst auf die Bewertung von Forward-Verträgen gerichtet - sie können aber approximativ auch für die Wertbestimmung von Futures herangezogen werden.[80]

Bei Forward-Verträgen wird der Terminkurs regelmäßig so festgelegt, daß der Wert des Vertrags im Zeitpunkt des Vertragsabschlusses gerade null beträgt. Er ergibt sich durch die Nettofinanzierungskosten (Cost of Carry), die durch das Halten einer entsprechenden Kassaposition verursacht werden. Bleiben Dividenden außer Betracht[81], so kann der Wert eines Forward-Vertrags mit Laufzeit (T-t) vor Steuern durch[82]

$$(2.34) \qquad f = S_t - \frac{K}{(1+r_f)^{T-t}}$$

angegeben werden. Dabei kann K zum Zeitpunkt des Vertragsabschlusses so festgelegt werden, daß $f = 0$ gilt. Dieser spezielle Terminkurs wird mit F bezeichnet und ergibt sich durch

$$(2.35) \qquad F = S_t \; (1+r_f)^{T-t}.$$

Dieser Zusammenhang zwischen dem Kassa- und dem Terminkurs eines Wertpapiers (bzw. eines Performance-Index) basiert auf folgender Arbitrageüber-

77 Bei der Berechnung orientiert sich die DTB am sog. Risk-Based-Margining-System.

78 Vgl. Cox/Ingersoll/Ross (1981), S. 321 ff.; Hull (1993), S. 56.

79 Vgl. Redanz (1995), S. 24 m.w.N.

80 Vgl. Hull (1993), S. 57.

81 Die Einbeziehung von Dividenden ist problemlos möglich, wenn die Dividendenzahlungen und damit deren Bar- bzw. Endwerte mit Sicherheit bekannt sind. Da es aber aus Sicht einer neutralen Besteuerung keine Rolle spielt, in welcher Form Wertänderungen eintreten, können Dividenden an dieser Stelle vernachlässigt werden.

82 Vgl. für eine Darstelllung in kontinuierlicher Schreibweise Hull (1993), S. 52.

legung: Eine risikolose Gesamtposition kann entweder durch den Kauf eines risikolosen Wertpapiers oder durch ein Portefeuille hergestellt werden, welches den Erwerb eines riskanten Wertpapiers und einen Terminverkauf desselben Wertpapiers umfaßt. Betrachtet man einen Zeitabschnitt der Länge *T-t*, so erhält man bei beiden Positionen die in Tabelle 2.1 angegebenen Ein- und Auszahlungen:

	t	t	T
1.	risikolose Anlage in Höhe von S_t	$-S_t$	$S_T\,(1+r_f)^{T-t}$
2.	riskantes Wertpapier +	$-S_t$	S_T
	Terminverkauf	0	$F - S_T$
	gesamt	$-S_t$	F

Tab. 2.1: Zahlungskonsequenzen bei risikoloser Anlage und bei Kauf eines Wertpapiers mit Verkauf per Termin

Da bei beiden Alternativen ein Kapitaleinsatz in gleicher Höhe vorliegt, müssen auch die sicheren Einzahlungen von $S_t(1+r_f)^{T-t}$ bzw. *F* am Ende des Betrachtungszeitraums übereinstimmen, da sonst Arbitragemöglichkeiten bestehen.

Die beschriebene Vorgehensweise könnte auch zur synthetischen Konstruktion eines riskanten Wertpapiers oder eines Termingeschäfts herangezogen werden. So kann die Zahlungscharakteristik eines riskanten Wertpapiers durch den Kauf eines risikolosen Wertpapiers bei gleichzeitigem Terminkauf des riskanten Finanztitels dupliziert werden.[83] Entsprechend kann das ökonomische Äquivalent eines Terminkaufs in einem Kreditkauf des riskanten Wertpapiers gesehen werden, während ein Terminverkauf in ökonomischer Hinsicht einem (Leer-)Verkauf des riskanten Wertpapiers bei gleichzeitiger Anlage des Verkaufserlöses zum risikolosen Zinssatz entspricht.

Im folgenden ist zu untersuchen, welchen Einfluß eine arbitragefreie Steuerbemessungsgrundlage (hierzu werden wieder die Bemessungsgrundlagen (2.17a) und (2.18a) verwendet) auf die Bestimmung des Terminkurses nimmt. Für die

---

83 Dieser Ansatz ermöglicht es, den Ertrag eines riskanten Wertpapiers in einen risikolosen und einen unsicherheitsbehafteten Teil zu zerlegen. Vgl. Hamada/Scholes (1985), S. 212.

steuerliche Analyse wird ein Zeitraum von genau einer Periode (d.h. T-t = 1) zugrundegelegt.[84]

a2. Preisbildung unter Berücksichtigung einer ergebnisunabhängigen Besteuerung

Bei einer Besteuerung der risikolosen Verzinsung des eingesetzten Kapitals kommt es unabhängig vom realisierten Gewinn oder Verlust nicht zu steuerlichen Konsequenzen aus dem Forward-Vertrag, da der Kapitaleinsatz in t=0, der die Ausgangsbasis für die Bestimmung der Bemessungsgrundlage darstellt, null beträgt. Forward-Verträge bleiben somit im Rahmen einer ergebnisunabhängigen Besteuerung steuerfrei.

Da ein übereinstimmender Kapitaleinsatz bei risikolosem und riskantem Wertpapier im betrachteten Fall identische Steuerzahlungen in der Folgeperiode auslöst, ändert sich im Ergebnis nichts an der Bestimmung des Terminkurses. Beziehung (2.35) ist somit auch unter Berücksichtigung einer ergebnisunabhängigen Besteuerung gültig.

a3. Preisbildung unter Berücksichtigung einer ergebnisabhängigen Besteuerung

Bei einer ergebnisabhängigen Besteuerung ist, da der Forward-Vertrag keinen Kapitaleinsatz erfordert, nach Ablauf einer Periode die Kursdifferenz zwischen S_1 und F (d.h. der Gewinn oder Verlust aus dem Termingeschäft) in t=1 in voller Höhe steuerlich zu erfassen.

Unter Berücksichtigung der Besteuerung ergeben sich die in Tabelle 2.2 angegebenen Modifikationen der Zahlungsstruktur:

---

84 Diese Annahme dient der Vereinfachung. Wie bereits ausgeführt stellt die alleinige Betrachtung einer Periode auf einem effizienten Sekundärmarkt kein Problem dar. Gleichzeitig entfallen bei einer Einperiodenbetrachtung aber auch Probleme, die im Rahmen einer Jahressteuer bei unterjährigen Zahlungen bzw. Wertänderungen auftreten können. Ebenfalls vernachlässigt wird der Sachverhalt, daß die börsengehandelten (DAX-)Futures eine Kontraktdauer von maximal 9 Monaten aufweisen.

t		0	1
1.	risikolose Anlage in Höhe von S_0	$-S_0$	$S_0\,(1+r_f(1-s))$
2.	riskantes Wertpapier +	$-S_0$	$S_1\,(1-s) + s \cdot S_0$
	Terminverkauf	0	$(1-s)(F - S_1)$
	gesamt	$-S_0$	$s \cdot S_0 + (1-s)F$

Tab. 2.2: Synthetische Konstruktion einer risikolosen Anlage bei einer Besteuerung der Marktwertänderungen

Wiederum müssen auf arbitragefreien Finanzmärkten Positionen mit gleichem Kapitaleinsatz zu übereinstimmenden Einzahlungen, nun allerdings nach Steuern, führen. Die Gleichsetzung beider Einzahlungen, d.h.

$$S_0\ (1+ r_f\ (1-s)) = s \cdot S_0 + (1-s)\ F$$

ergibt aufgelöst

$$(2.36) \qquad F = S_0\ (1 + r_f)\ .$$

Dies entspricht Beziehung (2.35) für den hier betrachteten Fall T-t = 1. Dies zeigt, daß es nicht korrekt wäre, nach Steuern anstelle des Bruttozinssatzes einen Nettozinssatz anzusetzen. Ein solches Vorgehen würde die bei der zweiten Anlagealternative eintretenden steuerlichen Konsequenzen außer acht lassen. Somit beeinflußt auch eine neutrale Besteuerung der ex post eingetretenen Wertänderungen die Bestimmung des Terminkurses für Forward-Verträge nicht.[85]

---

[85] Scholes/Wolfson (1992), S. 418, leiten ein ähnliches Ergebnis für den Fall sicherer Dividendenzahlungen ab. Einheitliche Steuersätze vorausgesetzt, stellt sich auch hier das Vor-Steuer-Resultat ein.

b. Arbitragefreie Besteuerung von Optionsrechten

Im Gegensatz zu unbedingten Termingeschäften weisen Optionen als bedingte Termingeschäfte eine asymmetrische Risikostruktur auf, da der Inhaber der Option wählen kann, ob er von seinem Ausübungsrecht Gebrauch macht oder nicht. Da der Käufer einer Option durch den Verzicht auf Erfüllung sein Verlustrisiko begrenzen kann, ist der Wert einer Option nie negativ. Aus diesem Grund ist beim Erwerb von Optionen - im Gegensatz zum Abschluß von Termingeschäften - ein Optionspreis zu entrichten.[86]

Während der gezahlte Optionspreis den Kapitaleinsatz des Erwerbers für das Eingehen der riskanten Position darstellt, kann umgekehrt die entsprechende Einzahlung beim Stillhalter zur Finanzierung anderer Vorhaben herangezogen werden.[87] Das Schreiben von Optionen kann insofern als Finanzierungsmaßnahme angesehen werden.

b1. Preisrelationen vor Steuern

Auch mit Hilfe von Optionen läßt sich ein Portefeuille aus risikobehafteten Einzelpositionen konstruieren, welches einen sicheren Ertrag erzielt. Aus der Put-Call-Parität[88] ist bekannt, daß der Kauf eines riskanten Wertpapiers[89] und einer europäischen Verkaufsoption mit Basispreis K bei gleichzeitigem Verkauf einer europäischen Kaufoption mit demselben Basispreis zu einer sicheren Einzahlung in Höhe von K führt. Dieser Zusammenhang ist in Tabelle 2.3 aufgeführt, in welcher P_P den Preis einer Verkaufsoption und C den Preis einer Kaufoption bezeichnen:

---

86 Vgl. Süchting (1995), S. 224.

87 Dessen ungeachtet wird nach ständiger Rechtsprechung des BFH, die sich auch im BMF-Schreiben vom 10.11.94 niedergeschlagen hat, der Erhalt der Optionsprämie einkommensteuerrechtlich als Entgelt für das Bereithalten von Geld oder Wertpapieren eingestuft, das als sonstige Leistung i.S. des § 22 Nr. 3 EStG der Besteuerung unterliegt.

88 Vgl. Stoll (1969), S. 801 ff.; Cox/Rubinstein (1985), S. 41; Kester (1986), S. 10; Copeland/Weston (1988), S. 250.

89 Das riskante Wertpapier stellt gleichzeitig das Basisobjekt der betrachteten Optionen dar.

t		t	T
1.	risikolose Anlage	$-K/(1+r_f)^{T-t}$	K
2.	riskantes Wertpapier	$-S_t$	S_T
	+ Kauf Put	$-P_P$	$+\max(0; K-S_T)$
	- Verkauf Call	$+C$	$-\max(S_T-K; 0)$
	gesamt	$-S_t-P_P+C$	K

Tab. 2.3: Arbitrageportefeuille mit Optionen (Put-Call-Parität)

Der gleichzeitige Kauf einer Put-Option und Verkauf einer Call-Option mit demselben Basispreis ist damit ähnlich zu werten wie ein Terminverkauf des Basiswerts.[90] Bei Arbitragefreiheit muß damit vor Steuern

$$(2.37) \quad C - P_P = S_t - \frac{K}{(1+r_f)^{T-t}}$$

gelten (Put-Call-Parität). Aus dem Vergleich mit Gleichung (2.34) ist die Übereinstimmung mit dem Wert eines Forward-Vertrags (Long-Position) unmittelbar ersichtlich.

b2. Preisrelationen unter Berücksichtigung einer ergebnisunabhängigen Besteuerung

Bei einer ergebnisunabhängigen Besteuerung ist bei erworbenen Optionen ein Betrag in Höhe der Verzinsung des Optionspreises am Ende der Periode zu versteuern. Stillhalterpositionen in Optionen hingegen führen zu einer Steuererstattung in der Folgeperiode. Die Nettoeinzahlungen, die in beiden Fällen eine sichere Gesamtzahlung ergeben, sind deshalb wie folgt zu bestimmen:

---

90 Da die Preise der Kauf- und Verkaufsoptionen jeweils von K abhängen, ließe sich theoretisch natürlich auch ein Basispreis K finden, bei dem $C(K) = P_P(K)$ gilt, so daß der Wert des synthetischen Terminverkaufs gleich null wäre.

	t	0	1
1.	risikolose Anlage	$-K/(1+r_f)$	$\frac{1+r_f(1-s)}{1+r_f}\cdot K$
2.	riskantes Wertpapier	$-S_0$	$S_1 - s\,r_f S_0$
	+ Kauf Put	$-P_P$	$+\max(0;K-S_1) - s\,r_f P_P$
	- Verkauf Call	$+C$	$-\max(S_1-K;0) + s\,r_f C$
	gesamt	$-S_0 - P_P + C$	$K - sr_f(S_0 + P_P - C)$

Tab. 2.4: Put-Call-Parität bei ergebnisunabhängiger Besteuerung

Nach Gleichsetzung der Nettozahlungen

$$\frac{1+r_f(1-s)}{1+r_f}\cdot K = K - s\cdot r_f\,(S_0 + P_P - C)$$

erhält man nach einigen Umformungen:

$$(2.38)\qquad C - P_P = S_0 - \frac{K}{(1+r_f)}.$$

Dieses Resultat entspricht dem vor Steuern abgeleiteten Ergebnis für den hier betrachteten Zeitraum einer Periode.

b3. Preisrelationen und Preisbildung von Optionen unter Berücksichtigung einer ergebnisabhängigen Besteuerung

b31. Put-Call-Parität

Bei einer Besteuerung der Wertänderungen ist das Ergebnis aus jeder Position nach Berücksichtigung des Optionspreises zu versteuern. Gezahlte Optionspreise sind hierbei abzugsfähig; erhaltene Optionspreise erhöhen die Steuerbemessungsgrundlage in der Folgeperiode. Damit erhält man aus den einzelnen Positionen folgende Nettozahlungen (vgl. Tabelle 2.5):

t		0	1
1.	risikolose Anlage	$-K/(1+r_f)$	$\frac{1+r_f(1-s)}{1+r_f} \cdot K$
2.	riskantes Wertpapier	$-S_0$	$(1-s)\ S_1 + s\ S_0$
	+ Kauf Put	$-P_P$	$+ (1-s) \max(0;K-S_1) + sP_P$
	- Verkauf Call	$+ C$	$- (1-s) \max(S_1-K;0) - sC$
	gesamt	$- S_0 - P_P + C$	$(1-s)\ K - s\ (S_0 + P_P - C)$

Tab. 2.5: Put-Call-Parität bei einer Besteuerung der Marktwertänderungen

Wiederum stellt sich nach Gleichsetzung und Auflösung das Vor-Steuer-Ergebnis ein. Die Put-Call-Parität bleibt damit auch nach einer Besteuerung sämtlicher Wertänderungen ohne Modifikation erhalten.

Damit garantieren die abgeleiteten Steuerbemessungsgrundlagen (2.17a) und (2.18a), daß synthetische Wertpapiere im Ergebnis gleich besteuert werden wie die in ökonomischer Hinsicht äquivalenten originären Wertpapiere. Da Kapitaleinsatz und Kapitalertrag bei beiden Anlagekonstellationen übereinstimmen, ergibt sich dieses Ergebnis zwangsläufig als Konsequenz einer Besteuerung, die die Bewertung einzelner finanzieller Positionen unbeeinflußt läßt.[91]

b32. Ein Binomialmodell zur Bewertung einer Kaufoption nach Steuern

Auch die Bewertung von Optionen muß letztlich nicht um Steuern modifiziert werden, wenn die Besteuerung arbitragefrei erfolgt. Dies soll am Beispiel einer Aktienoption mit einperiodiger Laufzeit und einer Besteuerung der Wertänderungen demonstriert werden. Zur Bestimmung des Optionswerts benötigt man eine Annahme über den stochastischen Prozeß des Aktienkurses.[92] Hierzu wird unterstellt, daß die Kursentwicklung der Aktie vor Steuern einem Binomialprozeß folgt: Ausgehend vom Marktpreis S in t=0 kann der Aktienkurs innerhalb einer Periode entweder auf uS steigen oder auf dS fallen. Für den Steigerungsfaktor u gilt dabei $u > 1 + r_f$, für den Änderungsfaktor d hingegen $d < 1 + r_f$.[93]

Für den Wert eines Calls auf die betrachtete Aktie mit Basispreis K erhält man im Fall einer Aufwärtsbewegung in t=1 einen Optionswert von C_u = max [0; uS-K], während im Fall einer Abwärtsbewegung der innere Wert C_d = max [0; dS-K] beträgt, da die Option nur ausgeübt wird, wenn der Aktienkurs in t=1 über dem Basispreis liegt. Andernfalls läßt der Optionsinhaber die Kaufoption verfallen, so daß der Optionswert am Verfalltag gleich null wäre.

Nach Steuern erhält man für die Nettozahlungen aus der Aktie die in Abbildung 2.2 dargestellte Entwicklung:

---

91 Damit kann die Forderung einer gleichmäßigen Besteuerung originärer und synthetischer Wertpapiere (vgl. z.B. Braun (1993), S. 322 ff.; Redanz (1995), S. 15) als Unterfall der hier betrachteten Neutralitätsformen angesehen werden.

92 Vgl. Cox/Rubinstein (1985), S. 214.

93 Voraussetzung für eine "downward-"Entwicklung ist somit nicht, daß der Aktienkurs gegenüber der Vorperiode sinkt, sondern lediglich, daß das Wachstum geringer als bei risikoloser Anlage ausfällt. Wäre auch d größer als $1+r_f$, so läge eine Unterbewertung des Basistitels vor, da in diesem Fall ein Arbitragegewinn erzielt werden könnte. Vgl. Cox/Rubinstein (1985), S. 171.

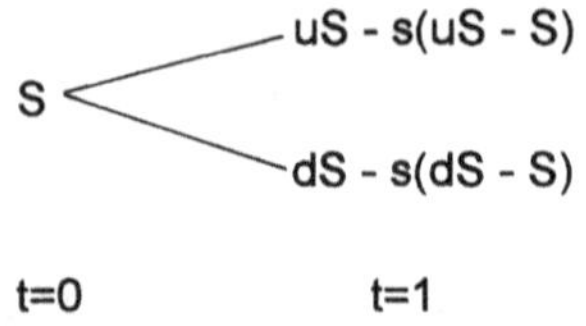

Abb. 2.2: Entwicklung der Nettozahlungen aus einer Aktie

Entsprechend ergibt sich die bedingte Entwicklung des Optionswerts nach Steuern aus Abbildung 2.3:

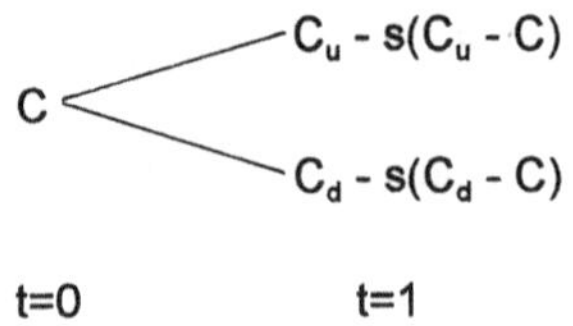

Abb. 2.3: Entwicklung der Nettozahlungen aus einer Option

Zur Bestimmung des Optionspreises wird in einem ersten Schritt ein Portefeuille aus - per se - riskanten Einzelpositionen gebildet, welches nach Ablauf der Periode zu einem sicheren Ertrag führt. Die Konstruktion eines risikolosen Portefeuilles ist möglich, wenn die einbezogenen riskanten Finanztitel vollständig negativ korreliert sind.[94]

Erwirbt man Δ Aktien bei gleichzeitigem Verkauf eines Calls, so erhält man am Ende der Periode eine Einzahlung nach Steuern von

$$(2.39)\quad \Delta((1-s)\,u\cdot S + s\cdot S) - ((1-s)\,C_u + s\cdot C)$$

im Fall eines gegenüber der Ausgangsperiode mit dem Faktor *u* gestiegenen Aktienkurses und

[94] Vgl. Copeland/Weston (1988), S. 163 f.

$$(2.40) \qquad \Delta((1-s)\ d \cdot S + s \cdot S) - ((1-s)\ C_d + s \cdot C)$$

im Falle eines um den Faktor *d* geänderten Aktienkurses.

Gleichsetzung und Auflösung nach Δ ergibt das Hedge-Verhältnis, dessen Einhaltung zu einer Gesamtposition ohne Risiko führt. Man erhält mit

$$(2.41) \qquad \Delta = \frac{C_u - C_d}{(u-d) \cdot S}$$

dasselbe Hedge-Verhältnis wie im Fall vor Steuern.[95] Wird dieses der Zusammensetzung des Portefeuilles zugrundegelegt, so führt eine Auszahlung in t=0 in Höhe von ΔS - C zu einer sicheren Einzahlung in der durch (2.39) bzw. (2.40) vorgegebenen Höhe in t=1. Da sich die betrachteten Ein- und Auszahlungen in ihrer absoluten Höhe nur um die innerhalb einer Periode erzielbare sichere Nettoverzinsung unterscheiden, muß gelten:

$$(2.42) \qquad \Delta S - C = \frac{\Delta S((1-s)\ u + s) - (1-s)\ C_u - s \cdot C}{1 + r_f(1-s)}.$$

Setzt man in (2.42) die Definition von Δ gem. (2.41) ein, so folgt zunächst

$$(2.43) \qquad C\ (1 - \frac{s}{1 + r_f(1-s)})$$

$$= \frac{C_u - C_d}{u-d}\ (1 - \frac{u(1-s) + s}{1+r_f(1-s)}) + \frac{(1-s)\ C_u}{1+r_f(1-s)}$$

und daraus nach einigen weiteren Umformungen

$$(2.44) \qquad C = \frac{1}{q}\ [C_u \cdot (\frac{q-d}{u-d}) + C_d \cdot (\frac{u-q}{u-d})]$$

mit $q = 1 + r_f$.

---

95 Vgl. zum entsprechenden Vor-Steuer-Modell Cox/Ross/Rubinstein (1979), S. 233.

Dies entspricht exakt der Bewertungsgleichung vor Steuern.[96] Der Wert einer Kaufoption hängt damit - wie im Fall vor Steuern - nur vom aktuellen Aktienkurs, dem Basispreis, der Restlaufzeit, der Volatilität[97] des Aktienkurses und vom risikolosen Zinssatz, nicht hingegen vom Steuersatz ab. Er ergibt sich als Barwert der mit sog. "risikoneutralen Wahrscheinlichkeiten" gewichteten Optionswerte am Ende der Folgeperiode, wobei zur Diskontierung der risikolose Bruttozinssatz zu verwenden ist.

Die sog. "risikoneutralen Wahrscheinlichkeiten"[98] $p = (q-d)/(u-d)$ und $(1-p) = (u-q)/(u-d)$ entsprechen in der Regel nicht den tatsächlichen (Binomial-)Wahrscheinlichkeiten w bzw. $(1-w)$ für die "upward-" bzw. "downward-"Entwicklungen. Eine Übereinstimmung läge nur dann vor, wenn der Basistitel am Kapitalmarkt risikoneutral bewertet würde.[99] Geht man hingegen von risikoaversen Kapitalmarktteilnehmern aus, so liegt der Preis eines riskanten Wertpapiers unter dessen Erwartungswert; in diesem Fall würde $p < w$ gelten. Ist aber der Einfluß des Risikos vollständig im Preis des Basiswerts erfaßt, muß er bei der Berechnung des Optionswerts nicht nochmals berücksichtigt werden, da die Option unabhängig von individuellen Risikopräferenzen und Wahrscheinlichkeitsschätzungen bewertet werden kann, wenn der Marktpreis und der stochastische Prozeß des Basistitels bekannt sind.

Damit besteht eine enge Beziehung zwischen den hier abgeleiteten "risikoneutralen" Wahrscheinlichkeiten und den Zustandspreisen elementarer Wertpapiere, welche bei einem durch Risikoaversion geprägten Kapitalmarktgleichgewicht ebenfalls von den tatsächlichen Eintrittswahrscheinlichkeiten abweichen. Abgesehen von dem eher technischen Unterschied, daß in den Zustandspreisen bereits eine Diskontierung mit dem risikolosen Zinssatz enthalten ist, müssen beide Größen im hier betrachteten Fall einer binomialen Wertentwicklung übereinstimmen.

---

96 Vgl. zur Bewertungsgleichung vor Steuern Cox/Ross/Rubinstein (1979), S. 234.

97 Diese wird hier durch die Parameter u und d sowie durch die Binomial-Wahrscheinlichkeiten w und $(1-w)$ determiniert.

98 Diese werden auch als Martingal- bzw. Pseudowahrscheinlichkeiten bezeichnet. Vgl. Kruschwitz (1995), S. 304.

99 Vgl. Cox/Rubinstein (1985), S. 174.

Eine arbitragefreie Besteuerung führt somit auch im Bereich der derivativen Finanzinstrumente zu unveränderten Preisrelationen. In Abhängigkeit von der gewählten Bemessungsgrundlage ergeben sich aber unterschiedliche Implikationen für die steuerliche Behandlung von Options- und Termingeschäften. Da eine ergebnisunabhängige Besteuerung von Finanztiteln bei Forward-Verträgen keine Steuerzahlungen auslöst, ist die Steuerfreiheit von Termingeschäften grundsätzlich auch im Rahmen einer ergebnisabhängigen Besteuerung möglich. Da das Sicherheitsäquivalent der Steuern auf eingetretene Wertänderungen null beträgt, ergeben sich hier keine steuerlichen Konsequenzen für die Preisbildung.

Hingegen kann die Steuerfreiheit von bedingten Termingeschäften (Optionen) außerhalb von Spekulationsfristen zu Preisreaktionen führen, welche am Ende dieses Kapitels erörtert werden.

4. Auswirkungen einer Besteuerung sämtlicher Wertänderungen auf Zinsniveau und Risikoprämie am Kapitalmarkt

Wie vorangehend gezeigt wurde, verändert eine neutrale Einkommensbesteuerung die Ertragswerte gegenüber einer Rechnung auf der Grundlage von Vor-Steuer-Größen nicht. Daraus kann aber nicht geschlossen werden, daß sich durch die *Einführung* einer arbitragefreien Einkommensteuer nicht bereits Preisreaktionen am Kapitalmarkt ergeben haben.

a. Anpassungen des risikolosen Kapitalmarktzinssatzes

Auslöser von steuerinduzierten Anpassungen des risikolosen Bruttozinssatzes sind veränderte Austauschrelationen zwischen heutigem und zukünftigem Konsum. Werden zur Vereinfachung nur risikolose Finanzanlagen[100] betrachtet, so stellt auch der in t=1 verfügbare Konsumbetrag eine deterministische Größe dar. Im Fall einer neutralen Besteuerung ($a = 1$) erhält man aus (2.5a) und (2.7a) für diesen Fall die modifizierten Bedingungen:

$$(2.5b) \qquad \frac{\partial U}{\partial C_0^m} = \lambda$$

und

$$(2.7b) \qquad (1+r_f(1-s)) \cdot \frac{\partial U}{\partial C_1^m} = \lambda.$$

Nach Gleichsetzung beider Bedingungen erhält man die Austauschrelation zwischen heutigem und zukünftigem Konsum

$$(2.45) \qquad -\frac{dC_1^m}{dC_0^m} = \frac{\partial U/\partial C_0^m}{\partial U/\partial C_1^m} = 1 + r_f(1-s).$$

100 Anders als bei einer Besteuerung des Cash Flow ist bei einer Einkommensteuer auch bei unsicheren Erwartungen keine intertemporale Neutralität gegeben. Vgl. Feldhoff (1995), S. 165 f.

Dieses Ergebnis stellt das bekannte Resultat dar, daß eine Besteuerung des finanziellen Ergebnisses (z.B. Einkommensteuer) das Austauschverhältnis zwischen gegenwärtigem und zukünftigem Konsum zu Lasten des Zukunftskonsums beeinflußt und damit den Anreiz zur Ersparnisbildung verringert, soweit der Bruttozinssatz unverändert bleibt.[101]

Infolge von Angebots- und Nachfrageänderungen sind jedoch Erhöhungen des Bruttozinssatzes zu erwarten. Wie bereits im ersten Kapitel erläutert, hängt das Ausmaß der steuerbedingten Zinssteigerung von den steuerlichen Abzugsmöglichkeiten beim Kreditnehmer und von den Elastizitäten der Kapitalangebots- und Nachfragefunktionen ab. Solange diese nicht bekannt sind, sind deshalb nur Tendenzaussagen, jedoch keine quantitativen Angaben über das Ausmaß der Zinsanpassung möglich.

b. Anpassungen der Kapitalmarkt-Risikoprämie

Bei Unsicherheit können sich zusätzlich auch Substitutionseffekte zwischen zukünftigen Konsummöglichkeiten und damit Auswirkungen auf die Preisrelationen zwischen risikolosen und risikobehafteten Anlageformen ergeben. Auch bei Gültigkeit der Tobin-Separation nach Steuern kann sich nämlich - wie unter B.III.2.c. bereits gezeigt wurde - die Gewichtung der in einem Portefeuille risikolos bzw. risikobehaftet investierten Beträge verändern. Führt eine Besteuerung am Kapitalmarkt jedoch zu Nachfrageverschiebungen in Form einer vermehrten oder verringerten Nachfrage nach riskanten Anlageformen, so ist bei gegebenem Wertpapierangebot gegenüber einer Welt ohne Steuern auch eine Anpassung der Markt-Risikoprämie, d.h. der Differenz zwischen der erwarteten Rendite des Marktportefeuilles und dem risikolosen Zinssatz zu erwarten.

Vor diesem Hintergrund ist zunächst zu fragen, welche Portefeuilleanpassungen sich bei einem Investor infolge einer Erhöhung von Steuersätzen (und damit auch infolge der *Einführung* einer Besteuerung der Wertänderungen) ergeben. Beabsichtigt sind damit Aussagen über den Einfluß der Besteuerung auf die Bereitschaft zur Investition in risikobehaftete Anlagen. Die steuerinduzierte Anpassung des Wertpapierportefeuilles wird unter der Voraussetzung untersucht, daß

---

101 Vgl. Stiglitz (1973), S. 12; Fane (1987), S. 96; Schwinger (1992), S. 72; Feldhoff (1995), S. 48.

jeweils eine risikolose und eine risikobehaftete Anlageform zur Auswahl stehen und die Bruttorenditen unverändert bleiben.[102] Die riskante Anlage kann dabei als Einzel-Anlage oder als ein Portefeuille riskanter Anlagetitel (z.B. Marktportefeuille) interpretiert werden.

Bei der Frage, inwiefern eine Besteuerung der ex post eingetretenen Wertänderungen die Übernahme von Risiko im Sinne einer Mehr- oder Minderinvestition in die risikobehaftete Anlage beeinflußt, sind zwei entgegengesetzte Wirkungen zu berücksichtigen. Eine Einkommensteuer gemäß (2.18a), welche einen vollständigen Verlustausgleich impliziert, schlägt sich sowohl in einer geringeren erwarteten Rendite als auch in einer geringeren Renditeschwankung nieder, weil ein Teil des Risikos vom Fiskus übernommen wird. Während die Renditeminderung die riskante Anlage aufgrund ihrer höheren erwarteten Bruttoverzinsung in stärkerem Umfang nachteilig betrifft, stellt die steuerbedingte Risikominderung aus der Sicht risikoaverser Kapitalmarktteilnehmer einen Vorteil der riskanten Anlage dar. Je nachdem, welcher Effekt überwiegt, kann somit die Besteuerung die Bereitschaft zur Risikoübernahme erhöhen[103] oder senken; pauschale Antworten sind jedenfalls nicht möglich.

Da bei einer investitionsneutralen Einkommensteuer die Erträge aus risikoloser und risikobehafteter Anlage in voller Höhe der Besteuerung unterworfen sind (d.h. jeweils a = 1 gilt), erhält man nach Gleichsetzung von (2.6a) und (2.7a)

$$(2.46) \quad E[\frac{\partial U}{\partial C_1^m} \cdot (1+\tilde{r}(1-s))] = E[\frac{\partial U}{\partial C_1^m} \cdot (1+r_f(1-s))]$$

die Bedingung

$$(2.47) \quad E[\frac{\partial U}{\partial C_1^m} \cdot (\tilde{r} - r_f)(1-s)] = 0.$$

---

[102] Vgl. zu dieser Annahme auch Stiglitz (1969b), S. 263 ff.; Atkinson/Stiglitz (1980), S. 97 ff.; Schneider (1981); Swoboda/Zechner (1985); Schneider (1992), S. 671 ff.

[103] Vgl. bereits Domar/Musgrave (1944), S. 390.

Infolge der Annahme eines konstanten Grenzsteuersatzes kann dies weiter zu

$$(2.48) \quad E[\frac{\partial U}{\partial C_1^m} \cdot (\tilde{r}_j - r_f)] = 0$$

vereinfacht werden. Diese Bedingung entspricht formal der Optimalbedingung in einer Situation ohne Steuern.[104] Über die Konsumhöhe in t=1 als Argument der partiellen Ableitung $\partial U/\partial C_1^m$ besteht jedoch ein Einfluß der Besteuerung[105], da die Zufallsvariable C_1^m im betrachteten Zwei-Wertpapierfall wie folgt definiert ist:

$$(2.49) \quad \tilde{C}_1^m = b\cdot(1+\tilde{r}(1-s)) + (W_0 - C_0^m - b)(1+r_f(1-s))$$

$$= I_0(1+r_f(1-s)) + b^* \cdot I_0(\tilde{r} - r_f)(1-s)$$

mit b als dem in die risikobehaftete Anlage investierten Betrag und $b^* = b / I_0$ als dessen Anteil am gesamten Investitionsvolumen I_0.

Damit hängt die Zusammensetzung des Anlageprogramms auch von der Höhe des Steuersatzes ab. In der Literatur wurden für diese Situation Bedingungen angegeben, unter denen es zu einer steuerbedingt erhöhten, verringerten oder unveränderten Nachfrage nach der riskanten Anlageform kommt.[106] Hierbei wurden folgende Ergebnisse abgeleitet:

1. Infolge einer Steuersatzerhöhung ergibt sich eine Senkung (Erhöhung) der "privaten" Risikoübernahme, wenn die Vermögenselastizität der Nachfrage nach der riskanten Kapitalanlage positiv (negativ) ist. Im "Normalfall" ergibt sich damit eine Senkung der privaten Risikoübernahme nach Steuern.

2. Da jedoch zu berücksichtigen ist, daß ein Teil des Risikos vom Fiskus getragen wird, ergeben sich andere Schlußfolgerungen für die gesamte Risikoübernahme ("social risk-taking") und damit auch für die Wahl des Portefeuilleanteils b^*. In diesem Fall ist von einer Erhöhung der Risiko-

---

104 Vgl. Stiglitz (1969), S. 271; Atkinson/Stiglitz (1980), S. 104; Swoboda/Zechner (1985), S. 404; sowie Huang/Litzenberger (1988), S. 19 zur entsprechenden Bedingung vor Steuern.

105 Vgl. Atkinson/Stiglitz (1980), S. 104.

106 Vgl. zu den nachfolgend aufgeführten Resultaten und deren Ableitung, auf deren Wiedergabe hier verzichtet wird, Atkinson/Stiglitz (1980), S. 105 ff.

übernahme auszugehen, wenn die Vermögenselastizität der Nachfrage nach der riskanten Anlage über einem kritischen Wert liegt, welcher mindestens eins beträgt, jedoch auch deutlich höher liegen kann.[107]

3. Ist eine Risikonutzenfunktion durchgehend durch sinkende (steigende) relative Risikoaversion gekennzeichnet, so ist die Elastizität der Nachfrage nach der riskanten Anlage größer (kleiner) eins.[108] Somit ergibt sich bei konstanter und steigender relativer Risikoaversion eine steuerinduzierte Zunahme der Nachfrage nach riskanten Anlagen. Dies gilt innerhalb bestimmter Grenzen auch für den Fall sinkender relativer Risikoaversion.

Solange die Vermögenselastizität der Nachfrage nach der riskanten Anlageform nicht sehr hoch ist, ergibt sich unter den genannten Voraussetzungen, zu denen vor allem die Unterstellung eines vollständigen Verlustausgleichs zählt, eine Nachfrageerhöhung nach der risikobehafteten Anlageform.

Die in der Literatur abgeleiteten Ergebnisse basieren auf der Annahme konstanter Bruttorenditen. Gibt man diese Annahme auf und unterstellt ein gegebenes Angebot an risikolosen und riskanten Wertpapieren (womit allokative Auswirkungen außer acht bleiben), so werden sich auf den Finanzmärkten Preisanpassungen ergeben. Steigt beispielsweise die gesamtwirtschaftliche Nachfrage nach risikobehafteten Anlagen infolge der Besteuerung an, so ergibt sich hierdurch eine Senkung der vor Steuern erwarteten Rendite des Marktportefeuilles und damit auch eine Senkung der Risikoprämie am Kapitalmarkt. Im Gegensatz zur Anpassung des risikolosen Bruttozinssatzes, bei der noch Aussagen über die Richtung des Steuereinflusses gemacht werden können, läßt sich aber im vorliegenden Fall weder die Richtung noch das Ausmaß der Steuerwirkungen eindeutig bestimmen, da hierzu die Kenntnis der individuellen Risikopräferenzen aller Kapitalmarktteilnehmer erforderlich wäre.

---

107 Vgl. Atkinson/Stiglitz (1980), S. 107.

108 Vgl. z.B. Atkinson/Stiglitz (1980), S. 111.

C. Marktpreiswirkungen einer Steuerbegünstigung von Finanzanlagen

Wäre ein Steuersystem in einer der beschriebenen Formen arbitragefrei ausgestaltet, so könnte auf die Analyse weitergehender Steuerwirkungen verzichtet werden. Da Anleger unabhängig von ihren steuerlichen Eigenschaften Wertpapiere unterschiedslos bewerten, sind damit auch die Finanztitelpreise eindeutig festgelegt.

Tatsächlich ergeben sich in der Realität jedoch - nicht zuletzt aus erfassungstechnischen Gründen[109] - zahlreiche Ansatzpunkte einer nicht-neutralen Besteuerung von Anlagetiteln. Hierzu zählen

- die Steuerfreiheit von Kursgewinnen außerhalb von Spekulationsfristen im Privatvermögen, wodurch Wertpapiererträge in unterschiedlichem Ausmaß der Besteuerung unterworfen werden (z.B. bei Aktien oder bei festverzinslichen Wertpapieren, die am Sekundärmarkt zu einem vom Rückzahlungskurs abweichenden Kurs erworben werden),
- Unterschiede in der zeitlichen Erfassung von Erfolgskomponenten (Steuerstundungseffekte),
- die Steuerfreiheit von Finanztiteln mit "spekulativem" Charakter außerhalb von Spekulationsfristen,
- steuerliche Asymmetrien (z.B. unterschiedliche steuerliche Behandlung von Short- und Long-Positionen, Verlustverrechnungsbeschränkungen).

Unter Berücksichtigung derartiger Abweichungen von einer neutralen Besteuerung kann die Bewertung auch auf einem ansonsten vollkommenen Kapitalmarkt nicht mehr steuersatzunabhängig erfolgen. Auf die hiermit verbundenen Konsequenzen für die Preisbildung an Finanzmärkten wird im folgenden eingegangen. Dabei werden Unterschiede in der steuerlichen Behandlung in diesem Kapitel in der bereits eingeführten Form erfaßt: Es wird unterstellt, daß ein konstanter Anteil des Wertpapierertrags der Besteuerung unterworfen wird.[110] Erst im dritten Kapitel werden die gegebenen steuerlichen Regelungen zur einkommensteuerlichen Behandlung von Finanzanlagen näher untersucht.

---

109 Problematisch wäre beispielsweise die steuerliche Erfassung sämtlicher (auch unrealisierter) Wertänderungen bei Wirtschaftsgütern, die keiner Bewertung durch Märkte unterliegen.

110 Bei Unsicherheit wird zusätzlich der Fall untersucht, bei dem der steuerpflichtige Teil des Wertpapierertrags vorab mit Sicherheit bekannt ist.

I. Anlageformspezifische Besteuerung risikoloser Wertpapiere

1. Charakterisierung der einbezogenen Anlagetitel

Eine aneutrale Besteuerung von Finanzanlagen ist dadurch gekennzeichnet, daß Erträge in Abhängigkeit von der Anlageform besteuert werden. Ausgangspunkt ist eine Besteuerung der Wertänderungen gemäß (2.18a), welche - auf alle Anlagen angewandt - keine Portefeuillespezialisierung auslösen würde. Existieren jedoch neben voll steuerpflichtigen Anlageformen auch steuerfreie Finanztitel sowie Anlagetitel, bei denen nur Teile des Ertrags der Besteuerung unterworfen werden, so kann die Bewertung der Anlageformen nicht mehr unabhängig vom Grenzsteuersatz des Investors erfolgen.

Betrachtet werden drei Finanztitel mit einperiodiger Laufzeit, die unterschiedslos als risikofrei eingestuft werden. Der Zusammenhang zwischen den Renditen vor und nach Steuern ist in Tabelle 2.6 angegeben:

Besteuerung	voll ($a = 1$)	ermäßigt ($0 < a < 1$)	steuerfrei ($a = 0$)
Rendite vor Steuern	r_f	r_f^{se}	r_f^{sf}
Rendite nach Steuern	$r_f(1-s)$	$r_f^{se}(1-a \cdot s)$	r_f^{sf}

Tab. 2.6: Brutto- und Nettorenditen unterschiedlich besteuerter Wertpapiere

Der Steuerbelastungkoeffizient a gibt wieder den Anteil an, zu dem der Ertrag eines Wertpapiers der Besteuerung unterliegt. Auch wenn hiermit nicht sämtliche steuerlichen Ungleichbehandlungen (z.B. keine Steuerstundungseffekte) erfaßt werden können, lassen sich anhand des vorliegenden Modells dennoch zentrale Aussagen über die Auswirkungen einer nichtneutralen Besteuerung auf Anlegerebene ableiten.[111] Zudem können andere Modalitäten im Steuerrecht realitätskonform beschrieben werden: Bei Aktien etwa könnte a, sofern Kursgewinne

---

[111] Steuerlich diskriminierte Anlageformen könnten entsprechend durch $a > 1$ im Modell erfaßt werden.

steuerfrei bleiben, als Anteil der Bruttodividende an der gesamten Wertänderung (d.h. cum Dividende) innerhalb eines Jahres bestimmt werden.

Wenn keine Unsicherheit zu berücksichtigen ist, kommt es zu einer vom Steuersatz abhängigen Anlagespezialisierung, da jeder rational handelnde Anleger in das Wertpapier mit der höchsten Nettorendite investiert. Diese ist abhängig von der Verzinsung vor Steuern, der steuerlichen Behandlung des Wertpapiers und (für Anlagen mit $a > 0$) von der Höhe des auf Kapitaleinkünfte anzuwendenden individuellen Grenzsteuersatzes.

Nimmt man zunächst an, daß sämtliche Wertpapiere unabhängig von ihrer steuerlichen Behandlung dieselbe Verzinsung vor Steuern erzielen, so werden alle übrigen Wertpapiere durch die steuerfreie Anlage dominiert, wenn sämtliche Anleger auf der Grundlage der Nettorendite entscheiden. Ermäßigt und voll steuerpflichtige Anlagetitel würden nur von Investoren nachgefragt, deren Kapitaleinkünfte nicht der Besteuerung unterworfen sind; diese Anleger wären somit zwischen allen Anlageformen indifferent. Sind steuerbefreite Investoren in ausreichender Zahl vorhanden, d.h. fragen steuerbefreite Anleger die beiden dominierten Anlagen und eventuell auch noch Teile der steuerfreien Anlage nach, so sind keine steuerinduzierten Anpassungen der Bruttorenditen zu erwarten.

Sind jedoch steuerpflichtige Investoren mit einem hohen Anlagevolumen am Kapitalmarkt vertreten, so sind Anpassungen der relativen Wertpapierpreise erforderlich, damit auch diejenigen Anlageformen nachgefragt werden, deren Kapitalerträge ganz oder teilweise der Besteuerung unterliegen.

2. Bestimmung der Bruttorenditen auf der Grundlage eines einheitlichen Grenzsteuersatzes

Beispielhaft sei angenommen, daß sich die steuerpflichtige Anlage mit 10% vor Steuern verzinse, während die steuerfreie Anlage eine Rendite von 7% erziele. Dann sind lediglich Anleger mit einem Grenzsteuersatz von $s^* = 30\%$ zwischen beiden Anlageformen indifferent. Denn nur für diesen Grenzsteuersatz ist die Bedingung

$$(2.50) \qquad r_f = \frac{r_f^{sf}}{1 - s^*}$$

erfüllt. Dabei ist s^* der für den Renditeunterschied maßgebliche marginale Steuersatz.[112]

Damit auch ein ermäßigt besteuertes Wertpapier, dessen Ertrag zu a = 60% der Besteuerung unterliege, bei einem Grenzsteuersatz von s^* = 30% eine Verzinsung nach Steuern von genau 7% erzielt, muß dessen Bruttorendite r_f^{se} = 8,54% betragen. Allgemein ergibt sich dieser Zinssatz aus der Beziehung

$$(2.51) \qquad r_f^{se} = \frac{r_f^{sf}}{1 - a \cdot s^*} \, .$$

Gilt (2.51), so ist es ungeachtet auftretender Klienteleffekte möglich, alle Wertpapierrenditen auf der Grundlage eines einzigen marktpreisrelevanten Grenzsteuersatzes zu bestimmen. Gleichung (2.50) ergibt sich hieraus als Spezialfall für $a = 1$.

Ebenso kann eine Formel für den Preis eines steuerbegünstigten Wertpapiers abgeleitet werden, wobei hier eine Laufzeit von einer Periode unterstellt wird. Bezeichnet X_1 die Bruttoeinzahlung in der Folgeperiode t=1, die sich aus der Rückzahlung des Kapitaleinsatzes P_0^{se} und dem Wertpapierertrag vor Steuern zusammensetzt, so kann der Preis P_0^{se} des Anlagetitels allgemein wie folgt bestimmt werden:

$$(2.52) \qquad P_0^{se} = \frac{(X_1 - P_0^{se})(1 - a \cdot s^*) + P_0^{se}}{1 + r_f^{se}(1 - a \cdot s^*)}$$

mit P_0^{se} als Preis des ermäßigt besteuerten Wertpapiers.

---

112 Aus der Perspektive des steuerfreien Wertpapiers kann s^* auch als "impliziter" Steuersatz (vgl. Scholes/Wolfson (1992), S. 87) angesehen werden, mit dem dessen Nominalverzinsung im Vergleich zu einer voll steuerpflichtigen Anlage "belastet" ist.

Nach einigen Umformungen und Auflösung nach P_0^{se} kann hierfür auch

$$(2.53)\qquad P_0^{se} = \frac{X_1}{1 + r_f^{se}}$$

geschrieben werden.

Auch bei durch die Besteuerung beeinflußten Wertpapierpreisen kann somit der Preis eines Finanztitels auf der Grundlage der Bruttoverzinsung bestimmt werden. Da in diesem Fall die steuerangepaßte Bruttorendite zu verwenden ist, geht der marginale Steuersatz s^* über r_f^{se} in die Preisbildung ein. Deshalb kann bei der Untersuchung steuerlicher Kapitalisierungseffekte grundsätzlich mit der Bruttorendite oder dem Marktpreis eines Wertpapiers gearbeitet werden.

Damit kann auch das Preisverhältnis zwischen unterschiedlich besteuerten Wertpapieren bestimmt werden. Betrachtet man ein voll steuerpflichtiges und ein ermäßigt besteuertes Wertpapier, welche nach Ablauf einer Periode zu einer gleich hohen Einzahlung vor Steuern führen, so gilt zunächst

$$P_0^{se}\ (1 + r_f^{se}) = P_0\ (1 + r_f)\ .$$

Unter Berücksichtigung von (2.51) kann dafür auch

$$(2.54)\qquad P_0^{se} = \frac{(1 - a\cdot s^*)\ (1 + r_f)}{1 + r_f(1-s^*)\ -\ a\cdot s^*}\cdot P_0$$

geschrieben werden. Für das Preisverhältnis zwischen ansonsten äquivalenten steuerfreien und voll steuerpflichtigen Finanztiteln gilt deshalb:

$$(2.55)\qquad P_0^{sf} = \frac{1 + r_f}{1 + r_f(1-s^*)}\ P_0\ .$$

Im betrachteten Fall mit drei unterschiedlich besteuerten Wertpapieren ergibt sich die folgende Nachfragesituation: Anleger mit einem unter s^* liegenden persönlichen Grenzsteuersatz auf Kapitaleinkünfte erwerben den voll besteuerten Titel, während Anleger mit einem über s^* liegenden Grenzsteuersatz das steuerfreie Wertpapier nachfragen. Nur Anleger mit einem Grenzsteuersatz in Höhe von s^*, welche zwischen sämtlichen Anlageformen indifferent sind, kommen als potentielle Nachfrager des ermäßigt besteuerten Finanztitels in Frage.

Die bei den betrachteten Anlagetiteln in Abhängigkeit vom Grenzsteuersatz erzielbaren Nettorenditen sind in Abbildung 2.4 dargestellt.

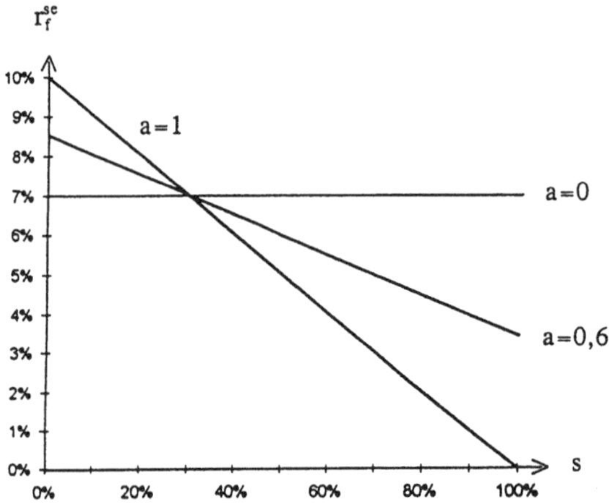

Abb. 2.4: Steuersatzabhängige Nettorenditen unterschiedlich besteuerter Wertpapiere (s^* = 30%)

Bei Gültigkeit von (2.51) kann die Mindestrendite eines Wertpapiers vor persönlichen Steuern in Abhängigkeit von *a* (bzw. in Abhängigkeit vom Ausmaß der Steuerbefreiung (1-*a*)) bestimmt werden. Wie Abbildung 2.5 veranschaulicht, bei der auf die eingangs genannten Beispielsdaten zurückgegriffen wird, verläuft diese konvex: Je höher der Anteil ist, zu dem der Ertrag eines Wertpapiers steuerlich erfaßt wird, desto stärker steigt die vor Steuern geforderte Rendite an.[113]

---

113 Für die Wertpapierkurse folgt entsprechend ein degressiver Verlauf in Abhängigkeit vom steuerpflichtigen Ertragsanteil *a*.

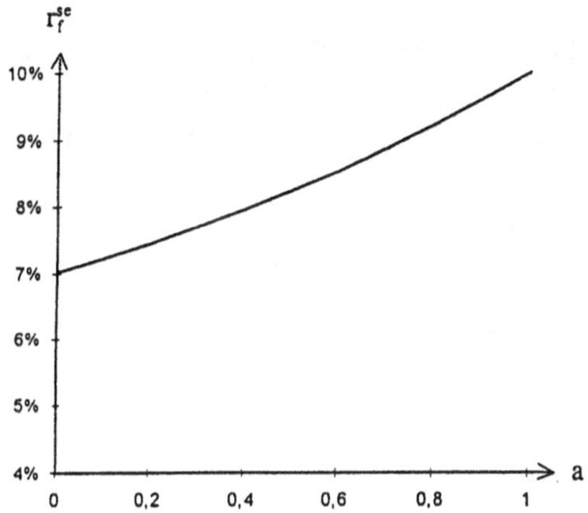

Abb. 2.5: Geforderte Bruttorenditen in Abhängigkeit von der steuerlichen Behandlung eines Finanztitels bei einheitlichem preisbestimmendem Grenzsteuersatz ($s^* = 30\%$)

Der hier dargestellte Zusammenhang soll am Beispiel einer Aktie verdeutlicht werden, welche je nach Ausschüttungspolitik als voll steuerpflichtiges, ermäßigt besteuertes oder steuerfreies Wertpapier angesehen werden kann. Es wird angenommen, daß die Erträge aus der Aktie mit Sicherheit bekannt sind. Bleiben Kursgewinne steuerfrei, so kann die bei einer Aktienanlage geforderte Mindestverzinsung vor Steuern direkt in Abhängigkeit von der Dividendenhöhe bestimmt werden. In diesem Fall kann *a* aus dem Verhältnis von Bruttodividende und Gesamtertag der Aktie berechnet werden, d.h.

$$(2.56) \qquad a = \frac{D_1^{br}}{D_1^{br} + (KA_1 - KA_0)} \; .$$

Werden die Erträge einer Aktiengesellschaft in vollem Umfang thesauriert, so gilt $a = 0$. Die Aktie wird am Kapitalmarkt zu einem Kurs bewertet, bei dem die Anteilseigner eine steuerfreie Rendite in Höhe der prozentualen Kurssteigerung erzielen. Bei den zu Beginn dieses Abschnitts genannten Beispielsdaten wäre hierfür eine Renditeforderung von 7% anzusetzen. Hingegen kommt bei der Bewertung von Beteiligungstiteln einer vollausschüttenden Gesellschaft ($a = 1$) eine geforderte Mindestrendite vor persönlichen Steuern von 10% zur Anwendung. Zu beachten ist hierbei, daß sich die Vollausschüttung nicht auf den bilanziell ermittelten Gewinn bezieht: Vielmehr ist $a = 1$ durch denjenigen Ausschüttungsbetrag gekennzeichnet, bei dem der Aktienkurs KA_1 nach einem Dividendenabschlag genau dem Aktienkurs der Vorperiode KA_0 entspricht. Für anteilige Ausschüttungen ergibt sich unter Berücksichtigung der Gleichungen (2.51) und (2.56) eine zwischen 7% und 10% liegende Bruttoverzinsung.

3. Renditewirkungen einer unzureichenden Nachfrage nach der ermäßigt besteuerten Anlageform

Voraussetzung für die Gültigkeit der im vorigen Abschnitt abgeleiteten Bewertungsformel ist eine ausreichende Nachfrage nach dem ermäßigt besteuerten Wertpapier. Im Gegensatz zu den beiden anderen Finanztiteln besteht hier aber das Problem, daß dieses allenfalls von Anlegern mit einem Steuersatz von exakt s^* nachgefragt wird.

Es kann deshalb nur dann zu einer signifikanten Nachfrage nach dem ermäßigt besteuerten Titel kommen, wenn (a) gemessen am Volumen der steuerermäßigten Wertpapiere in ausreichendem Umfang Investoren mit dem genannten Grenzsteuersatz auf Kapitaleinkünfte vorhanden sind, wenn (b) keine steuerfreie Anlageform existiert[114] oder wenn (c) die Bruttorendite des steuerbegünstigten Wertpapiers über dem nach (2.51) berechneten Wert liegt. In diesem zuletzt genannten Fall ergibt sich eine Präferenz für das ermäßigt besteuerte Wertpapier innerhalb eines bestimmten Steuersatzintervalls. So wäre im Rahmen des hier verwendeten Beispiels das ermäßigt besteuerte Wertpapier z.B. bei einer Bruttorendite von 8,8% unter sonst gleichen Bedingungen für Sparer mit Steuersätzen zwischen 25,5% und 34,0% die nach Steuern dominierende Anlageform. Diese Situation ist in Abbildung 2.6 dargestellt.

---

[114] In Deutschland existieren praktisch keine steuerfreien Finanzanlagen. Vgl. auch Richter (1995), S. 148. Eine Ausnahme besteht bislang bei Lebensversicherungen mit einer Mindestlaufzeit von 12 Jahren.

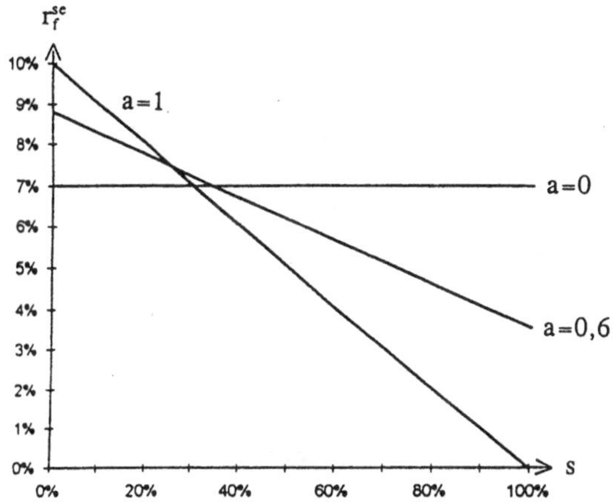

Abb. 2.6: Steuersatzabhängige Nettorenditen unterschiedlich besteuerter Wertpapiere bei mehreren preisbestimmenden Grenzsteuersätzen

In diesem Fall ist jedoch Beziehung (2.51) nicht mehr gültig. Es gibt keinen Anleger, der sämtliche angebotenen Wertpapiere in positiven Mengen hält.[115] Statt dessen existieren mehrere marginale Investoren mit unterschiedlichen kritischen Grenzsteuersätzen, die jeweils zwischen zwei hinsichtlich der steuerlichen Behandlung "benachbarten" Anlageformen indifferent sind. Diese kritischen Grenzsteuersätze können im betrachteten Fall durch die jeweilige Gleichsetzung der Nettorendite aus der steuerermäßigten Anlage mit den Nettorenditen der beiden anderen Anlagen ermittelt werden. Man erhält betrachteten drei-Wertpapier-Fall:

$$(2.57) \qquad s_o^* = \frac{r_f^{se} - r_f^{sf}}{a \cdot r_f^{se}}$$

für den Grenzsteuersatz, bei dem ein Investor zwischen der steuerermäßigten und der steuerfreien Anlageform indifferent ist, und

115 Dies entspricht dem von Dybvig/Ross (1986), S. 756, als "clientele effect in quantities and prices" bezeichneten Fall. Vgl. auch Auerbach/King (1983), S. 603 ff.

$$(2.58)\qquad s_u^* = \frac{r_f - r_f^{se}}{r_f - a \cdot r_f^{se}}$$

als Grenzsteuersatz, bei dem ein Investor zwischen der steuerermäßigten und der voll steuerpflichtigen Anlage indifferent ist. Für Grenzsteuersätze zwischen s_u^* und s_o^* besteht eine eindeutige Präferenz für den ermäßigt besteuerten Titel.

Gleichzeitig verliert in diesem Fall der Gleichung (2.50) zugrundeliegende marginale Steuersatz zwischen der steuerfreien und der voll steuerpflichtigen Anlage seine Bedeutung als Richtwert für Anlageentscheidungen. Da die Alternativen jeweils in zwei steuerlich "benachbarten" Anlageformen zu sehen sind, liegt der hierdurch gekennzeichnete Schnittpunkt in Abbildung 2.6 unter der Nettorendite des ermäßigt besteuerten Anlagetitels.

Aufgrund dieser Überlegungen kann die Bruttorendite gemäß (2.51) nur als Untergrenze für die Mindestverzinsung gesehen werden, die am Kapitalmarkt von einer steuerermäßigten Anlage gefordert wird. Um auf eine signifikante Nachfrage zu stoßen, kann jedoch eine höhere Verzinsung erforderlich sein. Die geforderte Mindestrendite ist von der Verteilung der am Kapitalmarkt vorliegenden Grenzsteuersätze auf Kapitaleinkünfte (bezogen auf das jeweils investierte Vermögen) abhängig.

Dies soll wieder anhand eines Beispiels demonstriert werden. Angenommen werden drei in gleichen Angebotsmengen vorhandene Wertpapiere und eine Gleichverteilung des investierbaren Vermögens über das Grenzsteuersatzintervall [0%; 60%]. Damit werden nach einer Renditeanpassung die am niedrigsten besteuerten Anleger [0% $\leq s \leq$ 20%] die voll steuerpflichtige Anlage nachfragen. Entsprechend stammen die potentiellen Nachfrager des ermäßigt besteuerten Wertpapiers aus der "Steuerklasse" [20% $< s \leq$ 40%], während die am höchsten besteuerten Investoren [40% $< s \leq$ 60%] als Nachfrager für das steuerfreie Wertpapier in Betracht kommen. An den Schnittstellen s_u^* = 20% und s_o^* = 40% muß deshalb jeweils Gleichheit der Nettorenditen zwischen zwei Anlageformen bestehen.

In diesem Fall ist bei bekannten kritischen Grenzsteuersätzen das Verhältnis der Bruttorenditen zu bestimmen. Gleichheit der Nettorenditen von steuerfreier und steuerermäßigter Anlage bei einem Grenzsteuersatz von s_o^* setzt voraus, daß

$$(2.57a) \quad r_f^{se} = \frac{r_f^{sf}}{1 - a \cdot s_o^*}$$

erfüllt ist. Für $r_f^{sf} = 7\%$, $a = 60\%$ und $s_o^* = 40\%$ erhält man damit eine Rendite des ermäßigt besteuerten Anlagetitels von $r_f^{se} = 9{,}21\%$.

Entsprechend gilt für die Rendite des steuerpflichtigen Wertpapiers (a = 1):

$$(2.58a) \quad r_f = r_f^{se} \cdot \frac{1 - a \cdot s_u^*}{1 - s_u^*} \; .$$

Für $s_u^* = 20\%$ erhält man dann eine Rendite des voll zu versteuernden Wertpapiers von 10,13%. Damit ist auch das Verhältnis von r_f und r_f^{sf} endogen bestimmt.

Es ist nun zu fragen, unter welchen Bedingungen Gleichung (2.51), welche einen einheitlichen impliziten Grenzsteuersatz für alle Finanztitel unterstellt, als Orientierungsgröße für die Beschreibung steuerinduzierter Kapitalisierungseffekte zweckmäßig erscheint. Jeder der bereits genannten Aspekte kann hierfür ausschlaggebend sein. Zum einen könnte die Gültigkeit von (2.51) darauf zurückzuführen sein, daß ein bestimmter Grenzsteuersatz auf Kapitaleinkünfte gehäuft auftritt. Hierbei wäre im gegenwärtigen Einkommensteuersystem zunächst an die obere oder untere Proportionalzone des ESt-Tarifs zu denken, deren Grenzsteuersätze derzeit (ohne Berücksichtigung des Solidaritätszuschlags) 19% bzw. 53% betragen. Doch auch andere Steuersätze kommen in Frage. Da die Quellensteuersätze bei der Zinsabschlag- und der Kapitalertragsteuer unterhalb des maximalen Grenzeinkommensteuersatzes liegen, kommt bei Anlegern, welche die tatsächliche Höhe der Kapitaleinkünfte im Rahmen ihrer Steuererklärung nicht deklarieren, faktisch ein geringerer Grenzsteuersatz auf Kapitaleinkünfte (z.B. der im Beispiel verwendete Satz von 30%) zur Anwendung. Ohne Einschränkung könnte jedoch von einem einheitlichen s^* ausgegangen werden, wenn eine einheitliche Abgeltungssteuer auf sämtliche Kapitaleinkünfte erhoben würde.

Auch im Fall einer nachfrageengpaßbedingten Anpassung der Bruttorendite ermäßigt besteuerter Anlagen kann die Verwendung von Beziehung (2.51) zumindest für eine approximative Bestimmung der Marktpreiswirkungen sinnvoll sein. Unter bestimmten Umständen lösen bereits geringfügige Erhöhungen des Bruttozinssatzes signifikante Nachfrageeffekte aus. So würde z.B. im oben dargestellten Beispiel bereits eine Erhöhung der Bruttoverzinsung um 0,06 Prozentpunkte (d.h. von 8,54% auf 8,6%) für eine Nachfrage des ermäßigt besteuerten Wertpapiers durch Investoren aus dem Steuersatzintervall [29%; 31%] ausreichen. Diese Wirkung nimmt mit abnehmendem Steuerbelastungskoeffizienten *a* noch zu. Weitergehende Preisreaktionen sind jedoch zu erwarten, wenn zahlreiche ermäßigt besteuerte Anlagetitel (mit unterschiedlichen Ausprägungen von *a*) angeboten werden, da hier eine entsprechende Nachfrage höhere Bruttorenditen voraussetzt.

4. Begrenzung von Steuerarbitragemöglichkeiten in nicht-neutralen Steuersystemen

a. Bedingungen und Konsequenzen einer steuerlich motivierten Arbitrage

Bislang wurde der Fall betrachtet, daß ein gegebenes Dispositionsvolumen in eine oder mehrere Anlageformen investiert wird. Werden darüber hinaus private Kreditaufnahmen oder das Eingehen sonstiger Verkaufspositionen (z.B. Leerverkauf von Wertpapieren, Terminverkauf oder Stillhalterpositionen in Optionen) zum Zwecke des Erwerbs anderer Finanztitel ("Differenzarbitrage") betrachtet, so können bei heterogener Besteuerung von Anlagetiteln und Investoren unter Umständen risikolose Arbitragegewinne erzielt werden.

In einem Kapitalmarktgleichgewicht muß jedoch Arbitragefreiheit in bezug auf Nach-Steuer-Größen bestehen. Im Gegensatz zu Arbitragemöglichkeiten vor Steuern reichen hier Anpassungen der relativen Wertpapierpreise nicht aus, um Steuerarbitragemöglichkeiten vollständig zu beseitigen, weil die relativen Preise nicht den marginalen Substitutionsraten sämtlicher Investoren gleichzeitig entsprechen können.[116] Ohne zusätzliche Beschränkungen könnte es bei unter-

---

116 Vgl. Schaefer (1982), S. 159 ff.; Dammon/Green (1987), S. 1143 und 1155.

schiedlicher, aber symmetrischer Besteuerung sogar zu unbegrenzten Steuerarbitragemöglichkeiten kommen.

Beispielhaft angenommen seien zwei Investoren I_1 und I_2 mit jeweils konstanten Steuersätzen von s_1 = 50% und s_2 = 0 sowie zwei risikolose Wertpapiere, von denen das erste eine steuerfreie Rendite von r_1 = 7% und das zweite eine steuerpflichtige Bruttoverzinsung von r_2 = 10% erzielt. Offensichtlich würde sich Investor I_1 auf die erste Anlage spezialisieren, während Investor I_2 aufgrund der höheren Nettorendite die zweite Anlageform wählen würde. Dies entspricht dem zuvor betrachteten Klienteleffekt. Aus Sicht des Investors I_1 könnte nun aber darüber hinaus ein Leerverkauf des zweiten Wertpapiers (bzw. eine Kreditaufnahme zu einem Zinssatz von 10%) bei gleichzeitiger Investition der daraus erzielten Einzahlung in die steuerfreie Anlageform erwogen werden. Unbeschränkte Abzugsfähigkeit der Zinszahlungen sowie konstante Renditen und Steuersätze vorausgesetzt, würde dies zu einem sicheren Arbitragegewinn am Ende der Periode führen, der mit dem Umfang der gesamten Transaktion ansteigt.

Aus Sicht des zweiten Investors I_2 wäre hingegen gerade die entgegengesetzte Strategie (Leerverkauf des steuerfreien und Kauf des steuerpflichtigen Wertpapiers) von Vorteil. Besteht die Möglichkeit zum Leerverkauf des steuerfreien Titels, könnte er ebenfalls unbegrenzte Gewinne erzielen. Da beide Investoren bei den gegebenen Renditen (bzw. Kurswerten) unbegrenzte Arbitragegewinne erzielen können, existiert keine Tendenz zu Preisanpassungen. Der Markt ist jedoch nicht im Gleichgewicht, da der Anreiz zum Abschluß weiterer Kontrakte besteht.

b Begrenzung von Steuerarbitrage

Sofern die Besteuerung nicht arbitragefrei erfolgt, sind deshalb Restriktionen erforderlich. Möglichkeiten zur Begrenzung von Steuerarbitrage bestehen hierbei sowohl innerhalb als auch außerhalb des Steuerrechts.

Zu den nichtsteuerlichen Beschränkungen von Arbitragemöglichkeiten zählen neben institutionellen Beschränkungen vor allem Transaktionskosten, welche die Menge der vorteilhafter Arbitragestrategien einschränken. Kursdifferenzen allein reichen zur Erzielung eines risikolosen Gewinns nicht aus, wenn der Arbitragevorgang selbst Kosten verursacht. Wenn sich der Investor bei der Konstruktion eines Arbitrageportefeuilles mit gleichzeitigen Kauf- und Verkaufsengagements einer Geld-Brief-Spanne gegenübersieht, sind vorteilhafte Arbitragemöglichkeiten erst dann gegeben, wenn auch nach Abzug der damit verbundenen Aufwendungen ein Überschuß verbleibt. Unter Einbeziehung von Transaktionskosten kommt es deshalb zu Kursintervallen, innerhalb der für einen Investor im Hinblick auf einen bestimmten Finanztitel keine Arbitrage möglich ist.[117] Existiert darüber hinaus eine Schnittmenge der arbitragefreien Kursintervalle sämtlicher Marktteilnehmer, so findet innerhalb dieses "Marktkanals" keine Arbitrage statt. In einem solchen Fall würden Steuerarbitrageprozesse erst bei signifikanten Kursabweichungen auftreten.

Zu den durch das Steuerrecht vorgegebenen Beschränkungen von Steuerarbitrage zählen eine progressive Besteuerung und steuerrechtliche Vorschriften, welche eine asymmetrische Behandlung von Kauf- und Verkaufspositionen (z.B. die Nichtabzugsfähigkeit von Schuldzinsen) beinhalten.

Bei einem direkt-progressiv ausgestalteten Steuersystem hängt der Grenzsteuersatz gemäß einer steigenden Funktion von der Höhe des zu versteuernden Einkommens ab. Steuerarbitragemöglichkeiten können hierdurch begrenzt werden, weil eine Verringerung des zu versteuernden Einkommens in Verbindung mit sinkenden Grenzsteuersätzen zu einer Minderung des Werts zusätzlicher Steuerabzugspotentiale führt.[118] Lokale Arbitragemöglichkeiten[119] können damit nur so lange vorliegen, bis eine Anpassung der Grenzsteuersätze stattgefunden hat. Im obigen Beispiel wäre bei einer Reduktion des Grenzsteuersatzes von Investor I_1 auf 30% für diesen kein Arbitragegewinn mehr möglich.

Konsequenz dieser Prozesse wäre eine Nivellierung der Grenzsteuersätze sämtlicher Kapitalmarktteilnehmer. In einem hierdurch gekennzeichneten Kapitalmarktgleichgewicht würden keine steuerbedingten Klienteleffekte auftreten, da jeder Steuerpflichtige als "marginaler" Investor angesehen werden könnte.[120]

---

117 Vgl. etwa Bamberg/Röder (1993) , S. 585, am Beispiel des DAX-Future.

118 Vgl. Dammon/Green (1987), S. 1143 ff.

119 Vgl. hierzu Ross (1987), S. 375 f.

120 Vgl. Dybvig/Ross (1986), S. 755.

Der hier beschriebene Prozeß ist - obwohl im Ansatz plausibel - im Ergebnis empirisch nicht haltbar, da nicht von nivellierten Grenzsteuersätzen aller Kapitalmarktteilnehmer ausgegangen werden kann.[121] Es existieren jedoch weitere steuerrechtliche Möglichkeiten, Steuerarbitrage zu begrenzen. So sind beispielsweise Schuldzinsen für Kredite, die zur Anschaffung festverzinslicher Wertpapiere aufgenommen wurden, nur dann als Werbungskosten abzugsfähig, wenn eine Gewinnerzielungsabsicht besteht, d.h. die auf Dauer erwarteten Einnahmen die Ausgaben übersteigen.[122] In diesem Fall wäre die im obigen Beispiel genannte Konstruktion (selbst wenn eine steuerfreie Anlagemöglichkeit existierte) für Investor I_1 nicht von Vorteil. Da bei einer Anlage in steuerfreie Wertpapiere keine Kapitalerträge im steuerrechtlichen Sinne erzielt würden, wäre auch kein Schuldzinsenabzug möglich. Damit läge jedoch der Aufnahme- über dem Anlagezins, so daß keine Arbitragemöglichkeit mehr gegeben wäre.

5. Konsequenzen für den Fall unterschiedlicher Einkunftsermittlungsmethoden

Unterschiedliche Grenzsteuersätze sind nicht der einzige Grund für steuerspezifische Anlagepräferenzen. Eine heterogene Besteuerung von Anlegern kann auch durch unterschiedliche Einkunftsermittlungsmethoden hervorgerufen sein. Werden Finanzanlagen teils im Privatvermögen, teils im Betriebsvermögen gehalten, so kommt im ersten Fall die Besteuerung von Kapitaleinkünften nach § 20 EStG zur Anwendung, während im zweiten Fall bei bilanzierungspflichtigen Anlegern der steuerpflichtige Gewinn durch Vermögensvergleich nach § 5 EStG ermittelt wird.

Unterschiedliche Einkunftsermittlungsmethoden könnten im betrachteten Modell dadurch erfaßt werden, daß der Steuerbelastungskoeffizient *a* nicht nur von der Anlageform, sondern auch von der Art der Einkunftsermittlung beim Anleger abhängig gemacht wird. Grundsätzlich ist dann davon auszugehen, daß sich Investoren auf Anlageformen spezialisieren, bei denen sie komparative Bemessungsgrundlagenvorteile besitzen. Werden beispielsweise Anlagetitel nur im Privatvermögen steuerlich begünstigt (was z.B. auf die im nächsten Kapitel

---

[121] Vgl. King/Fullerton (1984), S. 11 f.

[122] Vgl. BFH-Urteil vom 21.07.81 - VIII R 200/78.

behandelten Zerobonds und Optionsanleihen zutrifft), so ist zu erwarten, daß diese Finanztitel bevorzugt von steuerpflichtigen privaten Investoren nachgefragt werden.

Damit tritt bei der Bestimmung eines die Besteuerung umfassenden Marktwertmodells für Finanztitel grundsätzlich das Problem auf, daß die Bestimmung "kritischer" Grenzsteuersätze unter Umständen nicht ausreicht. Möglicherweise sind aufgrund abweichender Einkunftsermittlungsmethoden auch "kritische" Bemessungsgrundlagen zu ermitteln.

Anders als im Privatvermögen ist aber im Betriebsvermögen die Gewinnermittlung grundsätzlich an den Wertänderungen einer Anlage orientiert. Eine Besteuerung der Wertänderungen entspricht jedoch der neutralen Bemessungsgrundlage (2.18a), so daß in diesem Fall für jeden im Betriebsvermögen gehaltenen Anlagetitel $a = 1$ gesetzt werden könnte. Dies trifft allerdings nur mit Einschränkungen zu: Zwar können im Falle unrealisierter Wertminderungen Teilwertabschreibungen auch dann geltend gemacht werden, wenn die Wertminderung voraussichtlich nicht von Dauer ist.[123] Unrealisierte Gewinne jedoch werden nur in Ausnahmefällen[124] erfaßt, woraus sich bei bestimmten Anlageformen Steuervorteile ergeben können. Andererseits sind jedoch betriebliche Finanzanlagen zusätzlich mit Gewerbesteuer belastet, was den effektiven Steuersatz auf Erträge aus Kapitalanlagen erhöht[125] und betriebliche Finanzanlagen grundsätzlich gegenüber privaten Anlagen benachteiligt.[126]

Geht man dennoch vereinfachend von einer (neutralen) Besteuerung der Wertänderungen bei Bilanzierungspflichtigen aus, so kommt es zu keinen Steuerbegünstigungen oder -benachteiligungen bei im Betriebsvermögen gehaltenen

---

123 Handelsrechtlich besteht bei Vermögensgegenständen des Anlagevermögens gemäß § 253 Abs. 2 Satz 3 HGB ein Wahlrecht, im Falle einer voraussichtlich nicht dauernden Wertminderung außerplanmäßige Abschreibungen vorzunehmen. Dieses Wahlrecht ist bei Kapitalgesellschaften zwar eingeschränkt, gem. § 279 Abs. 1 Satz 2 HGB jedoch bei Finanzanlagen ausdrücklich zugelassen. Da für die Steuerbilanz grundsätzlich der in der Handelsbilanz gewählte Wertansatz maßgeblich ist, sind auch dort entsprechende Teilwertabschreibungen möglich.

124 Beispielsweise werden bei Zerobonds im Betriebsvermögen die auf der Grundlage der Effektivverzinsung berechneten Zinserträge aktivisch zugeschrieben und somit der Besteuerung unterworfen, bevor eine Realisation durch Verkauf oder Einlösung erfolgt.

125 Vgl. Süchting (1995), S. 97.

126 Im Bereich hoher Einkommensteuersätze wird dieser Effekt allerdings durch einen niedrigeren Höchststeuersatz auf gewerbliche Einkünfte (derzeit 47%) abgeschwächt.

Anlagetiteln und zu keinen hiervon ausgehenden Preisanpassungstendenzen. Gewerbliche Anleger können dann - unabhängig vom tatsächlichen Steuersatz - hinsichtlich ihrer steuerlichen Anlagepräferenzen ähnlich beurteilt werden wie Privatanleger mit einem Steuersatz von $s = 0$, welche ebenfalls vor etwaigen Kapitalisierungseffekten zwischen unterschiedlichen Anlageformen indifferent sind. Sofern andere Anlegergruppen (z.B. Privatanleger mit positivem Grenzsteuersatz auf Kapitaleinkünfte) Preisanpassungen auslösen, sind für betriebliche Anleger (wie auch für private Anleger mit $s = 0$) Wertpapiere attraktiv, die keinen Renditeabschlag aufweisen. Dies gilt insbesondere für Anlagetitel, die im Privatvermögen keine Begünstigung erfahren oder sogar steuerlich benachteiligt werden, wie z.B. riskante Anleihen oder am Sekundärmarkt gehandelte Anleihen mit einem über dem Rückzahlungskurs liegenden Kurswert.[127]

Die Annahme einer Besteuerung der Wertänderungen im Betriebsvermögen ermöglicht es somit, die Preisbildung nach Steuern auf eine einheitliche Bemessungsgrundlage, und zwar die Höhe der Einkünfte aus Kapitalvermögen im Privatvermögen, zu beziehen. Finanzanlagen im Betriebsvermögen können in diesem Modell durch die Unterstellung eines fiktiven Steuersatzes von null erfaßt werden.

---

[127] Vgl. hierzu Abschnitt B. im dritten Kapitel.

II. Anlageformspezifische Besteuerung risikobehafteter Wertpapiere

Auf die Frage, welchen Einfluß aneutrale Steuern auf die am Kapitalmarkt geforderte Bruttorendite bzw. die Marktpreise riskanter Anlagen nehmen, kann keine einfache Antwort gegeben werden. Lediglich bei Risikoneutralität und übereinstimmenden Erwartungen aller Investoren könnte auf die Ausführungen des letzten Abschnitts zurückgegriffen werden, wobei anstelle deterministischer Größen erwartete Renditen zu verwenden wären. Da jedoch auch das State Preference-Modell eine "quasi-sichere" Bewertung ermöglicht, wird im folgenden zunächst auf die Auswirkungen einer nichtneutralen Besteuerung im Rahmen dieses Modells eingegangen, bevor im Anschluß daran auf das CAPM Bezug genommen wird.

1. Unterschiedliche Besteuerung von Finanzanlagen im Rahmen eines State Preference-Modells

Wie unter Sicherheit wird unterstellt, daß die am Kapitalmarkt gehandelten Finanztitel mit unterschiedlichen steuerlichen Konsequenzen verbunden sind. Dieser Sachverhalt wird wieder durch einen zustandsunabhängigen finanztitelspezifischen Steuerbelastungskoeffizienten *a* erfaßt. Außerdem wird angenommen, daß die risikolose Anlagemöglichkeit in vollem Umfang steuerpflichtig ist.

Auch bei Unsicherheit ist danach zu differenzieren, ob ein einheitlicher preisbestimmender Grenzsteuersatz existiert oder nicht. Dies ist zwangsläufig der Fall, wenn sämtliche Investoren demselben Grenzsteuersatz auf Kapitaleinkünfte unterliegen.[128] Da in diesem Fall keine steuerbedingten Abweichungen in den Substitutionsraten zwischen heutigem und (bedingtem) zukünftigem Konsum vorliegen, kann bei der Konstruktion eines repräsentativen Anlegers ähnlich wie im Fall vor Steuern vorgegangen werden. Doch auch bei heterogenen Grenzsteuersätzen kann die Unterstellung eines repräsentativen Investors zutreffend sein, zum Beispiel wenn nach Steuern unvollständige Kapitalmärkte vorliegen.

---

[128] Vgl. zu dieser Annahme z.B. Zechner/Swoboda (1986), S. 328.

a. Preisbildung bei einheitlichem marktpreisrelevanten Grenzsteuersatz

Bei Unsicherheit ist ein repräsentativer Investor dadurch gekennzeichnet, daß dieser sämtliche Wertpapiere in den am Kapitalmarkt vorhandenen Mengenrelationen hält und *marginal* zwischen sämtlichen Wertpapieren indifferent ist. Dies steht im Kontrast zu einer Situation unter Sicherheit, in der ein repräsentativer Investor zwischen allen Anlageformen *absolut* indifferent ist, so daß auch die Mischung der Wertpapiere unerheblich ist, da beliebige Substitutionen zwischen Finanztiteln ohne finanzielle Nachteile vorgenommen werden können.

a1. Anteilige Besteuerung der Wertänderungen

Bei einer Besteuerung eines konstanten Anteils *a* der Wertänderungen wird ein Finanztitel durch einen Investor wie folgt bewertet:

$$(2.59)\quad V_{st} = \sum_{z=1}^{Z} g_{sz}\,[(Z_{t+1,z} + V_{t+1,z})(1-as) + as\cdot P_t] = (1-as)\sum_{z=1}^{Z} g_{sz}(Z_{t+1,z} + V_{t+1,z}) + \frac{as}{1+r_f(1-s)}\cdot P_t$$

Wenn ein Investor mit $s = s^*$ existiert, aus dessen Sicht V_{st} und P_t übereinstimmen, kann unter Berücksichtigung von (2.13) für den Preis des Finanztitels

$$(2.60)\quad V^*_{st} = P_t = \frac{(1-as^*)(1+r_f)}{1 + r_f(1-s^*) - as^*}\sum_{z=1}^{Z} g_z\,(Z_{t+1,z} + V_{t+1,z})$$

abgeleitet werden.[129] Weil diese Beziehung natürlich auch im speziellen Fall der Zahlung einer Geldeinheit in Zustand *z* gilt, erhält man für den bedingten Zustandspreis einer Geldeinheit vor Steuern[130]:

---

129 Gleichung (2.60) geht aus einer auf nachsteuerlichen Größen beruhenden Formel von Dybvig/Ross (1986), S. 757 hervor, wenn man - wie hier angenommen - zustandsunabhängige Steuersätze und Steuerbelastungskoeffizienten sowie konstante relative Zustandspreise unterstellt.

130 Diese Gleichung weicht von einer von Ross (1985), S. 641 abgeleiteten Beziehung zwischen den Vor-Steuer-Zustandspreisen bei heterogener Wertpapierbesteuerung ab, welche bei der hier verwendeten Symbolik $g_z^{se} = g_z(1-as^*)/(1-s^*)$ betragen würde. Der

$$(2.61) \qquad g_z^{se} = \frac{(1-as^*)(1+r_f)}{1 + r_f(1-s^*) - as^*} \cdot g_z \,.$$

Der in Bruchform dargestellte Term in (2.60) bzw. (2.61) gibt den Faktor an, um den der Preis eines ermäßigt besteuerten Wertpapiers mit einperiodiger Laufzeit vom Preis eines hinsichtlich der Bruttoeinzahlungen in der Folgeperiode entsprechenden, voll steuerpflichtigen Finanztitels abweicht.

Für $a = 1$ ist dieser Faktor deshalb gleich eins. Für $a < 1$ weist der Preisunterschiedsfaktor stets einen Wert größer eins auf. Im Fall eines steuerfreien Finanztitels ($a = 0$) gilt die Beziehung

$$(2.62) \qquad P_t^{sf} = \frac{1+r_f}{1+r_f(1-s^*)} \cdot P_t \,.$$

Dieser bereits unter Sicherheit abgeleitete Zusammenhang kann damit auf den Fall eines vollständigen Kapitalmarkts bei unsicheren Erwartungen übertragen werden. Unter den genannten Voraussetzungen besteht deshalb kein grundsätzlicher Unterschied zwischen risikolosen und risikobehafteten Wertpapieren, der eine steuerliche Sonderbehandlung riskanter Anlageformen rechtfertigen würde.

Für steuerfreie Finanztitel ($a = 0$) kann das genannte Resultat auch auf andere Weise abgeleitet werden. Wie gezeigt, kann eine Besteuerung auf der Grundlage von (2.17a) als Sicherheitsäquivalent einer Besteuerung der eingetretenen Wertänderungen angesehen werden. Der Preis eines riskanten steuerfreien Finanztitels muß deshalb gerade um den Barwert des Sicherheitsäquivalents der ersparten Steuerzahlung $s^* r_f P_t / q_s$ über dem Preis bei ungeminderter Steuerpflicht liegen. Aus

Unterschied liegt darin begründet, daß Ross sämtliche fremdfinanzierungsabhängigen Zahlungen, somit auch Kapitalrückzahlungen, als steuerpflichtig unterstellt, während hier zwischen dem Entgelt für die Kapitalüberlassung und der (steuerlich unbeachtlichen) Kapitaltilgung differenziert wird.

$$(2.62a) \quad P_t^{sf} = P_t + \frac{r_f \cdot s^*}{1 + r_f(1-s^*)} \cdot P_t$$

ergibt sich dann direkt das zuvor abgeleitete Resultat.

Die vereinfachte Preisbestimmung über das Sicherheitsäquivalent der Steuerersparnis kann jedoch nicht auf den Fall eines ermäßigt besteuerten Finanztitels ($0 < a < 1$) übertragen werden. Mit der bloßen Hinzurechnung eines Betrags von $(1-a)s^* \, r_f \, P_t \, /q_s$ würde nicht berücksichtigt, daß sich im Zuge von Preisanpassungen auch die Bemessungsgrundlage der Steuerzahlungen ändert. Eine solche Änderung hat nur dann keinen Einfluß auf den Marktpreis, wenn (wie im Fall steuerfreier Wertpapiere) überhaupt keine Steuerzahlungen anfallen. In den Fällen $0 < a < 1$ hingegen ergibt sich hierdurch tendenziell ein zusätzlicher Anstieg des Gleichgewichtspreises.

a2. Anteilige Besteuerung der risikolosen Verzinsung des eingesetzten Kapitals

Werden das eingesetzte Kapital bzw. hierauf berechnete Sollzinsen anlageformabhängig besteuert[131], so kann der Wert des Finanztitels durch

$$(2.63) \quad V_{st} = \sum_{z=1}^{Z} g_{sz} \, [Z_{t+1,z} + V_{t+1,z} - s \cdot a \cdot r_f \cdot P_t]$$

bestimmt werden. Unter Berücksichtigung von $s = s^*$ gelangt man zu

$$(2.64) \quad V_{st}^* = P_t = \frac{(1+r_f)}{1 + r_f(1-s^*) + a s^* r_f} \sum_{z=1}^{Z} g_z \, (Z_{t+1,z} + V_{t+1,z})$$

als Formel für den Marktwert eines ermäßigt besteuerten Finanztitels. Auch hier liegt der die Preisrelation zwischen steuerbegünstigten und voll steuerpflichtigen Wertpapieren erfassende Faktor für $a < 1$ stets über eins. Auch treten in den Spezialfällen $a = 0$ und $a = 1$ dieselben Konsequenzen für die Wertpapierpreise

---

131 Ein Beispiel hierfür sind unterschiedliche Steuersätze auf Schuld- und Beteiligungstitel.

wie bei einer Besteuerung der Wertänderungen ein: Während dies für $a = 1$ (neutrale Besteuerung) bereits gezeigt wurde, ergibt sich die Übereinstimmung für $a = 0$ aus der Überlegung, daß bei Steuerfreiheit faktisch keine Bemessungsgrundlagenunterschiede bestehen.

Modifikationen ergeben sich jedoch für $0 < a < 1$. Denn nun hat die auf eine Steuerbegünstigung zurückzuführende Preiserhöhung eine ebenfalls steigende Steuerbemessungsgrundlage zur Folge. Verglichen mit einer Besteuerung von Wertänderungen wirkt sich dies gerade gegenläufig aus: Die Preisanpassung wird abgeschwächt. Ergebnisunabhängige und ergebnisabhängige Bemessungsgrundlagen lösen deshalb (auch bei einheitlich gesetztem Steuerbelastungskoeffizienten) bei aneutraler Besteuerung unterschiedliche Preisanpassungen aus.

b. Konsequenzen bei fehlendem repräsentativem Investor

Sofern ein repräsentativer Investor existiert, der im Portefeuilleoptimum zwischen allen Anlageformen in einer Grenzbetrachtung indifferent ist, können die zuvor abgeleiteten Formeln auch bei heterogener Grenzsteuersatzstruktur verwendet werden.

Daß die Verwendung eines einzigen Grenzsteuersatzes (bzw. einer Menge zustandsabhängiger Grenzsteuersätze) nicht in sämtlichen Fällen zur Preisbestimmung ausreicht, kann am Beispiel eines vollständigen Kapitalmarkts *nach* Steuern gezeigt werden. Vollständigkeit in bezug auf die Vor-Steuer-Zahlungen aus Wertpapieren reicht nicht aus, um von einer Separation von Risiko- und Steuereffekten bei Anlageentscheidungen ausgehen zu können. Existieren z.B. drei Zukunftslagen und drei Wertpapiere mit linear unabhängigen Zahlungen vor Steuern, so ist zwar die Konstruktion beliebiger Einzahlungen in jeder Zukunftslage möglich. Werden die drei Wertpapiere jedoch in unterschiedlicher Weise der Besteuerung unterworfen (z.B. zwei steuerpflichtige und ein steuerfreier Finanztitel), so ist es nicht möglich, eine beliebige bedingte Zahlungsstruktur zu konstruieren, die einer einheitlichen steuerlichen Behandlung unterliegt.

Vollständigkeit nach Steuern setzt somit voraus, daß für jede Zukunftslage bedingte Zahlungsansprüche konstruiert werden können, die einer einheitlichen steuerlichen Behandlung unterliegen.[132] In der genannten Situation mit drei Zukunftslagen und zwei unterschiedlichen Besteuerungstypen (steuerfreie und voll steuerpflichtige Finanztitel) wären somit mindestens sechs Wertpapiere erforderlich, d.h. jeweils drei linear unabhängige steuerpflichtige und steuerfreie Wertpapiere. In diesem Fall würden die steuerfreien Wertpapiere nur von hoch besteuerten Investoren und die voll steuerpflichtigen Wertpapiere nur von niedrig besteuerten Anlegern gehalten. Trotz dieser Portfoliospezialisierung wären aber weiterhin sämtliche Risikoallokationen möglich.

Zwar kommt es im hier betrachteten Beispiel zu einer Situation, in der für jede Zukunftslage ein kritischer Steuersatz existiert, so daß ein repräsentativer Investor konstruiert werden kann. Unterstellt man jedoch, daß mehr als zwei Besteuerungstypen (z.B. auch ermäßigt besteuerte Wertpapiere) existieren, so kann - ähnlich dem Fall unter Sicherheit - eine Situation eintreten, in der nicht alle elementaren Wertpapierpreise in einer Zukunftslage auf der Grundlage eines einheitlichen Grenzsteuersatzes zustandekommen.[133]

In der Realität kann aber von vollständigen Kapitalmärkten *nach* Steuern, deren Anforderungen die an einen vollständigen Kapitalmarkt vor Steuern weit übersteigen, nicht ausgegangen werden. Auf unvollständigen Märkten kann hingegen eher davon ausgegangen werden, daß Finanztitelpreise auf der Grundlage eines einzigen impliziten Grenzsteuersatzes zustandekommen. Denn hier wird die Portefeuilleentscheidung simultan durch steuerliche Faktoren und Risikoerwägungen beeinflußt, was dazu führen kann, daß von einem Investor auch Finanztitel nachgefragt werden, die komparative steuerliche Nachteile aufweisen. Dies wird im nächsten Abschnitt am Beispiel des CAPM gezeigt.[134]

---

132 Vgl. Taggart (1980), S. 651 und 654; Kim (1982), S. 303.

133 Vgl. Dybvig/Ross (1986), S. 758.

134 Vgl. insbesondere C.II.2.b4.

2. Unterschiedliche Besteuerung von Finanzanlagen im Rahmen des CAPM

Im Rahmen des CAPM wird risikoaverses Entscheidungsverhalten der Kapitalmarktteilnehmer unterstellt. Gegenüber dem Fall sicherer Erwartungen ist deshalb neben der Nettorendite auch das Nach-Steuer-Risiko als Bestimmungsfaktor der Portefeuilleentscheidung zu berücksichtigen.

Sind die Anwendungsvoraussetzungen des μ-σ-Prinzips erfüllt, so wählt ein Investor ein hinsichtlich Mittelwert und Varianz nach Steuern effizientes Portefeuille.[135] Nur in Ausnahmefällen entspricht dieses demjenigen Portefeuille, welches bei einem Steuersatz von null gehalten würde. Eine solche Ausnahme liegt z.B. vor, wenn die Besteuerung sämtliche Wertänderungen erfaßt. Für diesen Fall wurde in Abschnitt B.III.2 nachgewiesen, daß die Zusammensetzung riskanter Anlagen nicht von der Höhe des Steuersatzes abhängig ist. Da hierbei alle Anlagen (und damit auch beliebige Anlagekombinationen wie z.B. das Tangentialportefeuille) gleichmäßig steuerlich erfaßt werden, ändern sich die Beta-Faktoren, d.h. die Steigungskoeffizienten der Regressionsgeraden im r_j-r_M-Diagramm ("characteristic lines") gegenüber einer Vor-Steuer-Betrachtung nicht. Damit unterscheiden sich die wertpapierspezifischen Brutto- und Nettorenditen lediglich um den Steuerfaktor (1-*s*). Es treten jedoch auch bei unterschiedlichen Steuersätzen der Investoren keine Klienteleffekte auf, weil die steuersatzabhängige Verringerung des finanziellen Ergebnisses den Einfluß der unterschiedlichen Abzinsungsfaktoren bei der Bewertung genau kompensiert.

Bei anlageformabhängiger Besteuerung tritt hingegen grundsätzlich das Problem auf, daß Anleger, welche aus steuerlichen Gründen bestimmte Anlageformen bevorzugen würden, zum Zwecke der Risikoallokation auf Wertpapiere zurückgreifen, die bei einer isoliert steuerlichen Betrachtung nicht nachgefragt würden. Diese Überlagerung von Klientel- und Diversifikationseffekten ist auch bei der Ableitung einer Gleichgewichtsbeziehung zu berücksichtigen.

Im allgemeinen können daher die Konsequenzen für die Mindestrendite von Wertpapieren nur durch ein Modell beschrieben werden, welches beiden Effekten gleichzeitig Rechnung trägt. Denn nur in Ausnahmefällen sind Klientel- und Diversifikationseffekte separierbar. Neben dem Fall eines vollständigen Kapi-

---

135 Vgl. Long (1977), S. 29; Elton/Gruber (1991), S. 315.

talmarkts nach Steuern kommt es auch zu keiner Überlagerung beider Effekte, wenn einheitliche Steuersätze oder neutrale Bemessungsgrundlagen vorliegen, weil in diesen Fällen keine Klienteleffekte zu verzeichnen sind.

a. Steuer-CAPM bei steuerlich homogener Anlegerstruktur und anlageformspezifischen Steuerbelastungskoeffizienten

Sehen sich sämtliche Anleger einem einheitlichen Grenzsteuersatz auf Kapitaleinkünfte gegenüber, so kann es auch bei ungleichmäßiger Besteuerung einzelner Anlageformen nicht zu Klienteleffekten kommen, da die Rendite-Risiko-Position aus einer beliebigen Wertpapierkombination nach Steuern für jeden Investor identisch ist. Sofern die übrigen Modellprämissen erfüllt sind, muß damit das CAPM auf der Basis von Nach-Steuer-Größen gelten.[136] Die erwartete Nettorendite eines Wertpapiers ergibt sich in diesem Fall aus

$$(2.65) \quad E(r_{js}) = r_{f,s} + [E(r_{M,s}) - r_{f,s}] \cdot \beta_{js}$$

mit $E(r_{M,s})$ = erwartete Rendite des Marktportefeuilles nach Steuern
$r_{f,s}$ = risikolose Rendite nach Steuern
β_{js} = Beta-Faktor nach Steuern.

Wird wie bisher unterstellt, daß die steuerliche Behandlung eines jeden Wertpapiers (d.h. das anlagespezifische a) in sämtlichen Zukunftslagen konstant ist[137], können daraus unmittelbare Schlußfolgerungen für die Bruttorenditen unterschiedlich besteuerter Wertpapiere gezogen werden: Während die Verzinsung eines steuerfreien riskanten Papiers ($a = 0$) bereits durch (2.65) bestimmt ist, müssen steuerpflichtige Wertpapiere bei gleichem Nach-Steuer-Risiko eine um den Faktor $1/(1-a_j s^*)$ erhöhte erwartete Bruttoverzinsung erzielen. Es gilt demnach

$$(2.66) \quad E(r_j^{se}) = \frac{r_{f,s}}{1 - a_j \cdot s^*} + \frac{[E(r_{M,s}) - r_{f,s}]}{1 - a_j \cdot s^*} \cdot \beta_{js} .$$

---

136 Vgl. Hamada/Scholes (1985), S. 205.

137 Diese Voraussetzung ist bei Unsicherheit nicht unproblematisch, da sie im Falle negativer Renditen entsprechende anteilige Steuerentlastungen unterstellt. Bei Aktien wären somit auch negative Dividendenzahlungen und eine hieraus resultierende Steuererstattung möglich. Diese Annahme wird deshalb im nächsten Abschnitt aufgehoben.

Damit steigt die erwartete Bruttoüberschußrendite proportional zum verwendeten Risikomaß (Beta-Faktor) nach Steuern. Die steuerangepaßte Wertpapiermarktlinie (Security Market Line) verläuft linear. Anders als im Fall einer neutralen Einkommensteuer existieren jedoch unterschiedliche Wertpapiermarktgeraden vor Steuern, deren Steigungen von der steuerlichen Behandlung einer Anlageform abhängen. Dieser Sachverhalt ist für Beispielsdaten von s^* = 30%, einer risikolosen Nettorendite von $r_{f,s}$ = 7% und einer Nach-Steuer-Risikoprämie von 5% in Abbildung 2.7 dargestellt.[138]

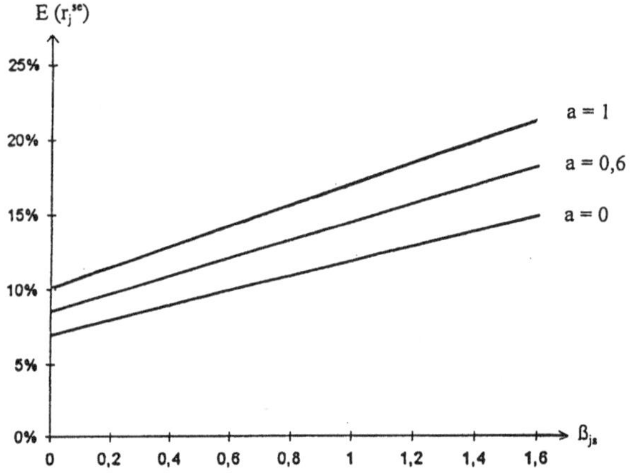

Abb. 2.7: Steuerangepaßte Wertpapiermarktlinien (s^* = 30%)

Die Ordinatenabschnitte geben die bei einem Beta-Faktor von null (z.B. risikolose Anlage) geforderten Bruttoverzinsungen an. Hier gilt die für risikolose Wertpapiere abgeleitete Beziehung (2.51) ohne Einschränkung, da aufgrund der Annahme einer homogenen Grenzsteuersatzstruktur am Kapitalmarkt nur Grenzanleger auftreten. Im Gleichgewicht erzielt jeder Anleger mit jedem risikolosen Wertpapier eine Nettoverzinsung von $r_{f,s}$. Aus diesem Grund können auch keine steuerbedingten Engpässe bei der Nachfrage nach ermäßigt besteuerten Wertpapieren auftreten.

138 Vgl. zu einer ähnlichen Darstellung Scholes/Wolfson (1992), S. 91, wobei dort aber keine (2.66) entsprechende Formel angegeben wird.

Bei Aktien kann (2.66) auch direkt in Abhängigkeit von der Gewinnverwendung einer Gesellschaft formuliert werden. Bereits in Gleichung (2.56) wurde ein Zusammenhang zwischen der Gewinnverwendung und dem Anteil *a* hergestellt, zu dem der Gesamtertrag der Aktie steuerpflichtig ist. Ausgehend vom Bruttogewinn[139] je Aktie ergibt sich die Bruttodividende durch Multiplikation mit der Ausschüttungsquote a_Q. Die Aktienkursänderung je Aktie ergibt sich durch Multiplikation des Bruttogewinns mit $(1-a_Q)(1-s^*)$, wenn man einen Dividendenabschlag in Höhe der Nettodividende unterstellt, entsprechend also der Aktienkurs im Fall einer Gewinneinbehaltung um die entgangene Nettodividende steigt.[140] Damit folgt aus (2.56) unmittelbar:

$$(2.56a) \quad a = \frac{a_Q}{a_Q + (1-a_Q)(1-s^*)}.$$

Setzt man dies in (2.66) ein, so resultiert nach zahlreichen Umformungen

$$(2.66a) \quad E(r_j^{se}) = \frac{1-s^*(1-a_Q)}{1-s^*} [r_{f,s} + (E(r_{M,s}) - r_{f,s}) \cdot \beta_{js}] .$$

Für eine Ausschüttungsquote von $a_Q = 0$ kann die Aktie als steuerfreies Wertpapier ($a = 0$) angesehen werden; in diesem Fall stimmt die erwartete Bruttorendite mit der erwarteten Nettorendite überein. Bei Vollausschüttung ($a_Q = 1$) ergibt sich dasselbe Ergebnis wie für ein in vollem Umfang steuerpflichtiges Wertpapier ($a = 1$). Für Ausschüttungsquoten aus dem Intervall ($0 < a_Q < 1$) können jedoch a_Q und *a* nicht gleichgesetzt werden. Beispielsweise ergibt sich für eine Ausschüttungsquote von a_Q = 50% und s^* = 30% ein steuerpflichtiger Anteil an der gesamten Aktienrendite von *a* = 58,8%.

Bei progressivem Steuertarif ist die hier unterstellte Existenz eines einheitlichen Grenzsteuersatzes sämtlicher Investoren nur möglich, wenn am Kapitalmarkt weitreichende Steuerarbitrageprozesse stattgefunden haben. Von einer derartigen Gleichgewichtssituation kann in der Realität jedoch nicht ausgegangen werden. Deshalb wäre im folgenden auf Modifikationen und Probleme einzuge-

---

139 Dieser entspricht hier dem Bruttoausschüttungsbetrag, welcher dazu führen würde, daß die Aktie einen ex-Dividenden-Kurs in Höhe des Vorjahreswerts annimmt.

140 Vgl. hierzu C.II.2 im vierten Kapitel.

hen, die bei gleichzeitigem Vorliegen einer nicht-neutralen Besteuerung von Finanzanlagen und heterogenen Grenzsteuersätzen auftreten. Da aber am Ende des nächsten Abschnitts eine vergleichbare Modifikation vorgenommen wird, wird hierzu auf die dortigen Ausführungen verwiesen.

b. Steuer-CAPM bei mit Sicherheit bekannter Dividendenzahlung

b1. Bestimmung des optimalen Aktienportefeuilles nach Steuern

Um die Implikationen eines konstanten Steuerbelastungskoeffizienten bei Unsicherheit zu umgehen, kann alternativ unterstellt werden, daß der steuerpflichtige Teil des Ertrags bereits zu Beginn der Periode mit Sicherheit bekannt ist.[141] Bei Aktien entspricht dieser der Dividendenzahlung, wenn angenommen wird, daß Kapitalgewinne steuerfrei bleiben. Auch die am Ende der Periode fällige Steuerzahlung stellt dann keine stochastische Größe dar.

Im folgenden wird auf eine explizite Einbeziehung des körperschaftsteuerlichen Anrechnungsverfahrens verzichtet.[142] Sofern man von zeitlichen Differenzen zwischen Ausschüttungen und Steuerzahlungen absieht, führt der Ansatz der Bruttoausschüttung (d.h. der Summe aus Barausschüttung und Körperschaftsteuer-Anrechnungspotential) in ökonomischer Hinsicht zu korrekten Ergebnissen, weil

(a) die ausschüttende Gesellschaft eine Auszahlung in Höhe der Bruttoausschüttung leistet, wobei die Aufteilung zwischen Barausschüttung und KSt-Ausschüttungsbelastung unter Liquiditätsgesichtspunkten keine Rolle spielt,

---

141 Die Annahme sicherer Dividenden wird in der finanzierungstheoretischen Literatur zum Steuer-CAPM häufig getroffen. Vgl. etwa Brennan (1970), S. 420; Long (1977), S. 27; Elton/Gruber (1978), S. 407; Litzenberger/Ramaswamy (1979), S. 166; König (1990), S. 69.

142 Diese Vorgehensweise unterscheidet sich von König (1990), der den Anrechnungssatz explizit berücksichtigt. Hierdurch kompliziert sich die Analyse jedoch unnötigerweise, da für anrechnungsberechtigte Anteilseigner die Höhe des Anrechnungssatzes ohne Bedeutung ist.

(b) das Anrechnungsverfahren für anrechnungsberechtigte Aktionäre gleichbedeutend ist mit einer Belastung der fiktiv gezahlten Bruttodividende mit dem auf Kapitaleinkünfte anzuwendenden Steuersatz.[143]

Für die aus einer einperiodigen Aktienanlage insgesamt erwartete Rendite nach Steuern erhält man

$$(2.67)\quad E(r_j^s) = \frac{E(P_j^1) - P_j^0 + D_j^{br}(1-s)}{P_j^0},$$

wobei P_j^1 den ex-Dividenden-Aktienkurs am Ende der Periode bezeichnet. Mit r_j als gesamter Aktienrendite und d_j^{br} als Brutto-Dividendenrendite kann hierfür auch

$$(2.68)\quad E(r_j^s) = E(r_j) - s \cdot d_j^{br}$$

geschrieben werden. Die erwartete Rendite nach Steuern hängt somit von der Höhe des Steuersatzes und der Brutto-Dividendenrendite ab. Damit kann auch die erwartete Rendite eines Aktienportefeuilles nach Steuern bestimmt werden. Sie beträgt

$$(2.69)\quad E(r_P^s) = \sum_{j=1}^{J} x_j \,(E(r_j) - s \cdot d_j^{br}),$$

wobei für die Portefeuilleanteile x_j gilt:

$$(2.70)\quad \sum_{j=1}^{J} x_j = 1.$$

Aufgrund der als sicher anzusehenden Steuerzahlung bleibt die Varianz der Aktienrendite gegenüber dem Fall vor Steuern unverändert; es gilt $Var(r_j^s) = Var(r_j)$. Diese Identität bleibt auch dann erhalten, wenn die Varianz der Rendite

---

143 Für nicht-anrechnungsberechtigte (z.B ausländische) Aktionäre, für welche die von der Kapitalgesellschaft gezahlte Körperschaftsteuer eine Definitivbelastung darstellt, könnte zwar der Satz der KSt-Ausschüttungsbelastung als auf die Bruttodividende bezogener Grenzsteuersatz interpretiert werden. Allerdings können weitere Steuern im jeweiligen Wohnsitzstaat anfallen.

eines Aktienportefeuilles betrachtet wird. Sie ergibt sich wie im Fall vor Steuern aus

$$(2.71) \qquad Var(r_P^s) = Var(r_P) = \sum_{j=1}^{J} \sum_{k=1}^{J} x_j \; x_k \; Cov(r_j; r_k),$$

wobei $Cov(r_j;r_j) = Var(r_j)$ gilt.

Da sämtliche Varianzen - und damit auch die Beta-Faktoren - von der Besteuerung nicht direkt beeinflußt sind, könnte aus (2.68) gefolgert werden, daß es für eine Gesellschaft stets von Vorteil ist, eine möglichst geringe Dividende auszuschütten, weil hierdurch die Nettorendite aller steuerpflichtigen Aktionäre gesteigert werden könnte. Hierbei ist aber zu beachten, daß eine andere Dividendenhöhe auch zu einer anderen Aktienrendite vor Steuern führen würde, da bei einer Thesaurierung in der Regel keine Anteilswertsteigerung in Höhe der entgangenen Bruttodividende erfolgt.

Aus Abschnitt B.III.2.c. ist bekannt, daß bei Vorliegen einer risikolosen Anlage- bzw. Verschuldungsmöglichkeit die aus Sicht eines Anlegers optimale Mischung riskanter Anlagen ermittelt werden kann, indem das Verhältnis aus erwarteter Überschußrendite und Standardabweichung des Portefeuilles maximiert wird. Dieser Quotient beträgt hier

$$(2.72) \qquad \theta_s = \frac{E(r_P^s) - r_{f,s}}{\sigma_P} = \frac{\sum_{j=1}^{J} x_j \; [\,(E(r_j) - r_f) - s \cdot (d_j^{br} - r_f)\,]}{[\, \sum_{j=1}^{J} \sum_{k=1}^{J} x_j \; x_k \; Cov(r_j; r_k) \,]^{1/2}}$$

Hierbei wurde unterstellt, daß die risikolose Anlagemöglichkeit in voller Höhe der Besteuerung unterliegt, ihre Nettoverzinsung also $r_{f,s} = r_f(1\text{-}s)$ beträgt.[144]

Die Optimalitätsbedingungen erhält man durch Nullsetzen der partiellen Ableitungen nach den Portefeuilleanteilen x_j. Man erhält j Gleichungen der Form[145]

---

144 Bei mehreren risikolosen Anlagen, die sich in der steuerlichen Behandlung unterscheiden, wäre jeweils der Titel mit der höchsten Nettoverzinsung anzusetzen.

145 Vgl. zur Ableitung in einer Situation mit Kursgewinnbesteuerung Elton/Gruber (1978), S. 407.

$$(2.73) \quad \frac{\partial\theta_s}{\partial x_j} = (E(r_j) - r_f) - s\cdot(d_j^{br} - r_f) - \lambda_s \sum_{k=1}^{J} x_k \cdot Cov(r_j; r_k) = 0$$

für alle *j*. Der Faktor λ_s unterscheidet sich von θ_s lediglich dadurch, daß in dessen Nenner anstelle der Standardabweichung die Varianz der Portefeuillerendite steht; es gilt somit $\lambda_s = \theta_s/(Var(r_P))^{1/2}$. Er tritt in allen *j* Gleichungen auf und kann deshalb als Konstante behandelt werden, welche die anteilige Zusammenstellung von Wertpapieren mit unsicherer Rendite nicht beeinflußt. Man erhält somit ein lineares Gleichungssystem, dessen Auflösung unter Berücksichtigung von (2.70) die gesuchten Portefeuilleanteile ergibt.

b2. Bedingungen für die Übereinstimmung optimaler Portefeuilles vor und nach Steuern

Ausgehend hiervon kann zunächst untersucht werden, unter welchen Voraussetzungen das optimale Portefeuille risikobehafteter Anlagen nach Steuern dem optimalen Portefeuille vor Steuern entsprechen würde. Hierzu müßte $d\theta_s/dx_j$ in einer proportionalen Beziehung zu $d\theta/dx_j$ stehen, denn in diesem Fall lägen nach einer Kürzung um den Proportionalitätsfaktor unveränderte Optimalitätsbedingungen nach Steuern vor.

Dieser Fall ist gegeben, wenn die Differenz zwischen der Dividendenrendite vor Steuern und dem risikolosen Zinssatz für jede Aktie proportional zur erwarteten Überschußrendite verläuft[146], d.h. wenn gilt

$$(2.74) \quad d_j^{br} = r_f + c\cdot(E(r_j) - r_f) \qquad \forall\, j = 1,\ldots,J$$

mit c als Konstante, die bestimmten Beschränkungen unterworfen ist.

Wird die Brutto-Dividendenrendite bei sämtlichen börsennotierten Gesellschaften gemäß einer einheitlichen linearen Funktion der erwarteten Überschußrendite

---

146 Vgl. hierzu Long (1977), S. 34.

bestimmt, so kann die erwartete Überschußrendite nach Steuern auch durch $(E(r_j)-r_f)(1-sc)$ ausgedrückt werden. Da dieser Term, sofern (2.74) für alle Aktien maßgebend ist, entsprechend im Zähler von λ_s auftritt, resultieren nach einer Kürzung um $(1-sc)$ exakt dieselben Optimalbedingungen wie im Fall vor Steuern. Es gilt dann $\theta_s = (1-sc)\theta$.

Die Konstante c ist dabei bestimmten Beschränkungen unterworfen. Risikoaverse Steuerpflichtige fragen ein riskantes Portefeuille nur dann nach, wenn die erwartete Portefeuillerendite nach Steuern über der risikolosen Nettoverzinsung liegt. Um dies jedoch für jeden Steuersatz zu gewährleisten, muß die Anforderung $c < 1/s^{max}$ erfüllt sein[147], da andernfalls einige Investoren aufgrund einer negativen Überschußrendite gegenüber dem Vor-Steuer-Fall abweichende Anlageentscheidungen treffen würden. Sofern für alle Aktien $d_j^{br} \geq 0$ gilt, sind weitere Schranken für c erforderlich. Für alle Aktien mit $E(r_j) > r_f$ muß $c \geq -r_f/(E(r_j)-r_f)$ erfüllt sein, für Aktien mit $E(r_j) < r_f$ muß $c \leq -r_f/(E(r_j)-r_f)$ eingehalten werden. Da aber c für alle Anteilspapiere in gleicher Höhe anzusetzen ist, wird das Intervall möglicher Wertansätze von den Wertpapieren mit der höchsten und der niedrigsten erwarteten Gesamtrendite vor Steuern bestimmt.

Somit kann die von Long (1977) abgeleitete Bedingung für die Gleichheit effizienter Portefeuilles vor und nach Steuern unmittelbar auf die Gegebenheiten des deutschen Steuersystems übertragen werden.[148] Speziell wenn jede Aktie eine Bruttodividendenrendite in Höhe der risikolosen Verzinsung leistet (d.h. für $c = 0$) ist dieses Neutralitätsergebnis offensichtlich, denn hier liegt faktisch eine ergebnisunabhängige Besteuerung gemäß (2.17a) vor, bei welcher die Tobin-Separation erhalten bleibt. Deshalb ergibt sich in diesem Fall auch $\theta_s = \theta$. Da dies für jeden Anleger gilt, bleibt der Marktpreis des Risikos unverändert.

Übereinstimmende Portefeuilles vor und nach Steuern könnten somit trotz Unterschieden in der steuerlichen Behandlung von Dividenden und Kursgewinnen durch eine unternehmensübergreifende Festlegung der Bruttoausschüttungen gemäß (2.74) erreicht werden. Diese Bedingung ist jedoch äußerst restriktiv,

---

[147] Hierbei bezeichnet s^{max} den höchsten am Kapitalmarkt auftretenden Grenzsteuersatz auf Kapitaleinkünfte. Sieht man von Kirchensteuer und Solidaritätszuschlag ab, kann dieser mit dem Spitzensteuersatz des ESt-Tarifs von derzeit 53% gleichgesetzt werden.

[148] Vgl. Long (1977), S. 34 f.

da sie unternehmensindividuelle Aspekte der Gewinnverwendungspolitik vernachlässigt.

Das genannte Neutralitätsresultat kann zudem dann nicht mehr gelten, wenn unterschiedlich besteuerte risikolose Anlagen vorliegen. Denn in diesem Fall wäre die Brutto-Dividendenrendite nach der Formel $d_j^{br} = ar_f + c(E(r_j)-r_f)$ zu bestimmen, so daß keine eindeutige Beziehung mehr abgeleitet werden kann. In diesem Fall führen risikolose Anlagetitel dazu, daß keine Neutralität hinsichtlich der Wahl des Portefeuilles riskanter Wertpapiere existiert.

Nur unter der speziellen Bedingung (2.74) stimmt somit die Wahl eines Portefeuilles nach Steuern für beliebige Steuersätze mit einer Wertpapiermischung auf der Grundlage von Bruttogrößen überein. Deshalb weicht eine auf Gleichung (2.73) basierende Portefeuillewahl in der Regel von der optimalen Wertpapiermischung vor Steuern ab.

b3. Kapitalmarktgleichgewicht bei homogenen Grenzsteuersätzen sämtlicher Anleger

Bevor auf den (allgemeineren) Fall heterogener Grenzsteuersätze auf Anlegerebene eingegangen wird, soll untersucht werden, welche Gleichgewichtsbeziehung sich bei zwar beliebigen Dividendenrenditen, jedoch homogenen Grenzsteuersätzen aller Investoren einstellen würde. Zu diesem Zweck kann Gleichung (2.73) unter Berücksichtigung der Definition von λ_s und $s = s^*$ in folgende Form gebracht werden:

$$(2.73a)\quad E(r_j) - r_f - s^{*} \cdot (d_j^{br} - r_f) = \frac{E(r_P^s) - r_{f,s}}{\sigma_P^2} \cdot \sum_{k=1}^{J} x_k \cdot Cov(r_j; r_k)$$

Wegen

$$(2.75)\quad \sum_{k=1}^{J} x_k \cdot Cov(r_j; r_k) = Cov(r_j; r_P)$$

und der aufgrund einheitlicher Steuereigenschaften übereinstimmenden Wahl des Tangentialportefeuilles durch alle Anleger, welches deshalb im Gleichgewicht dem Marktportefeuille entsprechen muß, kann dies weiter zu

$$(2.76) \qquad E(r_j) - s^* d_j^{br} = r_f(1-s^*) + [E(r_M^s) - r_f(1-s^*)]\beta_{js}$$

umgeformt werden. Diese Steuer-CAPM-Gleichung weist Ähnlichkeiten mit der bereits früher dargestellten Gleichung (2.65) auf. Die Implikationen für die Bruttoverzinsung weichen jedoch von dem dort dargestellten Modell ab, weil unterschiedliche Annahmen hinsichtlich des steuerpflichtigen Teils des Wertpapierertrags zugrundegelegt werden. Im Gegensatz zu der in Gleichung (2.66) unterstellten ergebnisabhängigen anteiligen Steuerbelastung wird dieser hier als vorab bekannt unterstellt.

Unter Berücksichtigung der Identität von β_j und β_{js} beträgt die vor Steuern erwartete Bruttoverzinsung einer Aktie

$$(2.77) \qquad E(r_j) = r_f + s^*(d_j^{br} - r_f) + [(E(r_M) - r_f) - s^*(d_M^{br} - r_f)]\beta_j.$$

Für $s^* = 0$ (oder $d_j^{br} = r_f$ für alle j) entspricht diese Bedingung der Standardform des CAPM. Bei einem Steuersatz von $s^* > 0$ und beliebigen Dividendenrenditen ist hingegen ein Einfluß der Dividendenrendite auf die erwartete Mindestverzinsung vor persönlichen Steuern in doppelter Hinsicht zu verzeichnen: Durch den zweiten Term auf der rechten Seite der Gleichung wirkt eine höhere Dividendenrendite erhöhend auf $E(r_j)$. Sie senkt aber, zumindest vor etwaigen Substitutionseffekten, über den dritten Term auch die am Kapitalmarkt erwartete Überschußrendite nach Steuern.

Nimmt man an, daß eine Vielzahl von Aktien am Kapitalmarkt gehandelt werden und deshalb der Einfluß von Dividendenänderungen einzelner Gesellschaften im dritten Term vernachlässigbar ist, so steigt mit zunehmender Dividendenrendite einer Aktie unter sonst gleichen Bedingungen die von den Kapitalgebern erwartete Eigenkapitalverzinsung vor Steuern: Eine höhere Dividende führt zu einer Parallelverschiebung der Wertpapiermarktgeraden nach oben, d.h. die vor Steuern erwartete Aktienrendite steigt mit der Höhe der Dividendenzahlung.

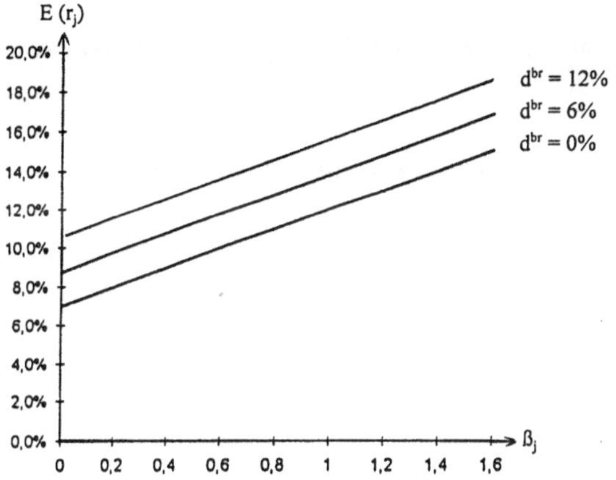

Abb. 2.8: Wertpapiermarktlinien in Abhängigkeit von der Bruttodividendenrendite eines Finanztitels ($s^* = 30\%$)

In Abbildung 2.8 ist eine risikolose Verzinsung von 10% vor Steuern, eine durch die eckige Klammer in (2.77) definierte Kapitalmarkt-Risikoprämie nach Steuern von 5% und ein einheitlicher Steuersatz von $s^* = 30\%$ unterstellt.

Im Unterschied zu Abbildung 2.7 verlaufen die Wertpapiergeraden hier parallel. Dies ist darauf zurückzuführen, daß die Besteuerung im vorliegenden Fall nur die Rendite einer Aktie, nicht hingegen deren Risiko beeinflußt. Im Gegensatz dazu wurde in Gleichung (2.66) infolge eines konstanten Steuerbelastungsparameters auch die Risikoprämie steuerlich erfaßt.

b4. Kapitalmarktgleichgewicht bei heterogenen Grenzsteuersätzen auf Anlegerebene

Es ist nun zu prüfen, welche Konsequenzen sich bei unterschiedlichen Steuersätzen der Anleger ergeben. In diesem allgemeineren Fall wird die Portefeuillezusammensetzung von den spezifischen Steuereigenschaften des Anlegers beeinflußt. Ob dann jedoch die durch (2.73) vorgegebenen Bedingungen für jedes Wertpapier mit Gleichheit gelten, hängt davon ab, ob Restriktionen zu berücksichtigen sind.[149]

Unter der Voraussetzung, daß in beliebigem Umfang Leerverkäufe[150] (d.h. auch negative x_j) und Kreditaufnahmen zugelassen sind, kann davon ausgegangen werden, daß (2.73) für jeden Investor hinsichtlich jeden Wertpapiers gilt. Denn in diesem Fall wird ein Wertpapier durch einen Investor so lange nachgefragt (bzw. "leer"-verkauft), bis die hiermit verbundenen komparativen Steuervor- oder Steuernachteile durch den Einfluß auf das gesamte Portefeuillerisiko gerade aufgewogen werden. Die Portefeuilleanteile sind dabei investorspezifisch zu bestimmen - die Tobin-Separation gilt nicht mehr.

Die Ableitung eines Steuer-CAPM für den Fall unterschiedlicher persönlicher Grenzsteuersätze unter Vernachlässigung von Restriktionen geht auf Brennan (1970) zurück.[151] Sie wird hier in Anlehnung an Elton/Gruber (1991) wiedergegeben[152], wobei jedoch die dort unterstellte Kursgewinnbesteuerung aufgrund der Steuerfreiheit privater Veräußerungsgewinne im deutschen Steuersystem nicht berücksichtigt wird.

Ausgangspunkt ist Gleichung (2.73), die bei fehlenden (oder nicht bindenden) Restriktionen für jeden Anleger in bezug auf jedes risikobehaftete Wertpapier gilt. Für Investoren mit unterschiedlichen Steuereigenschaften führt dies aber zu unterschiedlichen Portefeuilles, da komparative Steuervorteile bezüglich einzelner Aktien bestehen. Aus diesem Grund wird hier zusätzlich der Index *i* eingeführt. Wird Gleichung (2.73) mit b_i (dem Betrag, den Investor *i* insgesamt in riskante Anlageformen investiert) multipliziert, und durch λ_{si} (gemäß obiger Definition[153]) dividiert, so erhält man unter Berücksichtigung von (2.75):

---

149 Vgl. Litzenberger/Ramaswamy (1979), S. 165 ff.; dies. (1980), S. 474; Auerbach/King (1983), S. 590.

150 Leerverkäufe sind in Deutschland in Form der Wertpapierleihe möglich. Vgl. Bruns/ Meyer-Bullerdiek (1996), S. 359.

151 Vgl. Brennan (1970), S. 417 ff.

152 Vgl. Elton/Gruber (1991), S. 327 ff.

153 Der Faktor λ_{si} bezeichnet die (marginale) Substitutionsrate zwischen dem Erwartungswert und der Varianz der Portefeuillerendite bei Investor i (vgl. Brennan (1970), S. 422) und kann damit als Maßgröße für die Risikoaversion des Anlegers angesehen werden.

$$(2.78)\quad \frac{b_i}{\lambda_{si}}\,[(E(r_j)-r_f)-s_i(d_j^{br}-r_f)] = b_i\cdot Cov(r_j;r_{P,i})$$

Wird diese Gleichung über sämtliche Investoren addiert und durch den am Kapitalmarkt insgesamt risikobehaftet investierten Betrag dividiert, so folgt zunächst

$$(2.79)\quad (E(r_j)-r_f)\frac{\sum_i (b_i/\lambda_{si})}{\sum_i b_i} - (d_j^{br}-r_f)\frac{\sum_i (s_i\cdot b_i/\lambda_{si})}{\sum_i b_i}$$

$$= Cov(r_j;r_M)\,.$$

Ersetzt man den Quotienten im ersten Term auf der linken Seite durch $1/H$, so erhält man nach weiteren Umformungen

$$(2.80)\quad (E(r_j)-r_f) - s^{ag}\cdot(d_j^{br}-r_f) = H\cdot Cov(r_j;r_M)$$

mit

$$s^{ag} = \frac{\sum_i (s_i\cdot b_i/\lambda_{si})}{\sum_i b_i/\lambda_{si}}$$

als gewichteten Durchschnitt der Grenzsteuersätze sämtlicher Investoren, wobei die Gewichte von den jeweils riskant investierten Beträgen und vom Ausmaß der Risikoaversion der Investoren abhängen.[154]

Da Gleichung (2.80) auch für das Marktportefeuille gilt[155], kann für *H* auch

$$(2.81)\quad H = \frac{E(r_M) - r_f - s^{ag}\cdot(d_M^{br}-r_f)}{Var(r_M)}$$

---

[154] Vgl. Elton/Gruber (1991), S. 327; Weigel (1989), S. 119.

[155] Vgl. Elton/Gruber (1991), S. 328.

geschrieben werden. Nach Einsetzen in (2.80) folgt dann[156]

$$(2.82)\quad E(r_j) = r_f + s^{ag}(d_j^{br} - r_f) + [E(r_M) - r_f - s^{ag}(d_M^{br} - r_f)]\beta_j.$$

Diese Beziehung stimmt mit der bei homogenen Steuersätzen abgeleiteten Gleichung (2.77) bis auf die Modifikation überein, daß mit s^{ag} ein gewichteter Steuersatz anzusetzen ist. Auch bei unterschiedlichen persönlichen Grenzsteuersätzen der Anleger ist somit die Bestimmung von Brutto-Wertpapierrenditen auf der Grundlage eines einzigen, nun allerdings kombinierten Steuersatzes möglich. Die erwartete Rendite eines Finanztitels hängt linear von dessen Beta-Faktor und von dessen Brutto-Dividendenrendite ab. Abbildung 2.8 ist damit weiter gültig, wenn $s^* = s^{ag}$ gesetzt wird.[157]

Der unter Sicherheit nachgewiesene Effekt einer möglicherweise unzureichenden Nachfrage nach ermäßigt besteuerten Anlagen tritt somit hier nicht auf, obwohl eine heterogene Grenzsteuersatzstruktur vorliegt. Dies ist auf das simultane Wirken von Klientel- und Diversifikationseffekten zurückzuführen. Der verstärkte Erwerb eines aus steuerlicher Sicht günstigen Wertpapiers führt dazu, daß auch die Risikostruktur des Portefeuilles beeinflußt wird. Die gewünschte Diversifikation verhindert umgekehrt, daß unbegrenzte Engagements in steuerlich bevorzugten Anlageformen vorgenommen werden.

---

156 Vgl. ähnlich Elton/Gruber (1991), S. 328; Dirrigl (1991), S. 303; Weigel (1989), S. 119; König (1990), S. 104.

157 Auch unter Berücksichtigung von Kreditaufnahmerestriktionen resultiert eine lineare Renditestruktur, wobei anstelle von s^{ag} eine um die Verschuldungsbeschränkung modifizierte Durchschnittsgröße anzusetzen ist. Vgl. Litzenberger/Ramaswamy (1979), S. 170 f.

3. Unterschiedliche Besteuerung von Finanztiteln im Rahmen eines Optionspreismodells

Während es bei unbedingten Termingeschäften (Forwards und Futures) auch im Falle einer Steuerfreiheit der Gewinne oder Verluste nicht zu Preisanpassungen kommt, weil bei symmetrischer Besteuerung das Sicherheitsäquivalent der Steuerzahlungen null beträgt, sind bei der Bewertung von Optionen Steuerwirkungen zu beachten. Ausgehend von dem bereits dargestellten Binomialmodell wird im folgenden untersucht, in welcher Weise die Bewertung von Optionen bei aneutraler Besteuerung bzw. Steuerfreiheit zu modifizieren ist.[158]

Für die theoretische Untersuchung von Steuerwirkungen ist eine explizite Erfassung von Dividenden- oder sonstigen Nebenzahlungen nicht zwingend erforderlich.[159] Sofern ein einperiodiges Modell unterstellt wird, kann zur Bewertung nicht-dividendengeschützter Aktienoptionen, bei denen der Erwerber keine Kompensation für eine ausschüttungsbedingte Minderung des Aktienkurses erhält, vereinfachend unterstellt werden, daß die Laufzeit der betrachteten Option unmittelbar vor dem Dividendentermin endet.[160] Bei der Bewertung von Aktienindexoptionen kann auf die explizite Erfassung von Dividendenzahlungen sogar ganz verzichtet werden, wenn bei der Indexberechnung eine geeignete Hinzurechnung von Dividenden erfolgt.[161]

Anders als bei der Bewertung originärer Wertpapiere reicht es bei einer auf das Prinzip der Arbitragefreiheit gestützten Wert- und Preisbestimmung von derivativen Finanzinstrumenten nicht aus, die steuerliche Behandlung der Option isoliert zu betrachten. Da der Optionswert von der Wertentwicklung des zugrundeliegenden Basisinstruments abhängt, ist davon auszugehen, daß auch dessen steu-

---

158 Vgl. Scholes (1976), S. 320 ff. zur Optionspreisbildung nach dem Black-Scholes-Modell unter Berücksichtigung der steuerlichen Behandlung in den U.S.A.

159 Dividenden sind generell nicht zu berücksichtigen, wenn die zu bewertende Option auszahlungsgeschützt ist; vgl. Cox/Rubinstein (1985), S. 41. Dies trifft aber auf börsengehandelte Optionen in Deutschland in der Regel nicht zu. Vgl. hierzu Kohler (1992), S. 20.

160 Bei amerikanischen Optionen, welche die Mehrzahl der börsengehandelten Optionen darstellen, kann diese Annahme vernachlässigt werden, da hier eine Ausübung der Option jederzeit während der Laufzeit möglich ist. Vorteilhaft ist eine vorzeitige Ausübung aber nur unmittelbar vor dem Ausschüttungstermin. Vgl. Hull (1993), S. 166 f.

161 Dies ist bei Performance-Indizes (z.B. DAX) der Fall. Allerdings wird der Dividendenabschlag durch eine Hinzurechnung der Bardividende (wie z.B. bei der DAX-Berechnung der Fall) nur dann exakt erfaßt, wenn der marktpreisbestimmende Grenzsteuersatz der KSt-Ausschüttungsbelastung (derzeit 30%) entspricht.

erliche Behandlung die Bewertung des derivativen Finanztitels beeinflußt. Vor diesem Hintergrund werden im folgenden verschiedene Besteuerungskonstellationen hinsichtlich Steuerpflicht und Steuerfreiheit von Basiswert und Optionsrecht betrachtet, wobei aber die festverzinsliche Anlageform durchgehend als steuerpflichtig unterstellt wird.

a. Bewertung eines steuerfreien Calls bei steuerpflichtigem Basisinstrument

In dieser ersten Konstellation wird (neben der festverzinslichen Anlage) für den Basiswert (z.B. Aktie) angenommen, daß am Periodenende Steuern auf eingetretene Wertänderungen zu zahlen sind. Die bedingten Einzahlungen aus der Aktie nach Steuern können deshalb wie zuvor in Abbildung 2.2 angegeben werden: Ausgehend von einem Kurswert von S in t=0 gelangt man zu $uS(1\text{-}s) + s \cdot S$ im Falle einer Aufwärtsbewegung und zu $dS(1\text{-}s) + s \cdot S$ im Falle einer Abwärtsbewegung.

Für eine nicht der Besteuerung unterliegende Kaufoption hingegen ergeben sich die bedingten Einzahlungen in t=1 wie im Fall vor Steuern: Hier beträgt der (innere) Optionswert in t=1 im Fall einer Aufwärtsbewegung $C_u = \max[0; uS\text{-}K]$ und im Falle einer Abwärtsbewegung $C_d = \max[0; dS\text{-}K]$. Hierbei ist zu berücksichtigen, daß sich der innere Optionswert jeweils auf den Aktienkurs uS bzw. dS bezieht, nicht auf den Nettoerlös, den ein Aktienbesitzer nach Steuern aus der Aktie erzielt.

Damit kann das Hedge-Verhältnis Δ, welches zu einer risikolosen Einzahlung am Periodenende führt, über

$$\Delta\ ((1-s)\, u\, S + s \cdot S) - C_u = \Delta\ ((1-s)\, d\, S + s \cdot S) - C_d$$

durch

$$(2.83) \qquad \Delta = \frac{C_u - C_d}{(1-s)\,(u-d) \cdot S}$$

bestimmt werden. Während für den Fall einer einheitlichen Besteuerung sämtlicher Finanztitel gezeigt wurde, daß das Hedge-Verhältnis von Basiswert und

Option nicht von der Besteuerung beeinflußt wird, ist hier nun eine steuersatzabhängige Modifikation vorzunehmen, bevor eine Optionsbewertung nach dem vorgestellten Konzept erfolgen kann. Bei der Konstruktion eines risikolosen Portefeuilles ist mit zunehmendem Grenzsteuersatz die Aktienzahl gegenüber dem Fall einer neutralen Besteuerung sämtlicher Wertänderungen zu erhöhen.

Da bei Einhaltung dieses Hedge-Verhältnisses annahmegemäß eine sichere Einzahlung am Ende der betrachteten Periode erfolgt, gilt bei Arbitragefreiheit

$$(2.84) \qquad \Delta S - C_s^* = \frac{\Delta S((1-s)\,u + s) - C_u}{1 + r_f(1-s)},$$

mit C_s^* als steuersatzabhängigem Wert einer steuerfreien Kaufoption.

Setzt man nun (2.83) ein und löst nach C_s^* auf, so erhält man zunächst

$$(2.84a) \qquad C_s^* = \frac{C_u - C_d}{(1-s)(u-d)} - \frac{1}{1+r_f(1-s)}\left[\frac{C_u - C_d}{(1-s)(u-d)}((1-s)\,u + s) - C_u\right]$$

Dieser Ausdruck kann weiter vereinfacht werden. Man erhält dann als Bewertungsformel für den Optionswert:

$$(2.85) \qquad C_s^* = \frac{1}{1+r_f(1-s)}\,[C_u \cdot (\frac{q-d}{u-d}) + C_d \cdot (\frac{u-q}{u-d})]\,.$$

Gegenüber dem Fall einer arbitragefreien Besteuerung der Gewinne oder Verluste aus der Option ändert sich der Diskontierungszinssatz, wobei anstelle der Bruttoverzinsung nun ein risikoloser Nach-Steuer-Zinssatz anzusetzen ist. Die sog. risikoneutralen Wahrscheinlichkeiten bleiben hingegen unverändert. Da diese aber - wie bereits erläutert - als standardisierte Zustandspreise angesehen werden können, bleiben damit auch die relativen Zustandspreise konstant.

Gleichung (2.85) macht deutlich, daß Investoren mit unterschiedlichen Grenzsteuersätzen unterschiedliche Optionswerte ermitteln. Arbitragefreiheit kann demnach nicht für alle Steuersätze gleichzeitig erfüllt sein. Der Optionspreis ergibt sich unter Zugrundelegung eines Grenzsteuersatzes in Höhe von s^* durch

$$(2.85a) \quad C^* = \frac{1}{1+r_f(1-s^*)} \left[C_u \cdot \left(\frac{q-d}{u-d}\right) + C_d \cdot \left(\frac{u-q}{u-d}\right) \right]$$

mit C^* als Marktpreis eines steuerfreien Calls.

Somit führt die Steuerfreiheit eines Finanztitels auch bei Anwendung des Optionspreismodells zu einem Anstieg des Optionspreises um den Faktor $(1+r_f)$ / $(1+r_f(1-s^*))$. Dies kann darauf zurückgeführt werden, daß bei steuerpflichtigen riskanten Positionen mit positivem (negativem) Kapitaleinsatz das Sicherheitsäquivalent der Steuerzahlungen positiv (negativ) ist.[162,163] Da dieses im vorliegenden Fall (Steuerfreiheit) aber null beträgt, führt der damit einhergehende Steuervorteil zu einem entsprechend höheren Marktpreis der Call-Option.[164]

b. Bewertung eines steuerfreien Calls bei steuerfreiem Basisinstrument

Sind sowohl die Erträge aus dem Optionspapier (z.B. Kursgewinne aus Aktien) als auch aus der Option steuerfrei, so kann ein risikoloses Portefeuille konstruiert werden, dessen Ertrag nicht der Besteuerung unterliegt. Da jedoch aufgrund der steuerpflichtigen festverzinslichen Anlage grundsätzlich von einer Welt mit Steuern ausgegangen wird, können modifizierte Wertänderungsfaktoren zu berücksichtigen sein, die nun mit u^* und d^* bezeichnet werden.

---

162 Würde man in Gleichung (2.84) C_u um einen Betrag in Höhe des Sicherheitsäquivalents der Steuerzahlung von $s\ r_f C$ vermindern, so erhielte man wiederum das Vor-Steuer-Resultat, d.h. einen Optionswert von C.

163 Bei symmetrischer Besteuerung ergeben sich für Kauf- und Verkaufspositionen dieselben Schlußfolgerungen.

164 Der Einfluß der Besteuerung auf Optionspreise ist empirisch bestätigt. Vgl. Heaton (1986), S. 169 ff. zur Schätzung der in Optionspreisen enthaltenen impliziten Grenzsteuersätze.

Das Hedge-Verhältnis ist in diesem Fall formal wie vor Steuern zu berechnen und beträgt

$$(2.86) \qquad \Delta = \frac{C_u - C_d}{(u^* - d^*)\, S^*} \quad .$$

Die bei einem Erwerb von Δ Aktien und einem Verkauf eines Calls erzielbare sichere Einzahlung am Periodenende beträgt dann

$$(2.87) \qquad \Delta \cdot u^* \cdot S^* - C_u = \frac{d^* \cdot C_u - u^* \cdot C_d}{u^* - d^*}$$

Arbitragefreiheit besteht, wenn die Rendite des betrachteten Portefeuilles derjenigen einer ebenfalls risikolosen, aber steuerpflichtigen Anlagemöglichkeit entspricht. Daher ist dieses risikolose Portefeuille aus der Sicht eines Investors mit $s = s^*$ so zu bewerten, daß

$$(2.88) \qquad \Delta \cdot S^* - C^* = \frac{1}{1 + r_f(1-s^*)} \cdot \left[\frac{d^* \cdot C_u - u^* \cdot C_d}{u^* - d^*}\right]$$

gilt. Die Berechnung des Optionswerts C^* ergibt dann

$$(2.89) \qquad C^* = \frac{1}{1 + r_f(1-s^*)} \left[C_u \cdot \left(\frac{q_s - d^*}{u^* - d^*}\right) + C_d \cdot \left(\frac{u^* - q_s}{u^* - d^*}\right)\right]$$

mit $q_s = 1+r_f(1-s^*)$. Anders als im zuvor betrachteten Fall wird nun der Bruttozinssatz nicht nur im Rahmen der Abzinsung, sondern auch bei der Bestimmung der sog. risikoneutralen Wahrscheinlichkeiten durch den Nettozinssatz substituiert. Wären die Wertänderungsfaktoren gegenüber den zuvor betrachteten Fällen unverändert (d.h. würde $u = u^*$ und $d = d^*$ gelten), so wäre dies mit einer Änderung der relativen Zustandspreise nach Steuern verbunden. Insgesamt wäre dann der Optionswert in gleicher Weise wie durch eine Zinssenkung beeinflußt. Da Zinssenkungen bei sonst unveränderten Daten zu einer Senkung des Werts einer Kaufoption führen[165], würde dadurch der Optionswert gegenüber dem Referenzfall einer arbitragefreien Besteuerung sinken.[166]

Jedoch kann von einer Bewertung des Basistitels unabhängig von dessen steuerlicher Behandlung nicht ausgegangen werden. Während vor Steuern bei einer Bewertung mit Hilfe risikoneutraler Wahrscheinlichkeiten für den Kurs der Aktie

$$(2.90) \qquad S = \frac{1}{1+r_f}\left[u \cdot S\,(\frac{q-d}{u-d}) + d \cdot S\,(\frac{u-q}{u-d})\right]$$

und entsprechend bei einer Besteuerung sämtlicher Wertänderungen

$$(2.91) \qquad S = \frac{1}{q_s}\,[(u\,S\,(1-s))\,(\frac{q-d}{u-d}) + (d\,S\,(1-s))\,(\frac{u-q}{u-d}) + s \cdot S]$$

gilt, kann diese Übereinstimmung nicht mehr gelten, wenn eine steuerfreie Aktie in einer Welt mit Steuern zu bewerten ist. Denn in diesem Fall gilt:

$$(2.92) \qquad S^* = \frac{1}{1+r_f(1-s^*)}\,[u \cdot S\,(\frac{q-d}{u-d}) + d \cdot S\,(\frac{u-q}{u-d})]$$

$$= \frac{1+r_f}{1+r_f(1-s^*)} \cdot S,$$

so daß der Kurs des Basistitels den Referenzwert *S* genau um den Barwert des Sicherheitsäquivalents der ersparten Steuerzahlung ($s\,r_f\,S\,/q_s$) übersteigt. Aufgrund der in C.I.2 abgeleiteten Relation zwischen den Preisen steuerpflichtiger

165 Vgl. Hull (1993), S. 153.

166 Diese Schlußfolgerung ergibt sich aus der Überlegung, daß die hier eingenommene Kaufposition in Aktien und Verkaufsposition in Calls zusammengefaßt eine risikolose Position mit steuerfreiem Ertrag ergeben. Sofern Steuern die Bewertung beeinflussen, wird aber aufgrund der Ausführungen in Abschnitt C.I.2 die Gesamtposition höher als eine steuerpflichtige risikolose Anlage bewertet. Da mit der Zugrundelegung gleichbleibender Veränderungsfaktoren aber implizit unterstellt wird, daß der Basiswert trotz Steuerfreiheit keiner Bewertungsmodifikation unterliegt, kann dieses Ergebnis nur dadurch zustandekommen, daß der Verkauf des Calls zu einer geringeren Einzahlung führt. Denn in diesem Fall wäre insgesamt eine höhere Nettoauszahlung für das Eingehen der betrachteten Gesamtposition zu leisten.

und steuerfreier risikoloser Positionen muß dann entsprechend für den Optionspreis

$$(2.93)\qquad C^* = \frac{1+r_f}{1+r_f(1-s^*)} \cdot C$$

gelten, damit für den Grenzsteuersatz s^* Indifferenz zwischen dem betrachteten Hedge-Portefeuille und einer Investition in festverzinsliche Wertpapiere besteht. Dies impliziert aber einen steigenden, nicht einen fallenden Optionswert.

Unter Berücksichtigung dieser Zusammenhänge ist unmittelbar einsichtig, daß die Veränderungsfaktoren u^* und d^* neu zu bestimmen sind. Die Kursentwicklung entspricht nach einer Steuerkapitalisierung nicht mehr derjenigen bei arbitragefreier Besteuerung. Anstelle von S geht die Entwicklung von S^* aus. Unterstellt man gegebene zukünftige zustandsabhängige Einzahlungen, d.h. $uS = u^*S^*$ und $dS = d^*S^*$, so kann unter Berücksichtigung von (2.92) für u^*

$$(2.94)\qquad u^* = \frac{q_s}{q} \cdot u$$

und für d^*

$$(2.95)\qquad d^* = \frac{q_s}{q} \cdot d$$

angegeben werden. Setzt man diese Beziehungen jedoch in die Ausdrücke für die Martingal-Wahrscheinlichkeiten innerhalb von Gleichung (2.89) ein, so folgt

$$(2.96)\qquad \frac{q_s - d^*}{u^* - d^*} = \frac{q_s - \dfrac{q_s}{q} \cdot d}{\dfrac{q_s}{q}\,(u - d)} = \frac{q - d}{u - d},$$

für die risikolose Wahrscheinlichkeit einer "upward"-Entwicklung. Da sich die Gegenwahrscheinlichkeit für eine "downward"-Entwicklung entsprechend ergibt, sind somit die Martingal-Wahrscheinlichkeiten nach Steuern gegenüber dem zuvor betrachteten Fall (steuerfreie Option und steuerpflichtiger Basistitel) unverändert. Damit kann trotz der anderen Schreibweise für einen Investor mit $s = s^*$ von konstanten relativen Zustandspreisen nach Steuern ausgegangen werden. Weil dann aber (2.89) problemlos in (2.85) umgeformt werden kann, bedeutet dies zugleich, daß der Marktwert eines Calls - gleiche bedingte Einzahlungen unterstellt - nicht davon abhängt, ob der Basiswert der Besteuerung unterliegt oder nicht.

c. Bewertung eines steuerpflichtigen Calls bei steuerfreiem Basisinstrument

Abschließend wird der Fall betrachtet, daß zwar die Wertänderungen der Option der Besteuerung unterworfen sind, der Basiswert hingegen keine Steuerzahlungen auslöst. Das hierbei abgeleitete Ergebnis kann im deutschen Steuerrecht beispielsweise in den Fällen von Bedeutung sein, in denen Optionsgeschäfte als Spekulationsgeschäfte eingestuft werden.[167]

Da analog zu früheren Fallkonstellationen vorgegangen werden kann, wird die Herleitung der Optionswertformel hier stark verkürzt wiedergegeben. Mit einem Hedge-Verhältnis von nun

$$(2.97) \qquad \Delta = \frac{(1-s^*)\,(C_u - C_d)}{(u^* - d^*) \cdot S}$$

kann ein Optionswert in Höhe von

$$(2.98) \qquad C = \frac{1}{1 + r_f}\,[C_u \cdot (\frac{q_s - d^*}{u^* - d^*}) + C_d \cdot (\frac{u^* - q_s}{u^* - d^*})]$$

berechnet werden. Wie im Fall einer Besteuerung der Wertänderungen des Basisobjekts besteht somit der einzige Unterschied zwischen dem Wert eines steuerbefreiten und eines steuerpflichtigen Calls in der Höhe des Zinssatzes, der zur Abzinsung herangezogen wird.

---

167 Dabei wäre allerdings zu beachten, daß die Laufzeit in diesem Fall nicht ein Jahr, sondern maximal sechs Monate (Spekulationsfrist) betragen kann.

Drittes Kapitel: Bewertung von Finanzierungstiteln und Bestimmung der erwarteten Mindestverzinsung unter Berücksichtigung der einkommensteuerlichen Behandlung von Finanzanlagen

In diesem Kapitel wird untersucht, inwieweit die Modellaussagen des zweiten Kapitels zu modifizieren sind (bzw. übertragen werden können), wenn die derzeit geltende einkommensteuerliche Behandlung von Wertpapiererträgen beim Anleger explizit berücksichtigt wird. Zu diesem Zweck wird zunächst die Behandlung finanzmarktbezogener Handlungen im deutschen Einkommensteuerrecht dargestellt und auf steuerliche Gestaltungsmöglichkeiten verwiesen. Anschließend werden die Finanzierungskosten und Marktwerte ausgewählter Finanzierungsformen bestimmt, wobei jeweils vorausgesetzt wird, daß sich die Besteuerung mit einem Grenzsteuersatz von s^* in den Marktpreisen niederschlägt. Dabei wird unterstellt, daß der repräsentative Anleger die Wertpapiere im Privatvermögen hält.[1]

Aufgrund der Vielfalt an Finanzinnovationen ist es nicht möglich, sämtliche Anlageformen im Detail zu untersuchen. Steuerlich lassen sich die Verstöße gegen Neutralität im Rahmen der Einkommensbesteuerung von Finanzanlagen jedoch auf wenige Grundformen beschränken, die jeweils mehrere Finanztitel in gleicher oder ähnlicher Weise betreffen. So sind zahlreiche Wertpapiere von der Steuerfreiheit von Kursgewinnen und -verlusten im Privatvermögen betroffen; die Auswirkungen werden hier am Beispiel festverzinslicher Schuldverschreibungen untersucht. Bei Zerobonds, niedrig verzinslichen Anleihen und Kombizins-Anleihen ergeben sich vergleichbare Steuerstundungseffekte durch das Zahlungszuflußprinzip, welche hier am Beispiel von Zerobonds untersucht werden. Schließlich wird am Beispiel von Optionsanleihen (insbesondere Optionsscheinen) auf die Steuerfreiheit "spekulativer" Finanztitel außerhalb von Spekulationsfristen eingegangen.

---

1 Für die bereits im letzten Kapitel behandelten Aktien kommt eine empirische Untersuchung von Bay (1990), S. 97 und 147 zu dem Ergebnis, daß der den marginalen Steuersatz bestimmende Grenzanleger privater Investor ist. Auch bei anderen Anlageformen (insbesondere solchen, die mit einer Begünstigung im Privatvermögen verbunden sind) sprechen empirische Beobachtungen für die Annahme eines marginalen Investors, der die Wertpapiere im Privatvermögen hält. Hierzu zählen z.B. Abschläge bei der Bruttorendite von Zerobonds (vgl. Eller (1995), S. 159) und der bei Anleihen mit gleicher Restlaufzeit, aber unterschiedlicher Nominalzinsausstattung auftretende "Kuponeffekt" (vgl. Lassak (1993) 161 ff.).

Die nachfolgenden Ausführungen sind auf den Zeitpunkt der Emission von Wertpapieren gerichtet, d.h. es wird untersucht, mit welcher Nominalverzinsung, Effektivverzinsung oder erwarteten Rendite die ausgegebenen Finanztitel mindestens ausgestattet sein müssen, um am Kapitalmarkt nachgefragt zu werden. Spezielle Probleme im Rahmen der Erstemission von Wertpapieren, z.B. das Underpricing-Phänomen[2], werden dabei nicht berücksichtigt, da sie nicht primär steuerlicher Natur sind.

A. Einkommensteuerrechtliche Behandlung privater Finanzanlagen

Nachfolgend wird die im Veranlagungszeitraum 1997 geltende einkommensteuerrechtliche Behandlung finanzmarktbezogener Handlungen in Grundzügen dargestellt.[3] Verzichtet wird auf eine ausführliche Darstellung besonderer Erhebungsformen der Einkommensteuer (wie z.B. Kapitalertragsteuer oder Zinsabschlagsteuer), da diese vorläufige Steuervorauszahlungen darstellen, welche im Rahmen der ESt-Veranlagung auf die Einkommensteuer angerechnet werden können.[4]

Die Besteuerung von Kapitaleinkünften war in der Vergangenheit zahlreichen Änderungen unterworfen. Zuletzt haben sich infolge des Mißbrauchsbekämpfungs- und Steuerbereinigungsgesetzes[5] (StMBG) weitreichende Veränderungen ergeben. Jedoch kann auch nach den zurückliegenden Reformen nicht davon ausgegangen werden, daß die im Urteil des Bundesverfassungsgerichts vom 27. Juni 1991 geforderte Gleichheit der Besteuerung von Einkünften aus Kapitalvermögen tatsächlich erreicht wurde.[6]

---

2 Vgl. hierzu etwa Smith (1986), S. 20 ff.; Neus (1994), S. 145 ff.

3 Dabei werden nur Personen mit Wohnsitz oder gewöhnlichem Aufenthalt im Inland (Steuerinländer) betrachtet, die mit ihren in- und ausländischen Kapitalerträgen in Deutschland der Besteuerung unterliegen.

4 Vgl. hierzu ausführlich Wagner/Rümmele (1995), S. 486 ff. Von Sonderfällen (z.B. steuerbefreiten Institutionen) abgesehen, in denen die Kapitalertragsteuer zur Definitivbelastung wird, sind gezahlte Kapitalertrag- oder Zinsabschlagsteuern (bei unterstellter Steuerehrlichkeit) aus ökonomischer Sicht allenfalls wegen ihres zeitlich vorgelagerten Anfalls relevant. Dieser Aspekt wird jedoch im folgenden nicht explizit berücksichtigt.

5 Gesetz vom 21.12.1993, BGBl. I 1993, S. 2310.

6 Vgl. Urteil des BVerfG vom 27.06.1991 - 2 BvR 1493/89, BVerfGE 84, S. 239 ff.

Die sachliche Einkommensteuerpflicht privater Finanzanlagen wird im wesentlichen durch § 2 Abs. 1 Nr. 5 i.V.m. § 20 EStG ("Einkünfte aus Kapitalvermögen") begründet, da die Verwaltung eines privaten Wertpapierbesitzes grundsätzlich keinen Gewerbebetrieb bildet. Darüber hinaus können finanzielle Dispositionen von Privatpersonen in Einzelfällen auch anderen steuerbaren Erwerbstätigkeiten zuzuordnen sein. Beispiele hierfür sind "Sonstige Einkünfte" gem. § 22 EStG oder "Einkünfte aus Gewerbebetrieb" im Falle einer Veräußerung von Teilen einer im Privatvermögen gehaltenen wesentlichen Beteiligung gem. § 17 EStG.

I. Einkünfte aus Kapitalvermögen

Zu den Einkünften aus Kapitalvermögen zählen "Zinsen, Entgelte und Vorteile, die unabhängig von ihrer Bezeichnung und der zivilrechtlichen Gestaltung bei wirtschaftlicher Betrachtung für die Überlassung von Kapitalvermögen zur Nutzung erzielt werden"[7]. Neben Zinsen und steuerlich gleichgestellten Entgelten aus Kapitalanlagen zählen hierzu Dividendenzahlungen (einschließlich KSt-Anrechnungsguthaben), verdeckte Gewinnausschüttungen, bestimmte Investment- und Versicherungserträge oder Einnahmen aus typischen stillen Beteiligungen.[8] Darüber hinaus kann im Rahmen des § 20 EStG in bestimmten Fällen auch bei Veräußerung oder Einlösung am Laufzeitende ein steuerpflichtiger Kapitalertrag entstehen. Rückzahlungen des eingesetzten Kapitals hingegen sind durchgehend steuerfrei.

Hinsichtlich der Besteuerung von Kapitaleinkünften gem. § 20 EStG gilt im Privatvermögen grundsätzlich das *Zuflußprinzip*: Kapitalerträge sind in dem Kalenderjahr anzusetzen, in dem die Einzahlung erfolgt, d.h. bei Erlangung der

---

7 Vgl. BMF-Schreiben v. 30.04.1993, IV B 4 - S 2252 - 480/93, DStR 1993, S. 801.

8 Einkünfte aus Kapitalvermögen bleiben steuerfrei, solange der Sparer-Freibetrag in Höhe von DM 6.000 (DM 12.000 bei zusammen veranlagten Ehegatten) nicht überschritten wird (§ 20 Abs. 4 EStG), wobei im Zuge der Steuerreform eine Halbierung des Freibetrags auf 3.000 DM geplant ist. Hinzu kommt ein Werbungskosten-Pauschalbetrag (§ 9a Satz 1 Nr. 2 EStG) von DM 100 (DM 200 bei Ehegatten). Die derzeitige Regelung führt bei ca. 80% der Steuerpflichtigen zu einer faktischen Steuerbefreiung von Kapitaleinkünften. Vgl. Eller (1995), S. 279. Dies bedeutet andererseits nicht, daß 80% der Kapitalerträge steuerfrei bleiben, da davon auszugehen ist, daß Anleger mit steuerpflichtigen Kapitaleinkünften im Durchschnitt über ein wesentlich höheres Anlagevolumen verfügen. Die folgenden Ausführungen beziehen sich somit nur auf Anleger, deren Sparer-Freibetrag bereits ausgeschöpft ist.

wirtschaftlichen Verfügungsmacht über die Einkünfte.[9] Aus diesem Grund sind etwa Kapitalerträge aus Zerobonds erst bei Fälligkeit zu versteuern, sofern keine vorherige Veräußerung der Wertpapiere erfolgt. In gleicher Weise können Werbungskosten bei den Einkünften aus Kapitalvermögen (z.B. Depotgebühren, aber auch Schuldzinsen für Kredite zur Anschaffung festverzinslicher Wertpapiere[10]) im Jahr der Auszahlung (§ 11 Abs. 2 Satz 1 EStG) geltend gemacht werden.

Konzeptionell werden Einkünfte aus Kapitalvermögen als sog. "Überschußeinkünfte" im deutschen Steuerrecht nach quellentheoretischen Grundsätzen[11] ermittelt. Als Ergebnis einer dauerhaften wirtschaftlichen Nutzung von "Einkommensquellen" werden der Besteuerung nur regelmäßig wiederkehrende Zahlungen zugrundegelegt. Damit erfaßt § 20 EStG grundsätzlich nicht die Vermögenswertänderungen einer Kapitalanlage.[12]

Ein sich hieraus ergebender Anreiz für Privatanleger, wirtschaftliche Vorteile aus Kapitalanlagen möglichst in Form nicht steuerbarer Vermögenssteigerungen zu erzielen, war ein wichtiger Grund für die Entstehung zahlreicher "Finanzinnovationen".[13] Unter steuerlichen Gesichtspunkten können hierunter Wertpapiere verstanden werden, bei denen steuerpflichtige Kapitalerträge in Kursgewinne transformiert oder Steuerzahlungen auf einen zeitlich günstigen Zeitpunkt verlagert werden.[14] Neben reinen Abzinsungspapieren (z.B. Zerobonds) sind hierzu niedrig verzinsliche Optionsanleihen, Kombizins- und Gleitzinsanleihen, Index-Anleihen, selbständige Optionsscheine usw. zu zählen.

---

9 Eine Ausnahme besteht bei regelmäßig wiederkehrenden Einnahmen bzw. Ausgaben, die kurze Zeit (10 Tage) vor oder nach dem Jahresende anfallen - diese sind gem. §§ 11 Abs. 1 Satz 2, 11 Abs. 2 Satz 2 EStG dem Kalenderjahr zuzuordnen, in dem sie wirtschaftlich entstanden sind.

10 Vgl. BFH-Urteil vom 21.07.1981 - VIII R 200/78, BStBl. II 1982, S. 40 f. Voraussetzung hierfür ist, daß "auf Dauer gesehen ein Überschuß der Einnahmen über die Ausgaben erwartet werden kann."

11 Vgl. Richter (1995), S. 22 ff.; Tipke/Lang (1995), S. 393.

12 Vgl. BFH-Urteil vom 02.03.1993 - VIII R 13/91, BFHE 171, S. 50; Tipke/Lang (1995), S. 393 f. Auch der Erhalt bzw. die Veräußerung von Bezugsrechten findet - sofern keine Spekulationsgeschäfte vorliegen - auf der nicht steuerbaren privaten Vermögensebene statt; vgl. auch Heuer (1992), S. 329. Dies gilt jedoch nur für Aktienbezugsrechte: Bezugsrechte auf Fremdkapitaltitel (z.B. Gewinnschuldverschreibungen) sind in Höhe des Marktwerts des Bezugsrechts steuerlich als Gewinnausschüttung an die Aktionäre zu erfassen. Vgl. hierzu Breker (1993), S. 65 und S. 134.

13 Vgl. Ramsler (1993), S. 429 ff. zu weiteren Gründen für das umfangreiche Angebot an Finanzinnovationen (z.B. Marktregulierungen, erhöhte Volatilitäten).

14 Vgl. Wagner/Rümmele (1995), S. 498.

Durch verschiedene Gesetzesänderungen - zuletzt die Neufassung der §§ 20 Abs. 1 Nr. 7 EStG und 20 Abs. 2 Nr. 4 EStG im Zuge des StMBG[15] - wurden die steuerlichen Gestaltungsmöglichkeiten durch innovative Finanzierungsinstrumente zwar zum Teil erheblich eingeschränkt. Gleichzeitig wurden aber neue Wahlrechte und Ausnahmetatbestände geschaffen, welche den vermuteten Intentionen des Gesetzgebers nicht gerecht werden. Außerdem verbleiben bereits zuvor bestehende Steuervergünstigungen und Besteuerungslücken. Es gelten folgende Besteuerungsgrundsätze:[16]

(1) Bezogen auf die gesamte Laufzeit besteht das Entgelt für die Kapitalüberlassung sowohl im laufenden Zinsertrag als auch in der Differenz zwischen Ausgabe- und Rückzahlungsbetrag (Emissionsdiskont). Mit dieser Regelung soll verhindert werden, daß Teile der Vergütung für die Kapitalüberlassung in Form ex ante sicherer Kursgewinne (Quasi-Zinsen) steuerfrei vereinnahmt werden können. Deshalb sind bei Anleihen, die (wie Zero-Bonds oder niedrig verzinsliche Anleihen) abgezinst ausgegeben (oder aufgezinst zurückgezahlt) werden, gem. § 20 Abs. 2 Nr. 4a EStG neben eventuellen Zinszahlungen auch Gewinne aus der Veräußerung oder der Rückgabe der Papiere grundsätzlich besitzzeitanteilig zu versteuern.[17] Aus Vereinfachungsgründen wird bei niedrig verzinslichen Wertpapieren allerdings in denjenigen Fällen auf eine Erfassung von Kursgewinnen verzichtet, in denen das Emissionsdisagio bestimmte laufzeitabhängige Freigrenzen nicht überschreitet.[18] Bei darüber hinausgehenden Abweichungen zwischen Ausgabe- und Rückzahlungsbetrag wird hingegen der auf den Zeitraum des Wertpapierbesitzes entfallende Gewinn in voller Höhe als Kapitalertrag erfaßt.

Die Intention dieser Regelung besteht offensichtlich darin, ein Disagio steuerfrei zu stellen, sofern es im Vergleich zu den Zinszahlungen aus einer Schuldver-

---

15 Vgl. Art. 1 Nr. 15 StMBG v. 21.12.1993, BGBl. I 1993, S. 2310 ff.

16 Auf spezielle Regelungen wird im Rahmen der anschließenden Behandlung noch eingegangen.

17 Dies stellt eine Ausnahme von der grundsätzlichen steuerlichen Unbeachtlichkeit von Sekundärmarktgeschäften dar. Erwirbt hingegen ein privater Anleger eine bereits umlaufende Festzinsanleihe zu einem Kurs, der unter dem Rückzahlungskurs liegt, so bleiben Kursgewinne steuerfrei, obwohl diese bei Halten der Anleihe bis zum Laufzeitende sicher sind.

18 Vgl. BMF-Schreiben vom 24.11.1986, BStBl. I 1986, S. 539 f. zur sog. "Disagiostaffel". Beispielsweise kann bei einer Laufzeit bis unter zwei Jahren ein Disagio in Höhe von 1%, bei einer Laufzeit ab zehn Jahren ein Disagio in Höhe von 6% steuerfrei vereinnahmt werden.

schreibung nicht ins Gewicht fällt. Umstritten ist, ob diese Regelung auch bei sog. Kurzläufern anwendbar ist. Gemäß dem Wortlaut des Disagioerlasses ist nämlich auch bei Laufzeiten von weniger als einem Jahr ein steuerfreies Abgeld von einem Prozent möglich. Damit ließen sich aber auf ein Jahr gerechnet steuerfreie Renditen erzielen, die weit mehr als 1 Prozent betragen können. Von einer geringen Bedeutung des Disagios im Verhältnis zur Zinszahlung kann in diesem Fall nicht mehr gesprochen werden. Zur Beseitigung hierauf aufbauender Steuersparmodelle wurde vorgeschlagen, ein Emissionsdisagio bei kurzfristigen Schuldverschreibungen nur in denjenigen Fällen unversteuert zu lassen, in denen es bezogen auf eine einjährige Laufzeit höchstens ein Prozent beträgt.[19]

(2) Bei Veräußerung eines noch nicht fälligen Wertpapiers kann ein steuerpflichtiger Kapitalertrag entstehen, wenn Kurswertänderungen eines Finanztitels auf dessen Zins- oder Rückzahlungsstruktur zurückzuführen sind. Neben abgezinst emittierten Wertpapieren sind hiervon auch Anleiheformen mit besonderer Entgeltgestaltung, z.B. ungleichmäßiger Zinsausstattung (Kombizins-Anleihen, Gleitzins-Anleihen) betroffen, bei denen nicht die Differenz zwischen Ausgabe- und Rücknahmekurs, sondern die auf die Zinszahlungsstruktur dieser Papiere zurückzuführende Kursentwicklung im Zeitablauf im Vordergrund steht. Zweck dieser steuerlichen Erfassung von Sekundärmarktgeschäften ist die Unterbindung von Arbitragegeschäften, bei denen unterschiedliche Einkunftsermittlungsmethoden gezielt zur Steuervermeidung eingesetzt werden.

Sofern die aufgelaufenen Zinsen nicht in Form von Stückzinsen, sondern durch einen höheren Kurswert vergütet werden, bestand in der Vergangenheit für Privatanleger eine Möglichkeit zur Steuervermeidung darin, die temporären Kursgewinne durch Veräußerung unmittelbar vor dem Zufluß von Erträgen steuerfrei zu realisieren. Als Erwerber kamen insbesondere Bilanzierungspflichtige in Frage, welche die Differenz zwischen dem höheren Erwerbskurs und dem niedrigeren Rücknahmekurs steuerlich in Form von Teilwertabschreibungen geltend machen können.[20]

Mit der geltenden gesetzlichen Regelung wurde diese Lücke weitgehend geschlossen: Auch bei diesen Finanztiteln ist im Falle einer Veräußerung vor Fällig-

---

19 Vgl. Wagner, S. (1996), S. 104 f.

20 Vgl. Wagner/Wangler (1992), S. 2407.

keit ein Kapitalertrag in Höhe des Veräußerungsgewinns zu versteuern. Etwaige in Rechnung gestellte Stückzinsen sind hierbei zu berücksichtigen, um eine Doppelbesteuerung zu vermeiden (§ 20 Abs. 2 Nr. 4 Satz 3 EStG).

(3) Bei der Ermittlung des in den obengenannten Fällen bei einer Veräußerung entstehenden Kapitalertrags hat der Steuerpflichtige faktisch ein Wahlrecht:[21]

(a) Bei einer Berechnung auf der Grundlage der "Emissionsrendite" (d.h. der Effektivverzinsung, die erzielt werden kann, wenn das Papier über die gesamte Laufzeit gehalten wird) werden rechnerische Anschaffungs- und Veräußerungskurse ermittelt, aus deren Unterschied der steuerpflichtige Kapitalertrag abgeleitet wird.[22] Bei der Ermittlung des steuerpflichtigen Kursgewinns wird somit auf eine fiktive Wertentwicklung abgestellt, bei der Markteinflüsse (wie z.B. zinsänderungsbedingte Kursdifferenzen) steuerlich unbeachtlich bleiben. Voraussetzung für den Nachweis der Emissionsrendite ist aber, daß diese bereits im Zeitpunkt der Emission mit Sicherheit feststellbar ist.

(b) Hingegen wird der Kapitalertrag nach der "Marktrendite" bestimmt, wenn der Steuerpflichtige auf eine Angabe der Emissionsrendite verzichtet. In diesem Fall ist die Differenz der tatsächlichen Anschaffungs- und Verkaufskurse (bzw. Rückgabekurs bei Einlösung am Ende der Laufzeit) als steuerpflichtige Einnahme anzusetzen. Damit werden über den Emissionsdiskont hinaus sämtliche Einflußfaktoren, etwa Schwankungen des Marktzinssatzes oder eine Änderung der Bonität des Emittenten, steuerlich erfaßt.[23] Ein Veräußerungs- oder Einlösungsverlust (negative Marktrendite) kann entsprechend bei den Einkünften aus Kapitalvermögen abgezogen werden.

(4) Soweit bei der Veräußerung Stückzinsen in Rechnung gestellt werden, d.h. der Erwerber die auf die Besitzzeit des Verkäufers entfallenden Zinsen gesondert vergütet, werden diese beim Veräußerer steuerlich als Kapitaleinkünfte erfaßt (§ 20 Abs. 2 Nr. 3 EStG). Entsprechend stellen gezahlte Stückzinsen im Jahr der Verausgabung negative Einkünfte aus Kapitalvermögen dar.

---

21 Vgl. § 20 Abs. 2 Nr.4 EStG; Weitbrecht (1995), S. 443.

22 Ausführliche Darstellung bei Wagner/Rümmele (1995), S. 496.

23 Aus diesem Grund ist bei im Besitzzeitraum gestiegenen Marktzinsen tendenziell der Ansatz der Marktrendite, bei gefallenen Marktzinssätzen die Verwendung der Emissionsrendite günstiger.

Die Berechnung von Stückzinsen verhindert (zumindest bei konstantem Zinsniveau), daß bei Anleihen Kurssteigerungen aufgrund des zeitlichen Näherrückens des Zinstermins stattfinden. Idealerweise ergeben sich somit bei festverzinslichen Anlagen nur dann steuerlich unbeachtliche Veräußerungsgewinne oder -verluste, wenn Kursänderungen auf marktbestimmte Einflußfaktoren (z.B. Änderungen des Zinsniveaus) zurückgehen. Vor diesem Hintergrund ist bei Wertpapieren mit Stückzinsberechnung auch keine steuerliche Berücksichtigung unterjähriger Veräußerungen erforderlich.

Anders ist dies bei "flat" gehandelten Schuldverschreibungen zu beurteilen, bei denen keine Stückzinsen in Rechnung gestellt werden, sondern aufgelaufene Zinsen durch einen höheren Kurswert vergütet werden. Hierzu zählen z.B. Auslandsanleihen und Kapitalforderungen, bei denen die Höhe der Erträge von einem ungewissen Ereignis abhängt (z.B. Indexanleihen), da hier aufgrund der unsicheren Zinszahlung keine Ermittlung von Stückzinsen möglich ist. In diesen Fällen stellen die Veräußerungsgewinne steuerpflichtige Kapitalerträge dar.

Eine in § 20 Abs. 2 Satz 5 EStG geregelte Ausnahme besteht für Gewinnobligationen und Genußrechte[24], welche ebenfalls "flat" gehandelt werden, weil die Höhe des (gewinnabhängigen) Entgelts nicht vorab bekannt ist.[25] Werden diese Papiere kurz vor dem Ausschüttungstermin veräußert, so kann - ähnlich wie bei Aktien - die im Kurswert enthaltene Erfolgsbeteiligung steuerfrei vereinnahmt werden.[26]

(5) Einkünfte aus Kapitalvermögen liegen auch dann vor, wenn nur die Rückzahlung des überlassenen Kapitals oder nur die Zinszahlung fest zugesagt ist. Ist die Kapitalrückzahlung garantiert, so wird jede darüber hinausgehende (auch unsichere) Zahlung als steuerpflichtiger Kapitalertrag eingestuft[27] (z.B. bei Floating Rate Notes und Index-Anleihen mit zugesicherter Kapitalrückzahlung). Ist zwar das Entgelt für die Kapitalüberlassung fest vereinbart, der Rückzahlungsbetrag jedoch unsicher (z.B. Anleihen mit indexabhängiger Kapitalrückzah-

---

24 Vgl. auch Westphal (1995), S. 46 ff. zur steuerlichen Behandlung von Genußscheinen bei Privatanlegern.

25 Diese Besteuerungsausnahme ist darauf zurückzuführen, daß im Falle einer Veräußerung eine Besteuerung nur nach der Marktrendite, nicht jedoch nach der Emissionsrendite möglich wäre.

26 Vgl. Harenberg/Irmer (1994), S. 8974.

27 Vgl. Schultz (1994), S. 318.

lung), so sind nach § 20 Abs. 1 Nr. 7 EStG die jährlich anfallenden Zinsen zu versteuern.[28] Eine Kapitalrückzahlung unter pari führt dabei zu steuerlich berücksichtigungsfähigen negativen Einnahmen.[29]

Auch Erträge aus per se spekulativen Finanztiteln, die zusammengefaßt einen sicheren Ertrag garantieren (synthetische Diskontpapiere), werden einkommensteuerlich erfaßt. Ein Beispiel für synthetische Abzinsungspapiere sind sog. Capped Warrants. Hierbei werden mit Preisbegrenzungen ausgestattete Kauf- und Verkaufsoptionen in einer Weise kombiniert, bei der die Kapitalgeber am Ende der Laufzeit eine Rückzahlung in Höhe des eingesetzten Kapitalbetrags zuzüglich Zinsen erhalten. Da sich die Einzelwerte der in diesem Bündel enthaltenen Optionsscheine bei Kursänderungen des Basiswerts gerade gegenläufig entwickeln, ist der Wert einer Capped Warrant-Kombination während der gesamten Laufzeit unabhängig von der Wertentwicklung des Basistitels; bei Fälligkeit kann deshalb ein im voraus bekannter Ertrag erzielt werden. Damit entsprechen Capped Warrants bei wirtschaftlicher Betrachtung Nullkuponanleihen.

Hier besteht nun eine Einkommensteuerpflicht, wenn beide Optionsscheine gleichzeitig veräußert werden.[30] Voraussetzung für die steuerliche Erfassung ist aber, daß es sich um eine Kombination von Finanzinstrumenten desselben Emittenten handelt.[31] Die Entstehung steuerpflichtiger Kapitalerträge kann deshalb vermieden werden, wenn die Capped Warrant-Kombination vor dem Verfalltag durch sukzessive Veräußerung der Einzelkomponenten aufgelöst wird[32], wenn Optionsscheine mit unterschiedlichen, aber hoch korrelierten Basiswerten[33] kombiniert werden oder wenn Finanztitel von unterschiedlichen Emittenten erworben werden. Sofern hierzu geeignete Finanztitel verfügbar sind, kann im zweiten Fall sogar eine durchgehend risikolose Position ohne steuerliche Folgen eingegangen werden.[34]

---

28 Vgl. auch Scheurle (1994), S. 446.

29 Vgl. Scheurle (1994), S. 446.

30 Vgl. BMF-Schreiben vom 10.11.1994 - IV B 3 S 2256 - 34/94, BStBl I, S. 818, Rz. 22.

31 Vgl. KPMG (1995), S. 21.

32 Vgl. Hamacher (1995), S. 783; Mauritz (1995), S. 702.

33 Hierbei kann z.B. an einen Call-Optionsschein auf den DAX und einen Put-Optionsschein auf den FAZ-Index gedacht werden. Vgl. Jonas (1993), S. 2423.

34 Vgl. Mauritz (1995), S. 702; KPMG (1995), S. 172.

(6) Erträge aus Kapitalforderungen mit rein spekulativem Charakter (d.h. unsichere Rückzahlung und unsichere Auszahlung eines bestimmten Ertrags, z.B. Optionen oder Optionsscheine) sind steuerfrei, soweit von Spekulationsgewinnen abgesehen wird.[35] Dies wird bei Optionsgeschäften mit einer fehlenden "Vergütung für den Gebrauch eines auf Zeit überlassenen Kapitals"[36] begründet. Gemessen an einer neutralen Einkommensbesteuerung liegt bei derartigen riskanten Anlageformen freilich eine Steuerbegünstigung aus Sicht des Erwerbers vor.

Die Inanspruchnahme dieses Steuervorteils setzt nicht einmal voraus, daß ein (über Ausfallrisiken hinausgehendes) Risiko eines Kapitalverlusts eingegangen wird. Es sind nämlich Konstruktionen möglich, bei denen ein steuerfreier Mindestertrag erzielt wird, der über dem Nettoertrag einer steuerpflichtigen festverzinslichen Anlage liegt. Dies ist z.B. im Rahmen der Portfolio Insurance (Absicherung einer Kassaposition durch den Erwerb von Put-Optionen) möglich, wenn Verkaufsoptionen mit hohem Basispreis erworben werden.[37]

(7) Investiert ein Privatanleger in Anteile eines Investmentfonds, so zählen die daraus erzielten Erträge gemäß § 39 Abs. 1 Satz 1 KAGG ebenfalls zu den Einkünften aus Kapitalvermögen. Dabei gelten dieselben Grundsätze wie bei einer Direktanlage in Wertpapieren: Die Erträge des Fonds sind einkommensteuerpflichtig, soweit sie aus ordentlichen Erträgen (Zinsen, Dividenden o.ä.) stammen. Demgegenüber sind die im Ertrag enthaltenen außerordentlichen Erträge (realisierte Kursgewinne oder Bezugsrechtserlöse) steuerfrei. Beides gilt unabhängig davon, ob es sich um ausschüttende oder (teil-)thesaurierende Fonds handelt. Während im ersten Fall die ordentlichen Erträge im Zuflußjahr zu versteuern sind, hat im zweiten Fall ein Anteilsscheininhaber ordentliche Erträge in dem Jahr zu versteuern, in dem diese von der Kapitalanlagegesellschaft vereinnahmt werden.[38] Ein Zufluß der Erträge beim Privatanleger ist damit - abweichend vom Grundsatz des Zuflußprinzips - nicht Voraussetzung für deren Einkommensteuerpflicht.[39]

---

35 Vgl. Harenberg/Irmer (1994), S. 8969; Scheurle (1994), S. 446; Schultz (1994), S. 318.

36 Fleischmann (1996a), S. 52.

37 Vgl. Braun (1993), S. 327.

38 Vgl. § 39 Abs. 1 Satz 2 KAGG.

39 Vgl. Wagner/Rümmele (1995), S. 492.

Im Falle einer Veräußerung von Fondsanteilen werden auch die gegebenenfalls im Veräußerungserlös enthaltenen Zwischengewinne der Einkommensteuer unterworfen.[40] Darin sind beispielsweise die dem Investmentfonds zugeflossenen Einnahmen enthalten, die vom Anteilsscheininhaber noch nicht zu versteuern waren. Auch in dieser Hinsicht liegt kein grundsätzlicher Unterschied zur Besteuerung von Kapitaleinkünften beim direkten Erwerb von Wertpapieren vor.[41]

II. Sonstige Formen der Einkommensbesteuerung privater Finanzanlagen

1. Veräußerung von Teilen einer wesentlichen Beteiligung

Anteilsveräußerungen von Privatpersonen sind nach § 17 EStG einkommensteuerpflichtig, wenn ein Anteilseigner innerhalb der letzten fünf Jahre wesentlich (d.h. unmittelbar oder mittelbar zu mehr als 25%) am Kapital einer Gesellschaft beteiligt war.[42] Sofern ein anteiliger Freibetrag (§ 17 Abs. 3 EStG) überschritten wird, entstehen Einkünfte aus Gewerbebetrieb. Gewinne aus der Veräußerung von Teilen einer wesentlichen Beteiligung werden als außerordentliche Einkünfte gemäß § 34 Abs. 2 EStG bis zu einem Betrag von 30 Mio. DM ermäßigt besteuert.

Bei einer wesentlichen Beteiligung im Privatvermögen ist eine steuerliche Berücksichtigung von Verlusten seit dem Veranlagungszeitraum 1996 nur noch möglich, wenn die Beteiligung mindestens 5 Jahre seit ihrem entgeltlichen Erwerb oder (falls das Unternehmen jünger ist) seit Gründung bestand. Damit können nicht wesentlich beteiligte Anteilseigner im Privatvermögen entstandene

---

40 Dies gilt innerhalb und außerhalb der Spekulationsfrist. Da jedoch Zwischengewinne nur einen Teil des Unterschiedsbetrages zwischen Veräußerungs- und Erwerbspreis enthalten, kann innerhalb der Spekulationsfrist ein zusätzlicher steuerpflichtiger Gewinn zu berücksichtigen sein. Vgl. auch Wagner/Rümmele (1995), S. 492.

41 Steuervorteile aus der Sicht von Investmentfonds sind aber darin zu sehen, daß Veräußerungsgewinne bei der Kapitalanlagegesellschaft nicht der Besteuerung nach § 23 EStG unterliegen. Insofern können Investmentfonds bei Kauf- und Verkaufsentscheidungen wesentlich flexibler agieren als Privatanleger.

42 Die frühere "Bagatellgrenze", wonach Verkäufe von Anteilen nur erfaßt wurden, wenn sie mindestens 1% des Gesellschaftskapitals umfaßten, ist durch Art. 1 Nr. 22 des JStG 1996 entfallen.

Wertminderungen nicht mehr durch einen kurzfristigen Zukauf von Anteilen steuerlich geltend machen.[43]

2. "Sonstige Einkünfte" nach § 22 EStG

Infolge finanzmarktbezogener Dispositionen von Privatpersonen können schließlich auch "Sonstige Einkünfte" nach § 22 EStG entstehen. Hierzu zählen Einkünfte aus Spekulationsgeschäften (§ 22 Nr. 2 i.V.m. § 23 EStG) und Einkünfte aus sonstigen Leistungen (22 Nr. 3 EStG).

Bei Spekulationsgeschäften ist eine weitere Ausnahme von der grundsätzlichen Einkommensteuerfreiheit privater Veräußerungshandlungen gegeben. Hierdurch sollen realisierte Kursgewinne erfaßt werden, welche durch kurzfristige Umschichtungen von Geldkapital an Finanzmärkten erzielt werden.[44] Dabei löst die Veräußerung von Wertpapieren eine ESt-Pflicht nach § 23 EStG aus, wenn zwischen Anschaffung und Veräußerung nicht wenigstens sechs Monate liegen.[45] Verluste aus Spekulationsgeschäften dürfen über die Höhe sonstiger Spekulationsgewinne des Steuerpflichtigen hinaus nicht ausgeglichen werden (§ 23 Abs. 4 Satz 3 EStG).[46]

Mit dieser Regelung können beliebige Finanztitel - z.B. auch die nicht von der Besteuerung von Kapitaleinkünften erfaßten derivativen Finanztitel - der Einkommensteuer unterliegen, soweit sie innerhalb der Sechsmonatsfrist angekauft und weiterveräußert werden.[47] Gerade im Hinblick auf Optionen sind vielfältige Kriterien entwickelt worden, unter denen steuerpflichtige Spekulationsgewinne entstehen.[48]

---

[43] Vgl. Bering (1995), S. 1822; Gratz/Müller (1996), S. 284.

[44] Vgl. Richter (1995), S. 131.

[45] Zu beachten ist dabei eine Freigrenze gem. § 23 Abs. 4 Satz 2 EStG in Höhe von DM 1.000.

[46] Treffen die Kategorien "wesentliche Beteiligung" und "Spekulationsgeschäft" gleichzeitig zu, so hat gem. § 23 Abs. 2 Satz 2 EStG das Spekulationsgeschäft Vorrang vor dem Veräußerungsverlust.

[47] Vgl. Richter (1995), S. 131.

[48] Vgl. BMF-Schreiben vom 10.11.1994 - IV B 3 S 2256 - 34/94; BStBl. I, S. 816; Mauritz (1995), S. 698 ff.; Hamacher (1995), S. 777 ff.; Fleischmann (1996a); ders. (1996b).

Unabhängig vom Tatbestand des Spekulationsgeschäfts können bei finanzmarktorientierten Handlungen Einkünfte aus "Sonstigen Leistungen" zu verzeichnen sein. Diese sind vor allem im Zusammenhang mit sog. innovativen Finanzinstrumenten von Bedeutung, welche nicht als "Überlassung von Geldkapital zur Nutzung durch einen Dritten i.S.d. § 20 EStG"[49] qualifiziert werden können. So wird z.B. beim Verkauf von Optionen die Stillhalterprämie als "Entgelt für eine sonstige Leistung" im Sinne des § 22 Nr. 3 EStG der Einkommensteuer unterworfen.[50]

---

49 Richter (1995), S. 135.

50 Vgl. BMF-Schreiben vom 10.11.1994 - IV B 3 S 2256 - 34/94; BStBl. I, S. 816, hier Rdnr. 13 bis 16.

B. Der Einfluß der Besteuerung auf die Bewertung und die Finanzierungskosten festverzinslicher Anleihen

In diesem Abschnitt wird eine festverzinsliche Anleihe ohne Insolvenzrisiko betrachtet, die in Teilschuldverschreibungen gestückelt am Kapitalmarkt ausgegeben und gehandelt wird. Es wird angenommen, daß die Anleihe zum Nennwert ausgegeben und gesamtfällig zurückgezahlt wird, so daß Effektiv- und Nominalverzinsung bei Emission übereinstimmen.[51] Soweit steuerliche Wirkungen bereits im Zeitpunkt der Emission zu berücksichtigen sind, schlagen sich diese in Anpassungen der Nominalverzinsung nieder, d.h. gesucht wird derjenige Nominalzinssatz i_K, bei welchem der Preis P_K der Kuponanleihe zum Zeitpunkt der Emission dem Rückzahlungskurs (= Nennwert) entspricht. Da die Anleihe annahmegemäß keinem Ausfallrisiko[52] unterliegt, entspricht die Nominalverzinsung außerdem der erwarteten Verzinsung der Anleihe und kann daher als geeignete Größe für den Finanzierungskostensatz der Schuldverschreibung zum Zeitpunkt der Emission angesehen werden.

Festzinsanleihen kommen dem Ideal einer neutral besteuerten Anlageform relativ nahe[53]: Unter der Voraussetzung eines konstanten, deterministischen Zinsniveaus entspricht die Zinszahlung bei zu pari begebenen Schuldverschreibungen genau der Verzinsung des Ertragswerts. Die steuerneutrale Struktur festverzinslicher Finanzanlagen geht hingegen verloren, wenn fristigkeitsabhängige oder stochastische Zinssätze vorliegen, weil zinsänderungsbedingte Kursschwankungen im Rahmen der Einkommensbesteuerung privater Finanzanlagen nicht erfaßt werden.

---

51 Von einem Emissionsdisagio, welches zur Feineinstellung der Effektivverzinsung bei Ausgabe der Emission erforderlich sein kann (und dessen Inanspruchnahme innerhalb der in der Disagiostaffel angegebenen Grenzen vorteilhaft ist) wird hier aus Vereinfachungsgründen abgesehen.

52 Auch im Falle eines erstklassigen Rating liegen die Zinssätze für festverzinsliche Wertpapiere privater Unternehmen in der Regel noch geringfügig über denjenigen risikoloser Staatsanleihen. Vgl. Süchting (1995), S. 248 und S. 449. Von dieser Differenz wird im folgenden jedoch abgesehen.

53 Vgl. Wagner/Dirrigl (1980), S. 39.

I. Auswirkungen fristigkeitsabhängiger Marktzinssätze

Bei beliebiger Zinsstruktur kann der Preis eines nach *T* Perioden gesamtfälligen festverzinslichen Wertpapiers, dessen Nennwert und Rückzahlungskurs übereinstimmen, vor Steuern wie folgt bestimmt werden:[54]

$$(3.1) \quad P_K = \sum_{t=1}^{T} \frac{i_K \cdot NW}{\prod_{i=1}^{t} (1 + r_f(i))} + \frac{NW}{\prod_{i=1}^{T} (1 + r_f(i))}$$

Hier bezeichnen i_K den Nominalzinssatz der Anleihe und $r_f(t)$ (bzw. $r_f(i)$ im vorliegenden Fall) den Forward-Zinssatz für eine einperiodige risikolose Mittelanlage während Periode t. Es wird davon ausgegangen, daß die zukünftigen Zinssätze entweder mit Sicherheit bekannt sind[55] oder daß eine Konstruktion deterministischer Terminzinssätze durch den Abschluß von Forward Rate-Agreements[56] möglich ist.[57]

Der Nominalzinssatz einer mehrperiodigen Kuponanleihe kann als periodenkonstante "Durchschnittsverzinsung" interpretiert werden, die bei einer nichtflachen Zinsstruktur in einzelnen Perioden vom Terminzinssatz abweicht. Da aber der Terminzinssatz der jeweiligen Betrachtungsperiode maßgebend für die Wertänderung gegenüber der Vorperiode ist, erfaßt eine auf die Besteuerung der nominalen Zinszahlung beschränkte Einkommensteuer nicht die Ertragswertänderungen der Anleihe. Sie wirkt deshalb bei steigender, fallender oder schwankender Zinsstruktur auch nicht neutral.[58]

---

54 Vgl. etwa Gebhardt (1993), S. 458.

55 In diesem Fall stimmen die Forward Rates mit den künftigen Spot Rates überein. Vgl. Cox/Ingersoll/Ross (1985), S. 385.

56 Forward Rate Agreements (FRA) sind außerbörslich kontrahierte Zinstermingeschäfte, bei denen sich die Vertragspartner zu einer zukünftigen Zinsausgleichszahlung verpflichten. Vgl. Wiedemann/Nolte (1994), S. 638; Schulte (1996), S. 160. Der Verkäufer verpflichtet sich auf Basis eines festgeschriebenen Nominalbetrags zur Zahlung eines Referenzzinssatzes (z.B. LIBOR), der zu Beginn des künftigen Zeitraums festgestellt wird. Er erhält im Gegenzug vom Käufer die Zahlung des vereinbarten Forward-Zinssatzes (bezogen auf denselben Nominalbetrag und denselben zukünftigen Zeitraum).

57 Vor Steuern würde eine synthetische Konstruktion der Forward-Zinssätze zum gleichen Ergebnis führen. Diese kann jedoch nach Steuern nicht mehr uneingeschränkt als Substitut angesehen werden. Der Grund hierfür ist, daß eine synthetische Konstruktion im Ergebnis auf der Grundlage desjenigen marginalen Steuersatzes erfolgt, der für die Preisbildung maßgeblich ist.

58 Vgl. hierzu auch Schneider (1992), S. 297 f.

Wird beispielsweise die in nachfolgender Tabelle angegebene steigende Struktur einperiodiger Terminzinssätze unterstellt, so wäre bei einer zum Nennwert (*NW* = 100%) emittierten Anleihe mit gesamtfälliger Tilgung nach sieben Jahren vor Berücksichtigung steuerlicher Aspekte (bzw. für $s = 0$) ein Nominalzinssatz von i_K = 7,35% pro Jahr anzusetzen. Denn bei diesem Zinssatz stimmen laut Gleichung (3.1) Nennwert und Emissionskurs überein.

t	0	1	2	3	4	5	6	7
$r_f(t)$		6%	6,5%	7%	7,5%	8%	8,5%	9%
$P_K(t)$	100	98,65	97,71	97,19	97,13	97,55	98,49	100

Tab. 3.1: Struktur der einperiodigen Terminzinssätze und Entwicklung des Forward-Kurses der Anleihe

In diesem Fall wäre die Wertentwicklung der Anleihe durch (ex-Kupon-)Forward-Kurse $P_K(t)$ gekennzeichnet, die zwischen Emission und Endfälligkeit durchgehend unter dem Nennwert liegen. Um Neutralität der Besteuerung zu gewährleisten, wäre am Ende jeder Periode neben der Zinszahlung (hier in Höhe von 7,35% des Nennwerts) die Ertragswertänderung gegenüber der Vorperiode bei der Steuerbemessungsgrundlage zu erfassen. Die Ertragswertänderungen addieren sich hier zwar über die gesamte Laufzeit zu null. Da jedoch in zeitlicher Abfolge Ertragswertabschreibungen vor den entsprechenden Zuschreibungen vorzunehmen wären, würde im betrachteten Beispiel der Barwert der Steuerzahlungen gemindert, wenn die Wertänderungen steuerlich zu berücksichtigen wären.

Da bei Finanzanlagen im Privatvermögen aber nur das Entgelt für die Kapitalüberlassung (hier in Form der jährlichen Zinszahlungen) besteuert wird, liegt im vorliegenden Beispiel eine Steuerbenachteiligung vor, die dazu führt, daß die Kuponanleihe in t=0 bei einem Nominalzinssatz von 7,35% von jedem Privatanleger mit $0 < s < 1$ unter pari bewertet wird. Vor einer Anpassung des Bruttozinssatzes wird die Anleihe für steuerpflichtige Investoren durch wiederholte einperiodige Anlagen zu den Terminzinssätzen dominiert.

Aufgrund der nichtneutralen Besteuerung hängt die Bewertung der Anleihe somit von den Steuereigenschaften des Anlegers ab. Das Bewertungsmodell ist deshalb in Abhängigkeit vom Grenzsteuersatz des Investors wie folgt zu modifizieren:

$$(3.2) \quad V_{K,s} = \sum_{t=1}^{T} \frac{(1-s)\cdot i_K \cdot NW}{\prod_{i=1}^{t}(1 + r_f(i)\cdot(1-s))} + \frac{NW}{\prod_{i=1}^{T}(1 + r_f(i)\cdot(1-s))}$$

Beträgt der Nominalzinssatz wie im obigen Beispiel 7,35% p.a., so zeigt sich, daß die Anleihe bei steigender Zinsstruktur für alle Steuersätze $0 < s < 1$ mit einem Betrag unter dem Nennwert bewertet wird. Diese Situation ist graphisch durch die untere Kurve in Abb. 3.1 veranschaulicht.

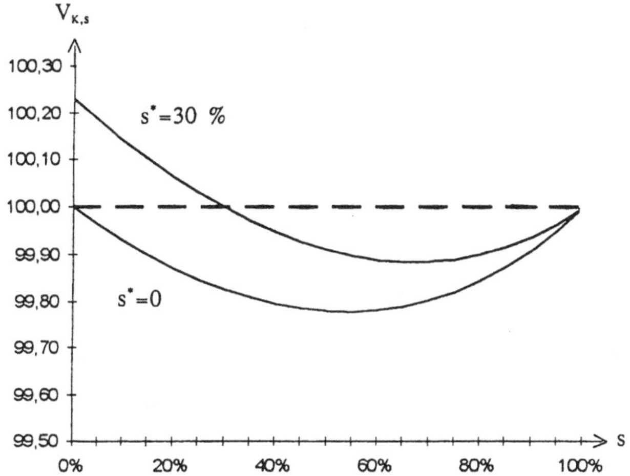

Abb. 3.1. Steuersatzabhängige Bewertung einer festverzinslichen Schuldverschreibung zum Emissionszeitpunkt vor und nach einer Anpassung des Nominalzinssatzes (steigende Zinsstruktur)

Von steuerpflichtigen Anlegern wird die Kuponanleihe deshalb nur dann nachgefragt, wenn sie mit einer höheren Nominalverzinsung ausgestattet ist.[59] Wird etwa der jährliche Kuponzins bei unverändertem Emissionskurs auf i_K = 7,40%

[59] Dieser Effekt entspricht nicht dem sog. Kuponeffekt bei bereits emittierten festverzinslichen Wertpapieren gleicher Restlaufzeit, nach dem Kuponanleihen mit niedrigerem Kupon gegenüber Kuponanleihen mit höherem Kupon "überbewertet" sind, wenn ein Modell ohne Steuern zugrundegelegt wird (vgl. Lassak (1993), S. 162 ff.).

angehoben, so stellt sich eine Situation ein, welche graphisch durch die obere Kurve in Abb. 3.1 dargestellt ist. Vorteilhaft ist der Erwerb der Anleihe dann für Anleger mit Grenzsteuersätzen bis $s^* = 30\%$, während Investoren mit höherem Steuersatz wie zuvor die alternative Anlagestrategie (d.h. aufeinanderfolgende einperiodige Kapitalmarktanlagen) bevorzugen.

Im theoretischen Fall eines Grenzsteuersatzes von 100% würde der Wert der Anleihe unabhängig von den verwendeten Zinssätzen dem Rückzahlungskurs entsprechen. In diesem Fall entfallen alle Vor- oder Nachteile, die auf einer Steuerstundung beruhen, da bei einem Nettozinssatz von null der zeitliche Anfall von Zahlungen ohne Bedeutung ist. Im Gegensatz zu der im letzten Kapitel beschriebenen Situation eines konstanten Steuerbelastungskoeffizienten *a* nimmt somit das Ausmaß einer steuerlichen Begünstigung oder Benachteiligung ab einem bestimmten Steuersatz wieder ab. An den grundsätzlichen Überlegungen zur Bedeutung eines preisbestimmenden Steuersatzes ändert sich dennoch nichts, weil dieser die alleinige Vorteilhaftigkeitsgrenze bildet, wenn konfiszierende Steuern mit Steuersätzen von 100% (oder darüber) ausgeschlossen sind. Deshalb können die im zweiten Kapitel abgeleiteten Aussagen grundsätzlich auch auf den Fall einer Steuerstundung übertragen werden.

Wird - im Gegensatz zur gewählten Beispielsrechnung - eine inverse Zinsstruktur[60] unterstellt, sind genau entgegengesetzte Schlußfolgerungen zu ziehen: Hier wirkt die Besteuerung der Zinserträge gegenüber der Alternativanlage begünstigend. Die Schuldverschreibung könnte deshalb mit einem niedrigeren Nominalzins ausgestattet werden. Für ein leicht abgewandeltes Beispiel (nun wird eine von 9% auf 6% in gleichen Schritten von 0,5 Prozentpunkten fallende Struktur der einperiodigen Terminzinssätze unterstellt, wobei sich vor Steuern ein Nominalzinssatz von 7,64% und nach einer Steuerkapitalisierung ($s^* = 30\%$) ein Nominalzinssatz von 7,60% ergeben) ist diese Situation in Abbildung 3.2 abgebildet.

---

60 Inverse Zinsstrukturen treten in der Realität zeitweilig auf. In den vergangenen zwei Jahrzehnten gab es zwei Phasen, in denen die kurzfristigen Zinssätze über denjenigen für längerfristige Anlagen lagen. Vgl. o.V.: Kapitalmarktfloater bei Privatanlegern gefragt, FAZ Nr. 37 v. 13.02.97, S. 25.

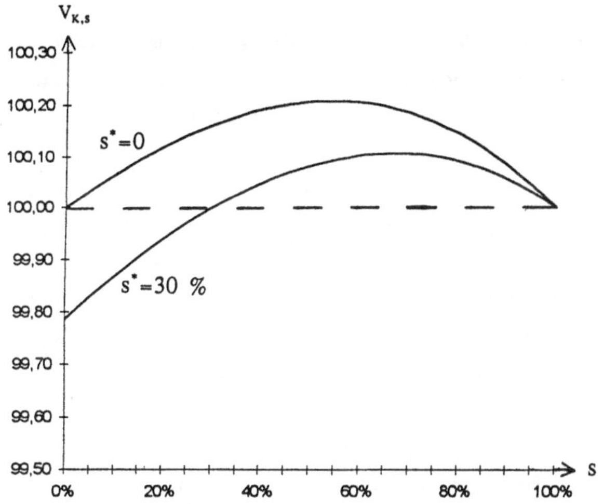

Abb. 3.2: Steuersatzabhängige Bewertung einer festverzinslichen Schuldverschreibung zum Emissionszeitpunkt vor und nach einer Anpassung des Nominalzinssatzes (inverse Zinsstruktur)

Zu signifikanten Kapitalmarktreaktionen kann es allerdings nur bei sehr steilen Zinsstrukturkurven kommen. Wie das eingangs verwendete Beispiel zeigt, bei dem die erforderliche Anpassung der Nominalverzinsung 0,5 Prozentpunkte betrug, treten in der Regel keine gravierenden Bewertungsfehler auf, wenn vom Einfluß einer steigenden oder fallenden Zinsstruktur abgesehen wird.

II. Auswirkungen von Veräußerungen bei unsicherer Zinsentwicklung

1. Veräußerung der Schuldverschreibung als Werteinflußfaktor

Bewertungsformel (3.2) setzt voraus, daß die Anleihe vom Erwerber bis zum Ende der Laufzeit gehalten wird. Vor diesem Hintergrund wurden bisher nur die Auswirkungen der steuerlichen Nichterfassung *unrealisierter* Wertänderungen betrachtet, die sich in einer steuersatzabhängigen Bewertung des Wertpapiers niederschlagen.

Da in diesem Fall aber die am Kapitalmarkt auftretenden Investoren zu unterschiedlichen Bewertungsergebnissen kommen, ergeben sich zusätzliche Bewertungseffekte, sobald die Möglichkeit einer Veräußerung der Schuldverschreibung vor deren Fälligkeit in Betracht gezogen wird. In diesem Zusammenhang könnte zunächst an einen Wertpapierverkauf innerhalb der sechsmonatigen Spekulationsfrist gedacht werden, da innerhalb dieser Frist realisierte Verluste steuerlich in voller Höhe abzugsfähig sind, soweit ihnen ausreichend Gewinne aus Spekulationsgeschäften gegenüberstehen. Diese Überlegung wird hier aber nicht weiter verfolgt, weil die Vorteilhaftigkeit dieser Maßnahme nicht unabhängig vom Vorliegen anderer Veräußerungsgeschäfte gesehen werden kann.[61]

Die Veräußerung eines festverzinslichen Wertpapiers vor Fälligkeit kann aber noch aus einem weiteren, bislang nicht gesehenen Grund vorteilhaft sein: Immer dann, wenn der von einem Investor individuell bestimmte Wertansatz unter dem Marktwert der Anleihe liegt, führt ein Verkauf mit anschließender Wiederanlage des Veräußerungserlöses zum (niedrigeren) Marktzinssatz ("Umsteigestrategie") zu einem höheren Barwert als das Halten der Anleihe. Denn weil bei steuerfreien Kursgewinnen im Falle einer Veräußerung der Marktwert in voller Höhe liquiditätsmäßig verfügbar ist[62], kann er im Rahmen eines erweiterten Bewertungskalküls als Untergrenze für den subjektiven Anleihewert angesehen werden.

Liegt hingegen der Kurswert unter dem investor-individuellen Wertansatz, so ist es sinnvoll, die Anleihe weiter zu halten. Somit kommt es bei einkommensteuerpflichtigen Investoren zu einer Veräußerungs-Option, die als asymmetrische Handlungsstrategie unter Rückgriff auf Methoden der Optionspreistheorie bewertet werden kann.

Die hier betrachtete Option auf vorzeitige Veräußerung zum Marktpreis weicht damit inhaltlich von dem in der amerikanischen Literatur als "Tax Timing Option" gekennzeichneten Steuereffekt ab.[63] Während dort eine Steuer-Option durch eine steuerlich anerkannte Verlustrealisierung zustandekommt, welche hier aufgrund nicht steuerbarer Kurswertänderungen nicht auftritt, sind im betrachteten Fall

---

[61] Außerdem besteht die Möglichkeit eines synthetischen Wertpapierverkaufs, um die Entstehung sonstiger Einkünfte gem. § 23 EStG zu vermeiden (vgl. etwa Constantinides/Scholes (1980)). In diesem Fall sind aber auch Möglichkeiten zur Verlustverrechnung innerhalb einer Einkunftsart wertlos.

[62] Von Transaktionskosten wird abgesehen.

[63] Vgl. z.B. Constantinides (1983), S. 611 ff.; Constantinides/Ingersoll (1984), S. 302.

allein die Differenzen zwischen Marktwerten und den nach Steuern berechneten individuellen Wertansätzen ausschlaggebend.

Sofern die Marktzinssätze im Zeitablauf nicht konstant sind, ist eine festverzinsliche Anleihe zwischen den Zeitpunkten der Emission und der Rückzahlung zinsänderungsbedingten Kursbewegungen unterworfen. Dies gilt bereits für die (auf einen einheitlichen Betrachtungszeitpunkt bezogenen) Forward-Kurse einer Anleihe bei steigender oder fallender Zinsstrukturkurve. Größere Schwankungen können sich allerdings hinsichtlich der zeitlichen Entwicklung der Kassakurse ergeben. Denn anders als bei den durch die Zinsstruktur implizierten künftigen Forward-Zinssätzen können sich bei unsicheren Zinssätzen bereits in direkt aufeinanderfolgenden Perioden weitaus stärkere Kursänderungen ergeben.

Nachfolgend wird untersucht, welche Modifikationen bei der Bewertung einer festverzinslichen Anleihe durch einen steuerpflichtigen privaten Investor vorzunehmen sind, wenn eine stochastische Zinsentwicklung und eine optimale Veräußerungsstrategie unterstellt werden. Ausgangspunkt der Überlegungen ist wieder ein Preisbildungsmodell vor Steuern, d.h. es wird zunächst untersucht, welche Konsequenzen sich für die investorspezifische Bewertung ergeben, wenn die Besteuerung nicht in die Kursbildung einfließt. Um von den mit einer steigenden oder fallenden Zinsstruktur verbundenen Effekten zu abstrahieren, wird im verwendeten Beispiel nun eine "flache" Zinsstruktur am Bewertungsstichtag unterstellt, indem angenommen wird, daß der Erwartungswert aller zukünftigen Zinssätze konstant ist.

2. Bestimmung der Anleihekurse bei stochastischer Zinsentwicklung

Im Gegensatz zu Beteiligungstiteln mit unbefristeter Laufzeit ist bei gesamtfälligen Fremdkapitaltiteln der dem Rückzahlungsbetrag entsprechende Kurswert am Ende der Laufzeit bekannt. Damit kann bei Anleihen keine im Zeitablauf konstante Volatilität der Kursänderungen unterstellt werden. Vielmehr nimmt die Unsicherheit über die Höhe zukünftiger Kurswerte nur vorübergehend zu. Ab einem bestimmten Zeitpunkt nehmen die erwarteten Kursschwankungen hingegen wieder ab.[64]

---

[64] Vgl. Ho/Lee (1986), S. 1016.

Bei Fremdkapitaltiteln kann die Kursentwicklung maßgeblich auf die Entwicklung der kurzfristigen Zinssätze zurückgeführt werden, sofern die mit einer Anleihe verbundenen künftigen Zahlungen mit Sicherheit bekannt sind, d.h. die Anleihe keinem Insolvenzrisiko unterliegt.

Wird aber eine stochastische Zinsentwicklung unterstellt, so können Anleihen grundsätzlich nicht mehr ohne Bezugnahme auf die Risikopräferenzen des Investors bewertet werden.[65] Zwar kann zur Bewertung herkömmlicher Optionsrechte auf das Konzept einer risikoneutralen Bewertung zurückgegriffen werden, da die Bewertung der Option keine Angaben über die Risikopräferenzen erfordert, wenn der Preis des Basiswerts und der ihm zugrundeliegende stochastische Prozeß bekannt sind. In diesem Fall kann ein Arbitrageportefeuille gebildet werden, in dem Basiswert und Option so kombiniert werden, daß die Zahlungsstruktur eines marktbewerteten Titels resultiert. Damit ist auch der Marktpreis der Option eindeutig bestimmt. Voraussetzung hierfür ist allerdings, daß Option und Basiswert unabhängig voneinander gehandelt werden und deshalb jedes beliebige Hedge-Verhältnis konstruiert werden kann. Im vorliegenden Fall kann jedoch die betrachtete Veräußerungs-Option nicht von der Anleihe abgekoppelt werden.

Kurswerte können dennoch rechnerisch als Erwartungswerte künftiger Zins- und Tilgungszahlungen bestimmt werden, wenn entweder die Gültigkeit der "Expectations Theory" der Zinsstruktur[66] oder ein vollständiger Rentenmarkt unterstellt werden, auf dem die Konstruktion beliebiger bedingter Zahlungsstrukturen möglich ist. Im ersten Fall würden die für einzelne Zukunftslagen angesetzten Wahrscheinlichkeiten den tatsächlichen Wahrscheinlichkeiten entsprechen. Im zweiten Fall hingegen wäre mit bedingten Zustandspreisen zu rechnen, welche von den tatsächlichen Wahrscheinlichkeiten abweichen können.[67]

---

65 Vgl. Rendleman/Bartter (1980), S. 15.

66 So auch die Vorgehensweise von Rendleman/Bartter (1980). Vgl. zu unterschiedlichen Varianten der "Expectations Theory" Süchting (1995), S. 423 f.

67 Bedingte Zustandspreise ermöglichen - wie bereits ausgeführt - ebenso wie sog. Martingal-Wahrscheinlichkeiten eine "quasi-risikoneutrale" Bewertung.

Bei der Formulierung eines Wahrscheinlichkeitsgesetzes für die zeitliche Entwicklung der kurzfristigen Zinssätze sind verschiedene Modelle denkbar.[68] Da an dieser Stelle der grundsätzliche Einfluß der Veräußerungsstrategie auf die Bewertung einer Anleihe untersucht werden soll, bleibt die Modellierung der Entwicklung der kurzfristigen Zinssätze auf einen zeitdiskreten Binomialprozeß beschränkt.[69] Ausgehend vom Zinssatz $r^z(t)$ einer beliebigen Periode kann der Zinssatz in der Folgeperiode entweder auf $r^{z+1}(t+1) = u \cdot r^z(t)$ steigen (wobei $u > 1$) oder auf $r^z(t+1) = d \cdot r^z(t)$ (mit $d < 1$) sinken.[70] Die Wahrscheinlichkeit für einen Zinsanstieg beträgt p; eine Zinssenkung wird hingegen mit der Wahrscheinlichkeit $(1-p)$ erwartet. Die Zustandsvariable z gibt hierbei die Anzahl der Zinssteigerungen ("upstate"-Situationen) an, die seit der Periode t=0 eingetreten sind. Für kurze Zeitintervalle ($\Delta t \rightarrow 0$) nähert sich das Binomialmodell dem einer geometrischen Brownschen Bewegung an.[71]

Dieser einfache Prozeß stellt zwar kein geeignetes Abbild der Realität dar; die Modellparameter können aber approximativ in Übereinstimmung mit Erwartungswert und Varianz der Zinsänderungen festgelegt werden. Bezeichnet m die in einer Periode erwartete Zinssteigerungsrate, σ die Standardabweichung der Zinssatzänderung pro Jahr und Δt die Länge der unterstellten Zeitintervalle, so können die Parameter u und d wie folgt festgelegt werden[72]:

$$(3.3) \quad u = e^{\sigma\sqrt{\Delta t}}$$

und

68 So kann in zeitkontinuierlicher Sichtweise zum einen unterstellt werden, daß sich der Prozeß des risikolosen Momentanzinssatzes gemäß einer Brownschen Bewegung (vgl. Schöbel (1995), S. 116.) entwickelt. Alternativ kann angenommen werden, daß die kurzfristigen Zinssätze einem "mean-reverting process" gehorchen (vgl. etwa den Zufallsprozeß des risikolosen Momentanzinses bei Cox/Ingersoll/Ross (1985)). Schließlich kann die Entwicklung der kurzfristigen Zinssätze auch in Übereinstimmung mit der aktuellen Zinsstruktur modelliert werden (vgl. Ho/Lee (1986)). Letztgenannter Ansatz hat den Vorteil, daß auf sämtliche Informationen zurückgegriffen wird, die in Form der Zinsstrukturkurve bereits am Kapitalmarkt verfügbar sind.

69 So z.B. auch Rendleman/Bartter (1980).

70 Zwar können die einperiodigen Zinssätze $r^z(t)$ als risikolose Verzinsung angesehen werden, sobald der in einer künftigen Periode eingetretene Zustand bekannt ist. Anders als z.B. Terminzinssätze sind sie aber aus heutiger Sicht nicht sicher, weshalb auf den Index für risikolose Zinssätze verzichtet wird.

71 Vgl. Hull (1993), S. 203; Dixit/Pindyck (1994), S. 68.

72 Vgl. Hull (1993), S. 202 und S. 385.

$$(3.4) \quad d = e^{-\sigma\sqrt{\Delta t}},$$

womit *d* auch als Kehrwert von *u* definiert ist.[73] Mit einem erwarteten Wachstumsfaktor des Zinssatzes von $e^{m\Delta t}$ kann auch die Wahrscheinlichkeit *p* für eine Zinssteigerung gegenüber der Vorperiode bestimmt werden:

$$(3.5) \quad p = \frac{e^{m\Delta t} - d}{u - d}$$

Die Parameter *u* und *d* werden als zeit- und zustandsunabhängig unterstellt, d.h. die Volatilität der prozentualen Zinsänderungen ist konstant. Hingegen nimmt die Volatilität der absoluten Zinsänderungen bei sinkenden Zinssätzen ab. Damit sind negative Zinssätze ausgeschlossen. Dies ist plausibel, da nominelle Zinssätze nicht negativ werden können, da sonst Kassenhaltung vorgezogen würde.

Im folgenden wird ein Zinsprozeß mit einjährigen Zeitintervallen ($\Delta t = 1$) unterstellt. Ausgehend von einem Zinssatz in t=0 von 10% ergibt sich bei $\sigma = 0{,}118$ (und damit $u = 1{,}125$; $d = 0{,}889$) folgender in Abbildung 3.3 angegebener Zinsprozeß:

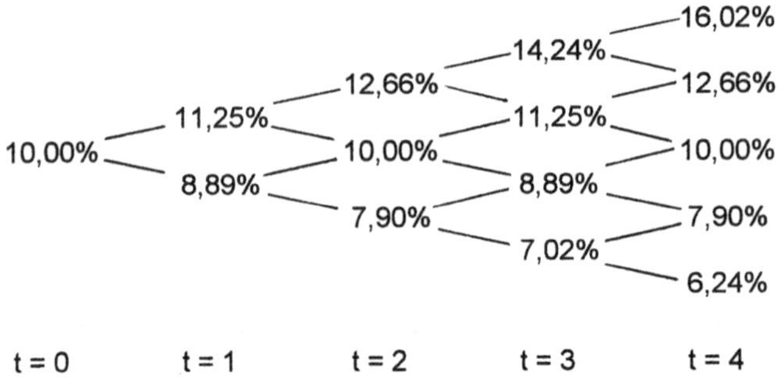

Abb. 3.3: Stochastischer Prozeß der einperiodigen Zinssätze

[73] Diese Modellierung ist nicht zwingend, wie z.B. die von Rendleman/Bartter (1980) gewählte Vorgehensweise zeigt. Sie ist aber möglich, da mit Erwartungswert und Varianz nur zwei Werte vorgegeben sind, insgesamt aber drei Parameter festzulegen sind. Vgl. auch Hull (1993), S. 336. Momente höherer Ordnung werden dabei allerdings vernachlässigt.

Die Unsicherheit über die Zinssätze nimmt damit zu, je weiter die betrachtete Periode in der Zukunft liegt.

Aufgrund der stochastischen Zinssätze unterliegt jede Anleihe mit mehr als einjähriger Restlaufzeit einem Marktwertänderungsrisiko. Zur Bewertung der Anleihe müssen neben den unsicheren Terminzinssätzen auch die Wahrscheinlichkeiten gemäß (3.5) bestimmt werden. Wird $m = 0$ unterstellt ("flache" Zinsstruktur), so beträgt die Wahrscheinlichkeit für eine Zinssteigerung gegenüber der Vorperiode $p = 8/17$. Entsprechend erfolgt eine Zinssenkung mit der Gegenwahrscheinlichkeit $(1-p) = 9/17$.

In einem ersten Schritt wird die Entwicklung der Anleihekurse bestimmt, wobei - wie eingangs erwähnt - zunächst ein Preisbildungsmodell vor Steuern ($s^* = 0$) zugrundegelegt wird. Hierbei wird retrograd vorgegangen: Der in einer beliebigen Zeitpunkt-Zustands-Kombination anzusetzende Kurswert hängt neben dem Periodenzinssatz auch vom Kupon der Folgeperiode und von den beiden Kurswert-Ausprägungen ab, die in der nachfolgenden Periode möglich sind. Dabei können die zustandsabhängigen Anleihekurse rekursiv wie folgt bestimmt werden[74]:

$$(3.6) \qquad P_K^z(t) = \frac{p \cdot P_K^{z+1}(t+1) + (1-p) \cdot P_K^z(t+1) + i_K \cdot NW}{1 + r^z(t+1)}.$$

Da die ex-Kupon-Kurswerte am Ende der Laufzeit dem Rückzahlungsbetrag entsprechen, können die Kurswerte in der vorletzten Periode vereinfacht durch

$$(3.7) \qquad P_K^z(T-1) = \frac{P_K(T) + i_K \cdot NW}{1 + r^z(T)}$$

bestimmt werden. $P_K(T)$ entspricht dem Rückzahlungsbetrag.

Wird iterativ bis zur Periode t=0 zurückgerechnet, so erhält man den aktuellen Kurswert der festverzinslichen Anleihe. Wählt man für die Fortsetzung des Zahlenbeispiels eine zehnprozentige Schuldverschreibung ($i_K = 10\%$) mit gesamt-

74 Vgl. Hull (1993), S. 387.

fälliger Rückzahlung von 100 GE in t=5, so resultiert die in Abbildung 3.4 verzeichnete Struktur bedingter Kurswerte:

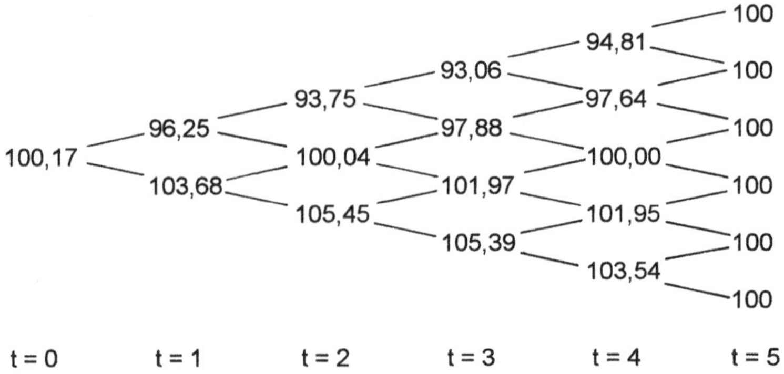

Abb. 3.4: Entwicklung des Marktwerts der Schuldverschreibung

Man erhält damit in t=0 einen Kurswert, der nur geringfügig über dem Rückzahlungsbetrag (Nennwert) liegt.[75] Dieses Ergebnis ist insofern plausibel, als sowohl der Kuponzinssatz als auch der erwartete Kapitalmarktzinssatz in jeder Periode 10% betragen.

Die Kurswerte sind nur in zwei Zeitpunkten, nämlich in t=0 und bei Fälligkeit, mit Sicherheit bekannt. Das Kurswertänderungsrisiko nimmt somit infolge der zunehmend stärker schwankenden Zinssätze zunächst zu. Es nimmt aber gegen Ende der Laufzeit aufgrund der Annäherung an den Tilgungskurs wieder ab.

Entsprechend (3.6) kann die Anleihe nach Steuern bewertet werden. Ohne Berücksichtigung von Veräußerungen gilt für die rekursive Ermittlung des (individuellen) Werts die Beziehung:

$$(3.8) \qquad V_{K,s}^{z}(t) = \frac{p \cdot V_{K,s}^{z+1}(t+1) + (1-p) \cdot V_{K,s}^{z}(t+1) + i_K \cdot NW \cdot (1-s)}{1 + (1-s) \cdot r^{z}(t+1)}$$

---

75 Die Abweichungen vom Rückzahlungsbetrag kommen dadurch zustande, daß die gewählten Approximationen für *u* und *d* strenggenommen nur für infinitesimal kleine Zeitintervalle gelten (so bei Hull (1993), S. 202).

mit $V^{z}_{K,s}(t)$ als zeit- und zustandsabhängiger Wert der Schuldverschreibung nach Steuern ohne Berücksichtigung von Veräußerungen.

Für einen Grenzsteuersatz von s = 50% erhält man beispielsweise folgende bedingte Wertentwicklung (Abbildung 3.5):

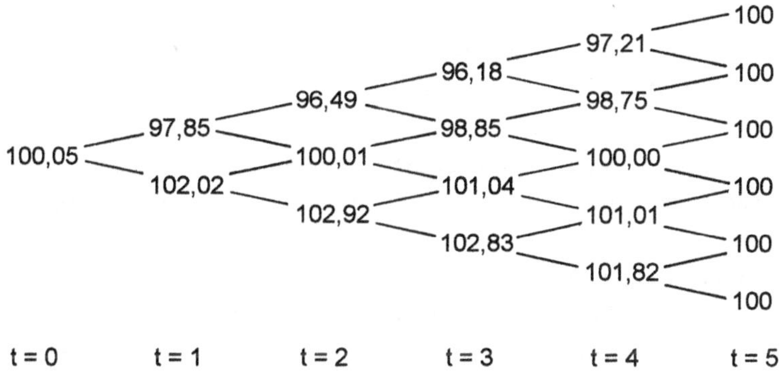

Abb. 3.5: Entwicklung des Werts der Schuldverschreibung nach Steuern (s = 50%)

Auch nach Steuern wird die Anleihe im Zeitpunkt t=0 annähernd zum Rückzahlungskurs bewertet. Trotz praktisch übereinstimmender Bewertungsergebnisse vor und nach Steuern in t=0 ergeben sich aber in den einzelnen Zuständen zum Teil erhebliche Abweichungen. Grundsätzlich fallen die Kurswertschwankungen unter Berücksichtigung der Besteuerung geringer aus. Im (theoretischen) Grenzfall eines marginalen Steuersatzes von s = 100% lägen sogar gänzlich zeit- und zustandsunabhängige Kurswerte vor.

3. Bestimmung des Werts der Schuldverschreibung unter Berücksichtigung einer vorzeitigen Veräußerung

An die abweichende Entwicklung steuersatzabhängiger Anleihewerte knüpfen nun die anfangs ausgeführten Überlegungen hinsichtlich der Vorteilhaftigkeit einer vorzeitigen Veräußerung an. In denjenigen Zuständen, in denen $V_{K,s}^{z}(t)$ unter dem Marktpreis $P_{K}^{z}(t)$ liegt, kann eine Veräußerung des Finanztitels vorteilhaft sein. Der innere Wert dieser Veräußerungs-Option könnte somit zunächst durch max [0; $P_{K}^{z}(t)$-$V_{K,s}^{z}(t)$] angegeben werden.

Allerdings ist bei der Bewertung dieser Veräußerungs-Option auch der optimale Zeitpunkt bedingter Veräußerungen zu berücksichtigen. In bestimmten Zustandsfolgen kann nämlich $P_{K}^{z}(t)$ in mehreren Zeitpunkten über $V_{K,s}^{z}(t)$ liegen. Da eine spätere Veräußerung auch den investor-spezifischen Wert der Anleihe in früheren Perioden beeinflußt, reicht deshalb ein Vergleich von $P_{K}^{z}(t)$ und $V_{K,s}^{z}(t)$ nicht aus. Vielmehr ist der tatsächliche Wert für den Investor gemäß folgender Formel zu bestimmen:

$$(3.9)\quad V_{K,s}^{V,z}(t) = \max\left[P_{K}^{z}(t);\ \frac{p\cdot V_{K,s}^{V,z+1}(t+1) + (1-p)\cdot V_{K,s}^{V,z}(t+1) + i_K\, NW\,(1-s)}{1 + (1-s)\cdot r^{z}(t+1)}\right].$$

mit $V_{K,s}^{z,z}(t)$ als Wert der Schuldverschreibung nach Steuern unter Berücksichtigung von Veräußerungen.

In (3.9) fließt auch die mögliche Vorteilhaftigkeit einer späteren Veräußerung in die Wertermittlung ein. Da bei Fälligkeit Übereinstimmung mit dem Rückzahlungsbetrag besteht, kann für die vorletzte Periode vereinfacht

$$(3.10)\quad V_{K,s}^{V,z}(T-1) = \max\left[P_{K}^{z}(T-1);\ V_{K,s}^{z}(T-1)\right]$$

geschrieben werden. Auch hier kann nun für alle Perioden die Entwicklung der Anleihewerte retrograd ermittelt werden. Angewandt auf das bereits eingeführte Zahlenbeispiel erhält man die in Abbildung 3.6 angegebene Struktur.

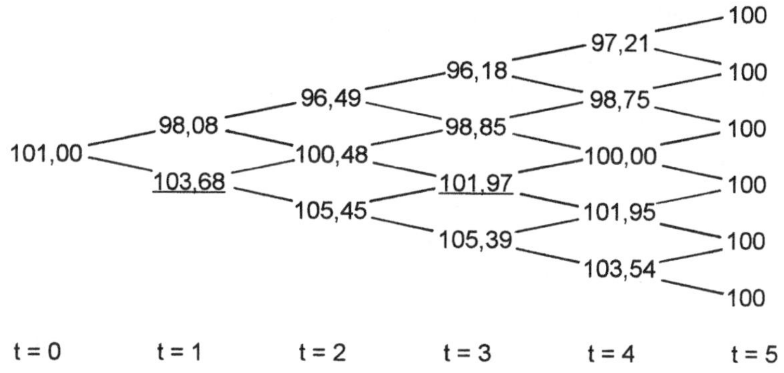

Abb. 3.6: Entwicklung des Werts der Schuldverschreibung nach Steuern unter Berücksichtigung vorteilhafter Veräußerungen

Auf der Grundlage des um vorteilhafte Veräußerungen modifizierten Werts $V^{V,z}_{K,s}(t)$ kann damit folgende Aussage im Hinblick auf eine optimale Veräußerungsstrategie gemacht werden: Eine Veräußerung ist in denjenigen (im Zahlenbeispiel unterstrichen dargestellten) Zuständen vorzunehmen, in denen der Wert $V^{V,z}_{K,s}(t)$ erstmals durch den Marktpreis $P^{z}_{K}(t)$ bestimmt wird. Denn in diesem Fall würde der Wert der Anleihe auch unter Berücksichtigung einer an sich vorteilhaften späteren Veräußerung nicht mehr den Marktpreis erreichen. So ist es im obigen Beispiel optimal, am Ende der Periode t=1 eine Veräußerung vorzunehmen, falls Zustand z=0 eintritt. Tritt hingegen in der ersten Periode z=1 ein, so ist eine Veräußerung nur noch dann vorteilhaft, wenn in t=3 der Zustand z=1 eintritt. Dies setzt voraus, daß im Anschluß an t=1 zwei aufeinanderfolgende Zinssenkungen eintraten.

Unter Berücksichtigung einer möglichen Veräußerung erhält man somit eine deutlich höhere Bewertung der Anleihe durch den Investor als bei unterstelltem Halten der Schuldverschreibung bis zum Ende der Laufzeit. Anders als im Fall ohne Steuern kann deshalb eine Umsteigestrategie nach Steuern werterhöhend wirken. Der Optionswert in t=0 kann in Höhe von

$$(3.11) \qquad V_K^{Opt} = V^{V}_{K,s}(0) - V_{K,s}(0)$$

berechnet werden. Im betrachteten Beispiel weist dieser eine Höhe von 101,0 - 100,05 = 0,95 GE auf.

4. Charakterisierung der Veräußerungs-Option

Um die Einflußfaktoren auf den Optionswert aufzuzeigen, bietet es sich an, auf Parallelen und Unterschiede zu standardisierten Optionsrechten (z.B. Optionen auf Zinsinstrumente) einzugehen. Wie bei herkömmlichen Optionen steigt der Optionswert bei einer Zunahme der Varianz der jährlichen Zinsänderung an, denn diese wirkt sich in einer größeren Spannweite (*u-d*) und damit in stärkeren Kursschwankungen der Anleihe aus. Hierbei sind zwar Kursabweichungen in beide Richtungen möglich. Da Optionen aber aufgrund ihrer asymmetrischen Struktur nur ausgeübt werden, wenn dies für den Inhaber der Option vorteilhaft ist, wirkt sich eine höhere Varianz stets auch erhöhend auf den Veräußerungs-Optionswert aus.

Auch eine längere (Rest-)Laufzeit der Anleihe führt unter sonst gleichen Bedingungen zu einem höheren Optionswert. Denn die hier betrachtete Veräußerungs-Option weist stets dieselbe Restlaufzeit wie die Anleihe auf. Da langlaufende Anleihen stärker auf Zinsänderungen reagieren als Anleihen mit kurzer Laufzeit, sind hier temporär stärkere Kursschwankungen zu erwarten. Damit beeinflußt eine längere Laufzeit den Optionswert in ähnlicher Weise wie eine höhere Varianz der Zinsänderungen.

Auch hinsichtlich des betrachteten Steuersatzes ergeben sich vergleichbare Rückwirkungen auf den Optionswert, obwohl dieser aufgrund der Steuerfreiheit von Kurswertänderungen nicht unmittelbar in die Bestimmung der "inneren" Optionswerte eingeht. Mit zunehmendem Steuersatz nehmen aber die auf der Basis von (3.8) bestimmten Wertschwankungen ab. Sofern sich die Kurswerte der Anleihe auf der Grundlage des Modells vor Steuern ($s^* = 0$) ergeben, sind dann insgesamt größere Differenzen der subjektiven Anleihewerte zu den Marktpreisen der Anleihe zu verzeichnen. Somit führt auch hier die Möglichkeit der asymmetrischen Optionsausübung zu einem mit steigendem Steuersatz höheren Wert der Veräußerungs-Option.[76]

---

[76] Dies ist graphisch durch die durch den Ursprung verlaufende Kurve in Abb. 3.7 dargestellt. Dort wird auch deutlich, weshalb die hier getroffene Aussage nur für den Fall eines Preisbildungsmodells vor Steuern gilt.

Unterschiede zu herkömmlichen Optionsrechten bestehen jedoch im Hinblick auf den Zeitpunkt der Ausübung und die Höhe des Basispreises. Denn bei dem hier betrachteten Optionstyp ist eine Ausübung am Ende der Laufzeit stets wertlos, weil zu diesem Zeitpunkt Marktwerte und individuelle Wertansätze übereinstimmen. Der innere Wert der Veräußerungs-Option ist daher bei Fälligkeit gleich null. Da aber eine Ausübung bereits zuvor möglich ist, d.h. eine amerikanische Option vorliegt, ist der Optionswert dennoch größer null.

Ein weiterer Unterschied besteht im "Basispreis", der hier implizit durch den Wert des "Weiter-"Haltens der Anleihe in Höhe von $V_{K,s}^{V;z}(t)$ bestimmt ist. Im Gegensatz zu herkömmlichen Optionsrechten ist dieser im Zeitablauf nicht konstant. Traditionelle Optionsbewertungsmodelle kommen deshalb hier nicht in Betracht.[77]

5. Zur Bedeutung der Veräußerungs-Option für die Finanzierungskosten der Schuldverschreibung

Bei dem den bisherigen Ausführungen zugrundeliegenden Preisbildungsmodell vor Steuern würde jeder steuerpflichtige Anleger aufgrund des Optionsvorteils im Emissionszeitpunkt die Anleihe gegenüber einer Folge einperiodiger Kapitalmarktanlagen bevorzugen. Deshalb liegt die Vermutung nahe, daß die Existenz eines Steueroptionswerts auch zu einer Senkung der Finanzierungskosten der Schuldverschreibung führt.

Im betrachteten Beispiel würde etwa ein steuerpflichtiger Investor (s = 50%) unter sonst gleichen Bedingungen die Anleihe auch noch nachfragen, wenn der Kuponzinssatz i_K = 9,66% betragen würde. Unter Berücksichtigung der Veräußerungs-Option würde er die Anleihe dann genau zum Nennwert bewerten. Allerdings würde in diesem Fall die Bewertung durch einen steuerbefreiten Investor mit $V_{K,s=0}$ = 98,88 erheblich niedriger ausfallen. Dies impliziert jedoch, daß s = 0 dann nicht mehr als preisbestimmender Grenzsteuersatz angesehen werden könnte.

Es sind deshalb die Konsequenzen zu untersuchen, die zu erwarten sind, wenn die Entwicklung der Anleihekurse am Kapitalmarkt nicht wie bisher durch ein

---

[77] Vgl. Büchel (1988) zur Bewertung von Optionen mit basiswertabhängigem Ausübungspreis.

Modell vor Steuern, sondern auf der Grundlage eines beliebigen Grenzsteuersatzes $s^* \geq 0$ erklärt wird.[78] Es gilt dann allgemein:

$$(3.12) \quad P^z_{K,s}(t) = \frac{p \cdot P^{z+1}_{K,s}(t+1) + (1-p) \cdot P^z_{K,s}(t+1) + i_K \cdot NW \cdot (1-s^*)}{1 + (1-s^*) \cdot r^z(t+1)}$$

Grundsätzlich ist dann der Optionswert wie oben zu bestimmen. Wird z.B. angenommen, daß die Marktwerte der Anleihe auf der Grundlage eines Grenzsteuersatzes von $s^* = 30\%$ zustandekommen, so erhält man hinsichtlich der steuersatzabhängigen Veräußerungs-Optionswerte eine Situation, welche durch die untere Kurve in Abb. 3.7 dargestellt ist:

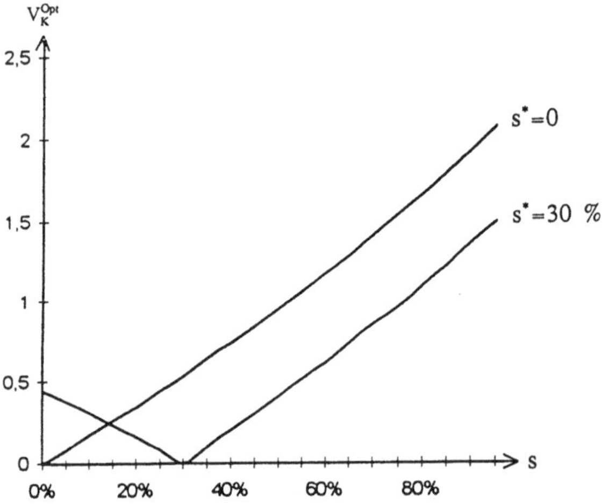

Abb. 3.7: Steuersatzabhängige Optionswerte bei kursbestimmenden Grenzsteuersätzen von $s^* = 0\%$ und $s^* = 30\%$

In diesem Fall hat die Veräußerungs-Option sowohl für Anleger mit $s < s^*$ als auch für Anleger mit $s > s^*$ einen positiven Wert. Denn aufgrund der asymmetrisch möglichen Optionsausübung können Kursabweichungen in beide Richtungen für vorteilhafte Veräußerungen genutzt werden: Während Anleger mit relativ hohem Steuersatz ($s > s^*$) eine Veräußerung vor allem bei steigenden Anleihe-

[78] Wie bei Constantinides/Ingersoll (1984), S. 306 wird dabei unterstellt, daß "investors in the same tax bracket are at the margin throughout the bond's term to maturity."

kursen vornehmen werden, kommen für Anleger mit relativ niedrigem Steuersatz ($s < s^*$) Wertpapierverkäufe vor allem bei sinkenden Kursen in Betracht.

Der Optionsvorteil nimmt zu, je stärker der Grenzsteuersatz des bewertenden Investors vom zugrundegelegten kursbestimmenden marginalen Steuersatz abweicht. Umgekehrt nimmt der Vorteil ab, wenn sich der Grenzsteuersatz des Anlegers s^* nähert. Für Investoren mit $s = s^*$ ist die Steueroption wertlos, denn hier sind die Differenzen zwischen den Marktwerten und den individuellen Bewertungsansätzen stets gleich null.

Hierin liegt ein wesentlicher Unterschied zu den bislang betrachteten Steuerbegünstigungsformen, bei denen steuerinduzierte Renditesenkungen resultierten. Dort nimmt der Vorteil einer Anlage grundsätzlich für *alle* Grenzsteuersätze ab. Dies wird jedoch in Abhängigkeit vom Grenzsteuersatz des Investors unterschiedlich beurteilt, so daß es zu Klienteleffekten kommt.

Im Gegensatz dazu kommt es im vorliegenden Fall bei Zugrundelegung eines anderen s^* *nicht* zu Klienteleffekten. Denn aufgrund der asymmetrischen Vornahme von Veräußerungen besteht ein Optionsvorteil für alle Anleger, deren individueller Grenzsteuersatz von s^* abweicht. Es besteht auch keine Tendenz zu einer Anpassung der Bruttorenditen. Denn abgesehen vom Wert der Veräußerungs-Option wird eine zu pari begebene Anleihe im Zeitpunkt der Emission unabhängig vom Steuersatz zum Nennwert bewertet. Damit sind aber im vorliegenden Modell auch keine Konsequenzen im Hinblick auf die Nominalzinsausstattung der Anleihe zu erwarten. Von der Veräußerung profitieren nur bestimmte Erwerber, der Emittent kann nicht über eine geringere Bruttorendite an diesen Vorteilen partizipieren.[79]

Das hier abgeleitete Ergebnis basiert allerdings entscheidend auf der Annahme eines im Zeitablauf unveränderten kursbeeinflussenden Grenzsteuersatzes. Wie im letzten Kapitel gezeigt wurde, kann hiervon - sofern mehr als zwei unterschiedlich besteuerte Anlageformen existieren - nur ausgegangen werden, wenn dieser marginale Steuersatz gehäuft auftritt. Vom Vorliegen mehrerer unter-

---

79 Im Ergebnis kommt es zu einem ähnlichen Effekt wie bei dem im vierten Kapitel dargestellten Miller-Modell. Auch dort können Unternehmungen nicht von dem Steuervorteil der Fremdfinanzierung auf Unternehmensebene profitieren. In diesem Modell führt eine Erhöhung des Bruttozinssatzes zu einer Anlegerrente, von der Investoren mit relativ niedrigem Steuersatz profitieren.

schiedlich besteuerter Anlageformen kann aus folgendem Grund ausgegangen werden: Ändern sich während der Laufzeit die Kurswerte, so unterliegt die Anleihe aufgrund der Steuerfreiheit von Kurswertänderungen in jeder Zukunftslage in unterschiedlichem Ausmaß der Besteuerung, da sich der steuerpflichtige Anteil des Wertpapierertrags im Zeitablauf ändert.

Reicht die Nachfrage der Anleger mit einem Grenzsteuersatz auf Kapitaleinkünfte von s^* nicht aus, so tritt eine Situation ein, in der (selbst bei zeitkonstanten Steuersätzen jedes einzelnen Anlegers) Anleihekurse im Zeitablauf unter Zugrundelegung unterschiedlicher Steuersätze zustandekommen. Beispielsweise kann bei Anleihen mit einem über dem Rückzahlungskurs liegenden Kurswert ($a > 1$), welche primär für Privatanleger mit niedrigen Steuersätzen oder für Bilanzierungspflichtige[80] attraktiv sind, bei der Kursbildung ein relativ niedriger Steuersatz ausschlaggebend sein, während bei der Kursbildung unter pari notierender Anleihen ($a < 1$) ein höherer Steuersatz zur Anwendung kommt.

Da eine Anleihe während ihrer Laufzeit teils über, teils unter dem Nennwert notieren kann, besteht dann aber auch eine positive Wahrscheinlichkeit für Änderungen des kursbestimmenden Grenzsteuersatzes. Demzufolge kann auch für den im Emissionszeitpunkt marginalen Anleger ein positiver Veräußerungs-Optionswert entstehen. In diesem Fall wäre dann auch ein niedrigerer Finanzierungskostensatz aus Emittentensicht möglich.

---

[80] Bilanzierungspflichtige Anleger können die Kursdifferenz in Form einer Teilwertabschreibung geltend machen, so daß hier $a = 1$ gilt.

III. Steuerliche Aspekte des Bonitätsrisikos

Bisher wurde unterstellt, daß die Zins- und Kapitalrückzahlungen aus einer Schuldverschreibung keinem Bonitätsrisiko unterliegen. Von einer ausfallrisikolosen Gläubigerposition kann aber nur bei Anleihen von Emittenten erstklassiger Bonität ausgegangen werden. Liegen hingegen unternehmensindividuelle Bonitätsrisiken vor, so kann - anders als im vorangegangenen Abschnitt - nicht mehr davon ausgegangen werden, daß der Anleihewert bei Fälligkeit sicher ist.

Kreditgeber werden zunächst versuchen, Ausfallrisiken durch Kreditsicherungsvereinbarungen, d.h. durch bedingte Zugriffsrechte auf materielle Vermögensgegenstände des Schuldners zu verringern.[81] Nicht in jedem Fall kann hierdurch aber das Risiko eines Vermögensverlusts der Gläubiger vollständig beseitigt werden.

Sofern Gläubiger trotz verbleibender Ausfallrisiken zu einer Kreditvergabe bereit sind, werden sie zur Kompensation des eingegangenen Risikos einen höheren Vertragszinssatz fordern.[82] Eine Erhöhung des Nominalzinssatzes ist zunächst notwendig, damit die erwartete Rendite nicht unter die Höhe des risikolosen Zinssatzes sinkt. In der Regel reicht diese Kompensation jedoch nicht aus: Zumindest risikoaverse Gläubiger werden auch eine Entschädigung für die Risikoübernahme verlangen, die in den meisten Fällen zu einem zusätzlichen Anstieg des Vertragszinssatzes führen wird. Hierzu kommt es, wenn die (bedingten) Einzahlungen aus der Schuldverschreibung positiv mit dem Gesamtmarkt korreliert sind. Im Rahmen des CAPM kann von einem Risikozuschlag bei ausfallrisikobehafteten Anleihen ausgegangen werden, wenn die emittierende Unternehmung einen Beta-Faktor größer null aufweist, da in diesem Fall Zahlungsausfälle eher in denjenigen Zukunftslagen zu erwarten sind, in denen auch die Marktentwicklung ungünstig ist.

81 Bei Industrieobligationen kommt es üblicherweise zu einer Unterlegung durch Sicherheiten. Vgl. zu weiteren Sicherungsformen Süchting (1995), S. 153 ff. Auch wenn in diesem Fall (noch) keine Erhöhung des Nominalzinssatzes erfolgt, bleibt dieser Vorgang nicht ohne Einfluß auf die Fremdkapitalkosten: Durch die Beeinträchtigung der Bedingungen weiterer Fremdkapitalaufnahmen steigen die sog. impliziten Kapitalkosten. Vgl. hierzu Süchting (1970), S. 337.

82 Vgl. Süchting (1984), S. 109.

Daneben kann es jedoch noch einen dritten, steuerlichen Auslöser für Zinsanpassungen geben. Während die höheren Zinszahlungen bei privaten Anlegern in vollem Umfang zu versteuern sind, wird ein Tilgungsausfall der steuerlich unbeachtlichen Vermögensebene zugerechnet. Eine die Bewertung nicht beeinflussende Besteuerung würde hingegen voraussetzen, daß bei der ausfallrisikobehafteten Anleihe entweder

- eine entsprechende Verlustverrechnung im Fall eines Ausbleibens der Kreditrückzahlung möglich ist (ergebnisabhängige Besteuerung) oder

- in allen Zukunftslagen eine Steuerbemessungsgrundlage in Höhe der *risikolosen* Verzinsung des eingesetzten Kapitals angesetzt wird (ergebnisunabhängige Besteuerung).

Ausfallrisikobehaftete Anleihen werden damit im Privatvermögen steuerlich diskriminiert. Dies steht im Gegensatz zu Anleihen, die im Betriebsvermögen gehalten werden, da hier eine Aufwandsverrechnung in Höhe des Forderungsausfalls möglich ist. Sofern steuerpflichtige Privatanleger die Preisbildung trotz dieses komparativen Bemessungsgrundlagen-Nachteils beeinflussen[83], ist aus steuerlicher Sicht eine (zusätzliche) Renditeerhöhung bei ausfallbedrohten Anleihen zu erwarten.

---

83 Vgl. hierzu die Ausführungen in C.I.5. im zweiten Kapitel.

C. Der Einfluß der Besteuerung auf die Bewertung und die Finanzierungskosten von Zerobonds

Im Gegensatz zu Kuponanleihen werden bei Zerobonds keine periodischen Zinszahlungen geleistet.[84] Die Gegenleistung für die Kapitalüberlassung erfolgt durch einen gegenüber dem Ausgabebetrag erhöhten Rücknahmebetrag bei Fälligkeit.

Auf die Unterschiede in der steuerlichen Behandlung von Zerobonds und Kuponanleihen bei Privatanlegern wurde bereits an früherer Stelle hingewiesen. Abgesehen von Vereinfachungsvorschriften wie der sog. Disagiostaffel oder einer gezielten Ausnutzung von Wahlrechten (z.B. bei der Ermittlung von Kapitalerträgen nach der Emissions- oder Marktrendite) wird in beiden Fällen das gesamte Entgelt für die Kapitalüberlassung (d.h. Zinserträge sowie ein evtl. Emissionsdiskont) während der Laufzeit steuerlich erfaßt. Während aber bei Zerobonds ein Kapitalertrag in Höhe der Differenz von Rückzahlungs- und Emissionskurs bei Endfälligkeit[85] zu versteuern ist (sofern keine vorzeitige Veräußerung erfolgt), fallen bei Kuponanleihen Kapitalerträge in Form der laufenden Zinszahlungen periodisch an.

Bedingt durch die unterschiedlichen Zahlungszeitpunkte bei Kupon- und Nullkuponanleihen sind bei wenigstens einer Anlage ergänzende Fristentransformationen zu berücksichtigen, um vergleichbare Zahlungsstrukturen zu erhalten. Wird beispielsweise die Vorteilhaftigkeit durch den Vergleich der Endwerte der Anlagen ermittelt, sind bei der festverzinslichen Anleihe Wiederanlagen der Zinsen und Zinseszinsen in zukünftigen Perioden vorzunehmen.

Grundsätzlich besteht hinsichtlich des Zinsniveaus zukünftiger Perioden Unsicherheit. Allerdings existiert hierfür eine Absicherungsmöglichkeit: Auf einem vollständigen Rentenmarkt läßt sich die künftige Anlageverzinsung eines vorab festgelegten nominalen Geldbetrags auf der Grundlage der aktuellen Zinsstruktur bereits heute fixieren (z.B. durch synthetisch konstruierte Forward-Verzinsungen

---

84 Vgl. Süchting (1995), S. 156.

85 Im Gegensatz dazu ist bei Zerobonds im Betriebsvermögen der rechnerisch auf die Besitzzeit entfallende Zinsertrag aktivisch zuzuschreiben. Vgl. BMF-Schreiben vom 5.3.1987, IV B 2 - S 2133 - 1/87, BStBl. I 1987, S. 394.

oder durch Forward Rate Agreements)[86]. Da die Zinszahlungen einer Kuponanleihe, sofern man Insolvenzrisiken ausschließen kann, mit Sicherheit erfolgen, sind deshalb zeitliche Transformationen von Zahlungen nach Maßgabe der aktuellen Zinsstruktur ohne Risiko möglich. Damit kann erreicht werden, daß neben dem Zerobond auch beim Erwerb der festverzinslichen Anleihe am Ende der Laufzeit ein sicheres (nominales) Endvermögen vorliegt.

I. Bewertung von Zerobonds und Bestimmung der Emissionsrendite

Ein Anlagebetrag in Höhe von A_0 kann alternativ in einen Zerobond oder eine gesamtfällige Kuponanleihe mit gleicher Laufzeit T investiert werden. Die Kuponanleihe wird zum Nennbetrag (= Rückzahlungskurs) ausgegeben, womit ihre Effektivverzinsung dem Nominalzins i_K entspricht.

Der Nominalzins der Kuponanleihe entspricht darüber hinaus dem risikolosen Kapitalmarktzins für einperiodige Anlagen r_f, zu dem bei flacher Zinsstrukturkurve in jeder Periode Anlagen getätigt werden können. Diese Identität ergibt sich bei der hier gewählten Modellstruktur zwangsläufig, weil die Kuponanleihe (auch hinsichtlich ihrer steuerlichen Behandlung) als eine Folge mehrerer einperiodiger Anlagen aufgefaßt werden kann, bei der fällige Tilgungszahlungen jeweils unmittelbar durch neue Kreditaufnahmen ersetzt werden.[87] Ohne Einbeziehung von Steuern würde unter den gesetzten Annahmen die Emissionsrendite des Zerobonds dieselbe Höhe aufweisen. Aufgrund der abweichenden steuerlichen Behandlung der Nullkuponanleihe kann deren Effektivverzinsung aber bereits bei flacher Zinsstruktur von i_K und r_f abweichen. Sie wird deshalb im folgenden durch i_z gekennzeichnet.

Wird die Vorteilhaftigkeit anhand von Endwerten der Finanzanlagen untersucht, so ist dabei zu beachten, daß eine auf der Basis von Endwertkalkülen getroffene Anlageentscheidung nur dann hinsichtlich beliebiger zeitlicher Präferenzstrukturen optimal ist, wenn ein vollkommener Kapitalmarkt mit Gleichheit von Anlage-

---

86 Dies gilt prinzipiell auch unter Berücksichtigung von Transaktionskosten, welche sich faktisch in niedrigeren zukünftigen Anlageverzinsungen niederschlagen. Hierbei kann der direkte Abschluß eines Forward-Vertrags günstiger sein, weil dabei (anders als bei der synthetischen Konstruktion von Terminzinssätzen) geringere Spannen zwischen Anlage- und Aufnahmezinssätzen existieren. Vgl. Rolfes (1995), S. 392 ff.

87 Von Veräußerungs-Optionswerten wird abgesehen.

und Aufnahmezinssätzen vorliegt.[88] Mit der hier getroffenen Annahme eines vollkommenden Kapitalmarkts vor Steuern ist diese Voraussetzung jedoch erfüllt.

Ein mit Zerobonds verbundener Vorteil kann darin gesehen werden, daß die Steuerzahlung in eine Periode mit niedrigem persönlichen Steuersatz verlagert werden kann.[89] Von diesem Aspekt wird nachfolgend aber abgesehen; es werden allein die Auswirkungen einer unterschiedlichen zeitlichen Erfassung von Kapitaleinkünften betrachtet. Bei periodenkonstanten Grenzsteuersätzen[90] und ausreichenden Eigenmitteln (d.h. kein fremdfinanzierter Erwerb von Zerobonds) erhält man bei einem Erwerb von Zerobonds einen Endwert nach Steuern von

$$(3.13) \quad V_T^z = A_0 \left[1 + \left((1+i_z)^T - 1\right)(1-s)\right].$$

Hingegen beträgt unter Berücksichtigung einer Wiederanlage der Zinszahlungen zum sicheren Zinssatz $i_K = r_f$ der Endwert bei einer Investition in festverzinsliche Titel

$$(3.14) \quad V_T^k = A_0 \cdot (1+i_K(1-s))^T.$$

Damit wird ein Zerobond im Vergleich zu einer festverzinslichen Anleihe gleicher Laufzeit in t=0 wie folgt bewertet:

$$(3.15) \quad V_0^z = A_0 \frac{1 + \left((1+i_z)^T - 1\right)(1-s)}{(1 + i_K(1-s))^T}.$$

Sofern die Bruttoverzinsungen bei Zerobond und Festzinsanleihe übereinstimmen (d.h. $i_z = i_K$), führt (für $T > 1$ und $0 < s < 1$) die Investition in den Zerobond zu einem höheren Endwert. Grund hierfür ist ein Steuerstundungseffekt[91], der daraus resultiert, daß die Steuerzahlung bei einer Nullkuponanleihe im Privatver-

---

88 Um Endwerte auch auf einem unvollkommenen Kapitalmarkt für einen Alternativenvergleich heranziehen zu können, wäre die gewünschte Entnahmestruktur explizit in die Berechnung einzubeziehen. Ebenso ist bei der Grenzpreisbestimmung auf einem unvollkommenen Kapitalmarkt bei Sicherheit vorzugehen. Vgl. Dirrigl (1988), S. 253 ff.

89 Vgl. Wagner/Wenger/Höflacher (1986), S. 4; Krawitz (1990), S. 566; Schneider (1992), S. 299.

90 Alternativ könnten auch andere deterministische Grenzsteuersatzverläufe einbezogen werden, vgl. etwa Wagner/Wenger/Höflacher (1986), S. 28 ff.

91 Vgl. Schneider (1992), S. 299.

mögen erst am Ende der Laufzeit (bzw. bei Veräußerung) erfolgt. Der hiermit verbundene Steuerbarwertvorteil ist leicht erkennbar, wenn zum Vergleich ein im Betriebsvermögen gehaltener Zerobond betrachtet wird, bei dem ein in der Summe gleich hoher steuerpflichtiger Kapitalertrag zum Teil erheblich zeitlich vorverlagert entsteht.

Dieser Steuerstundungseffekt kann noch präziser gefaßt werden. Das wird unmittelbar deutlich, wenn Gleichung (3.13) in folgende Form gebracht wird:

$$(3.16) \quad V_T^z = A_0 + i_z \cdot (1-s) \cdot A_0 \cdot \frac{(1+i_z)^T - 1}{i_z} .$$

Der Endwert einer Anlage in Zerobonds beinhaltet über die Rückzahlung des investierten Betrags hinaus eine Ertragskomponente, die rechnerisch als Produkt aus einem annuitätischen Nettozinsertrag in Höhe von $i_z(1\text{-}s)A_0$ (welcher z.B. im Falle der Veräußerung nach einer Periode auch tatsächlich erzielt werden könnte) und einem Rentenendwertfaktor dargestellt werden kann. Da dieser Rentenendwertfaktor neben der Laufzeit nur vom Bruttozinssatz i_z abhängt, erfolgt die implizite Wiederanlage der Nettozinserträge bei Zerobonds *steuerfrei.*

Demgegenüber kann für die Kuponanleihe bei Wiederanlage der Zinsen der Endwert nach folgender Formel bestimmt werden:

$$(3.17) \quad V_T^k = A_0 + i_K \cdot (1-s) \cdot A_0 \cdot \frac{(1 + i_K(1-s))^T - 1}{i_K(1-s)} .$$

Im Gegensatz zur Nullkuponanleihe wird hierbei der Rentenendwertfaktor in Abhängigkeit vom *Nettozinssatz* bestimmt, die Wiederanlageverzinsung somit um Steuern gekürzt.

Während die festverzinsliche Anleihe einschließlich Wiederanlage bei flacher Zinsstruktur eine steuerneutrale Struktur aufweist, deren Kapitalwert vor und nach Steuern null beträgt, liegt gemessen an einer investitionsneutralen Besteuerung bei der Zerobond-Anlage eine Steuerbegünstigung vor.[92] Für Laufzeiten

---

92 Vgl. Schneider (1992), S. 299.

$T > 1$ erhält man im Vergleich zur Alternativanlage einen positiven Kapitalwert nach Steuern, da die aufgelaufenen Zinsen durch die Bruttoverzinsung des Zerobonds bestimmt sind, während im Rahmen eines investitionsneutralen Einkommensteuersystems kapitalwertgleiche Umperiodisierungen auf der Grundlage des Nettozinssatzes erfolgen würden.

Mit einer Gegenüberstellung von (3.16) und (3.17) kann zudem begründet werden, weshalb die steuerliche Vorteilhaftigkeit des Zerobond mit längeren Laufzeiten zunimmt.[93] Während für $T = 1$ bei gleichen Bruttorenditen identische Endwerte resultieren, weil keine Wiederanlage erfolgt und somit die Rentenendwertfaktoren jeweils den Wert eins annehmen, steigt mit zunehmenden Laufzeiten der Endwert eines Zerobonds aufgrund der steuerfreien Wiederanlageverzinsung stärker an.

Aus diesen Eigenschaften läßt sich eine steuerlich begründete Dominanz des Zerobonds gegenüber der Kuponanleihe ableiten: Bei gleicher Verzinsung vor Steuern ($i_z = i_K$) wäre für jeden Steuersatz $0 < s < 1$ und $T > 1$ der Erwerb von Zerobonds vorteilhaft. Lediglich steuerbefreite Investoren wären zwischen beiden Anlagen indifferent. Sofern den steuerlichen Aspekten keine anderweitigen Nachteile einer Zerobond-Anlage gegenüberstehen, ist deshalb mit Kursreaktionen am Kapitalmarkt zu rechnen, welche dazu führen, daß Zerobonds mit einer unter der Effektivverzinsung der Kuponanleihe liegenden Emissionsrendite ausgegeben werden können.[94] Tatsächlich sind geringere Bruttoverzinsungen von Zerobonds auch empirisch festzustellen.[95]

Der Zusammenhang zwischen den Bruttorenditen kann dadurch hergestellt werden, daß die Bedingung für gleiche Endwerte

$$(3.18) \qquad ((1+i_z)^T - 1)(1-s^*) = (1+i_K(1-s^*))^T - 1$$

---

93 Vgl. auch Wagner/Wenger/Höflacher (1986), S. 13.

94 Natürlich wären in einem auch nichtsteuerliche Einflußfaktoren umfassenden Modell weitere preisbeeinflussende Faktoren zu berücksichtigen. Verglichen mit Kuponanleihen weisen Zerobonds (a) höhere Kursänderungsrisiken, (b) höhere Bonitätsrisiken, (c) höhere Depotgebühren (die häufig auf den Nominalwert bezogen werden) und (d) eine relative Marktenge auf. Vgl. Eller (1995), S. 157 f.

95 So betragen die Abschläge in Hochzinsphasen ca. 0,5 Prozentpunkte. Vgl. Eller (1995), S. 159.

nach i_z aufgelöst wird. Nach einigen Umformungen erhält man als Indifferenzbeziehung zwischen den Bruttorenditen[96]:

$$(3.19) \qquad i_z = \sqrt[T]{\frac{(1+i_K(1-s^*))^T - s^*}{1-s^*}} - 1 .$$

Somit hängt die Brutto-Effektivverzinsung eines Zerobonds, bei welcher derselbe Endwert wie beim Erwerb von Kuponanleihen resultiert, nicht nur von i_K und der Laufzeit, sondern auch vom zugrundegelegten Steuersatz s^* ab.

Identische Bruttoverzinsungen i_K und i_z werden deshalb am Kapitalmarkt nur dann zu erwarten sein, wenn (a) die Laufzeit genau eine Periode beträgt, da in diesem Fall wegen der fehlenden Wiederanlage faktisch kein Unterschied in der Besteuerung der Kapitalerträge besteht, wenn (b) die Besteuerung nicht zu berücksichtigen ist (d.h. $s^* = 0$ gilt) oder wenn (c) der Kupon-Zinssatz $i_K = 0$ beträgt.

Hingegen sind in den Fällen $T > 1$ und $s^* > 0$ gleiche Endwerte nur bei einer niedrigeren Bruttoverzinsung des Zerobonds möglich. Da aber übereinstimmende Endwerte in diesem Fall nur für den Grenzsteuersatz s^* vorliegen, ergibt sich folgender Klienteleffekt: Anleger mit relativ hohem Steuersatz ($s > s^*$) investieren in den steuerbegünstigten Zerobond, während Investoren mit niedrigerem Grenzsteuersatz die festverzinsliche Kuponanleihe bevorzugen werden.

Für eine Verzinsung der Kuponanleihe von i_K = 10% sind für unterschiedliche Steuersätze und Laufzeiten die in Tabelle 3.2 angegebenen Emissionsrenditen i_z anzusetzen:

---

96 Vgl. auch Krawitz (1990), S. 569.

T \ s*	0%	10%	20%	30%	40%	50%
1	10%	10%	10%	10%	10%	10%
2	10%	9,95%	9,91%	9,86%	9,82%	9,77%
3	10%	9,91%	9,82%	9,74%	9,65%	9,56%
4	10%	9,87%	9,75%	9,62%	9,50%	9,37%
5	10%	9,84%	9,67%	9,51%	9,35%	9,20%
6	10%	9,80%	9,60%	9,41%	9,22%	9,03%
7	10%	9,77%	9,54%	9,32%	9,10%	8,88%
8	10%	9,74%	9,48%	9,23%	8,98%	8,74%
9	10%	9,71%	9,42%	9,14%	8,87%	8,61%
10	10%	9,68%	9,37%	9,07%	8,77%	8,48%

Tab. 3.2: Laufzeit- und steuersatzabhängige Zerobond-Emissionsrenditen bei einem Kapitalmarktzinssatz von 10%

Je länger die Laufzeit des Zerobonds gewählt wird, desto geringer fallen die Finanzierungskosten aus. Das Ausmaß dieses Effekts nimmt mit der Höhe des preisbestimmenden Grenzsteuersatzes zu.

II. Konsequenzen für die Bewertung risikoloser Zahlungen nach Steuern

Als Bewertungsmaßstab ist grundsätzlich die beste nicht realisierte Handlungsalternative eines Bewerters zugrundezulegen.[97] Wird diese - wie üblich - in einer Mittelanlage am Kapitalmarkt gesehen, so stehen zur Bewertung sicherer zukünftiger Zahlungen vor Steuern unterschiedliche Abzinsungsmethoden zur Verfügung. So kann die Diskontierung wahlweise durch die Verwendung einperiodiger (Termin-)Zinssätze oder durch den Ansatz sog. Zerobond-Abzinsfaktoren[98] erfolgen. In einer von Steuern und Transaktionskosten freien Welt bestehen zwischen beiden Vorgehensweisen lediglich technische Unterschiede - beide Verfahren müssen auf arbitragefreien Märkten zum selben Bewertungsergebnis führen.[99]

---

97 Vgl. Ballwieser (1988), S. 798.

98 Vgl. z.B. Schierenbeck/Wiedemann (1996), S. 13 f.

99 Dies ergibt sich unmittelbar aus der Möglichkeit, zukünftige Terminzinssätze bei gegebener Zinsstrukturkurve synthetisch zu konstruieren. Vgl. Rolfes (1995), S. 378.

Im Gegensatz hierzu ist die Methodenwahl unter Berücksichtigung der persönlichen Besteuerung für einen Anleger nicht mehr beliebig. Wie ausführlich dargelegt wurde, können steuerliche Unterschiede in der Behandlung von Zerobonds und einperiodigen Kapitalmarktanlagen (bzw. festverzinslichen Anleihen) Kapitalisierungseffekte auslösen. Sofern der für die Preisrelationen maßgebliche Grenzsteuersatz bekannt ist (er kann unter bestimmten Voraussetzungen aus dem am Kapitalmarkt beobachtbaren Renditedifferential abgeleitet werden), ergeben sich für die meisten Anleger eindeutige Präferenzen für eine der genannten Anlageformen. Dieser Sachverhalt hat aber wiederum Rückwirkungen auf die investor-spezifische Bewertung zukünftiger Zahlungen.

Aufgrund der mit Zerobonds verbundenen Steuervorteile bleibt die herkömmliche Kapitalmarktanlage nur für Anleger mit vergleichsweise niedrigem Grenzsteuersatz ($s < s^*$) vorteilhaft. Entsprechend ist aus Sicht dieser Investoren die Diskontierung mit einem um Steuern gekürzten Kalkulationszinssatz vorzunehmen.

Aus der Sicht von Anlegern mit hohem Grenzsteuersatz ($s > s^*$) wäre es hingegen nicht korrekt, künftige Nettozahlungen mit Terminzinssätzen (bzw. approximativ den Nominalzinssätzen von zum Rückzahlungskurs begebenen Kuponanleihen) nach Steuern abzuzinsen. Denn hier besteht die günstigere Alternativanlage am Kapitalmarkt im Erwerb von Zerobonds.[100] Für Bewertungszwecke sind deshalb Zerobond-Abzinsfaktoren zu verwenden, die jedoch um den Einfluß der Besteuerung zu bereinigen sind.

Um zukünftige Nettozahlungen mit Zerobond-Abzinsfaktoren nach Steuern zu bewerten, können anders als im Fall vor Steuern nicht die Marktpreise normierter Zerobonds (d.h. solcher Zerobonds, die bei Fälligkeit eine Einzahlung von einer Geldeinheit *vor* Steuern leisten) als Abzinsungsfaktoren herangezogen werden. Denn damit würde die bei Endfälligkeit oder Veräußerung des Zerobonds anfallende Steuerzahlung nicht berücksichtigt. Eine Bewertung mit den Preisen normierter Zerobonds wäre ähnlich zu werten wie eine Diskontierung von Nach-Steuer-Zahlungen mit einem Bruttozinssatz, was offensichtlich falsch wäre.

---

100 Anders gestaltet sich das Bewertungsproblem, wenn der Anleger zur Durchführung der zu bewertenden Investition auf Kredite zurückgreifen muß. In diesem Fall ist ein um Steuern gekürzter Sollzinssatz zu verwenden.

Es ist deshalb zunächst der Umfang zu ermitteln, in dem ein laufzeitentsprechender Zerobond zu erwerben wäre, damit *nach* Steuern genau eine Geldeinheit verbleibt. Bei Erwerb eines normierten Zerobonds zum Preis $P_z(t)$ verbleibt am Ende der Laufzeit nach Abzug von Steuern ein Betrag von $P_z(t)$ + $(1-s)(1-P_z(t))$, folglich weniger als die vor Steuern erwartete Geldeinheit.[101] Um hingegen in Periode T über genau eine Geldeinheit nach Steuern zu verfügen, sind insgesamt

$$(3.20) \qquad ZAF_s(t) = \frac{P_z(t)}{1 - s \cdot (1-P_z(t))}$$

Geldeinheiten in den betreffenden Zerobond zu investieren. Dieser Betrag kann als Zerobond-Abzinsfaktor nach Steuern (ZAF_s) interpretiert werden.[102] Er entspricht dem Marktpreis des Zerobonds nur für $s = 0$.

Zwei Implikationen der bisherigen Ausführungen sind wichtig: Erstens ist die Wahl der geeigneten Abzinsungsmethode nur für die investor-individuelle Bewertung relevant. Für die Bestimmung von Marktwerten stellt sich die Situation einfacher dar: Da ein marginaler Investor ($s = s^*$) grundsätzlich beide Bewertungsverfahren indifferent beurteilt, können auch für die Marktbewertung risikoloser Zahlungen nach Steuern grundsätzlich beide Methoden herangezogen werden.

Zweitens ergeben sich Konsequenzen für die Beurteilung sog. synthetischer Konstruktionen. Da die Zerobond-Preise den Grenzsteuersatz s^* reflektieren, wäre beispielsweise eine Nachbildung der Zahlungscharakteristik einer Kuponanleihe durch den Erwerb von Zerobonds mit unterschiedlichen Laufzeiten für jeden Investor mit $s < s^*$ zwar möglich, aber ungünstig. Indifferenz liegt wiederum nur dann vor, wenn der Grenzsteuersatz des Investors mit s^* übereinstimmt.

---

101 Diese Schlußfolgerung gilt zwar nur für $s > 0$. Da jedoch vorausgesetzt wurde, daß der Anleger einem hohen Grenzsteuersatz unterliegt ($s > s^*$), ist dies - sofern steuerliche Kapitalisierungseffekte auftreten - stets erfüllt.

102 Ohne Einschränkung gilt (3.20) allerdings nur für neu aufgelegte Zerobonds. Bei bereits umlaufenden Zerobonds wird mit Verwendung von (3.20) implizit unterstellt, daß der Kapitalertrag nach der Marktrendite versteuert wird.

III. Die Kursentwicklung nach steuerlichen Kapitalisierungseffekten bei einer Bestimmung des Kapitalertrags nach der Emissions- oder Marktrendite

Anders als im Fall vor Steuern kann nach einer steuerinduzierten Anpassung der Bruttorenditen selbst bei konstanten Kapitalmarktzinssätzen ($r_f = i_K =$ const.) nicht mehr davon ausgegangen werden, daß sich der (Forward-)Kurs[103] des Zerobonds auf der Grundlage der Emissionsrendite i_z entwickelt. Wird der Marktpreis eines Zerobonds aus dem Betrag abgeleitet, den potentielle Erwerber mit $s = s^*$ maximal für die am Sekundärmarkt gehandelte Nullkuponanleihe bezahlen würden, so hängt die Bestimmung des Kurswerts auch davon ab, ob ein bei Rückgabe entstehender Kapitalertrag nach der Emissions- oder nach der sog. Marktrendite ermittelt wird.

Für beliebige Restlaufzeiten kann die (zunächst zur Bestimmung der Emissionsrendite entwickelte) Gleichung (3.19) nur dann zur Berechnung der Effektivverzinsung vor Steuern verwendet werden, wenn ein potentieller Erwerber den Kapitalertrag nach der Marktrendite versteuert. Denn nur in diesem Fall stimmt der Kapitalertrag bis zum Ende der Laufzeit mit dem tatsächlichen Wertzuwachs überein. Dieser Fall wird im folgenden zunächst betrachtet, bevor auf Modifikationen im Zusammenhang mit einer Besteuerung nach der Emissionsrendite eingegangen wird.

Wird der Kapitalertrag durch den Erwerber nach der Marktrendite versteuert, beträgt der Kurs eines Zerobonds mit Fälligkeit in T in einer beliebigen Periode t während der Laufzeit bei einem Rückzahlungskurs von 100%:

$$(3.21) \qquad P_z(t) = \frac{1}{(1 + i_z(T-t))^{T-t}},$$

wobei sich $i_z(T\text{-}t)$ aus Gleichung (3.19) ergibt, wenn anstelle der Laufzeit T die Restlaufzeit $T\text{-}t$ eingesetzt wird.

---

[103] Da Termingeschäfte als Differenzgeschäfte ohne steuerliche Konsequenzen bleiben, müssen keine weiteren Steuerwirkungen berücksichtigt werden, wenn der Terminkurs vom zukünftigen Kassakurs abweicht.

Setzt man diesen Kurs ins Verhältnis zum Kurs der Vorperiode, so erhält man (für $1 \leq t \leq T$) einen Kurssteigerungsfaktor von

$$(3.22) \qquad \frac{P_z(t)}{P_z(t-1)} = \frac{(1+i_z(T-t+1))^{T-t+1}}{(1+i_z(T-t))^{T-t}} .$$

Hierfür kann unter Berücksichtigung von (3.19) auch geschrieben werden:

$$(3.22a) \qquad \frac{P_z(t)}{P_z(t-1)} = \frac{(1+i_K(1-s^*))^{T-t+1} - s^*}{(1+i_K(1-s^*))^{T-t} - s^*} .$$

Die Gleichungen (3.22) und (3.22a) machen deutlich, daß sich die Kurswerte nicht geometrisch (d.h. mit einer konstanten Rate) entwickeln. Die (rest-)laufzeitspezifische Effektivverzinsung des Zerobonds bewirkt vielmehr eine zunächst unter, dann über der Emissionsrendite liegende Kurssteigerung. In der letzten Periode ($t = T$) beträgt diese genau i_K, wie durch Einsetzen in (3.22a) nachvollzogen werden kann. Zwischen Emission und Endfälligkeit liegt deshalb der (Termin-)Kurs stets unter dem auf der Grundlage der Emissionsrendite berechneten Kurswert.

Bisher wurde unterstellt, daß ein potentieller Erwerber Kapitalerträge nach der Marktrendite versteuert. Da in diesem Fall aber - wie gezeigt - die Marktpreise unter dem auf der Grundlage der Effektivverzinsung berechneten Kurs liegen würden, wäre dies offensichtlich nicht optimal, weil die Steuerbelastung bei Ansatz der Emissionsrendite geringer ausfallen würde. Hierdurch ergeben sich aber auch Rückwirkungen auf die (Termin-)Kurse des Zerobonds.

Wird der steuerpflichtige Kapitalertrag auf der Grundlage der Emissionsrendite i_z bestimmt, ergibt sich der Kurs des Zerobonds in einer beliebigen Periode t durch

$$(3.23) \qquad P_z(t) = \frac{1 - s^* \left[1 - \frac{1}{(1+i_z)^{T-t}}\right]}{(1+i_K(1-s^*))^{T-t}} .$$

Hier gilt nun für den Faktor der Kurssteigerung zwischen den Perioden t-1 und t:

$$(3.24)\qquad \frac{P_z(t)}{P_z(t-1)} = \frac{1 - s^* \cdot (1-(1+i_z)^{t-T})}{1 - s^* \cdot (1-(1+i_z)^{t-T-1})} \cdot (1 + i_K(1-s^*)) \ ,$$

wofür auch

$$(3.24a)\qquad \frac{P_z(t)}{P_z(t-1)} = \frac{(1-s^*)(1+i_z)^{T-t} + s^*}{(1-s^*)(1+i_z)^{T-t} + \dfrac{s^*}{1+i_z}} \cdot (1 + i_K(1-s^*))$$

geschrieben werden kann. Auch in diesem Fall steigen die Kurszuwächse im Zeitablauf an, weil mit abnehmender Restlaufzeit *T-t* der Unterschied zwischen Zähler und Nenner stärker ins Gewicht fällt.

Am Ende der Laufzeit ($t = T$) gilt wegen $i_K > i_z$:

$$(3.25)\qquad \frac{P_z(T)}{P_z(T-1)} = \frac{(1+i_z)\cdot(1+i_K(1-s^*))}{1 + i_z(1-s^*)} > 1 + i_z .$$

Somit ist im letzten Zeitabschnitt eine über der Emissionsrendite i_z liegende Kurssteigerung zu erwarten. Da das geometrische Mittel aller Wachstumsfaktoren aber $1 + i_z$ betragen muß, ergeben sich zu Beginn der Laufzeit entsprechend geringere Zuwächse. Damit stellt sich auch in diesem Fall eine Kursentwicklung ein, die zunächst unter, dann über der Emissionsrendite liegt. Lediglich das Ausmaß der Abweichungen ist geringer als im Fall einer Besteuerung nach der Marktrendite: Da die Besteuerung nach der Emissionsrendite im hier betrachteten deterministischen Fall für einen potentiellen Erwerber während der Laufzeit günstiger ist, ist dieser auch bereit, einen höheren Kaufpreis für den Zerobond zu zahlen.

Anhand eines Beispiels können die Kursentwicklungen in Abhängigkeit von der Bestimmung des steuerpflichtigen Kapitalertrags beim Erwerber anschaulich gegenübergestellt werden. Für einen Zerobond, der nach einer Laufzeit von T = 5 Perioden vor Steuern eine Auszahlung von 100% leistet, ergeben sich für s^* =

50% bei flacher Zinsstruktur (i_K = 10%) folgende absolute und prozentuale Kursentwicklungen (die Emissionsrendite gem. (3.19) beträgt i_z = 9,2%):

t	0	1	2	3	4	5
Fiktive Kursentwicklung auf der Grundlage der Emissionsrendite (9,2%)	64,40	70,32	76,79	83,86	91,57	100
Kursentwicklung bei Versteuerung der Marktrendite	64,40	69,89	76,04	82,99	90,91	100
Veränderung in %		8,52%	8,80%	9,14%	9,54%	10,0%
Kursentwicklung bei Versteuerung der Emissionsrendite	64,40	70,06	76,36	83,38	91,22	100
Veränderung in %		8,79%	8,99%	9,19%	9,40%	9,62%

Tab. 3.3: Kursentwicklungen des Zerobonds in Abhängigkeit von der Besteuerung des Kapitalertrags beim Erwerber

Die zuvor abgeleiteten Aussagen werden durch die Beispielsdaten bestätigt. Bei einer Ermittlung des Kapitalertrags durch den potentiellen Erwerber nach der Emissionsrendite sind höhere Kurswerte zu erwarten als bei einer Ermittlung auf der Grundlage der Marktrendite.

IV. Bestimmungsfaktoren einer Veräußerung von Zerobonds vor Fälligkeit

Aufgrund der implizit steuerfreien Wiederanlageverzinsung ist die Veräußerung eines Zerobonds vor dessen Endfälligkeit grundsätzlich mit einer Reduzierung des Steuerstundungsvorteils auf die dann kürzere Besitzzeit verbunden. Solange in der Summe genau ein Kapitalertrag in Höhe der Differenz von Rücknahme- und Ausgabekurs zu versteuern ist, wird der entgangene Steuervorteil bei einer Veräußerung des Zerobonds am Sekundärmarkt auch nicht vergütet, weil die Besteuerung beim Erwerber ebenfalls besitzzeitanteilig erfolgt. Somit kommt die

Veräußerung eines Zerobonds steuerlich einer "Zerlegung" in zwei Zerobonds kürzerer Laufzeit gleich. Bezogen auf diesen Sachverhalt sind "Lock-in-Effekte" zu erwarten.

Für Veranlagungszeiträume bis einschließlich 1993, in denen die besitzzeitanteilige Besteuerung ausschließlich nach der Emissionsrendite vorgeschrieben war, führte dies dazu, daß (von künftigen Grenzsteuersatzminderungen abgesehen) eine vorzeitige Veräußerung nicht vorteilhaft war, weil von sämtlichen Besitzern einer Nullkuponanleihe insgesamt genau ein Kapitalertrag in Höhe des Emissionsdiskonts zu versteuern und somit keine Verkürzung der Total-Bemessungsgrundlage möglich war. Infolge der nunmehr bestehenden Wahlmöglichkeit bei der Ermittlung des steuerpflichtigen Kapitalertrags sind aber neue Gestaltungsspielräume geschaffen worden, die dazu genutzt werden können, den von allen Besitzern des Zerobonds insgesamt zu versteuernden Kapitalertrag auf einen Betrag zu verkürzen, der unter der Differenz zwischen Rücknahme- und Emissionskurs liegt. Voraussetzung hierfür ist eine Veräußerungshandlung, weil es bei einem über die Gesamtlaufzeit gehaltenen Zerobond unerheblich ist, ob die Besteuerung nach der Marktrendite oder nach der Emissionsrendite erfolgt, da beide zum selben Ergebnis führen.

Bei deterministischer Zinsentwicklung (bzw. bei einer Analyse auf der Grundlage von Terminzinssätzen) ergeben sich aber - wie das Beispiel im letzten Abschnitt zeigte - allenfalls geringfügige Unterschiede in der Besteuerung nach der Emissions- oder der Marktrendite. Ein Anleger, welcher den Zerobond im Zeitpunkt der Emission erwarb, könnte alternativ zum Halten bis zur Fälligkeit erwägen, den Finanztitel zu einem früheren Zeitpunkt (etwa in t=4) zu verkaufen. Dabei entgeht ihm zwar ein Teil des Steuerstundungsvorteils in Form einer steuerfreien Wiederanlage in t=4. Gleichzeitig kann er jedoch von dem Wahlrecht Gebrauch machen, den Kapitalertrag nach der für ihn günstigeren Methode (Emissions- oder Marktrendite) zu versteuern.

Während für den potentiellen Erwerber die Besteuerung des Kapitalertrags nach der Emissionsrendite vorteilhaft wäre, ist es für den hier betrachteten Verkäufer in diesem Fall günstiger, den steuerpflichtigen Kapitalertrag nach der Marktrendite (d.h. der Differenz zwischen Veräußerungserlös und Anschaffungskurs) zu ermitteln. In Fortsetzung des obigen Zahlenbeispiels wären in t=4 Kapitaleinkünfte in Höhe von 91,22 - 64,40 = 26,82 GE zu versteuern. Damit könnte ein marginaler Investor mit $s^* = 50\%$ nach Steuern $91,22 - 0,5 \cdot 26,82 = 77,81$ GE erzielen. Wird dieser Betrag für die Dauer einer Periode angelegt, so resultiert ein Endvermögen in t=5 von $77,81 \cdot 1,05 = 81,7$ GE. Dieses liegt unter den $100 - 0,5 \cdot (100-64,4) = 82,2$ GE, welche beim Halten des Zerobonds bis zur Fälligkeit erzielt werden könnten. Deshalb kann der Verlust der Steuerstundung nicht durch die gezielte Ausnutzung des Wahlrechts kompensiert werden. Eine Veräußerung ist nicht vorteilhaft, und damit sind auch keine Rückwirkungen auf den Emissionspreis zu erwarten.

Abweichende Schlußfolgerungen können sich jedoch ergeben, wenn ein stochastischer Zinsprozeß betrachtet wird. Im Gegensatz zu den Kurswerten auf der Grundlage von deterministischen Forward-Verzinsungen sind dann stärkere Kursschwankungen zu berücksichtigen. Gegenüber Kuponanleihen ergibt sich hier sogar ein zusätzlicher Effekt, weil Zerobonds eine höhere Duration als laufzeitentsprechende Festzinsanleihen aufweisen und deshalb einem höheren Marktwertänderungsrisiko unterliegen.[104]

In diesem Fall können bei sinkenden Kapitalmarktzinssätzen Zukunftslagen eintreten, in denen der Marktwert des Zerobonds über dem fiktiven Kurswert liegt, der sich auf der Grundlage der Emissionsrendite vor Steuern ergibt. Dies führt zu einer gerade entgegengesetzten Ausübung des Wahlrechts: Ein Zweiterwerber, der die Nullkuponanleihe bis zur Fälligkeit hält, versteuert den Kapitalertrag nach der Marktrendite, während der Veräußerer (Ersterwerber) den Kapitalertrag auf Basis der Emissionsrendite bestimmt.

Daß in diesem Fall die vorzeitige Veräußerung auch für einen Investor mit $s = s^*$ vorteilhaft sein kann, kann an einem Beispiel gezeigt werden. Wie in Tabelle 3.3 wird zunächst unterstellt, daß der Emissionskurs in Höhe von 64,4 GE durch einen Daueranleger mit $s^* = 50\%$ zustandekommt; es werden dabei grundsätzlich dieselben Daten wie im letzten Beispiel ($T = 5$, $s^* = 50\%$, Rücknahmepreis = 100 GE und eine flache Kurve der einperiodigen Terminzinssätze) unterstellt.

Die Entwicklung der Periodenzinssätze wird jedoch als unsicher angesehen, wobei auf den Zinsprozeß in Abbildung 3.3 (vgl. B.II.2 dieses Kapitels) zurückgegriffen wird. Dort ergab sich in der letzten Periode, falls ausschließlich Zins-

---

104 Vgl. Süchting (1995), S. 435.

senkungen eintraten, ein Zinssatz in Höhe von 6,24%. Für diese Zukunftslage wird geprüft, ob eine vorzeitige Veräußerung sinnvoll ist.

Gemäß (3.19) stimmt für eine (Rest-)Laufzeit von einer Periode die bei Zerobonds geforderte Bruttorendite mit dem Kapitalmarktzinssatz überein, falls es optimal ist, den Kapitalertrag bei Fälligkeit nach der Marktrendite zu versteuern. Bei einem Bruttozinssatz von 6,24% ist ein potentieller Erwerber mit $s = s^*$ bereit, in t=4 einen Preis in Höhe von 100/1,0624 = 94,13 GE für den Zerobond zu bezahlen. Die Versteuerung nach der Marktrendite ist hier nämlich vorteilhaft, weil der fiktive Kurswert auf Basis der Emissionsrendite 100/1,092 = 91,58 GE beträgt.

Für den Ersterwerber führt nun die Veräußerung in t=4 zu einer Nettoeinzahlung von 94,13 - 0,5(91,58-64,4) = 80,54 GE, wobei hier die Steuerbemessungsgrundlage mittels Emissionsrendite bestimmt wurde. Wird dieser Betrag für eine Periode zu dem in der betrachteten Zukunftslage geltenden Zinssatz von 6,24% angelegt, so erhält man nach Steuern in t=5 ein Endvermögen in Höhe von 80,54×1,0312 = 83,05 GE. Dieses liegt höher als das beim Halten des Zerobonds in t=5 erzielbare Endvermögen von 82,2 GE. Die vorzeitige Veräußerung ist im vorliegenden Fall also vorteilhaft.

Bei stochastischen Zinssätzen gibt es also Zukunftslagen, in denen die Steuervorteile aus dem Bemessungsgrundlagen-Wahlrecht bei Veräußerung den Verlust der Steuerstundung überwiegen. Weil dies hier bereits für einen Grenzanleger mit $s = s^*$ gezeigt wurde, sind damit auch Preisreaktionen zum Zeitpunkt der Emission zu erwarten: Die Emissionsrendite kann unter dem durch (3.19) bestimmten Wert liegen. Allerdings kann der Kurswert in t=0 (anders als z.B. bei festverzinslichen Anleihen) nicht retrograd bestimmt werden. Denn um die für die Bewertung relevanten, zukünftigen bedingten Steuerzahlungen auf der Grundlage der Emissionsrendite zu bestimmen, muß der in t=0 geltende Kurswert bereits bekannt sein. Es liegt somit ein Interdependenzproblem vor, welches nur durch ein Simulationsmodell gelöst werden kann.

D. Der Einfluß der Besteuerung auf die Bewertung und die Finanzierungskosten von Optionsanleihen

Optionsanleihen wurden von deutschen Unternehmungen seit 1983 relativ häufig emittiert.[105] Sie stellen neben Wandelanleihen die bekanntesten langfristigen Finanzierungsinstrumente mit Sonderrechten dar. In beiden Fällen wird dem Erwerber neben einer laufenden Verzinsung ein Optionsrecht eingeräumt, wobei es im Falle einer Ausübung der Option in der Regel zu einer Erhöhung des Eigenkapitals der emittierenden Gesellschaft kommt. Optionsanleihen können somit den börsengehandelten Zwischenformen der Finanzierung zugeordnet werden.[106] Im Gegensatz zu Wandelanleihen bleibt die Schuldverschreibung ohne Optionsrecht (Anleihe ex) unabhängig von einer möglichen Veräußerung oder Ausübung der Optionsscheine bis zur Fälligkeit bestehen.[107]

I. Beschreibung der Anlageform und ihrer steuerlichen Behandlung beim privaten Erwerber

Bei Optionsanleihen werden Schuldverschreibungen in Kombination mit sog. Optionsscheinen (Warrants) ausgegeben. Die Optionsscheine beinhalten als eigenständig verbriefte Wertpapiere meist das Recht, innerhalb eines bestimmten Zeitraums Aktien der emittierenden Gesellschaft (z.T. auch Aktien der zu 100% beteiligten Konzernobergesellschaft) zu einem vorab festgelegten Bezugskurs zu erwerben. Prinzipiell sind aber beliebige Gestaltungsformen hinsichtlich der Bezugsobjekte denkbar: Beispielsweise können Optionsscheine auch zum Bezug von Aktien berechtigen, die der Emittent in seinem Depot hält (Covered Warrants). Daneben existieren sog. "innovative" Optionsscheine: Hierzu können z.B. Anleihen mit Währungsoptionsscheinen oder Anleihen mit Optionsrechten gezählt werden, die wiederum zum Bezug von Anleihen berechtigen (sog. Bond

---

105 Vgl. Entrup (1995), S. 22 f.

106 Vgl. Süchting (1979), S. 155.

107 Vgl. Süchting (1979), S. 156. Wird der bei Ausübung der Optionsscheine an die Gesellschaft fließende Betrag allerdings dazu verwendet, Teilschuldverschreibungen an der Börse zurückzukaufen, so liegt ein mit Wandelanleihen vergleichbares Ergebnis vor.

Warrants).[108] Nach einer meist kurzen Übergangsphase können die Optionsscheine von der Anleihe getrennt und am Kassamarkt[109] gehandelt werden.

Da Optionsscheine das Recht, doch nicht die Verpflichtung beinhalten, innerhalb der Optionsfrist ein feststehendes Vertragsangebot anzunehmen, besitzen Optionsscheine vor Ablauf dieser Frist stets einen positiven Wert.[110] Dieser Sachverhalt wirkt sich auf die Ausstattung der Optionsanleihe im Vergleich zu idealtypischen Anleihen gleicher Restlaufzeit aus. Grundsätzlich sind dabei zwei Varianten (oder Kombinationen daraus) denkbar: Die Optionsanleihe kann mit einem Agio (Aufgeldvariante, Agio-Emission) oder mit einem niedrigeren Nominalzins als vergleichbare konventionelle Anleihen ausgegeben werden (Abgeldvariante, Pari-Emission). Während im ersten Fall die Anleihe marktüblich verzinst wird und das Aufgeld als Entgelt für das Optionsrecht anzusehen ist, liegt im zweiten Fall ein verdecktes Aufgeld vor. Hier liegt der Wert der Schuldverschreibung ohne Optionsrecht unter dem Marktwert vergleichbarer Schuldverschreibungen gleicher Laufzeit. Das Entgelt für das Optionsrecht kann damit indirekt als Differenzbetrag zwischen den Barwerten der Optionsanleihe zum Ausgabezeitpunkt und einer konventionellen Anleihe gleicher Laufzeit berechnet werden.

Gemäß der "Zwei-Wirtschaftsgüter-Theorie"[111] erwirbt der Zeichner einer Optionsanleihe zwei verschiedene Wirtschaftsgüter, d.h. eine niedrig verzinsliche Schuldverschreibung sowie ein gesondert verbrieftes Optionsrecht. Im Privatvermögen werden beide Wirtschaftsgüter steuerlich wie folgt behandelt:

- Die Kapitalerträge der Schuldverschreibung ohne Optionsrecht setzen sich aus den jährlichen Zinszahlungen und dem Unterschiedsbetrag zwischen Emissionskurs und Rückzahlungskurs der Anleihe zusammen. Während die gezahlten Zinsen im Zeitpunkt des Zuflusses besteuert werden, ist der

---

108 Vgl. Süchting (1995), S. 145; Fechner (1990), S. 213. Diese Optionsscheine können mit einem Kauf- oder mit einem Verkaufsrecht ausgestattet sein.

109 Faktisch weisen Optionsscheine bedingten Termingeschäftscharakter auf. Aufgrund ihrer wertpapiermäßigen Verbriefung findet die Geschäftsabwicklung aber nicht an der Terminbörse, sondern auf Kassamärkten statt, vgl. Heuer (1992), S. 315.

110 Wie bei den unverbrieften Financial Options sind Einflußfaktoren auf den Optionswert die Restlaufzeit, die Volatilität und der aktuelle Wert des Basistitels, der Ausübungspreis und die Höhe des risikolosen Zinssatzes. Vgl. Black/Scholes (1973), S. 644; Süchting (1988), S. 184.

111 Diese hat sich gegenüber der Ein-Wirtschaftsgut-Theorie durchgesetzt. Vgl. Holzheimer (1986), S. 1174; Dahm/Hamacher (1994), S. 7; Scheurle (1994), S. 446.

Unterschiedsbetrag bei Einlösung (bzw. bei vorhergehender Veräußerung) zu versteuern. Darüber hinaus fallen evtl. Steuern auf Einkünfte aus Spekulationsgeschäften an, sofern die Schuldverschreibung innerhalb der Halbjahresfrist weiterveräußert wird.

- Gewinne oder Verluste aus dem Optionsrecht sind einkommensteuerlich nur relevant, wenn der Tatbestand des Spekulationsgeschäfts erfüllt ist.[112] Dies trifft einmal dann zu, wenn die Optionsscheine innerhalb von sechs Monaten nach Erwerb veräußert werden.[113] Wird der Optionsschein hingegen innerhalb dieser Frist *ausgeübt*, ist danach zu unterscheiden, ob der Optionsscheininhaber einen Anspruch auf Barausgleich oder einen Anspruch auf Lieferung des zugrundeliegenden Bezugsobjekts hat. Besteht ein Anspruch auf Barausgleich, so liegt - ähnlich wie bei Termingeschäften - kein Spekulationsgeschäft vor, weil eine steuerlich irrelevante Differenzerzielungsabsicht unterstellt wird.[114] Besteht hingegen ein Anspruch auf Lieferung, so kann es zu Spekulationseinkünften kommen, sofern das im nachfolgenden Anschaffungsvorgang erworbene Wertpapier innerhalb von sechs Monaten weiterveräußert wird. Die Anschaffungskosten des Optionsscheins stellen dann Anschaffungsnebenkosten des Bezugsobjekts dar.

Damit wird die Anleihe ohne Optionsrecht ertragsteuerlich analog zu anderen Fremdkapitaltiteln behandelt. Im Falle der Aufgeldvariante (d.h. bei normalverzinslichen Anleihen) liegt eine weitgehende Übereinstimmung mit der Besteuerung von Kuponanleihen vor. Hingegen kommt bei niedrig verzinslichen Optionsanleihen die bereits im Rahmen von Zerobonds behandelte Besteuerung des Unterschiedsbetrags zwischen Ausgabe- und Rücknahmekurs zur Anwendung. Je niedriger der Nominalzinssatz der Anleihe, desto mehr nähert sich die steuerliche Behandlung der von Zerobonds an. Eine vollständige Übereinstimmung ergibt sich für sog. Nullkupon-Optionsanleihen, bei denen der Nominalzinssatz der Anleihe genau null beträgt.

Weil der dem Wert des Optionsrechts entsprechende Unterschiedsbetrag als Kapitalertrag zu versteuern ist, entfällt ein wesentlicher Steuervorteil, der in der

112 Vgl. Baumann (1992), S. 323.

113 Vgl. Dahm/Hamacher (1994), S. 7.

114 Vgl. Baumann (1992), S. 324.

Vergangenheit im Zusammenhang mit Optionsanleihen bestand. Früher wurde die Auffassung vertreten, daß der dem Wert des Optionsrechts entsprechende Betrag nicht zu den Einkünften aus Kapitalvermögen gerechnet werden könne, weil die Option Spekulationszwecken diene und insofern der Vermögensebene zuzurechnen sei.[115] Damit konnte das Agio aus der Schuldverschreibung steuerfrei vereinnahmt werden.[116]

Hingegen sind bei den Optionsscheinen Wertänderungen nur im Rahmen von Spekulationsgeschäften steuerpflichtig.[117] Liegt kein Spekulationsgeschäft vor, so sind die Gewinne oder Verluste aus dem Optionsgeschäft steuerlich unbeachtlich, es sei denn, es liegen spezielle Konstruktionen vor, welche einen sicheren Ertrag garantieren.

II. Bewertung des Optionsscheins unter Berücksichtigung der Steuerfreiheit

1. Vorbemerkungen

Die mit einer Optionsanleihe emittierten Schuldverschreibungen und Optionsscheine können grundsätzlich getrennt voneinander bewertet werden. Eine Ausnahme liegt vor, wenn mit einer Ausübung der Optionsscheine vor Fälligkeit der Anleihe zu rechnen ist und die hierdurch an die Unternehmung fließenden Mittel die Bonität der Anleihe verbessern.[118] Eine derartige Ausübung vor Fälligkeit der Anleihe ist zu erwarten, wenn die Optionsscheine eine kürzere Laufzeit als die Anleihe aufweisen, oder wenn eine vorzeitige Ausübung der Optionsscheine in Betracht kommt, was bei amerikanischen Optionen unmittelbar vor Dividendenterminen der Fall sein kann. Der Fall einer Rückwirkung auf die Bonität der Anleihe wird aber hier nicht weiter betrachtet, da weiterhin von ausfallrisikolosem Fremdkapital ausgegangen wird.

---

115 Vgl. Erlaß des Finanzministeriums Nordrhein-Westfalen vom 27.04.1977, DB 1977, S. 889 f.; Fechner (1990), S. 216.

116 Vgl. hierzu auch Schneider (1992), S. 302.

117 Vgl. auch Holzheimer (1986), S. 1177; Heuer (1992), S. 328; Krawitz (1996), S. 1311. Darüber hinaus können sich allerdings im Falle der Optionsausübung auch bei Folgegeschäften (z.B. bei Weiterveräußerung der erworbenen Aktien innerhalb von sechs Monaten) Spekulationsgeschäfte ergeben.

118 Vgl. Jurgeit (1989), S. 327.

Zur Bewertung des Optionsscheins kann auf die im zweiten Kapitel unter C.II.3 zu Financial Options angestellten Überlegungen zurückgegriffen werden. Bevor die dort abgeleiteten Ergebnisse auf die Optionsscheinbewertung übertragen werden, sind aber zwei Fragen zu klären:

Erstens wurde dort eine Stillhalterposition in der zu bewertenden Option unterstellt. Diese Annahme stellt zwar bei der dort unterstellten symmetrischen Besteuerung von Long- und Short-Positionen kein Problem dar. Die tatsächliche steuerrechtliche Behandlung von Optionen erfolgt im Privatvermögen aber asymmetrisch, da erhaltene Optionsprämien beim Stillhalter als Entgelt für eine "Sonstige Leistung" i.S. des § 22 Nr. 3 EStG einkommensteuerrechtlich erfaßt werden.[119] Von der unterstellten Steuerfreiheit außerhalb der sechsmonatigen Spekulationsfrist kann deshalb zunächst nur beim privaten Erwerber einer Option, nicht jedoch beim Stillhalter ausgegangen werden.

Es sind aber steuerliche Gestaltungen möglich, bei denen auch im Fall einer Stillhalterposition die Besteuerung der Optionsprämie vermieden werden kann. Wird z.B. eine Option "over the counter" (OTC) vereinbart und findet die Zahlung des Optionspreises erst bei deren Fälligkeit statt, so kann die Optionsprämie nicht mehr als Entgelt für eine "Sonstige Leistung" qualifiziert werden.[120] In diesem Fall bleiben auch Gewinne und Verluste aus der Stillhalterposition steuerfrei, so daß wieder von einer steuerlichen Symmetrie ausgegangen werden kann.

Die im zweiten Kapitel unter C.II.3 angegebenen Bewertungsformeln können zudem auch unter der Annahme einer Long-Position in Optionen abgeleitet werden. Anstelle der Konstruktion einer risikolosen Einzahlung wäre es nämlich für Bewertungszwecke ebenso möglich, die Zahlungscharakteristik des Bezugsobjekts (z.B. Aktie) zu duplizieren. Im Rahmen des Binomialmodells wäre dies durch den Kauf von Optionsrechten und eine gleichzeitige Mittelanlage zum risikolosen Zinssatz zu erreichen. Weil die Implikationen für die Optionswertformel dann aber dieselben sind, ist die Voraussetzung einer Short-Position keineswegs zwingend für die Anwendung des dargestellten Bewertungsmodells.

---

119 Vgl. BMF-Schreiben vom 10.11.94, IV B 3 - S 2256 - 34/94, BStBl. I 1994, S. 816 ff.; BFH-Urteil vom 28.11.90 - XR 197/87, BStBl. II 1991, S. 300.

120 Vgl. Mauritz (1995), S. 699. Ein vergleichbares Ergebnis kann auch durch sog. Short-Optionsscheine erreicht werden.

Zweitens können Optionsscheine nicht generell mit (standardisierten) Optionsrechten gleichgesetzt werden. So beträgt die Laufzeit von Optionsscheinen in der Regel mehrere Jahre, während diese bei DTB-Optionsrechten maximal neun Monate beträgt.[121] Je nach Art des Optionsscheins ergeben sich weitere Unterschiede: Sofern Optionsscheine zum Erwerb von Aktien der emittierenden Gesellschaft berechtigen, erhöht sich außerdem im Fall der Ausübung der Optionsscheine die Anzahl der ausgegebenen Aktien, so daß eine Kapitalverwässerung eintritt. Anders als bei den in "zero-net-supply" vorliegenden Calls wird damit der Aktienkurs auch durch die Existenz der Optionsscheine beeinflußt. Demgegenüber ist bei der Bewertung "innovativer" Optionsscheine, d.h. solcher Optionsscheine, die *nicht* zum Bezug eigener Aktien berechtigen, zu beachten, daß der Inhaber des Optionsscheins einem Bonitätsrisiko ausgesetzt ist, da die Bereitstellung von Sicherheiten beim Emittenten nicht vorgeschrieben ist.[122] Dieses Ausfallrisiko ist wiederum bei standardisierten DTB-Optionsrechten vernachlässigbar, weil hier der Stillhalter in einem Umfang Sicherheiten zu leisten hat, bei dem das gesamte Kursschwankungsrisiko der Option abgedeckt wird.

Für das deutsche Steuersystem kann die Optionswertformel (2.89), welche Steuerfreiheit sowohl der Gewinne oder Verluste aus der Option als auch der Kursänderungen des Basiswerts unterstellt, als geeignete Ausgangsbasis herangezogen werden. Es ist aber zu untersuchen, wie diese Formel unter dem Einfluß weiterer Faktoren (wie mehrperiodige Laufzeiten, Dividendenzahlungen und Kapitalverwässerung) bei Ausübung zu modifizieren ist.

2. Bestimmung des Marktwerts eines steuerfreien Optionsscheins im Mehrperiodenfall

Das bislang für eine Periode angewandte Binomialmodell kann problemlos auf den Fall mehrerer Perioden übertragen werden, wenn man unterstellt, daß der risikolose Zinssatz, der Steuersatz s^* und die sog. risikoneutralen Wahrscheinlichkeiten für die upward- bzw. downward-Entwicklung im Zeitablauf unverändert

121 Insofern ist die häufig getroffene Unterstellung konstanter Zinssätze und Volatilitäten bei Optionsscheinen problematisch. Vgl. Kohler (1992), S. 142.

122 Vgl. Breker (1993), S. 34.

bleiben. Beispielsweise entwickelt sich der Wert eines Calls[123] mit einer (Rest-) Laufzeit von zwei Perioden vor Steuern wie folgt[124]:

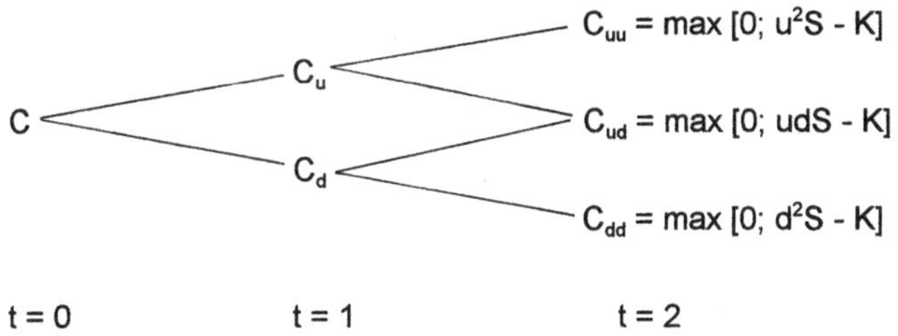

Abb. 3.8: Wertentwicklung eines Calls im zweiperiodigen Binomialmodell

Obwohl in den einzelnen Zeitpunkt-Zustands-Kombinationen jeweils unterschiedliche Hedge-Verhältnisse zur Konstruktion eines risikolosen Portefeuilles vorzunehmen sind, hat dies keinen Einfluß auf die Bewertung mit Hilfe risikoloser Wahrscheinlichkeiten[125], welche ihrerseits bei konstanten Änderungsfaktoren und gleichbleibendem Zinsniveau im Zeitablauf konstant sind. Mit Werten von $p = (q_s^*-d^*)/(u^*-d^*)$ und $(1-p) = (u^*-q_s^*)/(u^*-d^*)$ können dann retrograd zunächst die Optionswerte am Ende der ersten Periode durch

$$(3.26) \qquad C_u^* = \frac{1}{1 + r_f(1-s^*)} \left[p \cdot C_{uu} + (1-p) \cdot C_{ud}\right]$$

und

$$(3.27) \qquad C_d^* = \frac{1}{1 + r_f(1-s^*)} \left[p \cdot C_{ud} + (1-p) \cdot C_{dd}\right]$$

bestimmt werden. Unter Berücksichtigung von (3.26) und (3.27) kann dann auch der Optionswert C^* zum Betrachtungszeitpunkt bestimmt werden. Im Zwei-Perioden-Fall erhält man hierfür[126]

---

123 Da die Auswirkungen einer Kapitalverwässerung erst später betrachtet werden, wird an dieser Stelle nicht zwischen unverbrieften Optionsrechten und Optionsscheinen unterschieden.

124 Vgl. Cox/Ross/Rubinstein (1979), S. 236.

125 Vgl. hierzu Abschnitt B.III.3.b32. im zweiten Kapitel.

126 Vgl. für eine Situation ohne Steuern Cox/Ross/Rubinstein (1979), S. 238.

$$(3.28)\qquad C^{*} = \frac{1}{(1+r_f(1-s^{*}))^2}\,[p^2\, C_{uu} + 2p(1-p)\, C_{ud} + (1-p)^2\, C_{dd}]\,.$$

Erweitert man diesen Ausdruck auf den Fall einer beliebigen Periodenanzahl *T*, so beträgt der Optionswert entsprechend[127]

$$(3.29)\qquad C^{*} = \frac{1}{(1+r_f(1-s^{*}))^T}\cdot \left[\sum_{z=0}^{T}\left(\frac{T!}{z!\,(T-z)!}\right) p^z (1-p)^{T-z} \max(0;\, u^z d^{T-z} S - K)\right].$$

Da am Verfalltag nur dann positive Optionswerte vorliegen, wenn eine bestimmte Mindest-Anzahl z^{*} an Aufwärtsbewegungen eingetreten ist[128], kann anstelle von (3.29) auch[129]

$$(3.30)\qquad C^{*} = \frac{S}{(1+r_f(1-s^{*}))^T}\left[\sum_{z=z^{*}}^{T}\left(\frac{T!}{z!\,(T-z)!}\right) p^z (1-p)^{T-z}\, u^z d^{T-z}\right] - \frac{K}{(1+r_f(1-s^{*}))^T}\left[\sum_{z=z^{*}}^{T}\left(\frac{T!}{z!\,(T-z)!}\right) p^z (1-p)^{T-z}\right]$$

geschrieben werden.[130] Denn in allen Zukunftslagen am Ende der Laufzeit, in denen die Option nicht "im Geld" liegt, kommt ein (den Optionswert nicht beeinflussender) innerer Wert von null zur Anwendung.

Vergleicht man C^{*} mit demjenigen Optionswert *C*, der sich bei neutraler Besteuerung ergeben würde, so erhält man die Beziehung

---

127 Vgl. hierzu vor Steuern Cox/Ross/Rubinstein (1979).

128 Hierbei ist z^{*} die kleinste nicht-negative ganze Zahl größer $\ln(K/Sd^T)/\ln(u/d)$. Vgl. Cox/-Ross/Rubinstein (1979), S. 239.

129 Vgl. zum entsprechenden Modell vor Steuern Cox/Ross/Rubinstein (1979), S. 239.

130 Die eckige Klammer im zweiten Term von (3.30) entspricht dem Wert der komplementären Binomial-Verteilungsfunktion $B(z \geq z^{*} | T,p)$. Vgl. Cox/Ross/Rubinstein (1979), S. 239. Hierauf wird im vierten Kapitel zurückgekommen.

$$(3.31) \quad C^* = \left(\frac{1 + r_f}{1 + r_f(1-s^*)} \right)^T \cdot C \, .$$

Diese Relation kann als Erweiterung des im zweiten Kapitel abgeleiteten Preisverhältnisses zwischen steuerpflichtigen und steuerfreien Finanztiteln auf den Mehrperiodenfall angesehen werden.

3. Berücksichtigung von Dividendenzahlungen

Die Berücksichtigung von Dividendenzahlungen ist bei der Bestimmung von (Aktien-)Optionswerten nur dann relevant, wenn (wie in der Realität regelmäßig der Fall) Optionen bzw. Optionsscheine nicht dividendengeschützt sind. Während im Fall einer dividendengeschützten Option die Bewertung nach dem bisherigen Konzept erfolgen kann, weisen nicht-dividendengeschützte Aktienoptionen einen geringeren Wert auf, wenn während der Laufzeit der Option Ausschüttungen stattfinden.[131] Aufgrund des ausschüttungsbedingten Kursabschlags vermindert sich das Niveau der künftig erreichbaren (inneren) Optionswerte, was sich in einer Minderung des aktuellen Optionswerts niederschlägt.

Aufgrund der prinzipiell identischen Auswirkungen von Dividendenzahlungen wird auch in diesem Abschnitt nicht explizit zwischen unverbrieften Optionsrechten und Optionsscheinen unterschieden. Es ist aber zu beachten, daß aufgrund der üblicherweise längeren Laufzeiten die Berücksichtigung von Dividenden bei Optionsscheinen von größerer Bedeutung ist.

Die Beeinflussung des Optionswerts hängt sowohl von der unterstellten Dividendenentwicklung als auch davon ab, ob es sich um Optionen bzw. Optionsscheine europäischen oder amerikanischen Typs handelt. Während bei einer Vernachlässigung von Dividendenzahlungen europäische oder amerikanische Kaufoptionen denselben Wert aufweisen, weil die Ausübung einer amerikanischen Option aufgrund ihres positiven Zeitwerts vor Fälligkeit nicht vorteilhaft ist, gilt dies bei Vorliegen von Dividendenzahlungen nicht mehr zwangsläufig. Da hier unter Umständen eine vorzeitige Ausübung unmittelbar vor dem Ausschüttungs-

---

131 Vgl. Uhlir/Steiner (1994), S. 247.

termin vorteilhaft sein kann, weisen amerikanische Call-Optionen im Dividendenfall höhere Werte als entsprechende Optionen europäischen Typs auf.[132]

Um den Einfluß von Dividendenzahlungen auf den Optionswert quantifizieren zu können, müssen Informationen über die Dividendenentwicklung vorliegen.[133] Werden die während der Laufzeit der Option anfallenden Dividenden als mit Sicherheit bekannt unterstellt[134], was zumindest bei kurzen Optionslaufzeiten realistisch erscheint, so liegt es bei europäischen Optionen zunächst nahe, vom laufenden Aktienkurs den Barwert der sicheren Dividenden abzuziehen, die innerhalb der Restlaufzeit der Option anfallen.[135] Nach Steuern ist dies dahingehend zu modifizieren, den Aktienkurs um den Dividendenabschlag nach Steuern, d.h. um $(1-s^{*})D^{br}$ zu korrigieren. Denn wenn sich die persönliche Besteuerung mit einem Grenzsteuersatz von s^{*} in der Anteilspreisbildung niederschlägt, erfolgt ein geringerer Dividendenabschlag als im Nichtsteuerfall.[136]

Diese Vorgehensweise führt allerdings nur dann zum richtigen Ergebnis, wenn nach Fälligkeit der Option keine sicheren Dividendenzahlungen mehr anfallen. Andernfalls wird bei der beschriebenen Vorgehensweise vernachlässigt, daß auch (sichere) Dividenden nach Ablauf der Optionsfrist ursächlich dafür sind, daß sich Teile des Aktienkurses nicht stochastisch entwickeln. Die Nichtberücksichtigung dieses Sachverhalts führt dazu, daß die Volatilität des Aktienkurses überschätzt wird, was einen überbewerteten Optionswert zur Folge hat.

Zu einem genaueren Ergebnis gelangt man, wenn sowohl beim laufenden Aktienkurs als auch beim Ausübungspreis Korrekturen um den Barwert sicherer Dividendenzahlungen vorgenommen werden.[137] Hierbei ist der laufende Aktienkurs um den Barwert aller (d.h. auch nach dem Ende der Optionsfrist anfallender) Dividenden zu korrigieren, die mit Sicherheit erwartet werden. Beträgt die Anzahl der sicheren zukünftigen Dividendenzahlungen n_d, so erhält man nach Steuern

---

132 Für Verkaufsoptionen gilt dies bereits im Nicht-Dividendenfall. Vgl. Uhlir/Steiner (1994), S. 222.

133 Vgl. Cox/Rubinstein (1985), S. 236.

134 Zu weiteren Dividendenstrukturen (z.B. die Annahme einer konstanten Dividendenrendite) vgl. Cox/Rubinstein (1985), S. 236; Uhlir/Steiner (1994), S. 250 ff.

135 Diese Vorgehensweise geht auf einen Vorschlag von Black (1975) zurück.

136 Vgl. hierzu C.IV.2.6. im ersten Kapitel.

137 Vgl. hierzu Uhlir/Steiner (1994), S. 248.

$$(3.32) \quad S_0^D = S_0 - \sum_{i=1}^{n_d} \frac{(1-s^*)D_i^{br}}{(1+r_f(1-s^*))^{t_i}}$$

mit t_i = Zeitpunkt der i-ten sicheren Dividendenzahlung
n_d = Anzahl der sicheren zukünftigen Dividendenzahlungen.

Der Ausübungspreis K ist hingegen für Bewertungszwecke um den Barwert derjenigen sicheren Dividenden nach Steuern zu korrigieren, die *nach* dem Verfalltag der Option anfallen. Fallen innerhalb der Optionsfrist k sichere Dividenden an, so verbleiben zur Korrektur n_d - k Dividendenzahlungen und man erhält:

$$(3.33) \quad K^D = K - \sum_{i=k+1}^{n_d} \frac{(1-s^*)D_i^{br}}{(1+r_f(1-s^*))^{t_i-T}}.$$

Unter Verwendung dieser modifizierten Werte für den laufenden Aktienkurs und den Basispreis kann dann der Optionspreis unter Verwendung der abgeleiteten Optionspreisformeln bestimmt werden.[138]

4. Berücksichtigung der Kapitalverwässerung bei Ausübung

Bislang wurde nicht explizit zwischen Optionsrechten und Optionsscheinen unterschieden. Eine solche Differenzierung kann aber im Zusammenhang mit der Kapitalverwässerung bei Ausübung notwendig sein.[139] Diese tritt nur auf, wenn die Optionsscheine zum Bezug von (jungen) Aktien berechtigen, die im Falle einer Ausübung neu auszugeben sind. Sie ist hingegen nicht zu berücksichtigen, wenn die Optionsscheine zum Bezug von Aktien berechtigen, welche die emittierende Gesellschaft in ihrem Depot hält (Covered Warrants) oder wenn es sich um sog. "innovative" Optionsscheine handelt, die auf andere Bezugsobjekte als die

138 Bei Anwendung der Black/Scholes-Formel können beispielsweise die modifizierten Werte direkt in die (ebenfalls um Steuern modifizierte) Bewertungsgleichung eingesetzt werden. Vgl. Uhlir/Steiner (1994), S. 248 ff.

139 Hiervon zu unterscheiden ist die (hier nicht erörterte) Frage, wie die Optionsscheininhaber vor einer möglichen Kapitalverwässerung geschützt werden können, welche z.B. infolge einer (ordentlichen) Kapitalerhöhung innerhalb der Optionsfrist auftreten kann. Vgl. hierzu Süchting (1995), S. 141 ff.

Aktien der emittierenden Gesellschaft gerichtet sind (z.B. Währungs- oder Indexoptionsscheine).

Sofern sich im Zuge der Optionsausübung die Anzahl der ausgegebenen Anteile erhöht, verbrieft ein Optionsschein nicht das Recht zum Bezug einer (im Bestand der Unternehmung befindlichen) alten Aktie, sondern das Recht zum Erwerb eines bestimmten Vermögensanteils an der emittierenden Gesellschaft. Während der innere Wert einer herkömmlichen Kaufoption max [0; *S-K*] beträgt, ist der Wert eines ansonsten identischen Optionsscheins geringer, weil sich hier das Unternehmensvermögen nach dessen Ausübung auf eine größere Aktienanzahl verteilt.[140]

Im Rahmen eines einperiodigen Modells wurde von Galai und Schneller (1978) gezeigt, daß die Rückflüsse eines Optionsscheins unter bestimmten Annahmen vollständig mit denen einer Kaufoption auf Aktien derselben Unternehmung[141] korreliert sind. Hierzu wird unterstellt, daß - falls eine Ausübung erfolgt - sämtliche Optionsscheine gemeinsam am Verfalltag ausgeübt werden.[142] Bezeichnet man die Anzahl der alten Aktien mit *n* und die Zahl der (im Fall einer Optionsausübung auszugebenden) neuen Aktien mit *m*, so kann der innere Wert des Optionsscheins am Verfalltag *T*, der zu diesem Zeitpunkt mit dem tatsächlichen Wert übereinstimmt, wie folgt berechnet werden[143]:

$$(3.34) \qquad P_{OS}(T) = \max\left[0;\ \frac{n \cdot S_T^e + m \cdot K}{n + m} - K\right] = \max[0;\ S_T - K]\ .$$

Hierbei stellt $n\,S_T^e$ den Unternehmenswert dar, der sich ohne eine Ausgabe von Optionsscheinen ergeben hätte. S_T^e ist damit ein fiktiver Kurswert am Ende der Optionsfrist; er entspricht nicht dem tatsächlichen Kurswert S_T, welcher die

140 Vgl. Galai/Schneller (1978), S. 1333 f.; Copeland/Weston (1988), S. 473. Ein Optionsschein kann daher auch als "diluted call option" angesehen werden.

141 Dies bezieht sich auf einen Call auf die Aktien der Unternehmung im Fall *ohne* ausstehende Optionsscheine. Vgl. Galai/Schneller (1978), S. 1334; Cox/Rubinstein (1985), S. 395.

142 Zudem werden eine (zunächst) vollständig eigenfinanzierte Unternehmung und eine unveränderte Investitionspolitik unterstellt, was zur Folge hat, daß der Erlös aus der Ausgabe von Optionsscheinen an die Aktionäre ausbezahlt wird.

143 Vgl. Galai/Schneller (1978), S. 1334; Naust (1994), S. 271.

Verwässerung reflektiert.[144] Aufgrund der unterstellten unveränderten Investitionspolitik während der Optionslaufzeit ist dieser auch hier als Ausgangsgröße geeignet. Erhöht wird der Unternehmenswert durch einen etwaigen Zufluß in Höhe der gezahlten Bezugspreise in Höhe von mK am Verfalltag.

Gleichung (3.34) kann in

$$(3.34a)\quad P_{OS}(T) = \frac{n}{n+m} \cdot \max\,[0;\, S_T^e - K] = \frac{1}{1+\frac{m}{n}} \cdot \max\,[0;\, S_T^e - K]$$

umgeformt werden. Damit bleibt die Bedingung für die Vorteilhaftigkeit einer Ausübung gegenüber unverbrieften Aktienoptionen unverändert; die Ausübung ist vorteilhaft, wenn der Unternehmenswert je alter Aktie den Bezugskurs übersteigt.[145] Der Wert eines Optionsscheins liegt jedoch um den Verwässerungsfaktor $1/(1+m/n)$ unter dem Wert eines entsprechenden Optionsrechts.[146] Ist der Quotient m/n klein, so weichen beide Werte nur geringfügig voneinander ab. Unabhängig von der Höhe des Verwässerungsfaktors sind jedoch die Rückflüsse bei Optionsrecht und Optionsschein vollständig korreliert, so daß sich identische Konsequenzen für das systematische Risiko und die am Kapitalmarkt erwartete Verzinsung ergeben.[147]

Aufgrund der Modifikation der Optionswerte am Verfalltag T gilt daher für den Wert des Optionsscheins zu früheren Zeitpunkten vor Steuern[148]

$$(3.35)\quad P_{OS}(t) = \frac{1}{1+\frac{m}{n}} \cdot C(t)\,.$$

Dieser Zusammenhang gilt auch zwischen steuerfreien Optionsrechten bzw. Optionsscheinen. Entsprechend kann deshalb für den Marktwert eines steuerfreien Optionsscheins mit Laufzeit T zum Zeitpunkt der Emission

---

144 S_T kann als Mischkurs aus $(nS_T^e + mK)/(n + m)$ berechnet werden.

145 Vgl. Cox/Rubinstein (1985), S. 394; Naust (1994), S. 270.

146 Vgl. Galai/Schneller (1978), S. 1334.

147 Vgl. Copeland/Weston (1988), S. 474 und Abschnitt D.IV.1 in diesem Kapitel.

148 Vgl. Galai/Schneller (1978), S. 1334.

$$(3.36) \qquad P_{OS}^{*} = \frac{1}{1+\frac{m}{n}} \cdot C^{*} = \frac{1}{1+\frac{m}{n}} \cdot \left(\frac{1+r_f}{1+r_f(1-s^{*})} \right)^{T} \cdot C$$

geschrieben werden, wobei Gleichung (3.31) berücksichtigt wurde.

Grundsätzlich besteht bei der Bewertung das Problem, daß der eigentliche Kurswert S_T^e, welcher in die Berechnung von C bzw. C^* eingeht, nicht bekannt ist. Beobachtbar ist nur der die Verwässerung reflektierende Aktienkurs. Bei der Wertbestimmung zum *Zeitpunkt der Emission* des Optionsscheins, welcher ja für die Bestimmung der Finanzierungskosten entscheidend ist, kann jedoch direkt auf den Aktienkurs vor Ausgabe bzw. Bekanntwerden der Emission zurückgegriffen werden, da in diesem Kurs (noch) keine Verwässerung antizipiert ist.

III. Bewertung der Schuldverschreibung und Festlegung des Nominalzinssatzes

Im folgenden wird angenommen, daß der Ausgabekurs der Optionsanleihe dem Marktwert entspricht. Dies ist zwar aus Aktionärssicht nicht unbedingt erforderlich, solange den Aktionären bei der Emission von Optionsanleihen ein Bezugsrecht eingeräumt wird. Die Bestimmung der Finanzierungskosten einer Optionsanleihe wird hierdurch jedoch vereinfacht, da der Wert des Bezugsrechts im hier betrachteten Fall einer Emission zum Marktwert genau null beträgt.

Betrachtet wird nur die Pari-Emission, d.h. der Fall einer niedrigverzinslichen Schuldverschreibung, da sich bei Agio-Emissionen hinsichtlich der Schuldverschreibung keine steuerlichen Besonderheiten gegenüber den bereits untersuchten Kuponanleihen ergeben.

Im Fall einer niedrigverzinslichen Anleihe ist derjenige Nominalzinssatz der Anleihe i_{OE} zu bestimmen, der - bei bekanntem Wert der Optionsscheine - dazu führt, daß der Marktwert der Anleihe cum Optionsrecht dem Emissionspreis entspricht. Es muß damit

$$(3.37) \qquad NW = v \cdot P_{OS} + P_{OE}$$

gelten, wobei *v* das Optionsverhältnis bezeichnet, welches angibt, wie viele Aktien mit den einer Optionsanleihe (Nennwert *NW*) beigefügten Optionsrechten maximal erworben werden können. P_{OS} und P_{OE} bezeichnen die Marktwerte von Optionsschein und Optionsanleihe ex im Emissionszeitpunkt.

Berücksichtigt man die steuerliche Behandlung der niedrig verzinslichen Anleihe im Privatvermögen und unterstellt man, daß die Anleihe bis zur Fälligkeit gehalten wird, so kann für die Anleihe ohne Optionsrecht bei konstanter Zinsstruktur folgende Bewertungsformel angegeben werden:

$$(3.38) \qquad V_{OE} = \sum_{t=1}^{T} \frac{i_{OE} \cdot NW \cdot (1-s)}{(1 + r_f(1-s))^t} + \frac{NW - s \cdot (NW - P_{OE})}{(1 + r_f(1-s))^T}$$

Für einen Investor mit einem Grenzsteuersatz von s^* erhält man zunächst

$$(3.39) \qquad P_{OE}\left(1 - \frac{s^*}{(1 + r_f(1-s^*))^T}\right)$$

$$= i_{OE} \cdot NW\ (1-s^*)\ RBF^{T}_{r_f(1-s^*)} + \frac{NW \cdot (1-s^*)}{(1 + r_f(1-s^*))^T},$$

wobei der Rentenbarwertfaktor (RBF) in Abhängigkeit von der Laufzeit *T* und dem sicheren Kapitalmarktzins nach Steuern $r_{f,s}$ zu bestimmen ist. Damit kann im nächsten Schritt der Marktwert der Schuldverschreibung durch

$$(3.40) \qquad P_{OE} = \frac{NW\ (1-s^*)}{(1+r_f(1-s^*))^T - s^*} \left[i_{OE} \cdot RBF^{T}_{r_{f,s}} \cdot (1+r_f(1-s^*))^T + 1 \right]$$

angegeben werden. Im Gegensatz zum Nominalzinssatz i_{OE} ist P_{OE} jedoch im vorliegenden Fall bereits bekannt. Durch Umformung von Gleichung (3.39) kann der Nominalzins i_{OE} durch

$$(3.41)\qquad i_{OE} = \frac{1}{NW(1-s^*)\,RBF^{T}_{r_f(1-s^*)}} \cdot \left[P_{OE}\left(1 - \frac{s^*}{(1+r_f(1-s^*))^T}\right) - \frac{NW\cdot(1-s^*)}{(1+r_f(1-s^*))^T}\right]$$

ermittelt werden.

Für eine zum Kurswert von 100 GE begebene Optionsanleihe mit fünfjähriger Laufzeit, deren beigefügte Optionsscheine zum Emissionszeitpunkt einen Marktwert von vP_{OS} = 25 GE aufweisen, wäre dann bei einem risikolosen Kapitalmarktzinssatz von 10% und einem repräsentativen Steuersatz von s^* = 30% die Anleihe mit einem Nominalzinssatz von i_{OE} = 3,15% auszustatten.

Ebenso kann die Bedingung für das Vorliegen einer Nullkupon-Optionsanleihe angegeben werden. Da im Falle von i_{OE} = 0 die eckige Klammer von Gleichung (3.41) den Wert eins annimmt, liegt eine Nullkupon-Optionsanleihe vor, wenn gilt:

$$(3.42)\qquad P_{OE} = \frac{NW\cdot(1-s^*)}{(1+r_f(1-s^*))^T - s^*}\ .$$

Bezogen auf die obengenannten Beispielsdaten wäre dies der Fall, wenn der Marktwert der Optionsscheine je Teilschuldverschreibung 36,5 GE betragen würde.

IV. Bestimmung der am Kapitalmarkt erwarteten Mindestverzinsung einer Optionsanleihe

Für die Bestimmung der von den Zeichnern der Optionsanleihe mindestens erwarteten Renditen ist es zweckmäßig, Optionsschein und Schuldverschreibung (zunächst) getrennt zu betrachten. Bedingt durch die Annahme eines fehlenden Ausfallrisikos bei der Schuldverschreibung ist einem Einfluß des Risikos nur beim Optionsschein Rechnung zu tragen.

1. Erwartete Mindestrendite des Optionsscheins

Zwischen dem Beta-Faktor einer Call-Option und dem Beta-Faktor des Basisinstruments besteht der folgende Zusammenhang[149]:

$$(3.43)\qquad \beta_C = \frac{\Delta C}{\Delta S}\cdot\frac{S}{C}\cdot\beta_S = \Delta\cdot\frac{S}{C}\cdot\beta_S \,.$$

Der Beta-Faktor einer Kaufoption ergibt sich demnach aus dem Produkt von Elastizität des Optionswerts und Beta-Faktor des Basiswerts. Die Elastizität der Option gibt die Hebelwirkung, d.h. die prozentuale Veränderung des Optionswerts, bezogen auf die prozentuale Veränderung des Marktwerts des Basisinstruments an.[150] Sie kann aus dem bereits im zweiten Kapitel dargestellten Hedge-Verhältnis (Optionsdelta Δ) berechnet werden, indem dieses mit dem Quotienten aus Marktpreis des Basiswerts und Optionswert multipliziert wird.[151] Da zwischen dem Wert eines Optionsscheins und dem Wert eines entsprechenden Calls eine vollständige Korrelation besteht, weisen beide dasselbe systematische Risiko auf. Damit gilt (3.43) unverändert auch für Optionsscheine.[152]

Bei der Bestimmung der erwarteten Mindestverzinsung des Optionsscheins ist neben dem (systematischen) Risiko aber auch die steuerliche Behandlung des

---

149 Vgl. Galai/Masulis (1976), S. 58 f.

150 Vgl. auch Süchting (1995), S. 140.

151 Vgl. Cox/Rubinstein (1985), S. 186. Bei Verwendung der Black-Scholes-Optionspreisformel wäre für das Hedge-Verhältnis $N(d_1)$ zu setzen. Vgl. Galai/Masulis (1976), S. 58; Copeland/Weston (1988), S. 276 und 474.

152 Vgl. Copeland/Weston (1988), S. 474.

Optionsscheins zu berücksichtigen. Diese könnte grundsätzlich in zweifacher Hinsicht zu erfassen sein:

Erstens könnte ein Einfluß der Besteuerung auf das Hedge-Verhältnis Δ bestehen. Es wurde jedoch bereits gezeigt, daß im Fall der Steuerfreiheit von Basiswert und Optionsschein das Hedge-Verhältnis wie im Fall vor Steuern ermittelt werden kann. Da außerdem unter den gesetzten Annahmen (sichere Dividenden und Steuerfreiheit von Kursgewinnen) auch der Beta-Faktor der Aktie durch die Besteuerung nicht verändert wird, kann der Beta-Faktor des Optionsscheins auch im Steuerfall nach Gleichung (3.43) berechnet werden.

Die steuerliche Behandlung einer Anlageform beeinflußt aber zweitens auch den Verlauf der Wertpapiermarktgeraden vor Steuern. Aufgrund der Steuerfreiheit ($a = 0$ bzw. $d^{br} = 0$) würden dabei Optionsscheine in den Abb. 2.7 bzw. 2.8 jeweils auf der untersten Wertpapiermarktlinie liegen.

Andererseits ist der Beta-Faktor eines Optionsscheins (bzw. einer Option) stets höher als der des Bezugsobjekts, da die Elastizität einer Option stets größer eins ist.[153] Die höchste Elastizität weisen deep-out-of-the-money-Optionen auf, d.h. Optionen bzw. Optionsscheine, deren Ausübungspreis K deutlich unter dem Kassakurs S liegt. Auch mit einer abnehmenden Restlaufzeit der Option nimmt die Elastizität zu.[154]

Bei bekanntem Beta-Faktor des Optionsscheins kann nun auch dessen erwartete Rendite bestimmt werden. Für Optionsscheine ist dabei wegen der Steuerfreiheit außerhalb von Spekulationsfristen $a = 0$ (bzw. alternativ $d^{br} = 0$) zu setzen. Für die erwartete Mindestrendite des Optionsscheins vor Steuern ergibt sich deshalb unter Bezugnahme auf Gleichung (2.77):

$$(3.44) \quad E(r_{OS}) = r_f(1-s^*) + [E(r_M) - r_f - s^*(d_M^{br} - r_f)]\, \beta_{OS}\,.$$

153 Vgl. hierzu den Nachweis bei Cox/Rubinstein (1985), S. 187.

154 Vgl. Cox/Rubinstein (1985), S. 229. Es ist deshalb zu beachten, daß selbst ein im Zeitablauf konstanter Beta-Faktor des Basiswerts nicht impliziert, daß auch das Options-Beta konstant ist. Vgl. hierzu Cox/Rubinstein (1985), S. 190.

Für Beispielsdaten von r_f = 10%, s^* = 30%, einer Markt-Risikoprämie nach Steuern von 5%, einem Beta-Faktor der Aktie von 0,9 und einer Optionselastizität von 4 erhält man einen Beta-Faktor des Optionsscheins von 3,6 und eine vor Steuern erwartete Verzinsung von $E(r_{OS})$ = 25%.

2. Geforderte Mindestverzinsung der Schuldverschreibung ohne Optionsrecht

Anders als bei zum Nennwert emittierten festverzinslichen Kuponanleihen kann die Nominalverzinsung einer niedrigverzinslichen Optionsanleihe auch bei flacher Zinsstrukturkurve nicht als geeigneter Finanzierungskostensatz der Schuldverschreibung interpretiert werden. Da die Anleihe ohne Optionsrecht rechnerisch unter dem Rückzahlungskurs ausgegeben wird, stellt vielmehr die Effektivverzinsung der Bruttozahlungen aus der Schuldverschreibung einen geeigneten Finanzierungskostensatz dar. Diese erhält man durch Auflösung von Gleichung

$$(3.45) \quad NW - v \cdot P_{OS} = \sum_{t=1}^{T} \frac{i_{OE} \cdot NW}{(1 + i_{OE}^{e})^{t}} + \frac{NW}{(1 + i_{OE}^{e})^{T}}$$

nach dem internen Zinsfuß i_{OE}^{e}.

Für die ursprünglichen Beispielsdaten (P_{OE} = 75; i_{OE} = 3,15%) erhält man eine Effektivverzinsung von i_{OE}^{e} = 9,76% p.a. vor Steuern. Diese liegt unter dem Kapitalmarktzinssatz von r_f = 10%, da hier ein dem Zerobond-Fall vergleichbarer Effekt auftritt: Aufgrund der Steuerstundung bei dem nicht in Form von Zinsen gezahlten Entgeltbestandteil wird von steuerpflichtigen Zeichnern der Schuldverschreibung ein niedrigerer Bruttozinssatz als bei neutral besteuerten Anlageformen gefordert. Der Effekt auf die Bruttoverzinsung ist jedoch geringer als bei Zerobonds, da bei Vorliegen positiver Nominalzinszahlungen ein Teil des möglichen Steuerstundungsvorteils verlorengeht.

3. Erwartete Mindestverzinsung der Schuldverschreibung mit Optionsrecht

Nach der Ermittlung der am Kapitalmarkt erwarteten Mindestverzinsung von Optionsscheinen und "Anleihe ex" ist es nun ohne weiteres möglich, den Finanzierungskostensatz der Optionsanleihe mit Optionsrecht zu bestimmen. Hierzu sind die zuvor berechneten Finanzierungskostensätze mit den anteiligen Marktwerten der Optionsscheine bzw. Schuldverschreibung zu gewichten. Diese Zusammenführung erfolgt nach der Formel:

$$(3.46) \quad E(r_{OA}) = E(r_{OS}) \cdot \frac{v \cdot P_{OS}}{NW} + i^{e}_{OE} \cdot \frac{P_{OE}}{NW}.$$

Bei den zuvor verwendeten Beispielsdaten erhält man für die Optionsanleihe insgesamt eine erwartete Mindestverzinsung von 13,57%.

Viertes Kapitel: Steuerwirkungen auf Finanztitelemissionen börsennotierter Unternehmungen

Ausgehend von den in den beiden vorangegangenen Kapiteln abgeleiteten Ergebnissen zur Besteuerung von Finanztiteln auf Anlegerebene wird nun noch weitergegangen und untersucht, welche Folgerungen sich für die Finanzpolitik börsennotierter Kapitalgesellschaften ergeben. In diesem Zusammenhang ist auch eine Berücksichtigung der Besteuerung auf Unternehmensebene erforderlich. Gegenüber einer allein auf Unternehmenssteuern gestützten Beurteilung von Finanzierungsentscheidungen kann aber die ergänzende Berücksichtigung einer nicht-neutralen Besteuerung auf Anlegerebene zu geänderten Vorteilhaftigkeitsaussagen führen. Dies wird nicht nur anhand von idealtypischen Formen der Eigen- und Fremdfinanzierung, sondern auch am Beispiel von Finanzierungsarten mit atypischen Ausstattungsmerkmalen (Zerobonds und Optionsanleihen[1]) gezeigt.

Die Beurteilung des gesamten Steuereinflusses auf Finanzierungsentscheidungen erfolgt unter folgenden Prämissen: Erstens wird ein gegebenes Investitionsvolumen der Unternehmung unterstellt.[2] Finanzierungsmaßnahmen führen somit nicht zu einer Durchführung neuer Investitionsprojekte, sondern zu einer Substitution von Finanzierungsarten. Ausgehend von einer Basis-Finanzierungsstruktur (z.B. vollständige Eigenfinanzierung mit Vollausschüttung nicht reinvestierter Überschüsse) werden die Auswirkungen von Kapitalstrukturänderungen auf die finanzielle Zielerreichung der Anteilseigner bestimmt.

Zweitens wird wieder von allen nicht-steuerlichen Determinanten der Kapitalstrukturentscheidung abstrahiert, d.h. es werden keine Anreizprobleme, Transaktionskosten oder Insolvenzkosten berücksichtigt.[3] Damit sind nur Aussagen über Besteuerungswirkungen, doch keine darüber hinausgehenden allgemeinen Folgerungen für die Vorteilhaftigkeit bestimmter Finanzierungstitelemissionen möglich.

---

1 Hierbei wird der Schwerpunkt auf Optionsscheine gelegt.

2 Vgl. zur Beurteilung dieser Prämisse A.II. im ersten Kapitel.

3 Vgl. hierzu Abschnitt B.II.2 des ersten Kapitels.

A. Grundlegende Betrachtungen zur Vorteilhaftigkeit einer Finanzierungsform

I. Das Vorteilhaftigkeitskriterium

Ähnlich der Beurteilung von Investitionen kann für eine Publikumskapitalgesellschaft, die das Ziel der Wertsteigerung des Aktionärsvermögens verfolgt, ein Kriterium für die Beurteilung von Finanzierungsentscheidungen angegeben werden. Da sich der Unternehmensgesamtwert *MV* als Summe der Marktwerte der ausgegebenen Finanztitel ergibt, so daß im Fall einer ausschließlich durch Beteiligungs- und Fremdkapital finanzierten Unternehmung

$$(4.1) \quad MV = EK + FK$$

gelten muß, lautet das Kriterium für die Vorteilhaftigkeit einer zusätzlichen Fremdfinanzierung bei unverändertem Investitionsprogramm:

$$(4.2) \quad \frac{dMV}{dFK} = \frac{dEK}{dFK} + 1 > 0.$$

Alternativ kann hierfür auch $dEK/dFK > -1$ geschrieben werden. Sinkt nach einer Substitution von Eigen- durch Fremdkapital der Wert des in der Gesellschaft verbleibenden Eigenkapitals um einen geringeren als denjenigen Betrag, der im Zuge der zusätzlichen Fremdfinanzierung an die Gesellschaft fließt, so steigt der gesamte Marktwert der Unternehmung. Dieser Wertzuwachs kommt den Anteilseignern zu, da diese eine Auszahlung in Höhe des zusätzlichen Fremdkapitals erhalten, welche die Minderung des Beteiligungswerts übersteigt.

Ein (inneres) Kapitalstrukturoptimum ist bei Vorliegen der Bedingung

$$(4.3) \quad \frac{dMV}{dFK} = \frac{dEK}{dFK} + 1 = 0$$

erreicht. Wäre (4.3) für beliebige Finanzierungsstrukturen gültig, so wäre jede Kapitalstruktur optimal, oder anders formuliert: Die Art der Finanzierung wäre für den Unternehmenswert irrelevant. Bei Gültigkeit des Modigliani-Miller-Theorems ist deshalb (4.3) stets erfüllt.

Weniger offensichtlich sind die Zusammenhänge, wenn mehr als zwei Finanzierungsformen betrachtet werden. Wird beispielsweise erwogen, in die obige Kapitalstruktur auch die Finanzierungs-Sonderform F_S einzubeziehen, so ergäbe sich der gesamte Marktwert der Unternehmung durch $MV = EK + FK + F_S$. In diesem Fall hängen die Auswirkungen von Kapitalstrukturänderungen auf den Unternehmenswert davon ab, *welche* Finanzierungsarten substituiert werden. Ersetzt die Finanzierungs-Sonderform herkömmliches Fremdkapital, so gilt $dFK/dF_S = -1$, weil bei gegebenem Investitionsvolumen der neu aufgenommene Betrag für eine Fremdkapitaltilgung in gleicher Höhe verwendet werden kann. Die Vorteilhaftigkeit hängt dann davon ab, ob eine positive Aktienkursreaktion erfolgt oder nicht. Dies ist der Fall, wenn $dEK/dF_S > dEK/dFK$ gilt, was unter steuerlichen Gesichtspunkten der Fall ist, wenn die Finanzierungs-Sonderform gegenüber der herkömmlichen Fremdfinanzierung steuerlich begünstigt ist.

Ersetzt die Sonderform hingegen Eigenkapital, so hängt wegen $dFK/dF_S = 0$ die Vorteilhaftigkeit von denselben Kriterien wie im anfangs betrachteten Fall der Eigen-/Fremdkapital-Substitution ab. Die Substitution ist vorteilhaft, wenn $dEK/dF_S > -1$ gilt.

II. Berücksichtigung der Besteuerung auf Anleger- und Unternehmensebene

Während auf die Konsequenzen einer unterschiedlichen Besteuerung von Kapitalanlagen auf die Preisbildung an Finanzmärkten bereits eingegangen wurde, ist bei einem Vergleich von Finanzierungsformen auch der Einfluß der Besteuerung auf Gesellschaftsebene zu beachten. Dieser hängt von der bilanziellen Behandlung der Finanzierungsformen ebenso ab wie von der gewerbesteuerlichen (und ggf. substanzsteuerlichen) Einstufung. Die Körperschaftsteuer ist hingegen bei einer anteilseignerorientierten Betrachtung aufgrund des hier geltenden Anrechnungsverfahrens nur im Rahmen von nicht abziehbaren Aufwendungen und im Fall von Gewinnthesaurierungen von Bedeutung.

Eine Finanzierungsform kann aus unterschiedlichen Gründen steuerlich vorteilhaft (bzw. nachteilig) sein. Steuerliche Vorteile gegenüber einer Vergleichsalternative bestehen bei

- steuerbegünstigter Behandlung der betrachteten Finanzierungsform auf Unternehmensebene und steuerlicher Gleichbehandlung beider Finanzierungstitel im Rahmen der persönlichen Besteuerung oder

- Steuervorteilen des betrachteten Finanzierungstitels im Rahmen der persönlichen Besteuerung bei steuerlicher Gleichbehandlung beider Finanzierungsformen auf Unternehmensebene.

Ebenso kommt es zu finanzierungsspezifischen Steuervorteilen, wenn der Steuervorteil auf einer der beiden Ebenen überwiegt oder wenn Finanzierungsformen gleichzeitig auf Anleger- und Gesellschaftsebene begünstigt werden.

Ausschlaggebend für die Vorteilhaftigkeit einer Finanzierungsform ist damit die steuerliche Gesamtbelastung auf Unternehmens- und Anlegerebene. Sie kann durch einen Kapitalmarktsteuerkeil ausgedrückt werden, welcher die Differenz zwischen der auf Unternehmensebene erzielten Bruttorendite und der Nettorendite auf Kapitalgeberebene erfaßt.[4] Im hier betrachteten Zusammenhang ist auf Anlegerebene der für Finanztitelpreise relevante Grenzsteuersatz s^* anzusetzen.

Wirken die steuerlichen Vor- und Nachteile zweier Finanzierungsformen auf Anleger- und Unternehmensebene gegenläufig, so kann es unter bestimmten Bedingungen zu einer steuerlichen Irrelevanz von Finanzierungsentscheidungen kommen. Allerdings kann hiervon - wie in Abschnitt C.II. dieses Kapitels gezeigt wird - im deutschen Steuersystem nicht generell (d.h. für sämtliche Kapitalgesellschaften gleichzeitig) ausgegangen werden.

---

4 Vgl. auch Schneider (1988), S. 329.

III. Finanzierungsneutralität der Besteuerung

Finanzierungsneutralität als das Fehlen finanzierungsabhängiger Steuerwirkungen ist ein vielschichtiger Begriff.[5] Da hier ein vollkommener Kapitalmarkt vor Steuern unterstellt wird, wird Finanzierungsneutralität der Besteuerung so verstanden, daß die Möglichkeit einer Separation von Investitions- und Finanzierungsentscheidungen auch nach Steuern gewahrt bleibt.[6]

Wäre Gleichung (4.3) auch nach Steuern für beliebige Finanzierungsstrukturen erfüllt, so wären mit keiner Finanzierungsart steuerliche Vor- oder Nachteile verbunden. Die Besteuerung erfolgte finanzierungs- bzw. kapitalkostenneutral, da in diesem Fall die durchschnittlichen Kapitalkosten unabhängig von der Finanzierung wären.

Die Anforderungen an Finanzierungsneutralität im Sinne einer Erhaltung der Irrelevanz der Finanzierung nach Steuern sind weniger restriktiv als die im zweiten Kapitel genannten Bedingungen für eine arbitragefreie oder investitionsneutrale Besteuerung. Die Frage, ob eine Verletzung von Kapitalkostenneutralität vorliegt, kann nämlich erst nach einer Berücksichtigung von Kapitalmarktreaktionen beantwortet werden. Preisanpassungen können dazu führen, daß trotz einer nicht-neutralen Besteuerung auf Anleger- und Unternehmensebene Irrelevanz der Finanzierung besteht. Voraussetzung hierfür sind entgegengesetzte Steuerbegünstigungen der Finanzierungsarten im Rahmen von Unternehmens- und Individualsteuern, die sich infolge von Marktpreisanpassungen gerade kompensieren.

---

5 Vgl. Schneider (1992), S. 204 zu unterschiedlichen Interpretationen des Begriffs "Finanzierungsneutralität".

6 Auf einem bereits vor Steuern unvollkommenen Kapitalmarkt könnte Finanzierungsneutralität hingegen so verstanden werden, daß eine vor Steuern hergestellte Rangfolge finanzpolitischer Maßnahmen nicht steuerbedingt geändert wird. In diesem Fall läßt sich die Forderung nach Finanzierungsneutralität mit der Effizienz der gewählten Finanzierungsstruktur vor Steuern begründen, weil durch ihre Wahl z.B. Agency-Probleme oder Transaktionskosten minimiert werden. Vgl. auch Schwinger (1994), S. 48.

B. Der Einfluß einer finanzierungsabhängigen Besteuerung auf Unternehmensebene

I. Modellvoraussetzungen

In diesem Abschnitt soll ein auf einfachen Annahmen basierendes Modell zur Abhängigkeit des Unternehmensmarktwerts von der Kapitalstruktur unter Berücksichtigung der Unternehmensbesteuerung dargestellt werden. Dieses basiert inhaltlich auf einem Modell von Modigliani und Miller[7], wobei jedoch eine Anpassung an das deutsche Steuersystem vorgenommen wird. In diesem Modell wird auf die explizite Erfassung der persönlichen Besteuerung verzichtet.[8] Es wird jedoch anschließend gezeigt, daß eine Vernachlässigung der Besteuerung auf Anlegerebene nur in Ausnahmefällen zu ökonomisch fundierten Unternehmenswerten und Finanzierungsentscheidungen führt.

Folgende Annahmen werden getroffen:

(1) Der Unternehmung stehen nur die Aktienemission und die Ausgabe von Schuldverschreibungen zur Auswahl. Schuldtitel sind mit einem sicheren Anspruch auf Zins- und Tilgungszahlungen ausgestattet, so daß auch das durch Zinszahlungen verursachte Steuerabzugspotential eine sichere Größe darstellt.

(2) Der aus der operativen Tätigkeit resultierende Brutto-Cash Flow $\tilde{X}$ ist bereits um Reinvestitionen in Höhe der Abschreibungen gemindert und deckt sich mit dem Bruttoerfolg der Unternehmung. Er stellt eine unsichere Größe dar, für die bei einem im Zeitablauf konstanten Investitionsvolumen in jeder Periode dieselbe Wahrscheinlichkeitsverteilung anzusetzen ist (Rentenmodell unter Unsicherheit). Der Cash Flow wird in Form von Steuer- und Zinszahlungen bzw. Ausschüttungen vollständig ausbezahlt; es erfolgt keine Innenfinanzierung.

---

7 Modigliani/Miller (1963), S. 433 ff., legten ihrer Untersuchung folgendes Steuersystem zugrunde: Auf den Gewinn einer Unternehmung wird eine proportionale Ertragsteuer erhoben, wobei gezahlte Kreditzinsen bei der Bemessungsgrundlage abzugsfähig sind und neben der betrachteten Unternehmenssteuer keine weiteren Steuerarten, etwa auf persönlicher Ebene berücksichtigt werden.

8 Dies entspricht den Empfehlungen der Wirtschaftsprüfungspraxis zur Unternehmensbewertung. Vgl. HFA 2/1983, S. 22.

II. Bestimmung des Free Cash Flow bei vollständiger Eigenfinanzierung und bei anteiliger Fremdfinanzierung

Bei einer vollständig eigenfinanzierten Unternehmung läßt sich die nach Abzug von Steuern mögliche Bruttoausschüttung (Bardividende plus Anrechnungsguthaben) wie folgt ermitteln[9]:

$$(4.4) \quad AS_u^{br} = \tilde{X} - S^{ge} - S^{gk} - S^{v} - S_K^T .$$

Hierbei sind sämtliche Steuerarten des Veranlagungszeitraums 1996 berücksichtigt. Hierzu zählen neben der Körperschaft- und der Gewerbeertragsteuer auch die Gewerbekapital- und die betriebliche Vermögensteuer.[10] Mit S_K^T wird die zusätzliche Körperschaftsteuer-Tarifbelastung bezeichnet, die sich aus der Nichtabzugsfähigkeit der Vermögensteuer bei der Körperschaftsteuer ergibt.[11] Im Gegensatz zur sonstigen Körperschaftsteuerzahlung wird dieser Betrag zur Definitivbelastung, weil die Vermögensteuer den tarifbesteuerten Teilbetrag des verwendbaren Eigenkapitals mindert und dieser insofern nicht für Ausschüttungszwecke zur Verfügung steht.[12] Die darüber hinaus von der Kapitalgesellschaft gezahlte Körperschaftsteuer wird wegen ihrer Anrechenbarkeit auf die persönliche Steuerschuld nicht berücksichtigt.

Im Veranlagungszeitraum 1998 sind die Substanzsteuern sowie hiervon abhängige Komponenten gleich null zu setzen. In diesem Fall gilt für die Bruttoausschüttung bei vollständiger Eigenfinanzierung:

$$(4.4a) \quad AS_u^{br} = \tilde{X} - S^{ge} .$$

---

9 Vgl. Wagner/Dirrigl (1980), S. 86; Süchting (1995), S. 161.

10 Hinsichtlich der Erhebung von Gewerbekapital- und Vermögensteuer besteht folgende Situation: Die Vermögensteuer wird seit dem 01.01.1997 nicht mehr erhoben; dennoch besteht das Vermögensteuergesetz formal weiter, da der Bundesrat der im Jahressteuergesetz 1997 vorgesehenen Abschaffung nicht zugestimmt hat. Die Gewerbekapitalsteuer ist seit dem 01.01.1998 abgeschafft. Neben der Darstellung mit Substanzsteuern werden deshalb im folgenden die vereinfachten Formeln angegeben, die sich nach dem Wegfall von Substanzsteuern ergeben.

11 Vgl. zum sog. Schatteneffekt der betrieblichen Vermögensteuer Wagner (1978), S. 480; Wagner/Dirrigl (1980), S. 85.

12 Entsprechendes gilt für andere nichtabziehbare Aufwendungen, wie z.B. die Hälfte der Aufsichtsratsvergütungen (§ 10 KStG).

Unter Berücksichtigung der Bemessungsgrundlagen der einbezogenen Steuerarten und Vernachlässigung von Freibeträgen erhält man für die Höhe der Bruttoausschüttung einer nicht verschuldeten Unternehmung:

$$(4.5)\quad AS_u^{br} = \tilde{X}\,(1-s^{ge}) - \left[\frac{s^{vc}}{1-s^{kn}} + s^{gk}(1-s^{ge})\right] RBV$$

mit s^{kn} = KSt-Tarifbelastung

s^{ge} = (effektiver) Gewerbeertragsteuersatz[13]

s^{gk} = Gewerbekapitalsteuersatz

s^{vc} = Vermögensteuersatz für Kapitalgesellschaften (unter Berücksichtigung der 75%-Regelung gem. § 117a BewG)

RBV = Rohbetriebsvermögen.

Die Bruttoausschüttung einer unverschuldeten Unternehmung ergibt sich somit aus einer Kürzung des Bruttoerfolgs um die Gewerbeertragsteuer, vermindert um eine substanzsteuerliche Komponente. Der erste Term verdeutlicht, daß die Gewerbeertragsteuerzahlung aufgrund der Multiplikation mit einer Zufallsvariablen eine risikobehaftete Größe darstellt. Hingegen führen Substanzsteuern zu einer sicheren Auszahlung.[14]

Sind keine Substanzsteuern zu berücksichtigen ($s^{vc} = s^{gk} = 0$), so gilt anstelle von Gleichung (4.5):

$$(4.5a)\quad AS_u^{br} = \tilde{X}\,(1-s^{ge}).$$

---

[13] Zur Berechnung des effektiven Gewerbeertragsteuersatzes unter Berücksichtigung der Abzugsfähigkeit der Gewerbeertragsteuer bei ihrer eigenen Bemessungsgrundlage vgl. Wagner/Dirrigl (1980), S. 28.

[14] Der zweite Term in Gleichung (4.5) entspricht zwar der effektiven, doch nicht der rechtlichen Substanzsteuerbelastung, da die Abzugsfähigkeit der Gewerbekapitalsteuer bei der Gewerbeertragsteuer im zweiten statt im ersten Term berücksichtigt wird.

Betrachtet man nun eine *verschuldete* Unternehmung, so ist neben der zu leistenden Zinszahlung auch die von der Eigenfinanzierung abweichende steuerliche Behandlung der Fremdfinanzierung zu berücksichtigen. So sind z.B. Zinsen für langfristige Kredite (Dauerschuldzinsen) gemäß § 8 Nr. 1 GewStG der Bemessungsgrundlage der Gewerbeertragsteuer zur Hälfte hinzuzurechnen. Die anteilige Erfassung wird hier allgemein durch die Variable a^g symbolisiert.

Da somit gezahlte Zinsen (bzw. bei der Gewerbekapitalsteuer die korrespondierenden Dauerschulden) nicht vollständig bei sämtlichen Steuerarten abzugsfähig sind, ist bei einem Anspruch der Gläubiger auf eine Vergütung in Höhe von $i_K\ FK$ ein höherer Bruttoertrag ZI^v (d.h. vor Abzug der durch die Fremdfinanzierung ausgelösten Steuerzahlungen) in Höhe von

$$(4.6)\quad ZI^v = \frac{1-(1-a^g)\,s^{ge}}{1-s^{ge}} \cdot i_K \cdot FK + a^g \cdot s^{gk} \cdot FK$$

erforderlich, der nicht vom unsicheren Brutto-Cash Flow $\tilde{X}$ abhängig ist. Nur für $a^g = 0$ würde $ZI^v = i_K\ FK$ gelten.

Läßt man Substanzsteuern an dieser Stelle außer acht, so entfällt der zweite Term, d.h. es gilt:

$$(4.6a)\quad ZI^v = \frac{1-(1-a^g)\,s^{ge}}{1-s^{ge}} \cdot i_K \cdot FK$$

Für Beispielsdaten von s^{ge} = 16,67% und a^g = 0,5 erhält man in diesem Fall ZI^v = 1,1$\cdot$ $i_K\ FK$.

Nach Abzug des verschuldungsbedingten Bruttoertrags ZI^v kann den Anteilseignern ein residualer Bruttoertrag von $\tilde{X}$ - ZI^v zugerechnet werden. Von diesem Betrag sind noch auf das Eigenkapital direkt entfallende Steuerzahlungen abzuziehen, bevor man die Bruttoausschüttung erhält.

Über die nach Eigen- und Fremdkapital getrennte Zuordnung der insgesamt anfallenden Steuerzahlungen und Vergütungen an die Kapitalgeber gibt Tabelle 4.1a Auskunft.

	Eigenkapital	Fremdkapital
Zurechnung des Bruttobetrags	$\tilde{X} - ZI^{v}$	$ZI^{v} = a^{g} s^{gk} FK + \frac{1-(1-a^{g})s^{ge}}{1-s^{ge}} i_K FK$
GewKSt	$s^{gk}(RBV - FK)$	$a^{g} s^{gk} FK$
effektive VSt	$\frac{s^{vc}}{1-s^{kn}}(RBV - FK)$	0
GewESt	$s^{ge}(\tilde{X} - ZI^{v} - s^{gk}(RBV-FK))$	$\frac{s^{ge}}{1-s^{ge}} a^{g} i_K FK$
Zahlung an Kapitalgeber	AS_v^{br}	$i_K FK$

Tabelle 4.1a: Aufspaltung des Brutto-Cash Flow auf finanzierungsbedingte Steuerzahlungen und Zahlungen an die Kapitalgeber (mit Substanzsteuern)

Weicht die Summe der bewertungsrechtlichen Wertansätze für die Eigen- und Fremdkapitalpositionen vom Rohbetriebsvermögen *RBV* ab ($RBV \neq EK + FK$), so werden die hierdurch verursachten Vor- oder Nachteile dem Eigenkapitalanteil zugerechnet, da sie unabhängig davon anfallen, ob die Unternehmung verschuldet ist.

Als Residualgröße auf der Eigenkapitalseite erhält man die nach Abzug nichtanrechenbarer Steuern mögliche Bruttoausschüttung an die Kapitaleigner:

$$(4.7)\quad AS_v^{br} = \tilde{X} - s^{ge}(\tilde{X} - (1-a^{g})\cdot i_K \cdot FK - s^{gk}(RBV - (1-a^{g})FK)) - \frac{s^{vc}}{1-s^{kn}}(RBV - FK) - s^{gk}(RBV - (1-a^{g})FK) - i_K \cdot FK.$$

Für den Fall, daß keine Substanzsteuern zu berücksichtigen sind, ist die Tabelle 4.1a entsprechende Aufspaltung des Brutto-Cash Flow in Tabelle 4.1b angegeben.

	Eigenkapital	Fremdkapital
Zurechnung des Bruttobetrags	$\tilde{X} - ZI^v$	$ZI^v = \frac{1-(1-a^g)s^{ge}}{1-s^{ge}} i_K FK$
GewESt	$s^{ge}(\tilde{X} - ZI^v)$	$\frac{s^{ge}}{1-s^{ge}} a^g i_K FK$
Zahlung an Kapitalgeber	AS_v^{br}	$i_K FK$

Tabelle 4.1b: Aufspaltung des Brutto-Cash Flow auf finanzierungsbedingte Steuerzahlungen und Zahlungen an die Kapitalgeber (ohne Substanzsteuern)

Entsprechend erhält man ohne Substanzsteuern anstelle von (4.7) folgende Residualgröße aus Anteilseignersicht:

$$(4.7a) \quad AS_v^{br} = \tilde{X}(1-s^{ge}) - i_K FK\,(1 - s^{ge}(1-a^g)).$$

In diesem Fall wird der Brutto-Cash Flow nur um die Gewerbeertragsteuer und die Zinszahlungen gemindert.

Unter Berücksichtigung der Definition von AS_v^{br} gem. (4.7) beträgt die Summe aus Bruttoausschüttung und Zinszahlung, die auch als Free Cash Flow bezeichnet wird:

$$(4.8) \quad AS_v^{br} + i_K \cdot FK = AS_u^{br} + \frac{s^{vc}}{1-s^{kn}} FK + (1-a^g)\cdot s^{gk}\cdot(1-s^{ge})\,FK$$
$$+ (1-a^g)\cdot s^{ge}\cdot i_K \cdot FK,$$

welche sich ohne die Berücksichtigung von Substanzsteuern zu

$$(4.8a) \quad AS_v^{br} + i_K \cdot FK = AS_u^{br} + (1-a^g)\cdot s^{ge}\cdot i_K \cdot FK$$

vereinfacht.

Die mögliche Auszahlung an die Kapitalgeber liegt somit um

$$(4.9)\quad \frac{s^{vc}}{1-s^{kn}} FK + (1-a^{g})\cdot s^{gk}\cdot(1-s^{ge}) FK + (1-a^{g})\cdot s^{ge}\cdot i_K\cdot FK$$

bzw. ohne Substanzsteuern um

$$(4.9a)\quad (1-a^{g})\cdot s^{ge}\cdot i_K\cdot FK$$

über der im Fall einer vollständigen Eigenfinanzierung möglichen Bruttoausschüttung. Die Ausgabe von Schuldverschreibungen ist somit auf Unternehmensebene gegenüber der Aktienemission begünstigt.

III. Verschuldungsbedingte Marktwertänderungen

Bei der Bestimmung des Marktwerts der Unternehmung kann die gesamte nach Abzug von Unternehmenssteuern mögliche Auszahlung in zwei Teilbeträge aufgespalten werden: Geht man vom Wert der unverschuldeten Unternehmung MV_U aus und berücksichtigt man, daß Fremdkapitalbeträge sowie Linearkombinationen derselben (z.B. Zinszahlungen und Substanzsteuern) mit einem risikolosen Zinssatz zu bewerten sind, so ergibt sich für den Gesamtwert der verschuldeten Unternehmung[15]

$$(4.10)\quad MV_V = MV_U + \frac{\left[\frac{s^{vc}}{1-s^{kn}} + (1-a^{g})\, s^{gk}(1-s^{ge}) + (1-a^{g})\, s^{ge} i_K\right] FK}{i_K}$$

mit MV_U = Marktwert der unverschuldeten Unternehmung
MV_V = Marktwert der verschuldeten Unternehmung.

15 Vgl. auch Drukarczyk (1993), S. 182.

Diese Gleichung vereinfacht sich ohne Substanzsteuern ($s^{vc} = s^{gk} = 0$) zu

$$(4.10a) \quad MV_V = MV_U + (1-a^g)\cdot s^{ge}\cdot FK.$$

Die angegebenen Formeln können als "Adjusted Present Value" (APV) interpretiert werden, da sich der theoretische Marktwert der fremdfinanzierten Gesellschaft aus dem Marktwert einer ansonsten äquivalenten unverschuldeten Unternehmung und einer finanzierungsabhängigen Modifikation ergibt. Ein Vorteil dieser Darstellung besteht darin, daß der Marktwerteinfluß der Finanzierung auch in den Fällen bestimmt werden kann, in denen der Eigenkapitalkostensatz und damit der Marktwert der unverschuldeten Unternehmung nicht bekannt ist.

Die Gleichungen (4.10) bzw. (4.10a) können wie folgt interpretiert werden: Durch eine Substitution von Eigen- durch Fremdkapital ändert sich das operative Risiko der Unternehmung nicht. Dieses wird durch MV_U erfaßt, welcher den Wert der Unternehmung in einer hypothetischen Situation vollständiger Eigenfinanzierung angibt. Die einzige Modifikation gegenüber dem Fall einer vollständigen Eigenfinanzierung besteht in der durch die Fremdfinanzierung hervorgerufenen Steuerentlastung. Der Unternehmensgesamtwert wird damit um den Barwert der fremdfinanzierungsbedingten Steigerungen des Free Cash Flow erhöht. Nach Abzug des Werts des Fremdkapitals erhält man hieraus den Eigenkapitalwert.

Somit bewirken bei einer Substitution von Eigen- durch Fremdkapital bei unterstellter Vollausschüttung zwei Einflußfaktoren eine Steigerung des rechnerischen Unternehmensmarktwerts: zum einen die mit zunehmender Unternehmensverschuldung ansteigende erwartete Nettozahlung an die Gesamtheit der Kapitalgeber, zum anderen die Diskontierung dieser Mehrzahlung mit dem (vergleichsweise niedrigen) risikolosen Zinssatz, weil die steuerbedingte Erhöhung des Kapitalertrags eine nicht-risikobehaftete Komponente darstellt.[16]

---

16 Vgl. Modigliani/Miller (1963), S. 438. Dabei wird allerdings über die Annahme von risikolosem Fremdkapital hinaus auch unterstellt, daß in jeder Zukunftslage eine konstante Steuerentlastung in voller Höhe der Zinszahlung erfolgt ("no redundant tax shelters"). Neben möglichen zukünftigen Steuersatzänderungen kann eine hiervon abweichende Situation auch dann eintreten, wenn das Steuerabzugspotential nicht in voller Höhe genutzt werden kann. Dies kann wegen des Auseinanderfallens von Zahlungs- und Gewinnermittlungsebene selbst dann der Fall sein, wenn die Zinszahlung mit Sicherheit erfolgt. Vgl. Brennan/Schwartz (1978), S. 104; DeAngelo/Masulis (1980b), S. 8.

IV. Bestimmung der maximal möglichen ausfallrisikolosen Verschuldung unter Berücksichtigung der Besteuerung

Im Rahmen finanzierungstheoretischer Modelle wird häufig mit der Annahme ausfallrisikolosen Fremdkapitals gearbeitet. Hiervon kann nur ausgegangen werden, wenn der unsichere operative Brutto-Cash Flow in jeder Periode eine bestimmte Mindesthöhe aufweist, welche ausreicht, um sämtliche Auszahlungsverpflichtungen der Gesellschaft (im vorliegenden Fall Zins- und Steuerzahlungen) erfüllen zu können. Ist dieser Mindest-Cash Flow X^{min} bekannt, so kann derjenige (maximale) Fremdkapitalbetrag FK^{m} bestimmt werden, bei dem das Fremdkapital noch als nicht-ausfallbedroht eingestuft werden kann.

Ausgangspunkt der Ermittlung von FK^{m} ist der notwendige Bruttoertrag bei einer Mischfinanzierung aus Eigen- und Fremdkapital bei *gegebenen* Zins- und Bruttodividendenansprüchen.[17] Hierfür erhält man unter Berücksichtigung von (4.6):

$$(4.11)\quad BE^{min} = ZI^{v} + BE^{min}_{EK} = \frac{1-(1-a^{g})\,s^{ge}}{1-s^{ge}}\cdot i_{K}\cdot FK + a^{g}\,s^{gk}\cdot FK + \frac{D^{br}}{1-s^{ge}} + s^{gk}\cdot(RBV-FK) + \frac{s^{vc}}{(1-s^{kn})\,(1-s^{ge})}\cdot(RBV-FK)$$

mit BE^{min} = insgesamt notwendiger Bruttoertrag

BE^{min}_{EK} = notwendiger Bruttoertrag des eingesetzten Eigenkapitals.

Ohne Substanzsteuern gilt entsprechend:

$$(4.11a)\quad BE^{min} = ZI^{v} + BE^{min}_{EK} = \frac{1-(1-a^{g})\,s^{ge}}{1-s^{ge}}\cdot i_{K}\cdot FK + \frac{D^{br}}{1-s^{ge}}.$$

Für das weitere Vorgehen ist nun ein Perspektivenwechsel erforderlich: Das maximale ausfallrisikolose Fremdkapitalvolumen FK^{m} ist dadurch gekennzeichnet, daß auch aus dem im ungünstigsten Fall erzielten Bruttoertrag X^{min} noch sämt-

---

17 In der Literatur wird ein Mindestertrag regelmäßig für vollständige Eigen- oder Fremdfinanzierung berechnet; vgl. etwa Wagner/Dirrigl (1980), S. 81 ff. ; Süchting (1995), S. 159 ff.; Siegel (1982), S. 226 f. Diese für Finanzierungsvergleiche geeignete Modellierung reicht allerdings im hier untersuchten Zusammenhang nicht aus.

liche Zins- und Steuerzahlungen geleistet werden können. In diesem Fall verbleiben keine Mittel zur Ausschüttung an die Aktionäre, so daß $D^{br} = 0$ (und damit auch $BE^{min} = X^{min}$) gesetzt werden kann. Man erhält dann

$$(4.12)\quad X^{min} = [s^{gk} + \frac{s^{vc}}{(1-s^{kn})(1-s^{ge})}] \cdot RBV + [\frac{1-(1-a^{g})s^{ge}}{1-s^{ge}} \cdot i_K + a^{g} s^{gk} - s^{gk} - \frac{s^{vc}}{(1-s^{kn})(1-s^{ge})}] \cdot FK^{m}.$$

Bereinigt um den Einfluß von Substanzsteuern ergibt sich daraus:

$$(4.12a)\quad X^{min} = \frac{1-(1-a^{g})s^{ge}}{1-s^{ge}} \cdot i_K \cdot FK^{m}.$$

Damit kann die maximale ausfallrisikolose Verschuldung durch

$$(4.13)\quad FK^{m} = \frac{X^{min} - [s^{gk} + \frac{s^{vc}}{(1-s^{kn})(1-s^{ge})}] \cdot RBV}{\frac{1-(1-a^{g})s^{ge}}{1-s^{ge}} \cdot i_K - s^{gk} \cdot (1-a^{g}) - \frac{s^{vc}}{(1-s^{kn})(1-s^{ge})}}$$

bestimmt werden. Wären sämtliche Steuersätze gleich null, so erhielte man die stark vereinfachte Bedingung $FK^m = X^{min}/i_K$, was unmittelbar einsichtig ist.

Sind keine Substanzsteuern, d.h. nur die Gewerbeertragsteuer zu berücksichtigen, so vereinfacht sich (4.13) zu

$$(4.14)\quad FK^{m} = \frac{(1-s^{ge})\, X^{min}}{(1-(1-a^{g})s^{ge}) \cdot i_K}.$$

Damit gilt für $a^g > 0$ (was z.B. bei hälftiger Hinzurechnung von Dauerschuldzinsen zutrifft) $FK^m \leq X^{min}/i_K$. Die maximale risikolose Verschuldung liegt damit niedriger als im Fall vor Steuern.

V. Implikationen einer Vernachlässigung persönlicher Steuern in Marktwertmodellen

Die in Gleichung (4.10) bzw. (4.10a) erfolgte Marktwertbestimmung unter Vernachlässigung persönlicher Steuern ist an zwei Voraussetzungen gebunden: Erstens ist sie nur im Rentenmodell möglich, weil sich hier der Einfluß von Steuern in Zähler und Nenner herauskürzt. Im Nicht-Rentenfall entsprechen die Zahlungen an die Kapitalgeber nicht mehr notwendigerweise den Wertänderungen der Periode.[18] In diesem Fall kann, wenn nur Ertragsteuern berücksichtigt werden[19] und die persönliche Besteuerung durch den Grenzsteuersatz s^* erfaßt wird, der Unternehmensgesamtwert wie folgt bestimmt werden[20]:

$$(4.15) \qquad MV_V = MV_U + \sum_{t=1}^{T} \frac{(1-a^g) \cdot s^{ge} \cdot i_K \cdot FK_{t-1} \cdot (1-s^*)}{(1+i_K(1-s^*))^t} .$$

Es ist aber zu berücksichtigen, daß die Einbeziehung der persönlichen Besteuerung in diesem Zusammenhang nur bei der Bestimmung des Unternehmenswerts, *nicht aber zur Beurteilung der Vorteilhaftigkeit der Fremdfinanzierung* erforderlich ist. Diese ergibt sich bereits unmittelbar aus den Formeln (4.9) bzw. (4.9a), in welchen persönliche Steuern nicht berücksichtigt werden.

Gleichzeitig wird mit einer Vernachlässigung persönlicher Steuern jedoch implizit unterstellt, daß keine steuerbedingten Unterschiede in den geforderten Mindestrenditen von Eigen- und Fremdkapitaltiteln bestehen. Abweichende Finanzierungskosten dürfen nur aufgrund einer unterschiedlichen Risikobehaftung, nicht aufgrund einer aneutralen Besteuerung von Finanzanlagen zustandekommen. Liegen demgegenüber steuerlich beeinflußte Finanzierungskosten vor, so wäre es z.B. nicht mehr korrekt, die fremdfinanzierungsabhängige Mehrauszahlung aus der Unternehmung, welche in Form von Ausschüttungen an die Anteilseigner fließt, mit dem risikolosen Fremdkapitalzinssatz zu diskontieren. Im Gegensatz zum zuvor betrachteten Fall ist dann aber die persönliche Besteuerung nicht nur bei der Marktwertbestimmung, sondern *auch* bei der Beurteilung der Vorteilhaftigkeit von Finanzierungsmaßnahmen zu berücksichtigen.

---

18 Vgl. Dirrigl (1988), S. 286 f.

19 Vgl. zur Einbeziehung betrieblicher Substanzsteuern Drukarczyk/Richter (1995), S. 563.

20 Vgl. zu einem Beispiel Tabelle 4.3 in Abschnitt D.II.2.

C. Der Einfluß finanztitelabhängiger persönlicher Steuern auf die Kapitalstrukturentscheidung

Im letzten Kapitel wurden kapitalstrukturabhängige Unternehmenswerte auf Basis der an die Kapitalgeber möglichen Bruttozahlungen ermittelt und der Einfluß der persönlichen Besteuerung auf den Unternehmenswert im Zusammenhang mit der zeitlichen Struktur dieser Zahlungen dargestellt. Noch nicht untersucht wurden hingegen Rückwirkungen der durch diese Zahlungen auf der Anlegerebene ausgelösten Steuerzahlungen auf Kapitalstrukturentscheidungen.

Wenn der Bewertung Konsum- (oder Reinvestitions-)Möglichkeiten und damit Nettozahlungsgrößen zugrundegelegt werden, ist unter Berücksichtigung steuerlicher Wirkungen bei Sicherheit diejenige Kapitalstruktur optimal, bei der das an die Kapitalgeber gezahlte Einkommen nach Abzug *sämtlicher* Steuern maximal ist. Hierzu ist jedoch grundsätzlich auch die auf Einkünfte aus verschiedenen Anlageformen zu entrichtende persönliche Besteuerung zu berücksichtigen. Auf deren Einbeziehung kann im Rahmen von Finanzierungsvergleichen lediglich dann verzichtet werden, wenn die an die Kapitalgeber gezahlten Entgelte anlageformunabhängig oder faktisch überhaupt nicht besteuert werden, weil dann die persönliche Besteuerung keine Änderungen der Vorteilhaftigkeit hervorrufen kann. Diese Einflußlosigkeit der persönlichen Besteuerung ist jedoch im deutschen Steuersystem nicht gegeben.

I. Irrelevanz der Kapitalstruktur durch Klienteleffekte im Modell von Miller

Der von Miller[21] dargestellte Zusammenhang ist für das Verständnis einer simultanen Berücksichtigung von Unternehmens- und Individualsteuern so grundlegend, daß er an dieser Stelle kurz wiedergegeben werden soll. Miller wies nach, daß die persönliche Besteuerung unter bestimmten Voraussetzungen eine Aufhebung der verschuldungsbedingten Steuervorteile bewirken kann. Hinsichtlich der Besteuerung auf Unternehmensebene unterstellte er ein klassisches Körperschaftsteuersystem, bei dem Gewinne nach Abzug von Zinszahlungen mit einem von der Gewinnverwendung unabhängigen Steuersatz besteuert werden.

---

21 Vgl. Miller (1977), S. 261 ff.

Für die Einkommensteuer auf Individualebene unterstellte Miller drei jeweils risikolose Anlageformen, die sich allein durch ihre steuerlichen Konsequenzen (und infolge möglicher Preisanpassungen auch durch die Höhe der Bruttorenditen) unterscheiden. Bei (von privaten Unternehmungen emittierten) Fremdkapitaltiteln unterliegen Zinszahlungen in voller Höhe der Einkommensteuer. Daneben werden auch steuerbegünstigte Eigenkapitaltitel[22] sowie steuerfreie öffentliche Anleihen am Kapitalmarkt gehandelt.

Hinsichtlich der steuerlichen Eigenschaften der Kapitalanleger wird angenommen, daß diese zwar unterschiedlichen, aber jeweils konstanten Grenzsteuersätzen unterworfen sind, wobei wegen der großen Anzahl an Investoren davon ausgegangen werden kann, daß innerhalb des gesamten Einkommensteuersatz-Intervalls praktisch jeder Grenzsteuersatz am Markt vertreten ist.

Es wird Sicherheit unterstellt. Da sich in diesem Fall bei fehlenden Transaktionskosten die Anlageformen lediglich durch ihre Bruttorenditen und ihre steuerliche Behandlung unterscheiden, wird jeder Investor seine Anlageentscheidung zugunsten des Wertpapiers mit der für ihn höchsten Nettoverzinsung treffen. Damit kommt es - wie bereits unter C.I. im zweiten Kapitel gezeigt - auf der Nachfragerseite zu einer steuersatzabhängigen Portefeuillespezialisierung, wobei der Steuersatz des Grenzinvestors für die relativen Unterschiede der am Kapitalmarkt geforderten Bruttorenditen maßgeblich ist. Steuerfreie Anlageformen sind somit infolge ihrer niedrigeren Bruttoverzinsung aus Sicht des Anlegers implizit mit einer "Steuer" in Höhe dieses Grenzsteuersatzes belastet. Dies gilt auch für Eigenkapitaltitel, da im Miller-Modell für Veräußerungsgewinne ein Steuersatz von null unterstellt wird[23] und Diversifikationsaspekte unter Sicherheit keine Rolle spielen.[24]

---

22 Die ermäßigte Besteuerung von Eigenkapitaltiteln resultierte aus gegenüber Dividenden begünstigt besteuerten Veräußerungsgewinnen in den USA. Durch den Tax Reform Act 1986 wurden die Grenzsteuersätze zwar angeglichen - effektiv bleiben allerdings Kapitalgewinne aufgrund der Möglichkeit einer späteren Realisation dennoch begünstigt.

23 Vgl. Taggart (1980), S. 648; Kim (1982), S. 303. Zur Ableitung der Modellergebnisse könnte deshalb auch auf die steuerbefreite Fremdkapitalanlage verzichtet werden.

24 Bei Unsicherheit kann indessen nicht mehr davon ausgegangen werden, daß sämtliche für Anlagezwecke verfügbaren Mittel eines Investors in eine einzige Anlageform investiert werden. Aus Diversifikationsgründen kann deshalb auch für einen niedrig besteuerten Anleger der Kauf von Aktien sinnvoll sein. Hier kann es insoweit zu Klienteleffekten kommen, als niedrig besteuerte Anleger bevorzugt Aktien stark verschuldeter Unternehmungen erwerben, weil für diese Investoren die Verschuldung auf Unternehmensebene gegenüber der privaten Verschuldung steuerlich vorteilhaft ist. Vgl. Kim/Lewellen/McConnell (1979), S. 88; Kim (1982), S. 304 f.

Anders als im zweiten Kapitel wird nun aber *kein gegebenes Wertpapierangebot* unterstellt. Solange durch die Emission von Fremdkapitaltiteln Steuervorteile erzielt werden können, weil die kombinierte Steuerbelastung auf Individual- und Gesellschaftsebene geringer ausfällt als bei Eigenfinanzierung, sind die Aktionäre einer Gesellschaft einstimmig an einer höheren Verschuldung interessiert. Weitere Fremdkapitaltitel werden aber nur nachgefragt, wenn diese mit einem höheren Zinssatz ausgestattet sind. Denn nur in diesem Fall kommt es bei einigen Steuerpflichtigen, welche zuvor steuerbegünstigte Finanzanlagen erworben haben, zu einer zusätzlichen Nachfrage nach Fremdkapitaltiteln. Folge sind Änderungen in der Zusammensetzung der Steuerklientels, da nach erfolgter Anpassung bei einem höheren Grenzsteuersatz Indifferenz zwischen den unterschiedlich besteuerten Kapitalanlagen hergestellt wird. Deshalb wird der marktpreisrelevante Grenzsteuersatz im Gleichgewicht gerade diejenige Höhe annehmen, bei der durch eine weitere Verschuldung *keine* Steuervorteile mehr erzielt werden können, weil die Steuerersparnis auf Gesellschaftsebene durch steuerliche Nachteile bei der persönlichen Besteuerung gerade aufgewogen wird. Bei Miller entspricht deshalb der marginale Einkommensteuersatz im Kapitalmarktgleichgewicht dem (definitiven) Körperschaftsteuersatz.[25]

Während für die Mehrzahl der Anleger eindeutige Präferenzen für bestimmte Anlageformen bestehen[26], stellt sich aus der Sicht einer Unternehmung, für die die Zusammensetzung ihres Klientels keine Bedeutung hat[27], ein Gleichgewicht ohne Kapitalstrukturoptimum ein. Eine einzelne Unternehmung kann durch Änderungen der Finanzierungsstruktur keine Erhöhung der Nettoeinkommen ihrer Kapitalgeber erreichen. Auf gesamtwirtschaftlicher Ebene hingegen existiert ein gleichgewichtiger Verschuldungsgrad.

Die Kompensation der steuerlich unterschiedlichen Behandlung von Eigen- und Fremdkapitaltiteln auf Unternehmensebene durch die persönliche Besteuerung führt - wegen der damit verbundenen Irrelevanz der Kapitalstruktur - auch zu fi-

---

25 Vgl. Copeland/Weston (1988), S. 454. Voraussetzung für eine durch Irrelevanz gekennzeichnete Gleichgewichtssituation ist somit, daß der Spitzensteuersatz der Einkommensteuer über dem Körperschaftsteuersatz liegt. Vgl. auch Swoboda (1991a), S. 104.

26 Darüber hinausgehende Steuerarbitragen sind durch Leerverkaufsrestriktionen ausgeschlossen.

27 Vgl. Miller (1977), S. 269.

nanzierungsunabhängigen Kapitalkosten.[28] Hierdurch ergeben sich im Gleichgewicht gleiche Nettoverzinsungen beim repräsentativen Anleger und finanzierungsunabhängige Mindestrenditen für die Investitionsbeurteilung auf Gesellschaftsebene. Aus Unternehmenssicht stehen der steuerlichen Begünstigung der Fremdfinanzierung höhere Verzinsungsforderungen der Fremdkapitalgeber gegenüber. Die Besteuerung wirkt hier kapitalkostenneutral, obwohl sie weder auf Individual- noch auf Unternehmensebene gleichmäßig erfolgt.

II. Ansatzpunkte einer steuerlichen Irrelevanz der Kapitalstruktur im deutschen Steuersystem

Die Ergebnisse von Miller sind nicht unmittelbar auf das deutsche Steuersystem übertragbar. Daß in Deutschland praktisch keine steuerbefreite festverzinsliche Anlageform existiert[29], wirft dabei keine grundlegenden Probleme auf, da eine steuerinduzierte Portefeuillespezialisierung auch dann auftreten kann, wenn neben uneingeschränkt steuerpflichtigen Anlagen ermäßigt besteuerte Anlageformen vorliegen.

Damit es unter den Bedingungen des deutschen Steuersystems zu Irrelevanzergebnissen im Sinne Millers kommen kann, müssen auch hier die Steuervorteile der Verschuldung auf Unternehmensebene durch eine vergleichsweise günstige steuerliche Behandlung von Eigenkapitaltiteln auf personaler Ebene aufgehoben werden.

Hierzu werden zwei Sachverhalte untersucht. Zum einen wurden im Rahmen der privaten Vermögensbesteuerung Beteiligungs- und Schuldtitel unterschiedlich behandelt. Es wird gezeigt, daß auch substanzsteuerliche Effekte grundsätzlich zu einer Kompensation der Steuervorteile der Verschuldung auf Unternehmensebene führen können. Zum anderen besteht im deutschen Steuerrecht - anders als im U.S.-Steuersystem - ein Körperschaftsteuer-Anrechnungssystem, welches dazu führt, daß Anleger mit bestimmten Steuereigenschaften Ausschüttungen gegenüber Gewinnthesaurierungen bevorzugen.

---

[28] Hingegen impliziert das Miller-Modell keine Irrelevanz der Ausschüttungspolitik, wie von Richter (1995), S. 325 fälschlicherweise vermutet.

[29] Vgl. Richter (1995), S. 149.

1. Irrelevanz der Finanzierung durch eine substanzsteuerliche Begünstigung der Beteiligungsfinanzierung?

Im Rahmen der Vermögensbesteuerung natürlicher Personen wurde bis einschließlich 1996 die Aktie als Beteiligungswert durch einen im Vergleich zu Fremdkapitaltiteln ermäßigten Steuersatz (0,5 Prozent statt 1%) begünstigt, sofern der personenbezogene Freibetrag überschritten wurde. Anlagen in Schuldtiteln wurden (wie auch private Verschuldung) in voller Höhe beim nicht begünstigten (d.h. mit 1% besteuerten) Vermögen erfaßt.[30]

Sofern neben der vermögensteuerlichen Behandlung keine weiteren Unterschiede in der Besteuerung von Finanzanlagen auf privater Ebene zu berücksichtigen waren (was beispielsweise für Aktien von Unternehmungen galt, die Gewinne vollständig ausschütteten), mußten Schuldtitel vor Abzug persönlicher Steuern mit einer höheren Verzinsung ausgestattet sein als Beteiligungstitel, um dieselbe Nettoverzinsung zu erzielen. Da Finanzanlagen bewertungsrechtlich mit dem Kurswert zu Beginn des Veranlagungszeitraums (Stichtag) anzusetzen waren (§ 11 Abs. 1 BewG), ergab sich bei Fremdkapitaltiteln eine Nettoverzinsung von $i_K(1\text{-}s)\text{-}s^{vp}$, bei Eigenkapitaltiteln mit unterstellter Vollausschüttung[31] eine Aktienrendite nach Steuern von $k_{EK}(1\text{-}s) - a_b^v \cdot s^{vp}$. Hierbei bezeichnet k_{EK} den Eigenkapitalkostensatz und a_b^v die anteilige Belastung bei der Vermögensbesteuerung von Beteiligungswerten, bezogen auf den nominellen Steuersatz. Für Schuldtitel wird auf einen entsprechenden Zusatz verzichtet, da hier die substanzsteuerliche Belastung in voller Höhe erfolgte. Damit ergibt sich eine Gleichheit der Nettorenditen bei

$$(4.16) \quad i_K(1-s) = k_{EK}(1-s) + (1-a_b^v)\cdot s^{vp},$$

was aufgelöst nach dem Fremdkapitalzinssatz i_K zu (4.17) führt:

---

30 Die seit 1997 nicht mehr erhobene Vermögensteuer ist hinsichtlich der Besteuerung privater Vermögen weiter in der Diskussion. So plant die SPD im Entwurf eines Regierungsprogramms deren Wiedereinführung. Vgl. o.V.: SPD will Steuervorteile für Firmen streichen, Handelsblatt Nr. 44 v. 04.03.98, S. 3.

31 Vgl. Röder (1996), S. 193 zur Berücksichtigung von Kursgewinnen bei der Bestimmung von Aktienrenditen nach Einkommen- und Vermögensteuern. Er untersucht aber nicht die daraus resultierenden Konsequenzen für die Kapitalstrukturentscheidung.

$$(4.17) \quad i_K = k_{EK} + (1-a_b^v) \cdot \frac{s^{vp}}{1-s}.$$

Zur Ableitung von Bedingungen, unter denen die Steuervorteile der Fremdfinanzierung auf Gesellschaftsebene durch die begünstigte Behandlung der Eigenkapitalanlage auf Individualebene neutralisiert werden, sind die unterschiedlichen Renditeforderungen von Eigen- und Fremdkapitalgebern in ein Modell zu integrieren, welches auch der Unternehmensbesteuerung Rechnung trägt. Dabei kann - mit geringfügigen Modifikationen - auf das im vorigen Abschnitt behandelte Modell zurückgegriffen werden, da dieses ebenfalls auf der Grundlage der Vollausschüttungshypothese abgeleitet wurde.

Anders als dort sind nun jedoch die Zahlungen an beide Kapitalgebergruppen, d.h. Bruttodividenden und Zinszahlungen, getrennt zu erfassen. Außerdem wird (analog zum Miller-Modell) Sicherheit unterstellt. Für den Unternehmensgesamtwert im Rentenmodell gilt dann:

$$(4.18) \quad MV_v = \frac{AS_v^{br}}{k_{EK}} + \frac{i_K \cdot FK}{i_K}.$$

Unter Berücksichtigung der bei einer verschuldeten Unternehmung nach (4.7) möglichen Bruttoausschüttung erhält man für den Marktwert der verschuldeten Unternehmung

$$(4.19) \quad MV_v = FK + \frac{X(1-s^{ge}) - i_K \cdot FK(1-(1-a^g)s^{ge})}{k_{EK}} - \frac{s^{gk}(1-s^{ge})(RBV-(1-a^g)FK) + \frac{s^{vc}}{1-s^{kn}}(RBV-FK)}{k_{EK}}.$$

Die Ableitung nach *FK* führt zu:

$$(4.20)\quad \frac{dMV_v}{dFK} = \frac{-i_K(1-(1-a^g)\,s^{ge}) + (1-a^g)\,s^{gk}(1-s^{ge}) + \dfrac{s^{vc}}{1-s^{kn}}}{k_{EK}} + 1$$

Berücksichtigt man nun aber die funktionale Beziehung zwischen i_K und k_{EK} gemäß Gleichung (4.17), so erhält man

$$(4.21)\quad \frac{dMV_v}{dFK} = \frac{-(1-a_b^v)\,\dfrac{s^{vp}}{1-s^*}\,(1-(1-a^g)\,s^{ge})}{k_{EK}} + \frac{(1-a^g)\,s^{gk}(1-s^{ge}) + \dfrac{s^{vc}}{1-s^{kn}}}{k_{EK}} + (1-a^g)\,s^{ge}\ .$$

Nullsetzen dieses Ausdrucks und Auflösung nach s^* führt zu dem kritischen Grenzsteuersatz $s^{*,v}$, bei welchem aufgrund der substanzsteuerlichen Begünstigung der Aktie im Privatvermögen Irrelevanz der Verschuldung besteht:

$$(4.22)\quad s^{*,v} = 1 - \frac{(1-a_b^v)\cdot s^{vp}(1-(1-a^g)\,s^{ge})}{(1-a^g)\,s^{ge}\,k_{EK} + (1-a^g)\,s^{gk}(1-s^{ge}) + \dfrac{s^{vc}}{1-s^{kn}}}\ .$$

Hierbei überrascht zunächst, daß bei einem bestimmten marginalen *Einkommensteuersatz* die Steuervorteile der Fremdfinanzierung auf Unternehmensebene durch die Nachteile bei der Substanzbesteuerung aufgewogen werden. Der Grund hierfür liegt darin, daß der Einkommensteuersatz in (4.17) nicht herausgekürzt werden kann. Dies ist auf die Nichtabzugsfähigkeit der privaten Vermögensteuer bei der Einkommensteuer zurückzuführen. Die effektive Vermögensteuerbelastung fällt deshalb um so höher aus, je höher der Einkommensteuersatz des Investors ist. Entsprechendes gilt dann auch für die Begünstigung der Aktie gegenüber festverzinslichen Wertpapieren.[32]

---

32 Wäre die Vermögensteuer hingegen bei der Einkommensteuer abzugsfähig, so käme es zu einer steuersatzunabhängigen Begünstigung von Beteiligungstiteln auf Privatebene. Irrelevanz der Finanzierung wäre in diesem Fall allenfalls zufällig erreichbar.

Die Auswirkungen auf die Wahl der Kapitalstruktur sollen anhand dreier unterschiedlicher steuerrechtlicher Konstellationen dargestellt werden. Für den Eigenkapitalkostensatz wird jeweils ein Satz von k_{EK} = 10% unterstellt.

Im Veranlagungszeitraum 1996 resultierte unter typisierten Steuersätzen[33] ein kritischer marginaler Einkommensteuersatz von $s^{*,v}$ = 76,9%. Da Grenzsteuersätze von knapp 77% in Deutschland nicht auftreten, implizierte dies, daß bei den im Veranlagungszeitraum 1996 anzusetzenden realitätsnahen Steuersätzen der Steuervorteil der Fremdfinanzierung nicht vollständig durch die Entlastung bei der persönlichen Vermögensteuer neutralisiert werden konnte, da für $s^{*} < s^{*,v}$ gilt:

$$(4.23) \qquad \frac{dMV_v}{dFK} > 0.$$

Der Steuervorteil der Fremdfinanzierung wurde aber für $s^{vp} > 0$ und $s^{*} > 0$ reduziert. In diesem Fall sind je nach Ausmaß der Kompensation alle (Discounted Cash Flow-)Modelle zu modifizieren, welche nur die ermäßigte Unternehmensbesteuerung bei Fremdfinanzierung, nicht aber steuerangepaßte Renditeforderungen infolge einer unterschiedlichen steuerlichen Behandlung auf Anlegerebene einbeziehen.

Im Veranlagungszeitraum 1998 (keine Erhebung von Substanzsteuern) entfällt die substanzsteuerliche Begünstigung der Eigenfinanzierung naturgemäß vollständig. Denn für s^{vp} = 0 würde gem. Gleichung (4.22) Indifferenz erst bei einem kritischen Einkommensteuer-Grenzsteuersatz von $s^{*,v}$ = 100% erreicht.

Sollte hingegen - wie teilweise gefordert[34] - die private Vermögensteuer im Gegensatz zu den betrieblichen Substanzsteuern wieder eingeführt werden, so erhielte man unter sonst gleichen steuerlichen Voraussetzungen einen kritischen marginalen Einkommensteuersatz von $s^{*,v}$ = 55%. Unter Einbeziehung von Kirchensteuer und Solidaritätszuschlag wäre in diesem Fall eine substanzsteuerbedingte Irrelevanz der Kapitalstruktur im Sinne des Miller-Modells denkbar.

---

33 Im einzelnen werden s^{vp} = 1%, a_b^v = 0,5, s^{ge} = 16,67% (Hebesatz 400%), s^{gk} = 0,8%, a^g = 0,5, s^{vc} = 0,45% (unter Berücksichtigung des 75%-Faktors) und s^{kn} = 45% unterstellt.

34 Vgl. hierzu Fußnote 30 in diesem Kapitel.

2. Irrelevanz der Finanzierung durch Gewinnthesaurierung und steuerfreie Veräußerungsgewinne im Privatvermögen

Neben der bislang unterstellten Vollausschüttung von Überschüssen hat eine Kapitalgesellschaft auch die Möglichkeit, Teile des Gewinns in der Unternehmung zu thesaurieren. In diesem Fall bleibt die Körperschaftsteuer-Tarifbelastung bis zum Zeitpunkt einer späteren Ausschüttung bestehen.[35]

Aufgrund der thesaurierungsbedingten Erhöhung zukünftiger Ausschüttungsmöglichkeiten kommt es gegenüber dem Fall einer Vollausschüttung zu einer Anteilswertsteigerung, wobei die hieraus resultierenden Kursgewinne bei privaten Anteilseignern steuerfrei bleiben. Dies kann dazu führen, daß Anleger mit relativ hohem Grenzsteuersatz auf Kapitaleinkünfte die Thesaurierung gegenüber Ausschüttungen präferieren.

Im Vergleich zur Emission festverzinslicher Wertpapiere ist die Ausgabe von Aktien in Verbindung mit Ausschüttungen jedoch ungünstig, solange Sicherheit unterstellt und von den zuvor gekennzeichneten substanzsteuerlichen Wirkungen abgesehen wird. Denn während Fremdkapital zu einer gewerbesteuerlichen Begünstigung auf Unternehmensebene führt, werden beide Formen der Kapitalüberlassung einkommensteuerlich gleich behandelt. Unter diesen Bedingungen existiert keine Unternehmung, für die die Eigenfinanzierung in Verbindung mit Gewinnausschüttungen optimal ist.[36]

Eine derartige Dominanz der Fremdfinanzierung gegenüber der Eigenfinanzierung gilt jedoch bei Berücksichtigung von Gewinneinbehaltungen nicht mehr. Um mögliche Bedingungen für eine hierdurch hervorgerufene Irrelevanz der Kapitalstruktur zu untersuchen, wird direkt auf die Auswirkungen einer Substitution von Fremdkapital durch Eigenkapital abgestellt: Es wird eine Thesaurierung zum Zwecke einer Fremdkapitalrückzahlung unterstellt.

Ausgehend von einer Situation, in der eine durch Eigen- und Fremdkapital finanzierte Kapitalgesellschaft Gewinne vollständig ausschüttet, soll zunächst bestimmt werden, welche Aktienkursreaktionen sich durch eine Gewinnthesau-

---

35 Vgl. Dirrigl (1980), S. 151 ff.

36 Vgl. Swoboda (1991b), S. 857.

rierung ergeben.[37] Betrachtet wird der Fall, daß einbehaltene Gewinne in voller Höhe der Körperschaftsteuer-Tarifbelastung unterliegen.[38] Eine Reduzierung der Bruttodividende in t=0 um eine Geldeinheit (ΔD_0^{br}= -1 GE) führt dann zu einer zusätzlichen Innenfinanzierung nach Körperschaftsteuer in Höhe von ($1-s^{kn}$) Geldeinheiten je ausgegebener Aktie. Dieser einbehaltene Betrag kann für eine Schuldentilgung verwendet werden.

Infolge des verringerten Fremdkapitalbestands erhält man in der Folgeperiode zunächst eine Einsparung in Höhe der Nominalverzinsung des zurückgezahlten Fremdkapitalbetrags, welche aber um den Einfluß der Besteuerung zu korrigieren ist, da bei den betrachteten Steuerbemessungsgrundlagen (Körperschaft- und Gewerbeertragsteuer) Zinszahlungen ganz oder zum Teil abzugsfähig sind. In t=1 ergibt sich deshalb eine ersparte Auszahlung nach Steuern in Höhe von $i_K(1-(1-a^g)s^{ge})(1-s^{kn})$, bezogen auf den getilgten Kreditbetrag, welcher hier ($1-s^{kn}$) beträgt.[39]

Nach Ablauf einer Periode beträgt damit der insgesamt durch die Thesaurierung ausgelöste Zugang zum tarifbelasteten Teilbetrag des verwendbaren Eigenkapitals (derzeit EK 45) je Aktie:

$$(4.24) \quad \Delta\, EK\,45 = (1-s^{kn})\cdot[1 + i_K(1-(1-a^g)\,s^{ge})\,(1-s^{kn})]\ .$$

Um die Betrachtung aus Vereinfachungsgründen auf eine Periode zu beschränken, wird ohne Einschränkung des Aussagegehalts[40] angenommen, daß die Substitution von Fremdkapital durch einbehaltene Gewinne nach Ablauf einer Periode rückgängig gemacht wird, d.h. die ursprüngliche Kapitalstruktur wieder hergestellt wird. Hierzu wird der in t=0 zurückgezahlte Fremdkapitalbetrag in t=1

---

37 Im Gegensatz zu Swoboda (1991b), S. 857, wird hier nicht unterstellt, daß der Aktienkurs bei einer Thesaurierung genau um den auf Gesellschaftsebene nach Körperschaftsteuer verbleibenden Nettobetrag ansteigt. Dies würde nämlich einen Dividendenabschlag implizieren, der auf der Grundlage von $s^* = s^{kn}$ bestimmt ist.

38 Dies gilt z.B. nicht, wenn ein aus früheren Perioden stammender KSt-Verlustvortrag existiert oder wenn im Ausschüttungsfall auf steuerfreie Einkünfte zurückzugreifen wäre.

39 Die Einbeziehung betrieblicher Substanzsteuern würde dazu führen, daß die aus der Fremdkapitalrückzahlung resultierende Ersparnis geringer ausfällt. Man erhielte in diesem Fall eine Ersparnis von $i_K(1-(1-a^g)s^{ge})(1-s^{kn})-s^{gk}(1-s^{ge})(1-a^p)(1-s^{kn})-s^{vc}$. Vgl. zur Berücksichtigung von Substanzsteuern auch Dirrigl (1980), S. 154.

40 Diese Annahme stellt kein Problem dar, solange es - wie hier der Fall - um die Ableitung von Vorteilhaftigkeits- bzw. Indifferenzaussagen geht, die bei konstanten Parametern für beliebige Zeiträume gelten.

wieder aufgenommen und samt der eingesparten Nettozinszahlungen an die Anteilseigner ausgeschüttet.

Sowohl der in t=0 thesaurierte Betrag als auch der durch den geringeren Zinsaufwand in t=1 bedingte Mehrzugang zum verwendbaren Eigenkapital unterliegen der KSt-Tarifbelastung. Bei einer Ausschüttung in t=1 wird bei anrechnungsberechtigten Anteilseignern die auf diesem Betrag lastende Körperschaftsteuer im Zuge des Anrechnungsverfahrens faktisch rückgängig gemacht. Man erhält deshalb in t=1 eine zusätzliche Bruttodividende von

$$(4.24a) \quad \Delta D_1^{br} = [1 + i_K(1-(1-a^g)s^{ge})(1-s^{kn})] .$$

Der um eine Geldeinheit verminderten Bruttoausschüttung in t=0 steht somit eine mit dem Fremdkapitalzins nach Steuern aufgezinste Mehrausschüttung in t=1 gegenüber. Im Falle einer tarifbelasteten Gewinnthesaurierung wird somit trotz Anrechnungsverfahren der Einfluß der Körperschaftsteuer bei späteren Ausschüttungen nicht vollständig beseitigt. Vielmehr mindert die Körperschaftsteuer-Tarifbelastung die Verzinsung einer durch Gewinneinbehaltung innenfinanzierten Anlage. Hierdurch wird eine steuerfreie Akkumulation thesaurierter Mittel in Kapitalgesellschaften verhindert.

Die zusätzliche Dividendenzahlung in Periode t=1 beeinflußt den Aktienkurs in t=0. Legt man der Kursbildung das im ersten Kapitel dargestellte Dividendenmodell mit Steuerfreiheit von Kursgewinnen (s_e^{vg} = 0) zugrunde (vgl. Gleichung (1.5)), so resultiert dabei eine Änderung des Aktienkurses in Höhe von:

$$(4.25) \quad \Delta KA_0 = \frac{(1-s^*)\ [1 + i_K(1-(1-a^g)s^{ge})(1-s^{kn})]}{1 + r_f(1-s^*)} .$$

Wird diese Aktienkurssteigerung mit der Verringerung der Nettodividende saldiert, welche bei einer Senkung der Bruttodividende um eine Geldeinheit ΔD_0 = - (1-s^*) beträgt, so erhält man aus Sicht des Aktionärs in Periode t=0 insgesamt eine Vermögensänderung von

$$(4.25a)\quad \Delta D_0 + \Delta KA_0 = \frac{(1-s^*)}{1+r_f(1-s^*)} \cdot$$

$$[i_K(1-(1-a^g)s^{ge})(1-s^{kn}) - r_f(1-s^*)].$$

Damit kann nun angegeben werden, unter welchen Bedingungen die Vermögensposition des repräsentativen Aktionärs unverändert bleibt. Dies trifft zu, wenn der in (4.25a) in der eckigen Klammer stehende Ausdruck null beträgt, wenn also gilt:

$$(4.26)\quad i_K(1-(1-a^g)s^{ge})(1-s^{kn}) = r_f(1-s^{*,T})$$

mit $s^{*,T}$ als kritischem Grenzsteuersatz, bei welchem eine Gewinnthesaurierung in Verbindung mit einer Schuldentilgung die Vermögensposition des Aktionärs nicht beeinflußt.

Bei Gültigkeit dieser Bedingung wird der Aktienkurs gemäß (4.25) thesaurierungsbedingt gerade um die entgangene *Nettodividende* steigen. Da bei unterstellter Sicherheit (d.h. kein Ausfallrisiko) und flacher Zinsstrukturkurve $i_K = r_f$ gilt, kann $s^{*,T}$ durch

$$(4.26a)\quad s^{*,T} = s^{kn} + (1-a^g)s^{ge} - (1-a^g)s^{ge} \cdot s^{kn}$$

bestimmt werden.

Sofern der für die Aktienkursbildung maßgebliche Steuersatz die in (4.26a) bezeichnete Höhe aufweist, kommt es nicht zu einer Veränderung des gesamten Unternehmensmarktwerts infolge einer Substitution von Fremdkapital durch einbehaltene Gewinne.

Die Steuervorteile der Fremdfinanzierung auf Gesellschaftsebene werden in (4.26a) durch $(1-a^g)$ erfaßt. Existierte keine derartige Begünstigung (d.h. würde $a^g = 1$ gelten), so würde sich die Bedingung zu $s^{*,T} = s^{kn}$ vereinfachen. In diesem Fall wäre die Eigenkapitalanlage für Investoren attraktiv, deren Grenzsteuersatz auf Kapitaleinkünfte über der körperschaftsteuerlichen Tarifbelastung liegt.

Zwar beginnt die thesaurierungsbedingte Steuerbegünstigung auf Anlegerebene bei einem Grenzsteuersatz von $s = s^{kn}$. Um die im Rahmen der Gewerbeertragsteuer gegebene Begünstigung der Fremdfinanzierung (a^g = 0,5) zu kompensieren, muß jedoch der durch steuerfreie Kursgewinne hervorgerufene Vorteil von Aktien im Privatvermögen höher liegen. Dies ist bei dem durch (4.26a) gekennzeichneten Grenzsteuersatz der Fall. Für s^{kn} = 45% und s^{ge} = 16,67% liegt dieser bei $s^{*,T}$ = 49,6%. Somit können die verschuldungsbedingten Steuervorteile aufgrund der Steuerfreiheit von Veräußerungsgewinnen im Privatvermögen auch durch eine Gewinnthesaurierung aufgehoben werden.

3. Beurteilung

Der auf Unternehmensebene bestehende Steuervorteil der Fremdfinanzierung kann auch im deutschen Steuersystem durch eine begünstigte steuerliche Behandlung von Eigenkapitaltiteln auf Anlegerebene verringert oder aufgehoben werden. Da mit zunehmendem persönlichen Grenzsteuersatz der Steuervorteil von Eigenkapitaltiteln zunimmt und somit der gesamte Steuervorteil der Fremdfinanzierung abnimmt, können sich ähnliche Angebotseffekte wie im Miller-Modell ergeben.

Während es bei Miller jedoch aufgrund eines einheitlichen Unternehmenssteuersatzes im Gleichgewicht zu einer Irrelevanz der Finanzierung für jede Unternehmung kommt, ist dies im deutschen Steuersystem auch in den Fällen nicht möglich, in denen der kritische Grenzsteuersatz aus einem realistischen Steuersatzintervall stammt. Denn hier ergibt sich das steuerliche Abzugspotential der fremdkapitalbezogenen Aufwendungen durch den Faktor $(1-a^g)s^{ge}$, sofern betriebliche Substanzsteuern vernachlässigt werden. Die effektiven Gewerbeertragsteuersätze weichen aber aufgrund unterschiedlicher Hebesätze voneinander ab. Daher kann - anders als bei Miller - nicht von einer Finanzierungsirrelevanz bei sämtlichen Unternehmungen ausgegangen werden.

Irrelevanz gilt somit nur für Kapitalgesellschaften, aus deren Sicht (4.26a) erfüllt ist. Für alle übrigen Unternehmungen hingegen ergeben sich Klienteleffekte: Gesellschaften mit relativ hohem Gewerbeertragsteuersatz bevorzugen einen hohen Verschuldungsgrad, Unternehmungen mit vergleichsweise niedrigem Gewerbeertragsteuersatz einen niedrigen Verschuldungsgrad in Verbindung mit Gewinnthesaurierungen.

D. Zur steuerlichen Vorteilhaftigkeit einer Emission von Zerobonds

I. Steuerliche Behandlung von Zerobonds beim Emittenten

Die Vorteilhaftigkeit einer Emission von Zerobonds hängt neben den im letzten Kapitel abgeleiteten Auswirkungen der persönlichen Besteuerung auf die Emissionsrendite auch von der steuerlichen Behandlung des Zerobonds auf Unternehmensebene ab, wobei in diesem Zusammenhang vor allem die (steuer-)bilanzielle Behandlung von Bedeutung ist.

Anders als etwa niedrig verzinsliche Darlehen, die mit dem Rückzahlungsbetrag zu bilanzieren sind, sind Zerobonds sowohl handels- als auch steuerrechtlich mit dem Ausgabebetrag zuzüglich der bis zum Bilanzstichtag rechnerisch aufgelaufenen Zinsen zu passivieren (Nettomethode).[41] Grundlage für die Zinsberechnung ist die Effektivverzinsung (Emissionsrendite) des Zerobonds. Die anteiligen Zinsen sind als laufende Betriebsausgaben bei der Gewinnermittlung abzugsfähig. Sie werden aber vor Fälligkeit nicht ausbezahlt, sondern erhöhen den Bestand an Verbindlichkeiten der Unternehmung. Am Ende der Laufzeit ist die Verbindlichkeit mit dem Einlösungsbetrag auszuweisen.

Gewerbesteuerlich werden Zerobonds als Dauerschulden eingestuft. Die anteiligen Zinsen werden nach § 8 Nr. 1 GewStG hälftig dem Gewerbeertrag des Schuldners hinzugerechnet.[42]

Damit werden Zerobonds auf Unternehmensebene steuerlich nicht anders als konventionelle Anleihen behandelt: Bei gleichen Emissionsrenditen ($i_z = i_K$) und einem in jeder Periode gleich hohen Fremdkapitalausweis[43] sind Zerobonds und festverzinsliche Anleihen in jeder Periode mit denselben steuerlichen Konsequenzen verbunden. Damit bleibt die im Rahmen der Unternehmensbesteuerung bei Vollausschüttung vorliegende Begünstigung gegenüber der Eigenfinanzierung auch bei Zerobonds erhalten.[44]

---

41 Vgl. HFA 1/1986: Zur Bilanzierung von Zero-Bonds, WPg 1986, S. 248 f; BMF-Schreiben vom 5.3.87, IV B 2 - S 2133 - 1/87, BStBl. I 1987, S. 394.

42 Vgl. Wacker (1994), S. 848.

43 Dies impliziert, daß im Fall der Finanzierung durch festverzinsliche Anleihen, die ja zum Rückzahlungsbetrag bilanziert werden, Neuemissionen in Höhe der aufgelaufenen Zinsen erfolgen.

44 Substanzsteuern werden - auch im folgenden - nicht betrachtet.

Der steuerlichen Gleichbehandlung mit Kuponanleihen auf Unternehmensebene steht jedoch die im dritten Kapitel nachgewiesene Steuerbegünstigung von Zerobonds auf Individualebene gegenüber, woraus sich Konsequenzen für den Unternehmenswert ergeben.

II. Der Einfluß einer Zerobond-Emission auf den Unternehmensmarktwert

1. Wahl eines Bewertungsmodells

Bei Zerobonds sind Besonderheiten hinsichtlich der zeitlichen Entwicklung des Verschuldungsumfangs bei der Modellwahl zu beachten. Einerseits führt eine Zerobond-Emission dazu, daß das bilanzierte Fremdkapital (und damit c.p. auch der Verschuldungsgrad) im Zeitablauf ansteigt. Abgesehen von einer speziellen "Steady State"-Konstruktion, bei der jeweils fällige Zerobonds in jeder Periode durch entsprechende Neuemissionen ersetzt werden, kommt somit in der Regel kein Rentenmodell in Betracht.

Zudem sind beliebige Anpassungen des Fremdkapitalniveaus (wie sie z.B. zur Einhaltung einer vorgegebenen Ziel-Kapitalstruktur erforderlich sind) zu einem einheitlichen Zinssatz i_z praktisch kaum durchführbar. Während im Fall von Kuponanleihen bei konstantem Zinsniveau problemlos weitere Kreditaufnahmen oder -tilgungen ohne Rückwirkungen auf den Fremdkapitalzinssatz möglich sind, treten bei Zerobonds Probleme auf. Zum einen bedingen laufzeitabhängige Emissionsrenditen die Verwendung unterschiedlicher Finanzierungskostensätze, sobald Zerobonds unterschiedlicher Laufzeit emittiert werden. Zum anderen können auch durch den Rückkauf von Zerobonds abweichende Zinssätze auftreten. Denn nur wenn der Rückkauf in jeder Periode zu einem auf der Grundlage der Emissionsrendite bestimmten Kurswert möglich wäre, könnte mit einem einheitlichen Finanzierungskostensatz i_z gerechnet werden.

Um von dem Fall unterschiedlich hoher Zerobond-Renditen zu abstrahieren, wird die Emission eines Zerobonds mit Rückzahlung bei Fälligkeit unterstellt. In dieser Situation ist von einer bekannten Entwicklung des Fremdkapitalbestands auszugehen. Hier erweist sich die Verwendung des Kapitalkostenkonzepts als ungeeignet, da dieses grundsätzlich die Einhaltung einer bestimmen Ziel-Kapitalstruktur und damit eine am Unternehmenswert orientierte Fremdfinanzierung voraussetzt.[45] Demgegenüber liefert der Adjusted Present Value-Ansatz bei bekannter Entwicklung der (absoluten) Verschuldungshöhe auch im Nicht-Rentenfall theoretisch fundierte Ergebnisse.[46]

2. Bestimmung der Marktwertänderung infolge einer Emission von Zerobonds

Für den Fall konventionellen Fremdkapitals wurde die Formel für den Unternehmensgesamtwert im Nicht-Rentenfall durch (4.15) angegeben. Bei der Anwendung des APV-Ansatzes im Hinblick auf eine Fremdfinanzierung durch Zerobonds sind zwei Modifikationen vorzunehmen: Zunächst kommt aufgrund der im dritten Kapitel unter *C.I.* dargelegten steuerlichen Kapitalisierungseffekte ein niedrigerer Zinssatz als bei festverzinslichen Anleihen zur Anwendung. Hieraus resultiert aber auch ein geringerer gewerbesteuerlicher Entlastungseffekt. Per Saldo ergibt sich deshalb bei einer Finanzierung durch Zerobonds anstelle von Kuponanleihen (vollständige Substitution) eine zusätzliche Erhöhung des Unternehmensgesamtwerts von

$$(4.27) \qquad MV_Z - MV_V = \sum_{t=1}^{T} \frac{(1-(1-a^g)\cdot s^{ge})\cdot(i_K - i_Z)\cdot FZ_{t-1}\cdot(1-s^*)}{(1+i_K(1-s^*))^t}$$

mit MV_Z als Marktwert einer in Form von Zerobonds verschuldeten Unternehmung und FZ_t als das durch Zerobonds in Periode t ausgewiesene Fremdkapital.

Wird diese Differenz zu (4.15) addiert, so erhält man den Gesamtwert einer Unternehmung, welche Fremdkapital ausschließlich in Form von Zerobonds emittiert hat[47]:

$$(4.28) \qquad MV_Z = MV_U + \sum_{t=1}^{T} \frac{(i_K - i_Z + i_Z\cdot(1-a^g)\cdot s^{ge})\cdot FZ_{t-1}\cdot(1-s^*)}{(1+i_K(1-s^*))^t}.$$

---

45 Vgl. etwa Hachmeister (1995), S. 112 und 271.

46 Vgl. Taggart (1991), S. 14.

47 Eine etwaige Begünstigung von Eigenkapitaltiteln auf Anlegerebene ist hier noch nicht berücksichtigt. Vgl. hierzu den nachfolgenden Abschnitt.

Der Unternehmenswert setzt sich aus dem Wert der vollständig eigenfinanzierten Unternehmung und zwei werterhöhenden Komponenten zusammen: Neben dem gewerbesteuerlichen Entlastungseffekt, der nun auf die Emissionsrendite i_z des Zerobonds zu beziehen ist, erfolgt eine zusätzliche Wertsteigerung in Höhe des Barwerts der ersparten Zinszahlungen, welche durch die Zinssatzdifferenz $i_K - i_z$ zustandekommen. Beide Effekte sind bei unterstellter Vollausschüttung noch um den Faktor $(1\text{-}s^*)$ zu kürzen. Sollten i_K und i_z übereinstimmen, so kann (4.28) direkt in (4.15) überführt werden.

Sofern keine weiteren Zerobond-Emissionen erfolgen, steigt der Ausweis an Verbindlichkeiten gegenüber der Vorperiode jeweils mit einer Rate von i_z. In diesem Fall kann (4.28) unter Heranziehung der Summenformel einer endlichen geometrischen Reihe auch wie folgt formuliert werden:

$$(4.29)\quad MV_Z = MV_U + FZ_0 \cdot \frac{(i_K - i_z(1-(1-a^g)\cdot s^{ge}))(1-s^*)}{i_z - i_K(1-s^*)} \cdot \left[\left(\frac{1+i_z}{1+i_K(1-s^*)} \right)^T - 1 \right].$$

Nach Abzug des Fremdkapitalwerts aus Kapitalgebersicht, der im Emissionszeitpunkt dem Kapitalzufluß FZ_0 entspricht, erhält man den Marktwert des Eigenkapitals der Unternehmung.

<u>Beispiel</u>: Durch die Auflegung eines Zerobonds sollen in t=0 100 GE an Fremdmitteln aufgenommen werden. Bei einer Laufzeit von fünf Jahren, einem periodonkonstanten Kapitalmarktzinssatz von i_K = 10% (flache Zinsstruktur) und einem marginalen Steuersatz von s^* = 50% kann gemäß (3.19) eine Emissionsrendite i_z von knapp 9,2% bestimmt werden, so daß bei Fälligkeit eine Zahlung an die Fremdkapitalgeber in Höhe von 155,26 GE zu leisten ist. Zur Einhaltung eines konstanten Investitionsvolumens wird eine Rückzahlung von Eigenkapital unterstellt. Diese umfaßt sowohl den Emissionserlös als auch die zunächst nicht ausbezahlten Zinsanteile, welche den Bestand an Verbindlichkeiten erhöhen. Im Gegenzug wird die Tilgung der aufgelaufenen Verbindlichkeiten bei Fälligkeit durch eine Kapitalerhöhung finanziert. Der in einer Periode verrechnete Zinsaufwand führt außerdem zu einer Verringerung der jeweiligen Bruttoausschüt-

tung, die aber aufgrund der Minderung der Gewerbeertragsteuer (s^{ge} = 16,67%, a^g = 0,5) geringer als die verrechneten Zinsen ausfällt.

Bei diesen Beispielsdaten erhält man die in der nachfolgenden Tabelle 4.2 angegebenen Werte:

t	0	1	2	3	4	5
Zerobond-Emission	100					-155,26
FZ_t	100	109,2	119,24	130,21	142,18	0
Zinsaufwand		-9,2	-10,04	-10,97	-11,97	-13,08
GewESt-Ersparnis		0,77	0,84	0,91	1	1,09
Änderung AS^{br}		-8,43	-9,21	-10,05	-10,98	-11,99
ESt-Minderung		4,22	4,6	5,03	5,49	5,99
Eigenkapital-Substitution	100	9,2	10,04	10,97	11,97	-142,18
Netto-Zahlungsüberschuß	100	4,98	5,44	5,94	6,49	-148,17

Tab. 4.2: Zahlungswirkungen einer Zerobond-Emission aus Anteilseignersicht

Bestimmt man den Barwert der Netto-Zahlungsüberschußreihe mit einem Kalkulationszinsfuß nach Steuern von $r_f(1\text{-}s^*)$ = 5%, so erhält man einen Kapitalwert in Höhe von 4,05 GE. Dieser entspricht exakt der durch die Finanzierung ausgelösten Marktwertsteigerung gemäß Gleichung (4.28) bzw. (4.29).

Um die Vorteilhaftigkeit gegenüber der konventionellen Fremdfinanzierung direkt zu bestimmen, wird nun alternativ die Emission einer festverzinslichen Anleihe (i_K = 10%) angenommen. Es wird unterstellt, daß der anfängliche Fremdkapitalbestand von 100 GE sukzessive durch weitere Kreditaufnahmen erhöht wird, die in ihrer Höhe gerade dem im Falle des Zerobonds zu verrechnenden Zinsaufwand entsprechen. Damit ergeben sich die in Tabelle 4.3 angegebenen Konsequenzen:

t	0	1	2	3	4	5
Anleiheemissionen und Rückzahlung	100	9,20	10,04	10,97	11,97	-142,18
FK_t	100	109,20	119,24	130,21	142,18	0
Zinsaufwand		-10,00	-10,92	-11,92	-13,02	-14,22
GewESt-Ersparnis		0,83	0,91	0,99	1,09	1,19
Änderung AS^{br}		-9,17	-10,01	-10,93	-11,94	-13,03
ESt-Minderung		4,58	5,00	5,47	5,97	6,52
Eigenkapital-Substitution	100	9,20	10,04	10,97	11,97	-142,18
Netto-Zahlungsüberschuß	100	4,61	5,04	5,50	6,01	-148,70

Tab. 4.3: Zahlungswirkungen von Anleiheemissionen aus Anteilseignersicht

Hier ergibt sich ein Kapitalwert von 2,15 GE, der als Barwert der Gewerbeertragsteuerminderung nach persönlichen Steuern bestimmt werden kann. Dieser entspricht der Marktwertsteigerung nach Gleichung (4.15).

Damit können die für den höheren Unternehmenswertzuwachs bei Emission des Zerobonds maßgeblichen Einflußfaktoren bestimmt werden. Dieser Mehrwert kann, wiederum nach Kürzung um (1-s^*), als Summe des Barwerts der Gewerbesteuerersparnis (hier in Höhe von 1,98 GE) und des Barwerts der gegenüber der marktüblich verzinsten Anleihe eingesparten Zinszahlungen (hier 2,07 GE) bestimmt werden.

3. Berücksichtigung einer begünstigten Besteuerung von Eigenkapitaltiteln auf Anlegerebene

Während Zerobonds idealtypische Fremdkapitaltitel steuerlich dominieren, ist das Verhältnis zu Eigenkapitaltiteln durch Gleichung (4.28) nur dann zutreffend bestimmt, wenn keine Begünstigung von Eigenkapitaltiteln auf Anlegerebene erfolgt. Dies ist etwa dann der Fall, wenn die private Vermögensteuer nicht zu berücksichtigen ist, oder wenn der implizite Steuersatz am Kapitalmarkt unter der KSt-Tarifbelastung liegt, so daß aus einer Thesaurierung (zumindest soweit im Fall einer Ausschüttung KSt-tarifbelastetes verwendbares Eigenkapital heranzuziehen wäre) keine Vorteile gezogen werden können.

In C.II.2. dieses Kapitels wurde aber gezeigt, daß bei höheren persönlichen Grenzsteuersätzen ein thesaurierungsbedingter Steuervorteil von Eigenkapitaltiteln besteht. Anders als bei idealtypischen Schuldverschreibungen nimmt jedoch auch bei Zerobonds der Steuervorteil mit zunehmendem Grenzsteuersatz zu, so daß zunächst offen ist, ob es überhaupt zu einer steuerlichen Indifferenz zwischen Zerobonds und Eigenkapitaltiteln kommen kann.

Bei der Ableitung einer Indifferenzbeziehung kann auf Gleichung (4.26) zurückgegriffen werden, welche angibt, unter welchen Bedingungen die Vermögensposition eines Anteilseigners unverändert bleibt, wenn eine Thesaurierung zum Zwecke einer Rückführung von Fremdkapital (bzw. einer geringeren Nettoverschuldung) erfolgt. Auf der linken Seite von (4.26) steht dabei die prozentuale Ersparnis, die sich infolge einer verringerten Verschuldung durch herkömmliches Fremdkapital ergibt.

Entsprechend kann bei einem direkten Vergleich von Zerobonds und Eigenkapitaltiteln die Indifferenzbedingung

$$(4.30) \quad i_z\,(1-(1-a^g)\,s^{ge})\,(1-s^{kn}) = r_f\,(1-s^{*,T})$$

zugrundegelegt werden.

Hierfür kann unter Berücksichtigung von Gleichung (3.19) auch

$$(4.30a) \quad \sqrt[T]{\frac{(1+i_K(1-s^{*,T}))^T - s^{*,T}}{1-s^{*,T}}} - 1 = \frac{r_f(1-s^{*,T})}{(1-(1-a^g)\,s^{ge})\,(1-s^{kn})}$$

geschrieben werden, wenn der Preisbildung von Aktienkursen und Zerobonds derselbe marginale Steuersatz zugrundeliegt.

Da i_z in der Regel unter r_f (bzw. i_K) liegt, kommt es bei einer verringerten Verschuldung durch Zerobonds zu einer geringeren Ersparnis. Damit ist auch eine Thesaurierung vergleichsweise weniger vorteilhaft. Zum Beispiel erhält man bei einer Laufzeit des Zerobonds von $T = 2$ Jahren, einem risikolosen Zinssatz von $r_f = i_K = 10\%$ sowie Steuersätzen von $s^{kn} = 45\%$, $s^{ge} = 16{,}67\%$ und $a^g = 0{,}5$ als Näherungslösung von Gleichung (4.30a) einen kritischen impliziten Grenzsteuersatz von $s^{*,T} = 50{,}8\%$. Dieser liegt über dem zuvor abgeleiteten Grenzsteuersatz von $s^{*,T} = 49{,}6\%$, welcher Indifferenz zu herkömmlichen Fremdkapitaltiteln herstellen würde.

Allerdings hängt die Emissionsrendite des Zerobonds auch von dessen Laufzeit ab. Zum Beispiel würde bei einer Laufzeit des Zerobonds von $T = 10$ Jahren der kritische Grenzsteuersatz auf $s^{*,T} = 58{,}4\%$ steigen. Somit läßt sich durch eine entsprechende Wahl der Laufzeit erreichen, daß die insgesamt mit Zerobonds verbundenen Steuervorteile auch durch Eigenkapitaltitel nicht mehr kompensiert werden können, da der kritische Grenzsteuersatz auf einen Satz außerhalb des existierenden Grenzsteuersatzintervalls steigen würde.

E. Zur steuerlichen Vorteilhaftigkeit einer Emission von Optionsanleihen (insbesondere Optionsscheinen)

Grundsätzlich können die mit Optionsanleihen ausgegebenen Schuldverschreibungen und Optionsscheine getrennt bewertet werden. Dies gilt entsprechend für die Bewertung der Short-Position aus Sicht der emittierenden Kapitalgesellschaft. In diesem Abschnitt wird der Schwerpunkt auf die Bewertung der Optionsscheine gelegt. Auf die Schuldverschreibungen ohne Optionsrecht wird nur kurz eingegangen, weil sich hier je nach Anleihetyp weitreichende Überschneidungen mit anderen Anleiheformen ergeben.

Aufgrund der unterschiedlichen bilanziellen Behandlung wird im folgenden differenziert zwischen Optionsscheinen, die zum Bezug junger Aktien des Emittenten berechtigen, und sog. "innovativen" Optionsscheinen, denen andere Bezugsobjekte zugrundeliegen.[48] Die hier angestellte Betrachtung kann im ersten Fall auch auf selbständige Optionsscheine[49], im zweiten Fall auch auf betriebliche Stillhalterpositionen in unverbrieften Optionsrechten übertragen werden.

Die Vorteilhaftigkeit einer Optionsscheinemission hängt entscheidend von deren bilanziellen Abbildung ab. Je nach Art der Erstverbuchung des erhaltenen Entgelts für das Optionsrecht (Optionsanleiheaufgeld, Optionsprämie[50]) und der Bilanzierung an folgenden Bilanzstichtagen kann es zu unterschiedlichen Schlußfolgerungen kommen: Die auf Anlegerseite bestehenden Steuervorteile können (tendenziell) beibehalten oder durch steuerliche Nachteile im Rahmen der Gewinnermittlung der emittierenden Gesellschaft aufgehoben oder überkompensiert werden. Dies wird im Anschluß an eine ausführliche Erörterung der bilanziellen Konsequenzen von Optionsscheinemissionen gezeigt.

---

48 Vgl. Süchting (1995), S. 145.

49 Diese auch als "naked warrants" bezeichneten Optionsscheine werden ohne gleichzeitige Emission einer Schuldverschreibung begeben. Ihre Bedeutung als Finanzierungsinstrument der Aktiengesellschaft ist in Deutschland bislang aber eher gering. Vgl. hierzu Fuchs (1995), S. 433 ff.

50 Unter dem Begriff "Optionsprämie" wird hier der Marktwert eines Optionsscheins, nicht das (absolute) Aufgeld im Sinne der Differenz zwischen dem Kurswert und dem inneren Wert eines Optionsscheins verstanden (vgl. hierzu Süchting (1995), S. 138).

I. Bilanzsteuerrechtliche Behandlung von Optionsanleihen beim Emittenten

1. Bilanzielle Erfassung des Entgelts für das Optionsrecht

Trotz intensiver Diskussion in der Literatur steht bislang eine eindeutige Regelung hinsichtlich der Frage aus, wie das erhaltene Optionsrechtsentgelt (z.B. das Aufgeld bei der Ausgabe einer Optionsanleihe) beim Stillhalter steuerlich zu behandeln ist. Grundsätzlich ist in diesem Zusammenhang danach zu unterscheiden, ob die Optionsrechte auf den Erwerb von Eigenkapitaltiteln des Stillhalters oder auf andere Basisobjekte gerichtet sind.

a. Optionsscheine auf Eigenkapitaltitel der emittierenden Gesellschaft

Handelsrechtlich ist die Behandlung des Optionsanleiheaufgelds eindeutig geregelt, sofern die ausgegebenen Optionsscheine zum Erwerb von Eigenkapitaltiteln des Stillhalters berechtigen: Unabhängig davon, ob das Aufgeld verdeckt oder offen gezahlt wird, ist der für die Ausgabe von Optionsrechten erzielte Betrag gemäß § 272 Abs. 2 Nr. 2 HGB in die Kapitalrücklage einzustellen.[51] Die (erfolgsneutrale) Zuordnung zum Eigenkapital steht im Einklang mit dem Gläubigerschutzprinzip, da durch die Ausgabe von Optionsscheinen das Schuldendeckungspotential der Gesellschaft nicht beeinträchtigt wird.[52]

Damit wird im Handelsrecht eine Einlage in Höhe der vereinnahmten Optionsprämie unterstellt. In diesem Zusammenhang erscheint es zunächst naheliegend, eine Einlage durch potentielle zukünftige Aktionäre anzunehmen. Sie kann aber bei einer gedanklichen Zusammenfassung mehrerer ökonomischer Handlungen auch als Einlage durch die Altaktionäre interpretiert werden.[53] Die Emission von

---

51 Vgl. hierzu auch Holzheimer (1986), S. 1172 f.; Busse von Colbe (1987), S. 64; Loos (1988), S. 371 f.; Breker (1993), S. 125 und 136. Demgegenüber sahen die Regelungen des AktG 1965 für unterschiedliche Ausgestaltungsformen von Optionsanleihen eine unterschiedliche Bilanzierung vor. Vgl. dazu Gebhardt (1988), S. 898; Entrup (1995), S. 48 f.

52 Vgl. Breker (1993), S. 137. Optionsscheine stellen langfristige Bezugsrechte dar. Da die Einräumung von Bezugsrechten zum Erwerb junger Aktien aber nur zu einer Umverteilung von Residualansprüchen führt, ist sie nicht mit einer Vermögensverschiebung zu Lasten der Fremdkapitalgeber verbunden.

53 Diese Ansicht vertreten auch Loos (1988), S. 370 und (1989), S. 552 f. und Gebhardt (1988), S. 901. Kritisch hingegen Arndt/Muhler (1988), S. 2168.

Warrants durch eine Aktiengesellschaft entspricht im Ergebnis der Einräumung langfristiger Bezugsrechte an die bisherigen Aktionäre, wenn diese die Bezugsrechte veräußern und den Bezugsrechtserlös in Form einer Einlage an die Gesellschaft weiterleiten.[54] Die Zahlung des Optionsrechtsentgelts an die Gesellschaft hat deshalb den Charakter einer (verdeckten) Einlage der Altaktionäre.

Überträgt man diese Überlegungen auf die steuerliche Erfassung der Optionsprämie, so wäre auch hier von einer steuerlich unbeachtlichen Einlage auszugehen, soweit es sich bei den Anteilseignern der Gesellschaft um Privatanleger handelt. Denn aufgrund der Steuerfreiheit von Bezugsrechtserlösen im Privatvermögen wären die bisherigen Anteilsinhaber bei einem Verkauf der Bezugsrechte in der Lage, den Erlös in voller Höhe in Form einer Einlage an die Gesellschaft weiterzuleiten.

Hinsichtlich des Charakters des bei der Ausgabe von Warrants erzielten Betrags wird hingegen im Entwurf eines BMF-Schreibens zur einkommensteuerlichen Behandlung von Optionsanleihen die Auffassung vertreten, daß eine Einlage erst und nur dann anzunehmen sei, wenn das Optionsrecht ausgeübt wird: Steuerrechtlich liege "bei Ausgabe der Optionsanleihe keine Einlage vor, weil das Entgelt für das Optionsrecht von einem Nichtgesellschafter gezahlt wird und die mögliche spätere Gesellschafterstellung noch von der Ausübung des Optionsrechts abhängt."[55] Anstelle einer Einlage wird hier die Passivierung einer Anzahlung gefordert, welche nur im Falle einer Optionsausübung in Eigenkapital umgebucht werden soll. Verfällt das Optionsrecht, so soll das Entgelt für das Optionsrecht als Betriebseinnahme erfolgswirksam erfaßt werden.

Eine erfolgswirksame Verbuchung der Optionsprämie bei Verfall der Optionsscheine ließe sich zwar dann rechtfertigen, wenn beabsichtigt wäre, mit dem steuerpflichtigen Gewinn ausschließlich Vermögensänderungen der bisherigen Aktionäre zu erfassen.[56] Bei einer derartigen Gewinnermittlung wäre aber zu berücksichtigen, daß die Vermögensposition der Altaktionäre grundsätzlich auch von einer *Ausübung* der Optionsrechte betroffen ist.[57] Der Optionsprämie steht in

---

54 Vgl. Gebhardt (1988), S. 901; Breker (1993), S. 136.

55 Bundesministerium der Finanzen (1994), Entwurf eines BMF-Schreibens zur einkommensteuerrechtlichen Behandlung von Optionsanleihen, Dezember 1994, RdNr. 22. Ähnlich auch Uelner (1987), S. 14 ff.

56 Vgl. auch Breker (1993), S. 140.

57 Vgl. hierzu *D.II.4.* im dritten Kapitel.

diesem Fall nämlich ein Vermögensverlust der alten Aktionäre gegenüber, da die Ausübung impliziert, daß neue Aktionäre zu günstigen Konditionen (und damit zum Nachteil der Altaktionäre) Unternehmensanteile erwerben können. In Zukunftslagen mit entsprechend hohem (d.h. die Summe von Basispreis und Optionsprämie überschreitendem) Aktienkurs kann die Ausgabe von Optionsscheinen deshalb ex post auch zu einem Vermögensverlust der Altaktionäre führen. Die bedingte erfolgswirksame Erfassung des Optionsrechtsentgelts bei Verfall (bei gleichzeitig erfolgsneutraler Behandlung bei Ausübung) ließe sich daher auch mit einer am Vermögen der Altaktionäre ausgerichteten Gewinnermittlungskonzeption nicht vereinbaren.

Die Körperschaftsteuer ist aber ohnehin nicht als Einkommensteuervorauszahlung konzipiert, sondern auf die Erfassung der steuerlichen Leistungsfähigkeit juristischer Personen gerichtet.[58] Da der Erlös aus der Emission von Warrants jedoch nicht den betrieblichen Vermögensmehrungen zugeordnet werden kann, sondern durch das Gesellschaftsverhältnis begründet ist[59], ist im Rahmen der derzeitigen Konzeption der Ertragsbesteuerung von Kapitalgesellschaften auch steuerrechtlich von einer Einlage in Höhe des Optionsrechtsentgelts auszugehen.[60] Das Aufgeld wäre demnach in das EK 04 einzustellen. Ob die Option später ausgeübt wird oder verfällt, bliebe auch steuerlich ohne Folgen.

b. Optionen auf sonstige Bezugsobjekte

Auch bei Optionsrechten, die nicht zum Erwerb von Eigenkapitaltiteln des Stillhalters berechtigen (sog. "innovative" Optionsscheine und Stillhalterpositionen in unverbrieften Optionsrechten), ist die bilanzielle Behandlung beim Stillhalter bislang nicht abschließend geregelt. Insbesondere ist umstritten, ob das Optionsrechtsentgelt als Rechnungsabgrenzungsposten oder als erhaltene Vorauszahlung für künftige Leistungsverpflichtungen (d.h. als Verbindlichkeit) zu passivieren

---

58 Vgl. Breker (1993), S. 141.

59 Vgl. auch Berger/Klotz (1993), S. 955 f.

60 Dies ist auch die herrschende Meinung im steuerrechtlichen Schrifttum. Vgl. etwa Döllerer (1986), S. 241; Koch/Vogel (1986), S. 10; Knobbe-Keuk (1987), S. 316; Loos (1988), S. 370 f.; Arndt/Muhler (1988), S. 2168; Loos (1989), S. 552; Breker (1993), S. 141; Berger/Klotz (1993), S. 955 f. Anderer Ansicht Uelner (1987), S. 14 ff.

ist. Im Falle der Bildung einer passiven Rechnungsabgrenzung käme es zu einer zeitanteiligen erfolgswirksamen Vereinnahmung der Optionsprämie.[61]

Demgegenüber hat gemäß der Stellungnahme BFA 2/1995 ("Bilanzierung von Optionsgeschäften") der Stillhalter "die erhaltene Optionsprämie als sonstige Verbindlichkeit zu passivieren, solange die Leistung für dieses Entgelt noch geschuldet wird."[62] Eine gleichmäßig über die Optionsfrist verteilte ertragswirksame Vereinnahmung der Optionsprämie wird abgelehnt, weil eine "bedingte Verpflichtung zur Erbringung einer einmaligen Leistung im Zeitpunkt der Optionsausübung"[63] vorliege und der Wert der Stillhalterverpflichtung keinem gleichmäßigen Wertverzehr unterliege.[64]

Bei noch nicht fälligen Optionsrechten, die nicht auf den Bezug von Aktien des Stillhalters gerichtet sind, ist darüber hinaus am Ende jedes Geschäftsjahrs zu prüfen, ob aus der Stillhalterverpflichtung Verluste zu erwarten sind.[65] Dies ist der Fall, wenn mit einer Ausübung der Option zu rechnen ist und der Optionsverpflichtete nicht über entsprechende Bestände des Basiswerts verfügt. Da das Optionsgeschäft von seiten des Stillhalters noch nicht erfüllt ist, kommt hier die Bildung einer Rückstellung in Höhe der unrealisierten Verluste in Betracht.[66]

Nach der *Glattstellungsfiktion*[67] ist eine Rückstellung in Höhe der Differenz zwischen dem Marktwert der Option am Abschlußstichtag und der passivierten Op-

---

61 Von den Befürwortern dieser Vorgehensweise (vgl. etwa Wolf (1996), S. 177 m.w.N.) wird dies mit der Bereitschaft des Stillhalters begründet, jederzeit während der Optionsfrist das vereinbarte Ausführungsgeschäft zu erbringen. Von einer derartigen permanenten Bereitschaft kann aber allenfalls bei amerikanischen Optionen ausgegangen werden.

62 BFA 2/1995: "Bilanzierung von Optionsgeschäften", WPg 1995, S. 421 f., hier S. 422. Ähnlich auch Dreissig (1989), S. 1515.

63 Windmöller/Breker (1995), S. 395.

64 Vgl. Windmöller/Breker (1995), S. 396. Eine Ausnahme liegt bei Zinsbegrenzungsvereinbarungen vor, da hier die Fristen der einzelnen Optionen sukzessive ablaufen, so daß die ertragswirksame Erfassung der Optionsprämie pro rata temporis aus Vereinfachungsgründen gerechtfertigt erscheint.

65 Vgl. Dreissig (1989), S. 1516; Breker (1993), S. 145; BFA 2/1995, S. 422; Windmöller/Breker (1995), S. 396.

66 Seit Beginn des Jahres 1998 ist die Bildung von Rückstellungen für drohende Verluste aus schwebenden Geschäften in der Steuerbilanz nicht mehr zulässig (§ 5 Abs. 4a EStG). Es ist aber umstritten, ob dies auch unrealisierte Verluste aus Stillhalterverpflichtungen betrifft. Das Institut der Wirtschaftsprüfer (IDW) arbeitet diesbezüglich an einer Stellungnahme, deren Fertigstellung in der zweiten Hälfte des Jahres 1998 zu erwarten ist.

67 Vgl. Breker (1993), S. 148 ff.; Windmöller/Breker (1995), S. 396.

tionsprämie zu bilden[68], soweit der Marktwert der Option (der mit umgekehrten Vorzeichen dem Marktwert der Stillhalterverpflichtung entspricht) höher liegt. Die Bewertung der Rückstellung auf der Grundlage der Glattstellungsfiktion führt dabei zu höheren Rückstellungsbeträgen als die Bewertung nach der *Ausübungsfiktion*[69], weil der Marktwert einer Option neben dem inneren Wert auch einen Zeit- und Absicherungswert beinhaltet.

Der *Verfall* des Optionsrechts führt bei Optionen, die nicht zum Erwerb von Aktien des Stillhalters berechtigen, zu einer erfolgswirksamen Vereinnahmung der Optionsprämie. Gleiches gilt im Fall einer *Glattstellung*, wobei hier der Glattstellungsaufwand erfolgsmindernd zu berücksichtigen ist.[70] Bei *Ausübung* der Option ist nach dem Optionstyp zu unterscheiden: Bei Optionen mit Barausgleich (z.B. Indexoptionsscheine) ergibt sich ein Gewinn oder Verlust in Höhe der Optionsprämie abzüglich der zu leistenden Ausgleichszahlung. Wird hingegen eine Kaufoption ausgeübt, welche die Lieferung des Basisobjekts an den Optionsberechtigten vorsieht, so wird die Optionsprämie dem Veräußerungserlös (Bezugskurs) zugeschlagen. Liegt der gesamte Veräußerungserlös unter den Anschaffungskosten des verkauften Vermögensgegenstands, so entsteht ein Verlust, andernfalls ein Veräußerungsgewinn. Im Falle der Ausübung einer Verkaufsoption ist die Optionsprämie aus Stillhaltersicht entsprechend als Anschaffungspreisminderung zu berücksichtigen.[71] In sämtlichen Fällen sind zuvor gebildete, nicht verbrauchte Rückstellungen erfolgswirksam aufzulösen.

2. Bilanzielle Behandlung der Anleihe ohne Optionsrecht

Die bilanzielle Behandlung der Anleihe ohne Optionsrecht ("Anleihe ex") entspricht im Falle der Agio-Emission (d.h. einer marktüblich verzinsten Anleihe) der Behandlung von Kuponanleihen; es erfolgt eine Passivierung zum Rückzahlungsbetrag. Dies gilt auch im Fall einer niedrig verzinslichen Schuldverschreibung. Handelsrechtlich besteht nach § 250 Abs. 3 HGB ein Wahlrecht zur Bildung eines aktiven Rechnungsabgrenzungspostens in Höhe der Differenz zwi-

---

68 Vgl. BFA 2/1995, S. 422.

69 Bei der Ausübungsfiktion erfolgt die Bemessung der Rückstellung auf der Grundlage des inneren Werts (d.h. der Differenz zwischen Basispreis und Kassakurs des Basisobjekts). Vgl. stellvertretend für diese Auffassung Wolf (1996), S. 179.

70 Vgl. BFA 2/1995, S. 422; Windmöller/Breker (1995), S. 397.

71 Vgl. BFA 2/1995, S. 422.

schen Rückzahlungs- und Ausgabebetrag. Handelsrechtliche Aktivierungswahlrechte führen aber bekanntlich zu einer Aktivierungspflicht in der Steuerbilanz, so daß steuerrechtlich ein aktiver Rechnungsabgrenzungsposten in Höhe des Disagios zu bilden ist. Dieser ist linear über die Laufzeit abzuschreiben.[72]

Das Disagio bei der Ausgabe einer Schuldverschreibung einer Kapitalgesellschaft zählt gemäß Abschn. 48 GewStR zu den Entgelten für Dauerschulden. Somit sind die aufwandswirksam aufgelösten Teile des Disagios hälftig dem Gewerbeertrag hinzuzurechnen.

Während es im Fall einer marktüblich verzinsten Schuldverschreibung weder beim Zeichner noch beim Emittenten zu steuerbedingten Vor- oder Nachteilen kommt, liegen bei niedrig verzinslichen Optionsanleihen Begünstigungen gegenüber Festzinsanleihen auf beiden Ebenen vor. Wie unter *D.IV.2.* im dritten Kapitel dargelegt wurde, kommt es infolge der Steuerstundung bei privaten Anlegern zu einer Senkung der Finanzierungskosten, welche jedoch bei einem positiven Nominalzinssatz der "Anleihe ex" geringer ausfällt als im Fall der Zerobond-Emission. Dem steht jedoch mit der linearen Abschreibung des Disagios auf Unternehmensebene ein Vorteil gegenüber[73], da es im Vergleich zu einem Ansatz der aufgelaufenen Zinsen zu einer zeitlichen Aufwandsvorverlagerung kommt.[74]

---

72 Vgl. Großfeld (1987), S. 88; Abschn. 37 Abs. 3 EStR.

73 Vgl. hierzu auch Drukarczyk (1993), S. 597 f.

74 Zerobonds und Kuponanleihen werden - wie unter *D.I.* in diesem Kapitel dargelegt wurde - auf Unternehmensebene steuerlich vergleichbar behandelt. Deshalb besteht dieser Vorteil gegenüber beiden Finanzierungsformen.

II. Steuerliche Vorteilhaftigkeit einer Ausgabe von Optionsscheinen

Angesichts der unterschiedlichen bilanzsteuerrechtlichen Konsequenzen wird auch in der nun folgenden Vorteilhaftigkeitsanalyse nach dem Basisobjekt der Optionsscheine differenziert. Es werden nur Fälle betrachtet, in denen eine Ausübung vor dem Verfalldatum nicht möglich (z.B. europäische Option) oder nicht rational ist (z.B. amerikanische Call-Option, falls keine Ausschüttungen innerhalb der Optionsfrist erfolgen).

Auch hier wird angenommen, daß das Investitionsvolumen innerhalb der Laufzeit des Optionsscheins unverändert bleibt. Finanzierungsabhängige Zahlungen werden wiederum durch kompensierende Zahlungsströme zwischen der Unternehmung und ihren Eigentümern ausgeglichen. Soweit es sich um erfolgsneutrale Zahlungskomponenten (z.B. Erhalt der Optionsprämie) handelt, wird ein Kapitaltransfer (z.B. Kapitalrückzahlung) unterstellt. Etwaige erfolgswirksame Komponenten werden durch erhöhte bzw. gekürzte Ausschüttungen und einen ergänzenden Kapitaltransfer zwischen den Anteilsinhabern und der Gesellschaft ausgeglichen.

Im Falle der Emission von Optionsscheinen zum Bezug junger Aktien sind aber abweichende Annahmen für den Fall erforderlich, daß eine Optionsausübung erfolgt. Denn hier kommt es infolge der Kapitalerhöhung zu einem zweiten Finanzierungsvorgang, bei dem die Annahme einer entsprechenden Kapitalrückzahlung an die alten Aktionäre zu widersprüchlichen Ergebnissen führen würde. Deshalb wird in diesem Fall die Anteilswertminderung durch einen Vergleich mit dem fiktiven Kurswert erfaßt, der sich ohne die Ausgabe von Optionsscheinen ergeben hätte.

Die Auswirkungen der Optionsscheinemission auf den Unternehmensmarktwert werden - ähnlich wie beim Adjusted Present Value-Ansatz - wieder explizit bestimmt. Eine Verwendung des Kapitalkostenkonzepts unter Rückgriff auf den durch Gleichung (3.44) im dritten Kapitel bestimmten Finanzierungskostensatz wäre zwar denkbar; aufgrund der hierbei erfolgenden Einbeziehung der Unternehmensbesteuerung in den gewichteten Kapitalkostensatz ist dies jedoch nur unter der Voraussetzung möglich, daß die Besteuerung von Gewinnen und Verlusten aus der Stillhalterposition symmetrisch erfolgt. Dies ist der Fall, wenn das Optionsrechtsentgelt als Einlage behandelt wird, nicht jedoch, wenn die

Optionsprämie bei Verfall erfolgswirksam erfaßt wird oder Rückstellungsbildungen zu berücksichtigen sind.

1. Optionsscheine auf junge Aktien der emittierenden Gesellschaft

a. Erfolgsneutrale Behandlung des Optionsentgelts

Zunächst wird untersucht, welche steuerlichen Wirkungen sich ergeben, wenn gemäß der in der steuerrechtlichen Literatur herrschenden Meinung die Optionsprämie als Einlage behandelt wird. In diesem Fall beeinflußt die Ausgabe von Warrants den steuerlichen Gewinn weder im Geschäftsjahr der Optionsscheinemission noch an den folgenden Bilanzstichtagen. Ex post eintretende Vermögensänderungen aus Sicht der alten Aktionäre bleiben steuerlich unberücksichtigt.

Betrachtet man einen Optionsschein mit mehrjähriger Laufzeit, so erhält man in t=0 einen Zufluß je Optionsschein in Höhe des z.B. nach Gleichung (3.36) bestimmten Betrags, welcher die Steuerfreiheit und die Kapitalverwässerung bei Ausübung berücksichtigt. Vor Steuern ergibt sich der Marktwert der Stillhalterverpflichtung je Optionsschein exakt als Gegenposition des Optionsscheinwerts, so daß der Wert aller bislang ausgegebenen Aktien genau um den Wert sämtlicher Optionsscheine sinkt.[75] Diese Kompensation muß nach Steuern nicht mehr vollständig sein. Im hier betrachteten Fall jedoch ergeben sich aus der Stillhalterverpflichtung keine steuerlichen Konsequenzen. Sie erfolgt quasi spiegelbildlich zur Steuerfreiheit des Optionsscheins aus der Sicht eines privaten Erwerbers; d.h. die (Nicht-)Besteuerung erfolgt symmetrisch.

Der Marktwert der Stillhalterposition aus Sicht der Altaktionäre ergibt sich aus der möglichen Wertminderung der Anteile im Falle einer Ausübung am Ende der Optionsfrist. Bei einer Ausübung am Verfalltag kommt es zu einem Wertverlust aus der Optionsscheinemission von $S_T^e - S_T$, wobei S_T^e wieder den (fiktiven) Kurswert bezeichnet, der sich im Falle einer Nichteinräumung von Optionsrechten

---

[75] Dies deckt sich im Prinzip mit dem Bezugsrechtsabschlag bei ordentlichen Kapitalerhöhungen. Unterschiede bestehen darin, daß die Zahl der Optionsscheine nicht der Zahl der alten Aktien entsprechen muß und aufgrund der längeren Ausübungsfristen dem Zeit- bzw. Versicherungswert, der auch bei Bezugsrechtsemissionen auftritt (vgl. Kruschwitz (1986), S. 110 ff.), bei Optionsscheinen höhere Bedeutung zukommt.

ergeben hätte. Da S_T als Mischkurs berechnet werden kann[76], ergibt sich je Aktie ein Wertverlust von

$$(4.31) \qquad S_T^e - S_T = \frac{m}{n+m}(S_T^e - K).$$

Den auf einen Optionsschein bezogenen Wertverlust erhält man durch Multiplikation von (4.31) mit dem Kehrwert des Bezugsverhältnisses *n*/*m*. Damit ergeben sich für die Altaktionäre am Ende der Optionsfrist je Optionsschein folgende Aktienwertänderungen:

$$(4.32) \qquad SP_{OS}^*(T) = -\max\left[0; \frac{n}{n+m}(S_T^e - K)\right]$$

mit SP_{OS}^* = Marktwert der Stillhalterposition je Optionsschein.

Dies stellt jedoch exakt die Gegenposition zu den bedingten Erfolgen der Optionsscheininhaber dar.[77] Sofern der Marktbewertung ein einheitlicher Grenzsteuersatz s^* zugrundegelegt wird, mindert sich deshalb der Wert aller Aktien je Optionsschein um P_{OS}^*, d.h. es gilt

$$(4.33) \qquad SP_{OS}^* = -P_{OS}^*.$$

Damit kommt es gegenüber einer Beteiligungsfinanzierung durch Aktien nicht zu steuerlichen Vor- oder Nachteilen infolge einer Emission von Optionsscheinen. Auch gewerbesteuerlich ergeben sich keine Modifikationen, da sich die Bemessungsgrundlage der Gewerbeertragsteuer im vorliegenden Fall nicht ändert. Der Steuervorteil des Optionsscheins beim privaten Erwerber wird durch entsprechende Steuernachteile beim Emittenten genau ausgeglichen.

---

76 Vgl. hierzu den Term in der eckigen Klammer von Gleichung (3.34).

77 Vgl. hierzu Gleichung (3.34a).

b. Erfolgswirksame Erfassung des Optionsentgelts bei Verfall der Optionsscheine

Nun wird untersucht, welche Konsequenzen sich für die Vorteilhaftigkeit ergeben würden, wenn es gemäß dem bereits diskutierten Entwurf eines BMF-Schreibens bei Verfall der Optionsscheine zu einer erfolgswirksamen Vereinnahmung der Optionsprämie kommen würde. Gegenüber dem zuvor betrachteten Fall einer unbedingten Einlage ergeben sich Änderungen in denjenigen Zukunftslagen, in denen der Kurs der Aktie unter dem Bezugspreis liegt. In diesem Fall würden sich aus der Sicht der stillhaltenden Altaktionäre je Optionsschein folgende Konsequenzen ergeben (Tabelle 4.4):

Zeitpunkt	0	T	
		$S_T^e > K$	$S_T^e \leq K$
Einzahlung	$+ P_{OS}^*$		
Wertminderung am Verfalltag		$-\frac{n}{n+m}(S_t^e - K)$	$- s^{ER} P_{OS}^*$

Tabelle 4.4: Finanzielle Konsequenzen einer Optionsscheinemission bei erfolgswirksamer Erfassung der Optionsprämie bei Verfall

Hierbei umfaßt der kombinierte Ertragsteuersatz s^{ER} die Gewerbeertragsteuer und (bei Vollausschüttung) die Einkommensteuerbelastung der Aktionäre; es gilt $s^{ER} = s^* + s^{ge} - s^* s^{ge}$.

Zur Bestimmung des Marktwerts der Stillhalterverpflichtung kann eine Eigenschaft des Binomialmodells, speziell von Optionswertformel (3.30), für eine geeignete Modifikation genutzt werden. Dort wurde der Einfluß des Basispreises K auf den Optionspreis dadurch erfaßt, daß der Basispreis mit einer sog. risikoneutralen "Wahrscheinlichkeit" multipliziert und über T Perioden diskontiert wurde. Da der Basispreis aus Sicht des Optionsinhabers nur bei Ausübung zu zahlen ist, erfolgt die Multiplikation mit der Pseudo-"Wahrscheinlichkeit", daß sich die Option am Ende der Laufzeit im Geld ("in-the-money") befindet. Diese wurde in Gleichung (3.30) durch die komplementäre Binomialwahrscheinlichkeit $B(z \geq z^* | T,p)$ berücksichtigt, wobei z^* die (kleinste) Anzahl an Aufwärtsbewegungen angibt, welche gerade noch dazu führt, daß die Option am Verfalltag im Geld liegt.

Im hier betrachteten Fall erfolgt eine Steuerzahlung aus Stillhaltersicht nur dann, wenn eine Ausübung *unterbleibt.* Dies kann bei der Bestimmung des Marktwerts der Stillhalterverpflichtung durch eine Multiplikation mit der Wahrscheinlichkeit, daß die Option bei Fälligkeit "out-of-the-money" oder "at-the-money" liegt, erfaßt werden. Dies ist die Gegenwahrscheinlichkeit zu $B(z \geq z^* | T,p)$, wofür auch direkt der Wert der Verteilungsfunktion der Binomialverteilung $B(z \leq z^*-1 | T,p)$ angesetzt werden kann.

Der Marktwert der Stillhalterverpflichtung je Optionsschein beträgt deshalb bei der hier betrachteten Besteuerungssituation

$$(4.34) \quad SP^*_{OS} = -P^*_{OS} - s^{ER} \cdot P^*_{OS} \cdot \sum_{z=0}^{z^*-1} \left(\frac{T!}{z!\,(T-z)!} \right) p^z (1-p)^{T-z}$$

$$= -P^*_{OS} - s^{ER} \cdot P^*_{OS} \cdot B(z \leq z^*-1 | T,p).$$

Damit übersteigt die Anteilswertminderung je Optionsschein die erhaltene Optionsprämie um $s^{ER} \cdot P^*_{OS} \cdot B(z \leq z^*-1 | T,p)$. Offensichtlich liegt deshalb bei einer Besteuerung der Optionsprämie im Fall der Nichtausübung ein Verstoß gegen Finanzierungsneutralität vor. Sollte der Erlaßentwurf des BMF vom Dezember 1994 inhaltlich umgesetzt werden, wäre die Ausgabe von Optionsscheinen nur unter erheblichen finanziellen Nachteilen für die Aktionäre möglich.

Die Emission von Optionsscheinen wäre in diesem Fall selbst dann unvorteilhaft, wenn bei der Preisbildung am Kapitalmarkt ein Grenzsteuersatz von $s^* = 0$ gelten würde, da in Höhe der Gewerbeertragsteuer bei Verfall der Warrants eine Zusatzbelastung verbleiben würde, die über die Belastung bei vollständiger Eigenfinanzierung hinausgeht.

2. Optionsscheine auf andere Bezugsobjekte

Bei Optionsscheinen, die zum Bezug anderer Basisobjekte berechtigen, liegt keine Kapitalverwässerung bei Ausübung vor. Im folgenden wird deshalb nicht explizit zwischen der Emission von Optionsscheinen und Stillhalterpositionen in unverbrieften Optionsrechten unterschieden, zumal auch keine Unterschiede in der bilanziellen Abbildung zu verzeichnen sind. Es werden aber nur Optionen mit einer sechsmonatigen Mindestlaufzeit betrachtet, da nur in diesen Fällen von einer Steuerfreiheit beim privaten Erwerber ausgegangen werden kann.

Im Gegensatz zur steuerlichen Beurteilung einer Emission von Warrants zum Bezug eigener Aktien ist die bilanzsteuerliche Behandlung sonstiger Stillhalterpositionen in Optionen grundsätzlich an den Wertänderungen der Option bzw. des Optionsscheins orientiert.[78] Auch hierzu werden im folgenden - jeweils auf der Grundlage der Glattstellungsfiktion - zwei Besteuerungskonzeptionen betrachtet. Zunächst wird eine Besteuerung sämtlicher Wertänderungen untersucht, welche auch Wertänderungen vor dem Verfalltag der Option erfaßt. Da dieser Fall aber die derzeitige bilanzielle Behandlung nicht zutreffend wiedergibt, werden anschließend die Konsequenzen erörtert, die sich durch das Imparitätsprinzip ergeben.

In beiden Fällen wird unterstellt, daß die emittierende Gesellschaft das Basisobjekt während der Laufzeit der Option nicht im Betriebsvermögen hält, d.h. keine Deckung in Wertpapieren erfolgt. Dies ist bei Optionen mit nicht lieferbarem Bezugsobjekt (d.h. mit vorgesehenem Barausgleich) grundsätzlich der Fall. Bei Call-Optionsscheinen mit Lieferverpflichtung könnte dies hingegen dadurch erreicht werden, daß der Basiswert erst im Fall einer Optionsausübung erworben wird. Damit decken sich die Anschaffungskosten mit dem Marktwert des Basisobjekts, so daß keine steuerlichen Besonderheiten aufgrund abweichender historischer Anschaffungskosten zu berücksichtigen sind.

---

[78] Vgl. hierzu auch die Fußnoten 66 und 80 in diesem Kapitel.

a. Steuerliche Erfassung sämtlicher Optionswertänderungen

Unter der Glattstellungsfiktion können die steuerlichen Gewinne oder Verluste aus der Stillhalterposition direkt aus den Optionswertänderungen abgeleitet werden. Ausgangspunkt ist die erwartete zustandsabhängige Entwicklung des Optionswerts am Kapitalmarkt. Da keine Kapitalverwässerung zu berücksichtigen ist, kann anstelle von P_{OS}^{*} auch wieder das Symbol C^{*} verwendet werden.

Aus der Sicht der emittierenden Unternehmung und deren Gesellschafter sind nun bereits während der Laufzeit der Option steuerbedingte Änderungen der Netto-Zahlungsströme zu erwarten. Dies erfordert eine retrograde Bewertung der Stillhalterverpflichtung.

Zur Illustration wird das folgende Zahlenbeispiel verwendet: Für den Basiswert (z.B. Aktie einer vollthesaurierenden Gesellschaft oder Aktienindex) wird ausgehend von t=0 jede Periode eine Aufwärtsbewegung von $u^{*} = 1{,}1$ oder eine Abwärtsbewegung von $d^{*} = 0{,}9$ unterstellt:

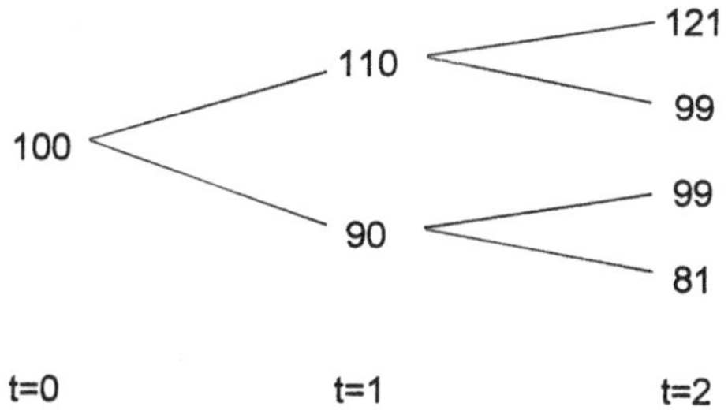

Abb. 4.1: Wertentwicklung des Basisinstruments

Der risikolose Kapitalmarktzinssatz liege bei $r_f = 10\%$ pro Jahr und der repräsentative Grenzsteuersatz auf Kapitaleinkünfte bei $s^{*} = 50\%$. Die sog. risikoneutralen Wahrscheinlichkeiten betragen $p = 0{,}75$ und $(1-p) = 0{,}25$.

Eine steuerfreie Option mit Basispreis $K = 100$ und zweijähriger Laufzeit wird damit nach (3.28) in t=0 mit 10,71 GE bewertet. Ihre zustandsabhängige Wertentwicklung ergibt sich wie folgt:

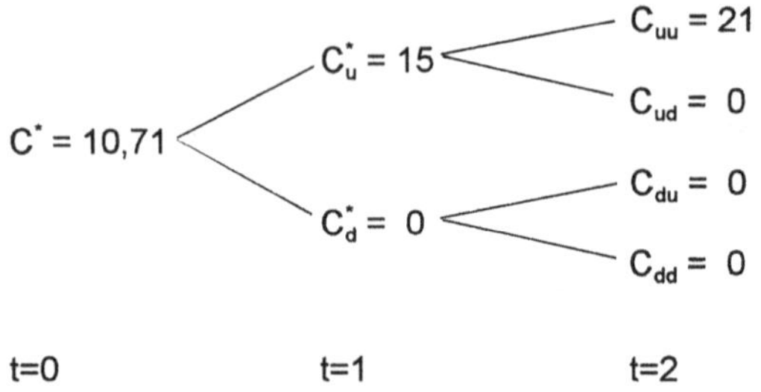

Abb. 4.2: Wertentwicklung einer (steuerfreien) Option

Der Marktwert liegt damit in t=0 um den Faktor $(q/q_s)^2 = 1{,}0975$ über dem Wert, der sich bei einer Besteuerung der Wertänderungen ergeben würde. Im Vergleich dazu würden sich bei einer arbitragefrein Besteuerung die Marktwerte des Optionsscheins wie folgt entwickeln:

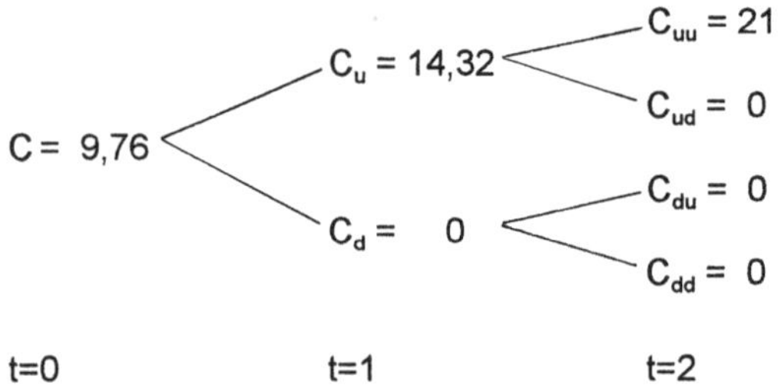

Abb. 4.3: (Fiktive) Wertentwicklung einer steuerpflichtigen Option

Aus Stillhaltersicht ergibt sich (ausgehend von der erhaltenen Optionsprämie C^*) mit jeder Wertänderung der Option eine entsprechende Änderung der Steuerbemessungsgrundlage. Beispielsweise erhält man in Periode t=1, falls der Wert des Basistitels gestiegen ist, einen höheren Optionswert und damit aus der Short-Position einen Verlust in Höhe von $C^* - C^*_u = -4{,}29$ GE. Falls der Basiswert in der darauffolgenden Periode fällt, resultiert in der zweiten Periode ein Gewinn von $C^*_u - C_{ud} = 15$ GE. Im verwendeten Zahlenbeispiel führt dies zu folgender Entwicklung der Gewinne bzw. Verluste aus der Stillhalterposition:

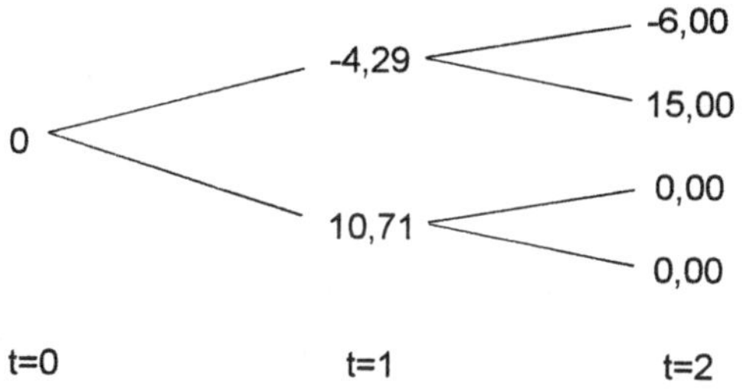

Abb. 4.4: Gewinne und Verluste aus der Stillhalterposition

Hier wird nun deutlich, weshalb eine andere Darstellungsform der Baumstruktur als in *D.II.2* im dritten Kapital gewählt wurde: Unter Berücksichtigung einer Besteuerung von Wertänderungen ist auch die Entwicklung in der Vergangenheit relevant. So führt im vorliegenden Fall eine Aufwärtsbewegung mit unmittelbar darauffolgender Abwärtsbewegung zu einem anderen steuerlichen Gewinnausweis als die umgekehrte Entwicklung. Zwar wird in beiden Fällen derselbe Gesamterfolg ausgewiesen, doch die Erfolge werden zeitlich unterschiedlich erfaßt.

Damit kann aber die Wertentwicklung nicht mehr allein anhand der Anzahl der eingetretenen Aufwärtsbewegungen beschrieben werden. Da eine allgemeine formale Darstellung zur Bewertung der Stillhalterverpflichtung nach Steuern damit sehr aufwendig würde, weil die Erfassung der gesamten Zustandsfolge erforderlich wäre, wird im folgenden anhand des gewählten Beispiels vorgegangen, bevor die Ergebnisse in Abschnitt c. auf grundsätzliche ökonomische Überlegungen zurückgeführt werden.

Die aus der Stillhalterverpflichtung resultierenden Gewinne oder Verluste führen infolge einer geänderten Steuerbelastung der Unternehmung zu Konsequenzen für die Zahlungen an die Anteilseigner. Ein aufgelaufener Verlust[79] in Höhe von VT mindert die Gewerbeertragsteuerzahlung der Unternehmung um $s^{ge}\ VT$. Er verringert auch die maximal mögliche Bruttoausschüttung, so daß nach persönlichen Steuern die Nettodividende um $(1\text{-}s^{ge})(1\text{-}s^{*})VT$ geringer ausfällt. Gleichzeitig sind jedoch in Höhe des zusätzlichen, nicht-auszahlungswirksamen Auf-

[79] Es wird unterstellt, daß Verluste aus der Stillhalterposition in vollem Umfang ausgeglichen werden können.

wands noch Zahlungsmittel in Höhe von *VT* verfügbar, die in Form einer Kapitalrückzahlung an die Anteilseigner ausgezahlt werden können. Damit ergibt sich verlustbedingt eine Mehrauszahlung nach Steuern von $VT - (1\text{-}s^{ge})(1\text{-}s^{*})VT$, wofür auch direkt $s^{ER}\,VT$ geschrieben werden kann.

Mit s^{ge} = 16,67% und s^{*} = 50% erhält man einen kombinierten Ertragsteuersatz von s^{ER} = 58,33%. Berücksichtigt man neben den gewinnabhängigen Zahlungen noch die im Fall einer Optionsausübung zu leistende Differenzzahlung in Höhe von $S_T - K$, so ergeben sich aus Sicht der Aktionäre in der Zukunft folgende Zahlungskonsequenzen aus der Stillhalterverpflichtung (die Einzahlung in Höhe der Optionsprämie in t=0 wird erst später berücksichtigt):

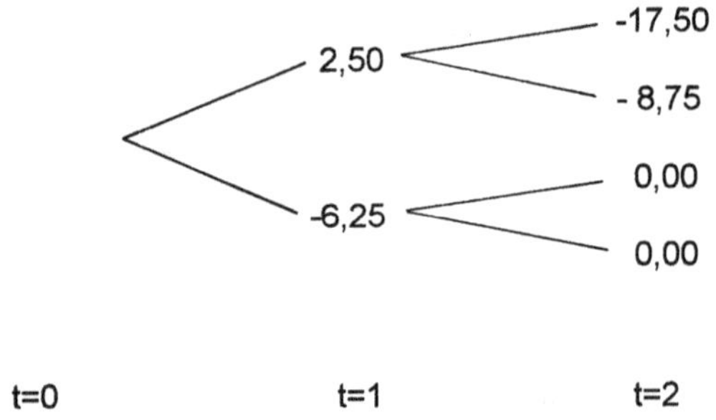

Abb. 4.5: Zahlungskonsequenzen der Anteilseigner aus der Stillhalterverpflichtung der Gesellschaft

Damit beträgt der Marktwert der Stillhalterverpflichtung (je eingeräumter Option) SP^{*}_{OS} = -10,12 GE. Gemessen an der erhaltenen Optionsprämie in Höhe von 10,71 ergibt sich ein finanzieller Vorteil je Optionsschein in Höhe von $P^{*}_{OS} + SP^{*}_{OS}$ = 0,59 GE. Die Emission von Optionsscheinen ist damit vorteilhaft. Die hier festgestellte Vorteilhaftigkeit ist nicht zufällig, sondern kann auf verschiedene Einflußfaktoren zurückgeführt werden, welche im übernächsten Abschnitt zusammengefaßt werden.

b. Konsequenzen einer Gewinnermittlung auf der Grundlage des Imparitätsprinzips

Infolge des Maßgeblichkeitsprinzips gilt das Imparitätsprinzip, welches die erfolgswirksame Erfassung unrealisierter Verluste, nicht aber unrealisierter Gewinne fordert, auch für die steuerliche Gewinnermittlung. Gewinne werden erst bei Realisation, d.h. bei Ausübung, Verfall oder Glattstellung der Option erfaßt. Damit gilt die Gewinn- und Verluststruktur aus Abbildung 4.4 nicht mehr. Sie ist unter Berücksichtigung des Imparitätsprinzips wie folgt zu modifizieren:

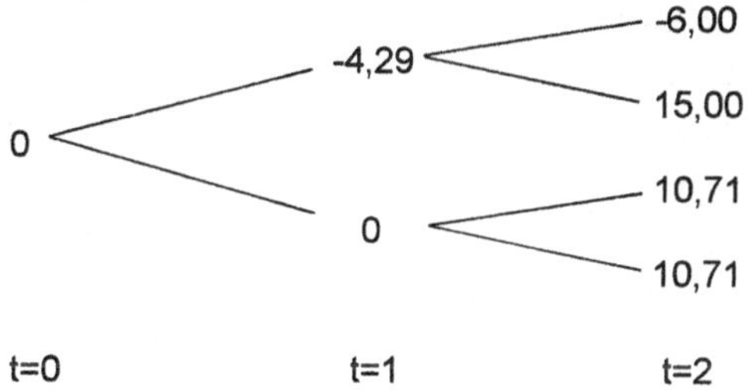

Abb. 4.6: Bilanzielle Gewinne und Verluste aus der Stillhalterverpflichtung (Imparitätsprinzip)

Entsprechend der oben gewählten Vorgehensweise können auch die bedingten Zahlungsströme an die Anteilseigner bestimmt werden. Man erhält für die zukünftigen Zahlungskonsequenzen aus Sicht der stillhaltenden Aktionäre unter Berücksichtigung des Imparitätsprinzips:

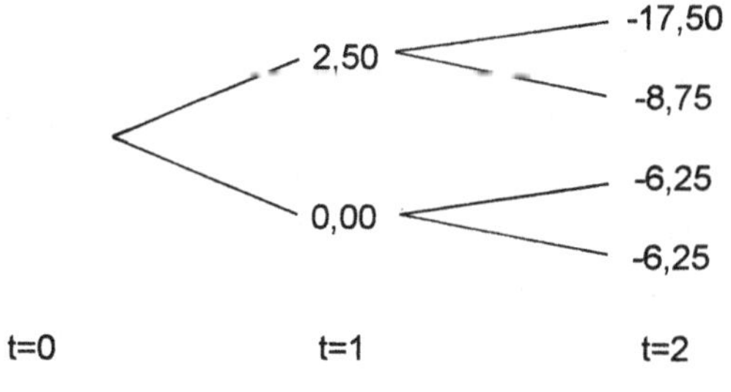

Abb. 4.7: Zahlungskonsequenzen der Anteilseigner aus der Stillhalterverpflichtung der Gesellschaft (Imparitätsprinzip)

Hieraus ergibt sich ein Marktwert der Stillhalterverpflichtung in Höhe von SP_{OS}^{*} = -10,05 GE, woraus ein finanzieller Vorteil in Höhe von $P_{OS}^{*} + SP_{OS}^{*} = 0,66$ GE resultiert. Das Imparitätsprinzip bewirkt somit eine zusätzliche Vorteilhaftigkeit der Optionsscheinemission.

c. Beurteilung der Vorteilhaftigkeit "innovativer" Optionsscheine

Die Vorteilhaftigkeit einer Ausgabe von Optionsscheinen, die zum Bezug anderer Basisobjekte als Aktien des Emittenten berechtigen, kann auf mehrere grundsätzliche Einflußfaktoren zurückgeführt werden. Zur Beurteilung der Steuerwirkungen geeignet ist eine Ausgangssituation, in der die Emission von Optionsscheinen weder vorteilhaft noch unvorteilhaft ist. Dies wäre z.B. bei einheitlich anzusetzenden Steuersätzen der Fall, wenn beim Erwerber der Option und bei der emittierenden Unternehmung jeweils die ex post eingetretenen Wertänderungen besteuert würden. In diesem Fall würden sich die Marktwerte des Optionsscheins gemäß der Struktur in Abb. 4.3 entwickeln. Einheitliche Steuersätze würden jedoch Gleichheit von s^{*} und s^{ER} voraussetzen, was nur bei $s^{ge} = 0$ der Fall sein kann. Bei Berücksichtigung der Gewerbeertragsteuer ($s^{ge} > 0$) hingegen ergeben sich, wie unten erläutert wird, Vorteile der Optionsscheinemission.

Sind die Wertänderungen aus Optionsgeschäften beim privaten Erwerber steuerfrei (wie außerhalb von Spekulationsfristen der Fall), bei der Stillhalter-Gesellschaft hingegen steuerpflichtig, so ergibt sich eine Vorteilhaftigkeit der Optionsscheinemission infolge der begünstigten Besteuerung im Privatvermögen. Der Vorteil aus Sicht der Aktionäre der emittierenden Gesellschaft besteht aber nicht in voller Höhe der Differenz $C^{*} - C$ zwischen den theoretischen Optionswerten bei Steuerfreiheit und Steuerpflicht. Denn dies würde voraussetzen, daß die Wertänderungen bei der emittierenden Gesellschaft auf der Grundlage der fiktiven Kursentwicklung (Abb. 4.3) bei neutraler Besteuerung bestimmt werden. Die steuerlich relevanten Wertänderungen sind aber auf der Grundlage der tatsächlichen Optionswerte (Abb. 4.2) zu ermitteln. Dies führt aufgrund des höheren Optionspreises C^{*} beim Stillhalter in einzelnen Zukunftslagen zu einem höheren Gewinn- bzw. geringeren Verlustausweis, so daß der Steuervorteil geringer ausfällt.

Die finanzielle Vorteilhaftigkeit der Optionsscheinemission steigt außerdem mit der Höhe des Gewerbeertragsteuersatzes. Im ursprünglichen Beispiel (vgl. hierzu Abschnitt a.) würde unter sonst gleichen Bedingungen für $s^{ge} = 0$ der finanzielle Vorteil je Optionsschein anstelle von 0,59 GE nur 0,51 GE betragen. Dies kann mit einem zentralen Ergebnis des zweiten Kapitels begründet werden: Bei riskanten Short-Positionen, die mit einer Anfangseinzahlung verbunden sind, ist das Sicherheitsäquivalent einer Besteuerung der Wertänderungen negativ. Somit führt die Ausgabe von Optionsscheinen zu einer Gewerbesteuerentlastung, die sich günstig auf die Bewertung der Stillhalterverpflichtung auswirkt. Anders als bei Eigenfinanzierung oder als Dauerschuld qualifizierter Fremdfinanzierung sind optionsscheinbedingte Aufwendungen bei der Gewerbeertragsteuer in vollem Umfang abzugsfähig. Dieser Vorteil wird auch nicht dadurch aufgehoben, daß in bestimmten Zukunftslagen ein steuerlicher Gewinn entsteht.

Bedingt durch die fehlende Besteuerung unrealisierter Wertsteigerungen (Realisationsprinzip) bei gleichzeitiger Berücksichtigung unrealisierter Verluste (Imparitätsprinzip) ergibt sich ein zusätzlicher Vorteil aus der Emission von Optionsscheinen.[80] Diese Asymmetrie im Rahmen der Gewinnermittlung führt vor allem bei stark schwankenden Optionsscheinkursen zu Steuervorteilen. Dies ist aufgrund hoher Volatilitäten bei Optionsscheinen regelmäßig der Fall.[81]

Das Marktwertänderungsrisiko bei Optionen führt jedoch dazu, daß sich die hier betrachteten Optionsscheine bei isolierter Betrachtung nur bedingt als Finanzierungsinstrument eignen. Zur Vermeidung unerwünscht hoher Vermögensverluste ist es aber nicht unbedingt erforderlich, das Volumen der ausgegebenen Optionsscheine gering zu halten. Durch eine Emission unterschiedlicher Optionsscheinarten, deren Risiken negativ korreliert sind, können Verlustrisiken verringert (und gleichzeitig der Mittelzufluß in Höhe der gezahlten Optionspreise erhöht) werden. In extremer Weise ist dies bei "Capped Warrants" der Fall. In diesem Fall darf es

80 Dieser zusätzliche Vorteil besteht natürlich nur, solange die Möglichkeit einer steuerlichen Verlustantizipation gegeben ist. Sollte hingegen die seit Beginn des Jahres 1998 bestehende Unzulässigkeit von Drohverlustrückstellungen in der Steuerbilanz auch Stillhalterpositionen in Optionen betreffen (vgl. hierzu Fußnote 66 in diesem Kapitel), so wären Gewinne oder Verluste aus Stillhalterpositionen erst bei Ausübung oder Fälligkeit der Option zu berücksichtigen. Der Steuervorteil einer Optionsscheinemission wäre in diesem Fall zwar bei mehrjährigen Optionslaufzeiten geringer, er würde jedoch weiter bestehen, da ökonomisch betrachtet der Steuerfreiheit auf Anlegerebene eine (in diesem Fall zeitversetzt mögliche) Abzugsmöglichkeit auf Unternehmensebene gegenüberstünde.

81 Vgl. zur Elastizität von Optionsscheinkursen Süchting (1995), S. 140.

allerdings auf der Anlegerseite nicht zu einer Steuerpflicht kommen. Wie bereits dargelegt, kann die Entstehung eines steuerpflichtigen Kapitalertrags dadurch verhindert werden, daß einer der Optionsscheine vor Fälligkeit verkauft wird oder daß Optionsscheine unterschiedlicher Emittenten kombiniert werden.

Bei einer anteilseignerorientierten Betrachtung besteht noch eine weitere Möglichkeit, optionsscheinbedingte Vermögensverluste zu vermeiden. Wenn die Aktionäre der Gesellschaft die ausgegebenen Optionsscheine selbst erwerben, so stünde in diesem Fall einem Verlust auf Unternehmensebene ein korrespondierender Gewinn auf Anteilseignerebene gegenüber.

Sofern eine geeignete Risikokompensation gelingt und negative steuerliche Konsequenzen ausbleiben, sind bei den hier betrachteten Optionsscheinen (im Gegensatz zu Warrants zum Bezug eigener Aktien) unter Umständen erhebliche Steuervorteile möglich. Neben der Steuerfreiheit auf Anlegerebene führen die volle gewerbeertragsteuerliche Berücksichtigung der Gewinne oder Verluste aus der Stillhalterposition und das Imparitätsprinzip dazu, daß keine steuerliche Indifferenz zu anderen Finanzierungsformen vorliegen kann, weil eine begünstigte steuerliche Behandlung auf Anleger- und Unternehmensebene gleichzeitig besteht. Damit erhöht sich der theoretische Unternehmensgesamtwert bei gleichem Finanzierungsvolumen stärker als bei allen anderen betrachteten Finanzierungstitelemissionen.

Thesenförmige Zusammenfassung

1. Finanzierungsentscheidungen können für den Marktwert einer börsennotierten Kapitalgesellschaft relevant sein, wenn unvollkommene Kapitalmärkte vorliegen. Eine zentrale Ursache hierfür ist in der Ausgestaltung von Steuersystemen zu sehen. Unterschiede in der steuerlichen Behandlung von Finanzierungstiteln treten im deutschen Steuersystem sowohl bei Kapitalanlegern als auch bei kapitalnachfragenden Unternehmungen auf, wobei beide Ebenen über die Preisbildung an Finanzmärkten verbunden sind: Die Finanzierungsentscheidung von Kapitalgesellschaften hängt neben der Besteuerung auf Unternehmensebene auch von den erwarteten Mindestrenditen (Finanzierungskosten) der Finanztitel ab, welche ihrerseits durch die Besteuerung auf Anlegerebene beeinflußt sind.

2. Grundsätzlich sind auf einem vor Steuern vollkommenen Kapitalmarkt unter Unsicherheit verschiedene Steuerbemessungsgrundlagen geeignet, steuerbedingte Bewertungsunterschiede auf Anlegerebene auszuschließen. Hierzu zählen eine Besteuerung der eingetretenen Wertänderungen sowie eine ergebnisunabhängige Besteuerung, sofern dieser eine Bemessungsgrundlage in Höhe der risikolosen Verzinsung des eingesetzten Kapitals zugrundegelegt wird. In beiden Fällen kommt es bei konstanten Grenzsteuersätzen zu einer steuersatzunabhängigen Bewertung von Finanztiteln. Arbitragefreie Bemessungsgrundlagen verhindern somit Portefeuillespezialisierungen in Form der Bildung von Steuerklientels oder der Durchführung von Steuerarbitragehandlungen.

3. Eine arbitragefreie Besteuerung führt außerdem dazu, daß finanzierungstheoretische Standardmodelle zur Bewertung von Finanztiteln wie der State Preference-Ansatz, das CAPM sowie Optionspreismodelle im Ergebnis ohne Modifikation angewendet werden können, sofern die jeweiligen nichtsteuerlichen Anwendungsvoraussetzungen erfüllt sind. Daneben bleiben auch zentrale Separationseigenschaften (z.B. Tobin-Separation im Rahmen des CAPM) erhalten: Die anteilige Zusammensetzung des Portefeuilles riskanter Anlagen ist unabhängig vom Grenzsteuersatz des Anlegers, so daß auch die relativen Preise zwischen risikobehafteten Wertpapieren unverändert bleiben.

4. Arbitragefreiheit der Besteuerung impliziert hingegen nicht, daß sämtliche Preisrelationen gegenüber einer Welt ohne Steuern unverändert bleiben. Sowohl das Zinsniveau als auch die Differenz zwischen der Rendite des Marktportefeuilles und dem risikolosen Zinssatz (Kapitalmarkt-Risikoprämie) können steuerbedingten Anpassungen unterworfen sein. Der Vorteil arbitragefreier Bemessungsgrundlagen kann somit nicht in einer steuerlich unbeeinflußten Ressourcenallokation gesehen werden. Effizienz ist nur insoweit gegeben, als steuerlich motivierte Portefeuillespezialisierungen und Differenzarbitragen unterbleiben.

5. Sind hingegen - wie im deutschen Steuersystem - einzelne Wertpapierformen mit unterschiedlichen steuerlichen Konsequenzen verbunden, so kann eine Bewertung nur individuell, d.h. in Abhängigkeit von der jeweiligen steuerlichen Situation des Investors erfolgen. Dabei ist die Besteuerung auf Anlegerebene als marktpreisbeeinflussender Faktor zu berücksichtigen, wenn steuerpflichtige Investoren höhere Preise für steuerbegünstigte Anlageformen bieten.

6. Bei der Erklärung von Finanztitelpreisen können je nach Angebots- und Nachfragesituation am Kapitalmarkt ein oder mehrere preisbestimmende Grenzsteuersätze zu berücksichtigen sein. Im Modell unter Sicherheit können - sofern mehr als zwei unterschiedlich besteuerte Anlageformen existieren - Nachfrageengpässe ausschlaggebend dafür sein, daß nicht alle Finanztitel auf der Grundlage desselben Grenzsteuersatzes bewertet werden. Approximativ kann in diesem Fall jedoch von einer Marktbewertung auf der Grundlage eines einzigen Grenzsteuersatzes ausgegangen werden, wenn bei einem hohen Anlagevolumen am Kapitalmarkt derselbe Grenzsteuersatz auf Kapitaleinkünfte zur Anwendung kommt. Im Modell unter Unsicherheit hingegen werden Wertpapiere aus Diversifikationsgründen evtl. auch dann erworben, wenn sich der Investor ungünstigen Besteuerungsfolgen aussetzt. Dies kann ebenfalls dazu führen, daß die Marktpreisbildung auf der Grundlage eines einheitlichen (durch Aggregation bestimmten) Grenzsteuersatzes erfolgt.

7. Steuerbegünstigungen führen bei risikolosen und risikobehafteten Finanztiteln zu vergleichbaren Preisreaktionen, wobei z.B. der Preis eines steuerfreien Finanztitels mit einperiodiger Laufzeit um den Faktor

$(1+r_f)/(1+r_f(1-s^*))$ über dem Preis eines ansonsten identischen steuerpflichtigen Wertpapiers liegt. Vor diesem Hintergrund erscheint eine steuerliche Sonderbehandlung bestimmter Finanztitel, z.B. solcher mit "spekulativem" Charakter, aus ökonomischer Sicht nicht gerechtfertigt. Lediglich bei Future- bzw. Forward-Geschäften bleibt die Steuerfreiheit ohne Folgen: Da hier bei Vertragsabschluß kein Kapitaleinsatz erfolgt und somit das Sicherheitsäquivalent der im Fall einer Besteuerung der Wertänderungen anfallenden Steuerzahlungen und -erstattungen null betragen würde, sind hier keine Preisanpassungen infolge der Steuerfreiheit zu erwarten.

8. Auch nach der Reform durch das Mißbrauchsbekämpfungs- und Steuerbereinigungsgesetz liegen im Rahmen der Einkommensbesteuerung privater Finanzanlagen im deutschen Steuerrecht zum Teil erhebliche Neutralitätsverstöße vor. Hierzu zählen die steuerliche Nichtberücksichtigung von Kursgewinnen und Kursverlusten, die Besteuerung von Kapitalerträgen nach dem Zahlungszuflußprinzip und die Steuerfreiheit von als "spekulativ" eingestuften Finanztiteln außerhalb von Spekulationsfristen.

9. Die Auswirkungen der Steuerfreiheit von Kursgewinnen und Kursverlusten wurden neben Aktien am Beispiel von festverzinslichen Anleihen untersucht. Während diese Anlageform bei sicheren Erwartungen und flacher Zinsstrukturkurve eine steuerneutrale Struktur aufweist, ergeben sich steuersatzabhängige Bewertungsunterschiede bei nicht-flacher Zinsstruktur oder bei stochastischer Zinsentwicklung. Für den zweiten Fall wurde gezeigt, daß die Anleihe unter Berücksichtigung vorteilhafter steuerfreier Veräußerungen signifikant höher bewertet wird. Dies führt allerdings nur dann zu einer Senkung der Fremdkapitalkosten, wenn die Marktpreise unterschiedlich besteuerter Wertpapiere am Kapitalmarkt auf der Grundlage verschiedener impliziter Grenzsteuersätze zustandekommen.

10. Stellvertretend für Anleiheformen mit ungleichförmiger Zinsausstattung wurde am Beispiel von Zerobonds gezeigt, daß die Besteuerung nach dem Zahlungszuflußprinzip bei langen Laufzeiten erhebliche Steuervorteile aus Anlegersicht bietet, da die Steuerstundung implizit auf eine steuerfreie Wiederanlageverzinsung zurückgeführt werden kann. Dies führt gegenüber laufzeitäquivalenten festverzinslichen Anleihen zu niedrigeren Rendi-

teforderungen. Außerdem wurde gezeigt, daß bei Zerobonds eine vorzeitige Veräußerung trotz Verzicht auf weitere Steuerstundung vorteilhaft sein kann, wenn gezielt von dem Wahlrecht einer Besteuerung des Kapitalertrags nach der Emissions- oder der Marktrendite Gebrauch gemacht wird.

11. Optionsanleihen bieten in erster Linie aufgrund der Steuerfreiheit der Gewinne aus den Optionsscheinen außerhalb von Spekulationsfristen Steuervorteile. Daneben ergeben sich bei niedrig verzinslichen Optionsanleihen, auch wenn die steuerfreie Vereinnahmung des Unterschiedsbetrags in Höhe des verdeckt gezahlten Optionsrechtsentgelts nicht mehr möglich ist, mit Zerobonds vergleichbare Steuerstundungseffekte.

12. Für die Finanzierungsentscheidung einer börsennotierten Kapitalgesellschaft ist die Besteuerung zunächst infolge der auf Unternehmensebene erhobenen Steuern relevant. Hier führt das Anknüpfen des Steuerrechts an die Rechtsstellung der Kapitalgeber und die damit verbundene Einstufung einer Finanzierungsart als "Eigenkapital" oder "Fremdkapital" zu unterschiedlichen steuerlichen Abzugsmöglichkeiten, wobei die Fremdfinanzierung aufgrund der anteiligen Abzugsmöglichkeit der Zinszahlungen bei der Gewerbeertragsteuer begünstigt ist.

13. Der mit einer Finanzierungsform verbundene Steuereinfluß auf den Marktwert der Unternehmung hängt jedoch nicht allein von der steuerlichen Behandlung auf Unternehmensebene, sondern auch von der Besteuerung auf Anlegerebene ab. Die heterogene Besteuerung von Wertpapiererträgen auf Anlegerebene kann dazu führen, daß der gegenüber der Eigenfinanzierung bestehende (Unternehmens-)Steuervorteil der Fremdfinanzierung reduziert oder kompensiert wird. Bedingt durch eine anlageformspezifische Besteuerung von Finanztiteln können auch von Finanzierungsarten, die im Rahmen der Unternehmensbesteuerung äquivalent behandelt werden (z.B. verschiedene Formen der Fremdfinanzierung), unterschiedliche Konsequenzen für den Unternehmensgesamtwert ausgehen.

14. Eine arbitragefreie Besteuerung von Finanztiteln auf Anlegerebene ist keine zwingende Voraussetzung für eine steuerliche Irrelevanz der Kapitalstruktur. Entscheidend für das Fehlen eines Finanzierungseinflusses auf den Unternehmensmarktwert ist vielmehr, daß sich die Steuervorteile bzw. -nachteile auf Unternehmens- und Anlegerebene gerade kompensieren.

15. Ein erster Ansatzpunkt für eine Irrelevanz der Eigen- bzw. Fremdfinanzierung für den Marktwert einer Unternehmung bestand bis einschließlich 1996 in Form der steuerlich begünstigten Behandlung von Beteiligungstiteln im Rahmen der privaten Vermögensbesteuerung. Hierbei nahm die steuerliche Mehrbelastung von Schuldtiteln mit der Höhe des Einkommensteuer-Grenzsteuersatzes zu, weil die Vermögensteuer nicht bei der Einkommensteuer abzugsfähig war. Es wurde gezeigt, daß zur Herstellung einer Irrelevanz der Finanzierung ein Grenzsteuersatz erforderlich gewesen wäre, der außerhalb des Intervalls möglicher marginaler Steuersätze lag, so daß die Steuervorteile der Verschuldung auf Unternehmensebene verringert, nicht aber neutralisiert werden konnten.

16. Ein weiterer Ansatzpunkt für eine Irrelevanz der Finanzierung besteht in der Möglichkeit einer Kapitalgesellschaft zur Gewinnthesaurierung. Da die Körperschaftsteuer-Tarifbelastung derzeit unterhalb des ESt-Spitzensteuersatzes liegt und (realisierte wie unrealisierte) Kursgewinne bei privaten Anteilseignern steuerfrei bleiben, kann es bei einem kritischen marginalen Einkommensteuersatz zu einem Ausgleich der verschuldungsbedingten Steuervorteile auf Unternehmensebene kommen.

17 Irrelevanz besteht jedoch nicht für sämtliche Kapitalgesellschaften gleichzeitig, da diese unterschiedlichen Gewerbeertragsteuersätzen ausgesetzt sind. Dabei kann aus Sicht einer Unternehmung eine steuerlich induzierte Spezialisierung der Finanzierung sinnvoll sein. Da für Unternehmungen mit niedrigem Gewerbeertragsteuersatz der Steuervorteil der Fremdfinanzierung vergleichsweise niedrig ausfällt, werden diese Unternehmen zu einer verstärkten Eigenfinanzierung in Verbindung mit Gewinnthesaurierungen neigen, während Unternehmen mit hohem Gewerbeertragsteuersatz eine hohe Verschuldung bevorzugen werden.

18. Die Emission von Zerobonds dominiert in steuerlicher Hinsicht die Ausgabe festverzinslicher Anleihen, weil bei vergleichbarer steuerlicher Behandlung auf Gesellschaftsebene Zerobonds infolge der Steuerbegünstigung auf persönlicher Ebene mit einer niedrigeren Effektivverzinsung ausgestattet werden können.

19. Die steuerliche Vorteilhaftigkeit einer Ausgabe von Optionsanleihen hängt davon ab, ob die beigefügten Optionsscheine zum Bezug junger Aktien der emittierenden Gesellschaft oder zum Erwerb sonstiger Bezugsobjekte berechtigen. Während im ersten Fall keine Steuervorteile erzielt werden können, weil die außerhalb der Spekulationsfrist bestehende Steuerfreiheit auf Anlegerebene durch entsprechende Nachteile auf Gesellschaftsebene genau ausgeglichen wird, bietet die Ausgabe von Optionsscheinen zum Erwerb anderer Bezugsobjekte grundsätzlich die Möglichkeit, eine Steuerfreiheit auf Anlegerebene mit einer faktischen steuerlichen Abzugsfähigkeit finanzierungsabhängiger Aufwendungen auf Unternehmensebene zu verknüpfen. Voraussetzung hierfür ist jedoch, daß eine geeignete Risikokompensation ohne Auslösung negativer Besteuerungsfolgen gelingt.

20. Die ökonomische Analyse der steuerlichen Behandlung von Finanzanlagen in Deutschland kommt zu dem Ergebnis, daß Neutralitätsverstöße im Steuersystem Kapitalanlage- und Finanzierungsentscheidungen unmittelbar und wechselseitig beeinflussen. Unter speziellen Voraussetzungen ist zwar eine Irrelevanz der Kapitalstruktur im Sinne des Miller-Modells möglich, in den meisten Fällen ist jedoch davon auszugehen, daß die Wahl der Kapitalstruktur Bedeutung für den Unternehmenswert besitzt. Bezieht man Sonder- und Zwischenformen der Finanzierung in die Betrachtung mit ein, so kann bei gleichzeitiger Berücksichtigung der Steuersituation auf Anleger- und Gesellschaftsebene die steuerliche Dominanz bestimmter Finanzierungsformen nachgewiesen werden.

Literaturverzeichnis

Abel, A.B./Eberly, J.C. (1994): A Unified Model of Investment under Uncertainty, in: American Economic Review 84, S. 1369-1384.

Adelberger, O.L. (1993): Formen der Innenfinanzierung, in: Gebhardt, G./Gerke, W./Steiner, M. (Hrsg.): Handbuch des Finanzmanagements, München 1993, S. 197-228.

Ang, J.S. (1987): Do Dividends Matter? A Review of Corporate Dividend Theories and Evidence, in: Monograph Series in Finance and Economics, New York 1987.

Arbeitskreis "Finanzierung" der Schmalenbach-Gesellschaft - Deutsche Gesellschaft für Betriebswirtschaft e.V. (1996): Wertorientierte Unternehmenssteuerung mit differenzierten Kapitalkosten, in: ZfbF 48, S. 543-579.

Arndt, H.-W./Muhler, M. (1988): Optionsanleihen im Ertragsteuerrecht, in: DB 41, S. 2167-2173.

Atkinson, A.B./Stiglitz, J.E. (1980): Lectures on Public Economics, London u.a. 1980.

Auerbach, A.J./King, M.A. (1983): Taxation, Portfolio Choice, and Debt-Equity Ratios: A General Equilibrium Model, in: The Quarterly Journal of Economics 98, S. 587-609.

Baetge, J./Krause, C. (1994): Die Berücksichtigung des Risikos bei der Unternehmensbewertung, in: BFuP 46, S. 433-456.

Ballwieser, W. (1988): Unternehmensbewertung bei unsicherer Geldentwertung, in: ZfbF 40, S. 798-812.

Bamberg, G./Coenenberg, A.G. (1994): Betriebswirtschaftliche Entscheidungslehre, 8. Aufl., München 1994.

Bamberg, G./Röder, K. (1993): Arbitrage am DAX-Futures Markt unter Berücksichtigung von Einkommensteuern, in: Kredit und Kapital 26, S. 575-606.

Bamberg, G./Trost, R. (1996): Entscheidungen unter Risiko: Empirische Evidenz und Praktikabilität, in: BFuP 48, S. 640-662.

Barnea, A./Haugen, R.A./Senbet, L.W. (1985): Agency Problems and Financial Contracting, Englewood Cliffs, N.J. 1985.

Baumann, J. (1992): Steuerliche Behandlung von im Privatvermögen gehaltenen Aktien-, Aktienindex- und Währungsoptionsscheinen, in: Deutsche Steuer-Zeitung 80, S. 321-325.

Bay, W. (1990): Dividenden, Steuern und Steuerreformen. Ein internationaler Vergleich, Wiesbaden 1990.

Berger, U.G./Klotz, S. (1993): Steuerliche Behandlung der Emittenten von Optionsanleihen bei Nichtausübung der Optionsrechte, in: DB 46, S. 953-957.

Bering, S. (1995): Die Änderung der §§ 16 und 17 EStG durch das JStG 1996, in: DStR 33, S. 1820-1823.

Bhattacharya, S. (1979): Imperfect Information, Dividend Policy, and "The Bird in the Hand" Fallacy, in: Bell Journal of Economics 10, S. 259-270.

Black, F. (1972): Capital Market Equilibrium with Restricted Borrowing, in: Journal of Business 45, S. 444-455.

Black, F. (1975): Fact and Fantasy in the Use of Options, in: Financial Analysts Journal 31, S. 36-72.

Black, F./Scholes, M. (1973): The Pricing of Options and Corporate Liabilities, in: Journal of Political Economy 81, S. 637-654.

Black, F./Scholes, M. (1974): The Effects of Dividend Yield and Dividend Policy on Common Stock Prices and Returns, in: Journal of Financial Economics 1, S. 1-22.

Boadway, R./Bruce, N. (1984): A General Proposition on the Design of a Neutral Business Tax, in: Journal of Public Economics 24, S. 231-239.

Boening, D./Hockmann, H.J. (Hrsg.) (1993): Bank- und Finanzmanagement: Marketing - Rechnungswesen - Finanzierung; Reflexionen aus der Praxis. Joachim Süchting zum 60. Geburtstag, Wiesbaden 1993.

Bogue, M.C./Roll, R. (1974): Capital Budgeting of Risky Projects with "Imperfect" Markets for Physical Capital, in: Journal of Finance 29, S. 601-613.

Bradford, D.F. (1981): The Incidence and Allocation Effects of a Tax on Corporate Distributions, in: Journal of Public Economics 15, S. 1-22.

Braun, T. (1993): Synthetische Diskontpapiere und Portfolio Insurance als Steuersparmodelle, in: Finanzmarkt und Portfolio Management 7, S. 322-329.

Breeden, D.T./Litzenberger, R.H. (1978): Prices of State-contingent Claims Implicit in Option Prices, in: Journal of Business 51, S. 621-651.

Breker, N. (1993): Optionsrechte und Stillhalterverpflichtungen im handelsrechtlichen Jahresabschluß, Düsseldorf 1993.

Brennan, M.J. (1970): Taxes, Market Valuation and Corporate Financial Policy, in: National Tax Journal 23, S. 417-427.

Brennan, M.J./Schwartz, E.S. (1977): Convertible Bonds: Valuation and Optimal Strategies for Call Conversion, in: Journal of Finance 32, S. 1699-1715.

Brennan, M.J./Schwartz, E.S. (1978): Corporate Income Taxes, Valuation, and the Problem of Optimal Capital Structure, in: Journal of Business 51, S. 103-114.

Brennan, M.J./Schwartz, E.S. (1984): Optimal Financial Policy and Firm Valuation, in: Journal of Finance 39, S. 593-609.

Brown, E.C. (1948): Business-Income Taxation and Investment Incentives, in: Metzler, A./Domar, E.D. u.a. (eds.): Income, Employment and Public Policy, New York 1948, S. 300-316.

Bruns, C./Meyer-Bullerdiek, F. (1996): Professionelles Portfoliomanagement, Stuttgart 1996.

Büchel, H. (1988): Bewertung von Optionen mit aktienkursabhängigem Basispreis, in: ZfbF 40, S. 884-895.

Buchholz, W. (1985): Die Wirkung progressiver Steuern auf die Vorteilhaftigkeit riskanter Investitionen, in: ZfbF 37, S. 882-890.

Busse von Colbe, W. (1987): Handelsrechtliche Bilanzierung von Optionsanleihen und Optionsrechtsentgelten aus betriebswirtschaftlicher Sicht, in: Busse von Colbe, W. u.a. (Hrsg.): Bilanzierung von Optionsanleihen im Handelsrecht, Heidelberg 1987, S. 47-82.

Busse von Colbe, W. (1995): Das Rechnungswesen im Dienste einer kapitalmarktorientierten Unternehmensführung, in: Die Wirtschaftsprüfung 48, S. 713-720.

Capitelli, R. (1989): Dividenden, Steuern und Aktienpreise - Theorie und empirische Untersuchung für die Schweiz, Bern/Stuttgart 1989.

Collins, J.H./Murphy, D.P. (1995): Experimental Evidence of the Effect of Tax Rate Uncertainty on Security Prices, Investor Clienteles, and Tax Payments, in: Journal of the American Taxation Association 17, S. 1-25.

Constantinides, G.M. (1983): Capital Market Equilibrium with Personal Tax, in: Econometrica 51, S. 611-636.

Constantinides, G.M./Ingersoll, J.E. (1984): Optimal Bond Trading with Personal Taxes, in: Journal of Financial Economics 13, S. 299-335.

Constantinides, G.M./Scholes, M.S. (1980): Optimal Liquidation of Assets in the Presence of Personal Taxes: Implications for Asset Pricing, in: Journal of Finance 35, S. 439-452.

Copeland, T.E./Weston, J.F. (1988): Financial Theory and Corporate Policy, 3rd edition, Reading u.a. 1988.

Cox, J.C./Ingersoll, J.E./Ross, S.A. (1981): The Relation between Forward Prices and Futures Prices, in: Journal of Financial Economics 9, S. 321-346.

Cox, J.C./Ingersoll, J.E./Ross, S.A. (1985): A Theory of the Term Structure of Interest Rates, in: Econometrica 53, S. 385-407.

Cox, J.C./Ross, S.A./Rubinstein, M. (1979): Option Pricing: A Simplified Approach, in: Journal of Financial Economics 7, S. 229-263.

Cox, J.C./Rubinstein, M. (1985): Options Markets, Prentice-Hall 1985.

Dahm, J./Hamacher, R. (1994): Neues Einkommensteuerrecht für moderne Finanzinstrumente, in: WM Sonderbeilage Nr. 3/1994, S. 1-24.

Dammon, R.M./Green, R.C. (1987): Tax Arbitrage and the Existence of Equilibrium Prices for Financial Assets, in: Journal of Finance 42, S. 1143 -1166.

Dammon, R.M./Senbet, L.W. (1988): The Effect of Taxes and Depreciation on Corporate Investment and Financial Leverage, in: Journal of Finance 43, S. 357-373.

De Long, J.B./Shleifer, A./Summers, L.H./Waldmann, R.J. (1990): Noise Trader Risk in Financial Markets, in: Journal of Political Economy 98, S. 703-738.

DeAngelo, H. (1981): Competition and Unanimity, in: The American Economic Review 71, S. 18-27.

DeAngelo, H./Masulis, R.W. (1980a): Leverage and Dividend Irrelevancy Under Corporate and Personal Taxation, in: Journal of Finance 35, S. 453 -467.

DeAngelo, H./Masulis, R.W. (1980b): Optimal Capital Structure under Corporate and Personal Taxation, in: Journal of Financial Economics 8, S. 3-29.

Debreu, G. (1959): The Theory of Value, New York 1959.

Dirrigl, H. (1980): Gewinnverwendungsstrategien bei steuerlichen Ausschüttungsprämien, in: ZfB 50, S. 148-163.

Dirrigl, H. (1988): Die Bewertung von Beteiligungen an Kapitalgesellschaften. Betriebswirtschaftliche Methoden und steuerlicher Einfluß, Hamburg 1988.

Dirrigl, H. (1990): Gewinnverkauf bei der Anteilsveräußerung, in: DB 43, S. 1045-1052.

Dirrigl, H. (1994): Konzepte, Anwendungsbereiche und Grenzen einer strategischen Unternehmensbewertung, in: BFuP 46, S. 409-432.

Dirrigl, H./Müller, R. (1990): Eigenfinanzierung und Eigenkapitalkosten bei begünstigter Besteuerung von Veräußerungsgewinnen, in: ZfbF 42, S. 396 -417.

Dirrigl, H./Schaum, W. (1989): Ausschüttungsplanung nach der Steuerreform 1990, in: ZfB 59, S. 291-309.

Dirrigl, H./Wagner, F.W. (1993): Ausschüttungspolitik unter Berücksichtigung der Besteuerung, in: Gebhardt, G./Gerke, W./Steiner, M. (Hrsg.): Handbuch des Finanzmanagements, München 1993, S. 261-286.

Dixit, A.K./Pindyck, R.S. (1994): Investment under Uncertainty, Princeton 1994.

Döllerer, G. (1986): Die Kapitalrücklage der Aktiengesellschaft bei Ausgabe von Optionsanleihen nach Handelsrecht und Steuerrecht, in: Die Aktiengesellschaft 31, S. 237-243.

Domar, E.D./Musgrave, R.A. (1944): Proportional Income Taxation and Risk-Taking, in: Quarterly Journal of Economics 58, S. 388-422.

Dreissig, H. (1989): Bilanzsteuerrechtliche Behandlung von Optionen, in: Betriebs-Berater 44, S. 1511-1517.

Drukarczyk, J. (1993): Theorie und Politik der Finanzierung, 2., völlig neugestaltete Aufl., München 1993.

Drukarczyk, J./Richter, F. (1995): Unternehmensgesamtwert, anteilseignerorientierte Finanzentscheidungen und APV-Ansatz, in: DBW 55, S. 559-580.

Dybvig, P.H./Ross, S.A. (1986): Tax Clienteles and Asset Pricing, in: Journal of Finance 41, S. 751-763.

Eller, R. (1995): Festverzinsliche Wertpapiere: Varianten, Kennzahlen, Strategien, Wiesbaden 1995.

Elschen, R. (1987): Steuerbedingte Agency-Probleme und Gesellschafterklientels, in: D. Schneider (Hrsg.): Kapitalmarkt und Finanzierung, Schriften der Vereins für Socialpolitik, Berlin 1987, S. 363-376.

Elschen, R. (1993): Eigen- und Fremdfinanzierung - Steuerliche Vorteilhaftigkeit und betriebliche Risikopolitik, in: Gebhardt, G./Gerke, W./Steiner, M. (Hrsg.): Handbuch des Finanzmanagements, München 1993, S. 585-617.

Elschen, R. (1995): Managementanreize und steuerpolitische Optimierung, in: DBW 55, S. 303-322.

Elschen, R./Hüchtebrock, M. (1983): Steuerneutralität in Finanzwissenschaft und Betriebswirtschaftslehre - Diskrepanzen und Konsequenzen, in: Finanzarchiv N.F. 41, S. 253-280.

Elton, E.J./Gruber, M.J. (1970): Marginal Stockholder Tax Rates and the Clientele Effect, in: Review of Economics and Statistics 52, S. 68-74.

Elton, E.J./Gruber, M.J. (1978): Taxes and Portfolio Composition, in: Journal of Financial Economics 6, S. 399-410.

Elton, E.J./Gruber, M.J. (1991): Modern Portfolio Theory and Investment Analysis, 4. Aufl., New York u.a. 1991.

Emery, D.R./Gehr, A.K. (1988): Tax Options, Capital Structure, and Miller Equilibrium: A Numerical Illustration, in: Financial Management 17, S. 30-40.

Engels, W./Stützel, W. (1968): Teilhabersteuer. Ein Beitrag zur Vermögenspolitik, zur Verbesserung der Kapitalstruktur und zur Vereinfachung des Steuerrechts, 2. Aufl., Frankfurt a.M. 1968.

Entrup, U. (1995): Kapitalmarktreaktionen auf Optionsanleihen. Finanzierungstheoretische Begründung und empirische Analyse der Aktienkursreaktionen, Wiesbaden 1995.

Ewert, R./Wagenhofer, A. (1995): Interne Unternehmensrechnung, 2. Aufl., Berlin u.a. 1995.

Fama, E.F. (1977): Risk-Adjusted Discount Rates and Capital Budgeting under Uncertainty, in: Journal of Financial Economics 5, S. 3-24.

Fama, E.F./French (1992): The Cross-Section of Expected Stock Returns, in: Journal of Finance 47, S. 427-465.

Fama, E.F./Miller, M.H. (1972): The Theory of Finance, Hinsdale/Ill. 1972.

Fane, G. (1987): Neutral Taxation under Uncertainty, in: Journal of Public Economics 33, S. 95-105.

Farrar, D.E./Selwyn, L.L. (1967): Taxes, Corporate Financial Policy and Return to Investors, in: National Tax Journal 20, S. 444-454.

Fazzari, S.M./Hubbard, R.G./Petersen, B.C. (1988): Financing Constraints and Corporate Investment, in: Brookings Papers on Economic Activity, S. 141-206.

Fechner, U. (1990): Festverzinsliche Wertpapiere einschließlich Finanzinnovationen und ihre ertragsteuerliche Behandlung im Privatvermögen, Frankfurt 1990.

Feldhoff, P. (1995): Kapitalallokation, Besteuerung und Unsicherheit, Hamburg 1995.

Fellingham, J.C./Wolfson, M.A. (1985): Taxes and Risk Sharing, in: The Accounting Review 60, S. 10-17.

Fischer, E.O./Zechner, J. (1990): Die Lösung des Risikoanreizproblems durch Ausgabe von Optionsanleihen, in: ZfbF 42, S. 334-342.

Fleischmann, M.S. (1996a): Die einkommen- und körperschaftsteuerliche Behandlung börsennotierter Aktienoptionen aus Käufersicht, Frankfurt a.M. u.a. 1996.

Fleischmann, M.S. (1996b): Die Besteuerung von erworbenen Kauf-/Verkaufsoptionen im Privatvermögen, in: DB 49, S. 1747-1752.

Franke, G./Hax, H. (1994): Finanzwirtschaft des Unternehmens und Kapitalmarkt, 3., neu bearb. Aufl., Berlin u.a. 1994.

Francfort, A.J./Rudolph, B. (1992): Zur Entwicklung der Kapitalstrukturen in Deutschland und in den Vereinigten Staaten von Amerika, in: ZfbF 44, S. 1059-1079.

Fuchs, A. (1995): Selbständige Optionsscheine als Finanzierungsinstrument der Aktiengesellschaft, in: Die Aktiengesellschaft 40, S. 433-451.

Galai, D./Masulis, R.W. (1976): The Option Pricing Model and the Risk Factor of Stock, in: Journal of Financial Economics 3, S. 53-81.

Galai, D./Schneller, M.I. (1978): Pricing of Warrants and the Value of the Firm, in: Journal of Finance 33, S. 1333-1342.

Gebhardt, G. (1988): Finanzwirtschaftliche Betrachtungen zur Emission von Optionsanleihen, in: ZfbF 40, S. 896-914.

Gebhardt, G. (1993): Anleihen als Instrumente der langfristigen Finanzierung, in: Gebhardt, G./Gerke, W./Steiner, M. (Hrsg.): Handbuch des Finanzmanagements, München 1993, S. 445-475.

Gebhardt, G./Entrup, U./Heiden, S. (1994): Kursreaktionen auf Kapitalerhöhungen aus Gesellschaftsmitteln, in: ZBB 6, S. 308-332.

Georgi, A.A. (1985): Analyse der Notwendigkeit einer Berücksichtigung von Steuern in der Investitionsplanung, in: ZfbF 37, S. 891-911.

Gratz, K./Müller, R. (1996): Die nicht wesentliche Beteiligung an Kapitalgesellschaften - ein Auslaufmodell?, in: DStR 34, S. 281-288.

Green, R.C. (1984): Investment Incentives, Debt, and Warrants, in: Journal of Financial Economics 13, S. 115-136.

Großfeld, Bernhard (1987): Optionsanleihe und Bilanzrecht, in: Busse von Colbe, W. u.a. (Hrsg.): Bilanzierung von Optionsanleihen im Handelsrecht, Heidelberg 1987, S. 83-118.

Grossman, S.J./Stiglitz, J.E. (1977): On Value Maximization and Alternative Objectives of the Firm, in: Journal of Finance 32, S. 389-402.

Hachmeister, D. (1995): Der Discounted Cash Flow als Maß der Unternehmenswertsteigerung, Frankfurt 1995.

Hachmeister, D. (1996): Die Abbildung der Finanzierung im Rahmen verschiedener Discounted Cash Flow-Verfahren, in: ZfbF 48, S. 251-277.

Hakansson, N.H. (1982): To Pay or Not to Pay Dividend, in: Journal of Finance 37, S. 415-428.

Haley, C.W./Schall, L.D. (1979): The Theory of Financial Decisions, New York u.a. 1979.

Hamacher, R. (1995): Steuerliche Behandlung der DTB-Geschäfte im Privatbereich, in: WM 49, S. 777-784.

Hamada, R.S./Scholes, M.S. (1985): Taxes and Corporate Financial Management, in: Altman, E.I./Subrahmanyam, M.G. (eds.): Recent Advances in Corporate Finance, Homewood/Ill. 1985, S. 187-226.

Harenberg, F.E./Irmer, G. (1994): Die Besteuerung privater Kapitaleinkünfte nach dem StMBG, in: NWB, S. 1019-1036.

Harris, R.S./Pringle, J.J. (1985): Risk-Adjusted Discount Rates - Extensions from the Average-Risk Case, in: Journal of Financial Research, S. 237-244.

Hartmann-Wendels, T. (1986): Dividendenpolitik bei asymmetrischer Informationsverteilung, Wiesbaden 1986.

Haugen, R.A./Senbet, L.W. (1978): The Insignificance of Bankruptcy Costs to the Theory of Optimal Capital Structure, in: Journal of Finance 33, S. 383-393.

Heaton, H. (1986): Options and Tax Clienteles, in: Fabozzi, F.J. (Ed.): Advances in Futures and Options Research, Vol. 1, Greenwich/London 1986, S. 167-179.

Heuer, H. (1992): Ertragsbesteuerung aktienbezogener Einkünfte im Privatvermögen, in: StuW 69, S. 313-332.

Hielscher, U./Laubscher, H.-D. (1989): Finanzierungskosten. Kostenbestandteile, Kostenvergleiche und Usancen der Industriefinanzierung, 2., vollst. überarb. und erw. Aufl., Frankfurt 1989.

Hirshleifer, J. (1958): On the Theory of Optimal Investment Decision, in: Journal of Political Economy 66, S. 329-352.

Hirshleifer, J. (1974): Kapitaltheorie, Köln 1974.

Ho, T.S./Lee, S.-B. (1986): Term Structure Movements and Pricing of Interest Rate Contingent Claims, in: Journal of Finance 41, S. 1011-1029.

Hockmann, H.J. (1993): Die Entscheidung institutioneller Anleger zwischen internem und externem Portfolio-Management, in: Boening, D./Hockmann, H.J. (Hrsg.): Bank- und Finanzmanagement: Marketing - Rechnungswesen - Finanzierung; Reflexionen aus der Praxis. Joachim Süchting zum 60. Geburtstag, Wiesbaden 1993, S. 303-320.

Hörnstein, E. (1990): Arbitrage- und Gleichgewichtsmodelle in der Kapitalmarkttheorie: eine vergleichende Analyse der CAPM- und APT-Ansätze unter Berücksichtigung ihrer empirischen Überprüfbarkeit, Frankfurt u.a. 1990.

Holzheimer, D. (1986): Die steuerliche Behandlung von Optionsanleihen, insbesondere beim Erwerber, in: WM 40, S. 1169-1178.

Huang, C./Litzenberger, R.H. (1988): Foundations for Financial Economics, New York u.a. 1988.

Huberman, G. (1982): A Simple Approach to Arbitrage Pricing Theory, in: Journal of Economic Theory 28, S. 183-191.

Hull, J. (1993): Options, Futures, and Other Derivative Securities, 2. Aufl., Prentice-Hall 1993.

IDW (1983), Hauptfachausschuß, Stellungnahme 2/1983: Grundsätze zur Durchführung von Unternehmensbewertungen, in: WPg 36, S. 468-480.

IDW (1986), Hauptfachausschuß, Stellungnahme 1/1986: Zur Bilanzierung von Zero-Bonds, in: WPg 39, S. 248-249.

IDW (1995), Bankenfachausschuß, Stellungnahme 2/1995: Bilanzierung von Optionsgeschäften, in: WPg 48, S. 421-422.

Ingersoll, J.E. (1977): A Contingent-Claims Valuation of Convertible Securities, in: Journal of Financial Economics 4, S. 289-322.

Jaeger, S./Rudolf, M./Zimmermann, H. (1995): Efficient Shortfall Frontier, in: ZfbF 47, S. 355-365.

Jensen, M.C./Meckling, W.H. (1976): Theory of the Firm: Managerial Behavior, Agency Costs and Ownership Structure, in: Journal of Financial Economics 3, S. 305-360.

Jochum, D. (1991): Steuern und Kapitalbildung. Systeme zur Besteuerung von Kapitalerträgen und deren allokative Wirkung, Frankfurt 1991.

Johansson, S.-E. (1969): Income Taxes and Investment Decisions, in: Swedish Journal of Economics 71, S. 104-110.

John, K./Williams, J. (1985): Dividends, Dilution, and Taxes: A Signalling Equilibrium, in: Journal of Finance 40, S. 1053-1070.

Jonas, M. (1993): Kapitalerträge aus Optionsgeschäften?, in: Betriebs-Berater 48, S. 2421-2423.

Jurgeit, L. (1989): Bewertung von Optionen und bonitätsrisikobehafteten Finanztiteln, Wiesbaden 1989.

Kester, W.C. (1986): An Options Approach to Corporate Finance, in: Altman, E.I.; McKinney, M.J. (Eds.): Handbook of Corporate Finance, New York 1986, S. 5.3-5.35.

Kim, E.H. (1978): A Mean-Variance Theory of Optimal Capital Structure and Corporate Debt Capacity, in: Journal of Finance 33, S. 45-63.

Kim, E.H. (1982): Miller's Equilibrium, Shareholder Leverage Clienteles, and Optimal Capital Structure, in: Journal of Finance 37, S. 301-319.

Kim, E.H./Lewellen, W.G./McConnell, J.J. (1979): Financial Leverage Clienteles - Theory and Evidence, in: Journal of Financial Economics 7, S. 83-109.

Kim, C.-S./Mauer, D.C./Stohs, M.H. (1995): Corporate Debt Maturity Policy and Investor Tax-timing Options: Theory and Evidence, in: Financial Management 24, S. 33-45.

Kindermann, E. (1994): Börsengeschäfte in zeitlichem Zusammenhang mit Dividendenterminen = "Dividenden-Stripping"?, Teil I und II, in: WM 1994, S. 817-826 und 869-879.

King, M.A. (1974): Taxation and the Cost of Capital, in: Review of Economic Studies 1974, S. 21-35.

King, M.A./Fullerton, D. (Hrsg.) (1984): The Taxation of Income from Capital, Chicago 1984.

Knobbe-Keuk, B. (1987): Steuerrechtliche Fragen der Optionsanleihen, in: Zeitschrift für Unternehmens- und Gesellschaftsrecht (ZGR) 16, S. 312-323.

Koch, K./ Vogel, H.A. (1986): Zur handels- und steuerrechtlichen Behandlung von Optionsanleihen, in: Betriebs-Berater 41, Beilage 10 zu Heft 24, S. 1-22.

König, R. (1990): Ausschüttungsverhalten von Aktiengesellschaften, Besteuerung und Kapitalmarktgleichgewicht, Hamburg 1990.

König, R. (1997): Ungelöste Probleme einer investitionsneutralen Besteuerung - Gemeinsame Wurzel unterschiedlicher neutraler Steuersysteme und die Berücksichtigung unsicherer Erwartungen, in: ZfbF 49, S. 42-63.

Kohler, H.-P. (1992): Grundlagen der Bewertung von Optionen und Optionsscheinen, Wiesbaden 1992.

KPMG (1995): Financial Instruments, Frankfurt am Main 1995.

Kraus, A./Litzenberger, R.H. (1973): A State-Preference Model of Optimal Financial Leverage, in: Journal of Finance 28, S. 911-922.

Krawitz, N. (1990): Der Einfluß der Besteuerung auf die Vorteilhaftigkeit privater Kapitalanlagen in Zero-Bonds, in: FR 72, S. 561-570.

Krawitz, N. (1996): Die einkommensteuerliche Abgrenzung gewinnunabhängiger Erträge bei innovativen Wertpapieren des Privatvermögens (Teil I und II), in: DStR 34, S. 1265-1272 und S. 1310-1317.

Kruschwitz, L. (1986): Bezugsrechtsemissionen in optionspreistheoretischer Sicht, in: Kredit und Kapital 19, S. 110-121.

Kruschwitz, L. (1995): Finanzierung und Investition, Berlin/New York 1995.

Lassak, G. (1993): Bewertung festverzinslicher Wertpapiere am deutschen Rentenmarkt, Heidelberg 1993.

Laux, H. (1975): Nutzenmaximierung und finanzwirtschaftliche Unterziele, in: Hax, H./Laux, H. (Hrsg.): Die Finanzierung der Unternehmung, Köln 1975, S. 65-84.

Laux, H. (1991): Anreizsysteme für Investitions- und Finanzierungsentscheidungen, in: Rückle, D. (Hrsg.): Aktuelle Fragen der Finanzwirtschaft und der Unternehmensbesteuerung, Wien 1991, S. 357-388.

Laux, H./Franke, G. (1969): Zum Problem der Bewertung von Unternehmungen und anderen Investitionsgütern, Unternehmungs-Forschung 13, S. 205-225.

Lewellen, W.G./Mauer, D.C. (1988): Tax Options and Corporate Capital Structures, in: Journal of Financial and Quantitative Analysis 23, S. 387-400.

Lintner, J. (1965): The Valuation of Risky Assets and the Selection of Risky Investments in Stock Portfolios and Capital Budgets, in: Review of Economics and Statistics 47, S. 13-37.

Litzenberger, R.H./Ramaswamy, K. (1979): The Effect of Personal Taxes and Dividends on Capital Asset Prices, in: Journal of Financial Economics 7, S. 163-195.

Litzenberger, R.H./Ramaswamy, K. (1980): Dividends, Short Selling Restrictions, Tax-induced Investor Clienteles and Market Equilibrium, in: Journal of Finance 35, S. 469-485.

Loistl, O. (1993): Kapitalmarkttheorie, 2., durchges. Aufl., München/Wien 1993.

Long, J.B. (1977): Efficient Portfolio Choice with Differential Taxation of Dividends and Capital Gains, in: Journal of Financial Economics 5, S. 25-53.

Loos, G. (1988): Steuerliche und handelsrechtliche Einstufung von Aufgeld und Unterverzinslichkeit bei Optionsanleihen, in: Betriebs-Berater 43, S. 369-376.

Loos, G. (1989): Nochmals: Optionsanleihen im Ertragsteuerrecht, in: DB 42, S. 552-555.

Markowitz, H. (1952): Portfolio Selection, in: Journal of Finance 7, S. 77-91.

Mauer, D.C./Lewellen, W.G. (1987): Debt Management under Corporate and Personal Taxation, in: Journal of Finance 42, S. 1275-1291.

Mauritz, P. (1995): Derivative Finanzinstrumente beim Privatanleger - Steuerliche Behandlung und Überlegungen zur Steuerplanung, in: DB 48, S. 698-704.

McDonald, R./Siegel, D. (1986): The Value of Waiting to Invest, in: Quarterly Journal of Economics 101, S. 707-727.

Menkhoff, L./Röckemann, C. (1994): Noise Trading auf Aktienmärkten, in: ZfB 64, S. 277-295.

Merton, R.C. (1973): Theory of Rational Option Pricing, in: Bell Journal of Economics and Management Science 4, S. 141-183.

Merton, R.C. (1992): Continous-Time Finance. Revised Edition, Cambridge,Mass. 1992.

Miles, J.A./Ezzell, J.R. (1980): The Weighted Avarage Cost of Capital, Perfect Capital Markets, and Project Life: A Clarification, in: Journal of Financial and Quantitative Analysis 15, S. 719-730.

Miller, M. (1977): Debt and Taxes, in: Journal of Finance 32, S. 261-275.

Miller, M.H./Modigliani, F. (1961): Dividend Policy, Growth, and the Valuation of Shares, in: Journal of Business, 39, S. 411-433.

Miller, M.H./Rock, K. (1985): Dividend Policy under Asymmetric Information, in: Journal of Finance 40, S. 1031-1051.

Miller, M.H./Scholes, M.S. (1978): Dividends and Taxes, in: Journal of Financial Economics 6, S. 333-364.

Modigliani, F./Miller, M.H. (1958): The Cost of Capital, Corporation Finance and the Theory of Investment, in: American Economic Review 48, S. 261-297.

Modigliani, F./Miller, M.H. (1963): Corporate Income Taxes and the Cost of Capital: A Correction, in: American Economic Review 53, S. 433-443.

Möller, H.P. (1988): Die Bewertung risikobehafteter Anlagen an deutschen Wertpapierbörsen, in: ZfbF 40, S. 779-797.

Mossin, J. (1966): Equilibrium in a Capital Asset Market, in: Econometrica 34, S. 768-783.

Myers, S.C. (1974): Interactions of Corporate Financing and Investment Decisions - Implications for Capital Budgeting, in: Journal of Finance 29, S. 1-25.

Myers, S.C. (1977): Determinants of Corporate Borrowing, in: Journal of Financial Economics 5, S. 147-175.

Myers, S.C. (1984): The Capital Structure Puzzle, in: Journal of Finance 39, S. 575-592.

Myers, S.C./Majluf, N.S. (1984): Corporate Financing and Investment Decisions when Firms have Information that Investors do not have, in: Journal of Financial Economics 13, S. 187-221.

Naust, H. (1994): Zur Optionsscheinbewertung mit Rücksicht auf die Kapitalverwässerung bei der Ausübung, in: Kredit und Kapital 27, S. 268-290.

Neudeck, W./Streißler, E. (1991): Probleme der Unternehmensbesteuerung im Licht der Principal-Agent-Theorie, in: Rückle, D. (Hrsg.): Aktuelle Fragen der Finanzwirtschaft und der Unternehmensbesteuerung, Wien 1991, S. 357 -388.

Neus, W. (1994): Unterbewertung beim Gang an die Börse, in: ZfbF 46, S. 145-170.

Neus, W./Hinten, P. von (1992): Besteuerung und Investitionsvolumen bei unsicheren Erwartungen, in: DBW 52, S. 235-248.

Opler, T.C. (1993): Controlling Financial Distress Costs in Leveraged Buyouts with Financial Innovations, in: Financial Management 22, S. 79-90.

o.V. (1997): Kapitalmarktfloater bei Privatanlegern gefragt, in: FAZ Nr. 37 v. 13.02.97, S. 25.

o.V. (1997): Mehr Aktienbesitzer in Deutschland, in: FAZ Nr. 62 v. 14.03.97, S. 32.

o.V. (1998): SPD will Steuervorteile für Firmen streichen, in: Handelsblatt Nr. 44 vom 04.03.98, S. 3.

Perridon, L./Steiner, M. (1995): Finanzwirtschaft der Unternehmung, 8., überarb. Aufl., München 1995.

Preinreich, G.A. (1951): Models of Taxation in the Theory of the Firm, in: Economia Internazionale 4, S. 372-397.

Raab, M. (1993): Steuerarbitrage, Kapitalmarktgleichgewicht und Unternehmensfinanzierung, Heidelberg 1993.

Ramsler, M. (1993): Finanzinnovationen, in: Gebhardt, G./Gerke, W./Steiner, M. (Hrsg.): Handbuch des Finanzmanagements, München 1993, S. 429-444.

Redanz, U. (1995): Besteuerung von Termingeschäften in Aktienindizes, Wiesbaden 1995.

Rendleman, R.J./Bartter, B.J. (1980): The Pricing of Options on Debt Securities, in: Journal of Financial and Quantitative Analysis 15, S. 11-24.

Richter, F. (1996): Die Finanzierungsprämissen des Entity-Ansatzes vor dem Hintergrund des APV-Ansatzes zur Bestimmung von Unternehmenswerten, in: ZfbF 48, S. 1076-1097.

Richter, U.G. (1995): Einkommensbesteuerung privater Finanzanlagen in Deutschland, Europa und USA. Ökonomische und rechtliche Gesichtspunkte, Wiesbaden 1995.

Robichek, A.A./Myers, S.C. (1965): Optimal Financing Decisions, Englewood Cliffs 1965.

Röder, K. (1996): Die Vorteilhaftigkeit der Aktienanlage vor und nach der Vermögensteuerreform, in: DStR 34, S. 192-194.

Rolfes, B. (1995): Arbitragefreier Gewinntransfer an den Finanzmärkten, in: Kredit und Kapital 28, S. 376-402.

Ronen, J./Aharoni, A. (1989): The Choice among Accounting Alternatives and Management Compensation: Effects of Corporate Tax, in: Accounting Review 64, S. 69-86.

Ross, S.A. (1976a): The Arbitrage Theory of Capital Asset Pricing, in: Journal of Economic Theory 13, S. 341-360.

Ross, S.A. (1976b): Options and Efficiency, in: Quarterly Journal of Economics 90, S. 75-89.

Ross, S.A. (1977): The Determination of Financial Structure: the Incentive-Signalling Approach, in: Bell Journal of Economics 8, S. 23-40.

Ross, S.A. (1985): Debt and Taxes and Uncertainty, in: Journal of Finance 60, S. 637-658.

Ross, S.A. (1987): Arbitrage and Martingales with Taxation, in: Journal of Political Economy 95, S. 371-393.

Ross, S.A. (1988): Comment on the Modigliani-Miller Propositions, in: Journal of Economic Perspectives 2, S. 127-133.

Ross, S.A./Westerfield, R.W./Jaffe, J.F. (1993): Corporate Finance, 3. Aufl., Homewood, Ill. 1993.

Rudolph, B. (1986): Neuere Kapitalkostenkonzepte auf der Grundlage der Kapitalmarkttheorie, in: ZfbF 38, S. 892-898.

Samuelson, P.A. (1964): Tax Deductibility of Economic Depreciation to Insure Invariant Valuations, in: Journal of Political Economy 72, S. 604-606.

Sauer, A./Murphy, A. (1992): An Empirical Comparison of Alternative Models of Capital Asset Pricing in Germany, in: Journal of Banking and Finance 16, S. 183-196.

Schaefer, S.M. (1982): Taxes and Security Market Equilibrium, in: Sharpe, W.F. (Ed.): Financial Economics. Essays in Honor of Paul Cootner, Prentice-Hall 1982, S. 159-178.

Scheurle, F. (1994): Mißbrauchsbekämpfungs- und Steuerbereinigungsgesetz: Änderungen der Besteuerung von Kapitaleinkünften (Teil I und II), in: DB 47, S. 445-451 und 502-506.

Schierenbeck, H./Wiedemann, A. (1996): Marktwertrechnungen im Finanzcontrolling, Stuttgart 1996.

Schmidt, J.G. (1995): Die Discounted Cash-flow-Methode - nur eine kleine Abwandlung der Ertragswertmethode?, in: ZfbF 47, S. 1088-1117.

Schmidt, R.H. (1991): Zum Praxisbezug der Finanzwirtschaftslehre, in: Ordelheide, D./Rudolph, B./Büsselmann, E. (Hrsg.): Betriebswirtschaftslehre und ökonomische Theorie, Stuttgart 1991, S. 197-224.

Schmidt, R.H./Terberger, E. (1996): Grundzüge der Investitions- und Finanzierungstheorie, 3., vollst. neu bearb. und wes. erw. Aufl., Wiesbaden 1996.

Schneider, D. (1969): Korrekturen zum Einfluß der Besteuerung auf die Investitionen, in: ZfbF 21, S. 297-325.

Schneider, D. (1981): The Influence of Tax Incentives on Capital Budgeting Decisions under Uncertainty, in: Crum, R.L./Derkinderen, F.G. (Eds.): Capital Budgeting under Conditions of Uncertainty, Boston u.a. 1981, S. 38-59.

Schneider, D. (1983): Öffentliche Einnahmen und Unternehmensrisiko, in: Hansmeyer, K.H. (Hrsg.): Staatsfinanzierung im Wandel, Schriften des Vereins für Socialpolitik, Berlin 1983, S. 63-79.

Schneider, D. (1987): Wachstumsneutrale Unternehmensbesteuerung bei Wettbewerb und als Principal-Agent-Problem, in: ZfbF 39, S. 431-454.

Schneider, D. (1988): Hochsteuerland Bundesrepublik Deutschland: Die Spannweite effektiver Grenzsteuerbelastungen für Investitionen, in: WPg 41, S. 328-338.

Schneider, D. (1989): Sofortabschreibung, sofortiger Verlustausgleich und Marktlenkung von Risikokapital, in: John, G. (Hrsg.): Besteuerung und Unternehmenspolitik. Festschrift für Günter Wöhe, München 1989, S. 309-329.

Schneider, D. (1992): Investition, Finanzierung und Besteuerung, 7., vollständig überarb. und erw. Aufl., Wiesbaden 1992.

Schöbel, R. (1995): Kapitalmarkt und zeitkontinuierliche Betrachtung, Heidelberg 1995.

Scholes, M.S. (1976): Taxes and the Pricing of Options, in: Journal of Finance 31, S. 319-332.

Scholes, M.S./Wolfson, M.A. (1992): Taxes and Business Strategy: A Planning Approach, Prentice-Hall 1992.

Schulte, M. (1996): Bank-Controlling (Band 2): Risikopolitik in Kreditinstituten, Frankfurt 1996.

Schultz, F. (1994): Überlegungen zur Besteuerung von privaten Kapitalanlagen. Zur Rechtslage nach dem "Mißbrauchsbekämpfungs- und Steuerbereinigungsgesetz", in: Recht der internationalen Wirtschaft (RIW) 40, S. 318-327.

Schwinger, R. (1992): Einkommens- und konsumorientierte Steuersysteme. Wirkungen auf Investition, Finanzierung und Rechnungslegung, Heidelberg 1992.

Schwinger, R. (1994): Konsum oder Einkommen als Bemessungsgrundlagen direkter Steuern, in: StuW 71, S. 39-50.

Sharpe, W.F. (1964): Capital Asset Prices: A Theory of Market Equilibrium under Conditions of Risk, in: Journal of Finance 19, S. 425-442.

Siegel, T. (1982): Steuerwirkungen und Steuerpolitik in der Unternehmung, Würzburg/Wien 1982.

Siegel, T. (1984): Besteuerung und Kapitalstruktur, in: BFuP 36, S. 223- 242.

Siepe, G. (1997): Die Berücksichtigung von Ertragsteuern bei der Unternehmensbewertung, Teil I und II, in: WPg 50, S. 1-10 und S. 37-44.

Sinn, H.-W. (1985): Kapitaleinkommensbesteuerung, Tübingen 1985.

Sinn, H.-W. (1993): Do Firms Maximize their Cost of Finance?, in: Finanzarchiv N.F. 50, S. 21-36.

Smith, C.W. (1986): Investment Banking and the Capital Acquisition Process, in: Journal of Financial Economics 15, S. 3-29.

Sørensen, P.B. (1994): Some Old and New Issues in the Theory of Corporate Income Taxation, in: Finanzarchiv N.F. 51, S. 425-456.

Stein, J.C. (1996): Rational Capital Budgeting in an Irrational World, in: Journal of Business 69, S. 429-455.

Stiglitz, J.E. (1969a): A Re-Examination of the Modigliani-Miller Theorem, in: American Economic Review 59, S. 784-793.

Stiglitz, J.E. (1969b): The Effects of Income, Wealth, and Capital Gains Taxation on Risk-Taking, in: Quarterly Journal of Economics 83, S. 263-283.

Stiglitz, J.E. (1973): Taxation, Corporate Financial Policy, and the Cost of Capital, in: Journal of Public Economics 2, S. 1-34.

Stiglitz, J.E. (1974): On the Irrelevance of Corporate Financial Policy, in: American Economic Review 64, S. 851-866.

Stiglitz, J.E./Weiss, A. (1981): Credit Rationing in Markets with Imperfect Information, in: American Economic Review 71, S. 393-410.

Stoll, H.R. (1969): The Relationship between Put and Call Option Prices, in: Journal of Finance 24, S. 801-824.

Strong, N./Walker, M. (1987): Information and Capital Markets, Oxford/New York 1987.

Süchting, J. (1970): Zur Problematik von Kapitalkosten-Funktionen in Finanzierungsmodellen, in: ZfB 40, S.329-348.

Süchting, J. (1979): Finanzierungskonstruktionen: Wandel- und Optionsanleihen, in: WiSt 8, S. 155-161.

Süchting, J. (1984): Nachrangige Verbindlichkeiten in der Kapitalstruktur deutscher Unternehmen?, in: Bierich, M./Schmidt, R. (Hrsg.): Finanzierung deutscher Unternehmen heute. Diagnose und Vorschläge zur Verbesserung der Kapitalstruktur, Stuttgart 1984, S. 107-116.

Süchting, J. (1986): Finanzmarketing auf den Aktienmärkten, in: Zeitschrift für das gesamte Kreditwesen 39, S. 654-659.

Süchting, J. (1988): Zur Entwicklung des Optionenmarktes in Deutschland, in: Beyer, H.T. u.a. (Hrsg.): Neuere Entwicklungen in Betriebswirtschaftslehre und Praxis. Festschrift für Oswald Hahn, Frankurt a.M. 1988, S. 183-194.

Süchting, J. (1992): Bankmanagement, 3., vollst. überarb. und erw. Aufl., Stuttgart 1992.

Süchting, J. (1995): Finanzmanagement - Theorie und Politik der Unternehmensfinanzierung, 6., vollst. überarb. und erw. Aufl., Wiesbaden 1995.

Swoboda, P. (1991a): Betriebliche Finanzierung, 2., erw. und völlig überarb. Aufl., Heidelberg 1991.

Swoboda, P. (1991b): Irrelevanz oder Relevanz der Kapitalstruktur und Dividendenpolitik von Kapitalgesellschaften in Deutschland und in Österreich nach der Steuerreform 1990 bzw. 1989?, in: ZfbF 43, S. 851-866.

Swoboda, P./Köhler, C. (1971): Der Einfluß einer Kapitalgewinnsteuer auf den Aktienkurs und die Dividendenpolitik von Aktiengesellschaften, in: ZfbF 23, S. 208-231.

Swoboda, P./Zechner, J. (1985): Unternehmensbesteuerung und Risikokapitalbildung, in: BFuP 37, S. 403-420.

Swoboda, P./Zechner, J. (1995): Financial Structure and the Tax System, in: Jarrow, R.A./Maksimowic, V./Ziemba, W.T. (Eds.): Finance, Handbooks in OR & MS, Vol. 9, Amsterdam u.a. 1995, S. 767-792.

Taggart, R.A. (1980): Taxes and Corporate Capital Structure in an Incomplete Market, in: Journal of Finance 35, S. 645-659.

Taggart, R.A. (1991): Consistent Valuation and Cost of Capital Expressions with Corporate and Personal Taxes, in: Financial Management 20, S. 8-20.

Tobin, J. (1958): Liquidity Preference as Behavior Towards Risk, in: Review of Economic Studies, Review of Economic Studies 25, S. 65-86.

Tipke, K./Lang, J. (1995): Steuerrecht, 15., völlig überarbeitete Aufl., Köln 1995.

Uelner, A. (1987): Die Unternehmensbesteuerung aus der aktuellen Sicht des Gesetzgebers, der Verwaltung und der Rechtsprechung, in: Jahrbuch der Fachanwälte für Steuerrecht 1986/87, S. 11-35.

Uhlir, H./Steiner, P. (1994): Wertpapieranalyse. 3., durchges. Aufl., Heidelberg 1994.

Volpert, V. (1989): Kapitalwert und Ertragsteuern. Die Bedeutung der Finanzierungsprämisse für die Investitionsrechnung, Wiesbaden 1989.

Wacker, W.H. (Hrsg.) (1994): Lexikon der deutschen und internationalen Besteuerung, 3. Aufl., München 1994.

Wagner, F.W. (1981): Der Steuereinfluß in der Investitionsplanung - Eine Quantité négligeable?, in: ZfbF 33, S. 47-52.

Wagner, F.W. (1988): Die zeitliche Erfassung steuerlicher Leistungsfähigkeit, in: Hax, H./Kern, W./Schröder H.-H. (Hrsg.): Zeitaspekte in betriebswirtschaftlicher Theorie und Praxis, Stuttgart 1988, S. 261-277.

Wagner, F.W. (1991): Steuersystem und Unternehmenstheorie, in: Ordelheide, D./Rudolph, B./Büsselmann, E. (Hrsg.): Betriebswirtschaftslehre und ökonomische Theorie, Stuttgart 1991, S. 75-96.

Wagner, F.W. (1992): Neutralität und Gleichmäßigkeit als ökonomische und rechtliche Kriterien steuerlicher Normkritik, in: StuW 69, S. 2-13.

Wagner, F.W./Dirrigl, H. (1980): Die Steuerplanung der Unternehmung, Stuttgart/New York 1080.

Wagner, F.W./Hawlitzky, J. (1991): Zum Einfluß der Umkehrung des Maßgeblichkeitsprinzips auf Investitionsförderung und Gewinnverwendung, in: DBW 51, S. 309-321.

Wagner, F.W./Rümmele, P. (1995): Finanzanlagen und Steuern, in: Cramer, J.-E./Rudolph, B. (Hrsg.): Handbuch Anlageberatung und Vermögensverwaltung, Frankfurt a. M. 1995.

Wagner, F.W./Schwinger, R. (1991): Der Einfluß einer Cash-flow-Steuer auf Finanzierung und Rechnungslegung, in: Rose, M. (Hrsg.): Konsumorientierte Neuordnung des Steuersystems, Berlin/Heidelberg 1991, S. 495-521.

Wagner, F.W./Wangler, C. (1992), Kombizins-Anleihen - Eine Finanzinnovation als Steuersparmodell?, in: DB 45, S. 2405-2409.

Wagner, F.W./Wenger, E./Höflacher, S. (1986): Zero-Bonds. Optimale Investitions- und Verschuldungsstrategien, Wiesbaden 1986.

Wagner, S. (1996): Steuersparmodell: Disagio bei Kurzläufern?, in: Die steuerliche Betriebsprüfung, S. 104-105.

Warfsmann, J. (1993): Das Capital Asset Pricing Model in Deutschland, Wiesbaden 1993.

Weigel, W. (1989): Steuern bei Investitionsentscheidungen. Ein kapitalmarktorientierter Ansatz, Wiesbaden 1989.

Weitbrecht, G. (1995): Besteuerung niedrig verzinslicher Wertpapiere und Zerobonds nach der Emissions- oder Marktrendite, in: DB 48, S. 443-445.

Wenger, E. (1983): Gleichmäßigkeit der Besteuerung von Arbeits- und Vermögenseinkünften, in: Finanzarchiv N.F. 41, S. 207-252.

Wenger, E. (1985): Einkommensteuerliche Periodisierungsregeln, Unternehmenserhaltung und optimale Einkommensbesteuerung (Teil I), in: ZfB 55, S. 710-730.

Wenger, E. (1989): Wirtschaftswachstum, Unternehmensfinanzierung und internationaler Kapitalverkehr unter dem Einfluß der Besteuerung von Vermögenseinkünften, in: Finanzarchiv N.F. 47, S. 181-249.

Westphal, E. (1995): Gestaltung und Bewertung von Genußscheinkapital: Chancen und Risiken aus Emittenten- und Anlegersicht, Schriftenreihe des Instituts für Kredit- und Finanzwirtschaft, Band 19, Wiesbaden 1995.

Wiedemann, A./Nolte, M. (1994): Kalkulation und Einsatz von Forward Rate Agreements im Treasury-Management, in: ZfB 64, S. 629-654.

Wilhelm, J. (1981): Zum Verhältnis von Capital Asset Pricing Model, Arbitrage Pricing Theory und Bedingungen der Arbitragefreiheit von Finanzmärkten, in: ZfbF 33, S. 891-905.

Wilhelm, J. (1983): Marktwertmaximierung - Ein didaktisch einfacher Zugang zu einem Grundlagenproblem der Investitions- und Finanzierungstheorie, in: ZfB 53, S. 516-534.

Williamson, O.E. (1988): Corporate Finance and Corporate Governance, in: Journal of Finance 43, S. 567-591.

Windmöller, R./ Breker, N. (1995): Bilanzierung von Optionsgeschäften, in: WPg 48, S. 389-401.

Wolf, R. (1996): Aktienoptionsstrategien und Steuerbilanz, Wiesbaden 1996.

Wosnitza, M. (1995): Kapitalstrukturentscheidungen in Publikumsgesellschaften. Ein informationsökonomischer Ansatz, Wiesbaden 1995.

Zechner, J. (1989): Der Einfluß von Steuern auf die optimale Kapitalstruktur von Unternehmungen, Wien 1989.

Zechner, J./Swoboda, P. (1986): The Critical Implicit Tax Rate and Capital Structure, in: Journal of Banking and Finance 10, S. 327-341.

Zimmermann, H. (1992): Performance-Messung im Asset Management, in: Spremann, K./Zur, E. (Hrsg.): Controlling, Wiesbaden 1992, S. 49-109.

Urteilsverzeichnis

1. Bundesverfassungsgericht

27.06.1991	2 BvR 1493/89	BVerGE 84, S. 239ff

2. Bundesfinanzhof

21.07.1981	VIII R200/78	BStBl II 1982, S. 40f
28.11.1990	XR 197/87	BStBl II 1991, S. 300
02.03.1993	VIII R13/91	BFHE 171, S. 50

Kolibri 360 GmbH
Ferdinand-Jühlke-Straße 7
99095 Erfurt, Deutschland
produktsicherheit@kolibri360.de

Druck:
CPI Druckdienstleistungen GmbH
im Auftrag der
Kolibri 360 GmbH
Ferdinand-Jühlke-Str. 7
99095 Erfurt